패션쇼핑몰 창업을 위한 사입의 비밀
BLACK BIBLE

2nd edition

전중열, 이정일 공저

100만 쇼핑몰 창업자를 위한 필독서
아무도 알려주지 않는 패션도매시장의 비밀과
성공 쇼핑몰의 노하우!

※책에 사용된 지도는 네이버 지도입니다.
출처 : 네이버 지도(http://map.naver.com)

prologue

나는 공대출신이다. 블랙바이블을 함께 집필한 공저 또한 이과대출신이다.
나는 대학에서 고분자과학을 전공하였다. 공저는 순수학문인 수학을 전공하였다.
나는 "H기업"에서 10년간 케미컬 프로세스 엔지니어로 근무하였다. 공저는 "L통신사"에서 11년 동안 통신비용 프로그래밍 매니저로 근무하였다.
그리고 나는 동대문에서 도매상이 되었다. 공저는 남대문에서 도매상이 되었다.
그렇다. 나와 공저는 뜻하지 않았던 곳에서 뜻하지 않았던 일에 도전하고 있다. 창업에 도전하는 모든 초보 창업자들에게는 꿈이 있다. 자신만의 부피와 질량을 가지고 꿈을 이루기 위해 도전하고 때로는 실패하기도 한다.
하지만 안타까운 사실은 대부분의 창업자가 실패를 한다는 것이다. 창업초기라고 말 할 수 있는 창업 후 3개월 차에 50%의 창업자들이 "포기"라는 글자 앞에 주저앉는다. 창업 후 90%의 창업자들이 1년이라는 시간을 견디지 못하고 "불경기"라는 글자를 핑계로 시장에서 사라진다. 대체 무엇이 이들을 굴복하게 하였을까?
어릴 적 나는 "공부를 잘하는 비결이 과연 뭘까?"라는 생각을 하던 아주 게으른 학생이었다.
그리고 지금은 "창업을 잘하는 비결이 뭘까?"라는 질문을 다시 던지고 있다.
이제는 그 고민의 답을 여러분들께 드리고자 한다.

이 책 블랙바이블은 남대문과 동대문 시장 조사에 관한 단순한 지식과 경험을 드리고자하는 것이 아니다. 더군다나 나와 공저의 부족한 지식과 경험으로 100년이 넘는 세월, 시장이 지켜온 모습을 하나의 그림으로 그려내고, 그 그림으로 시장과 소비자를 설명하고자 하는 것은 더욱이 아니다.
남대문과 동대문시장을 발이 부르트고, 무릎에 관절염이 생길 정도로 돌아다니면서 깨달은 것은 남들보다 차별화된 전략과 전술이 아니라 수많은 경쟁자들이 치열하게 살아가는 삶의 방식을 배운 것이다. 나는 이 치열한 삶의 방식을 여러분들께 이야기해드리고 싶은 것이다.
"공부를 잘하는 비결이 뭘까?"라는 질문에 대한 나의 대답은, 공부는 "엉덩이"로 하는 것이다.
"창업을 잘하는 비결이 뭘까?"라는 질문에 대한 나의 대답은, 창업은 "발"로 하는 것이다.
그런데 실패한 대부분의 창업자들의 원인은 창업을 "머리"로 하였다는 것이다. 현실의 창업자 또는 쇼핑몰 운영자들은 창업에 있어서 본인이 가지고 있는 대부분의 시간과 노력을 컴퓨터 앞에 앉아서 소비하고 있다. 그렇게 해서는 절대 문제를 해결할 수 없다. 오히려 문제점들을 생산해 내고 있는 것이다.
그렇다면 실제적으로 초보창업자들은 어떻게 해야 할까?

철저하게 현장에서 배워야 한다.
왜?
답은 현장에 있으므로

이 책 블랙바이블은 철저하게 현장에서 쓰여진 책이다. 이 책을 한 번 읽었다고 해서 방대한 시장의 모습을 모두 이해하였다고 말하는 것은 어불성설이다. 저자가 이 책을 통하여 이야기하고자 하는 것은 시장에 진입하는 초보창업자들에게 시장 조사 방법과 강도에 관하여 가이드라인을 제시할 뿐 시장에 대한 답은 여러분 스스로가 찾아야 한다.
창업을 앞두고 있는 예비창업자들, 특히 패션아이템으로 창업을 준비하고자 하는 예비창업자들은 매일 매일 시장조사를 해야 한다. 시장 조사란 반드시 연속성을 가지고 있어야 한다. 1주일에 한 번 정도 도매시장에 들러서 한번 쓱~ 둘러보고서 시장 조사를 마쳤다고 말하는 것은 바보이거나, 시장을 우습게 본 것이다. 더군다나 쇼핑몰 운영자이면서

도 주문이 들어왔을 때 사입하러 와서는 이것저것 둘러 본 것을 시장 조사라고 말한다면 더 이상 미래를 이야기할 수 없다.
우리나라는 지형적 특성으로 봄, 여름, 가을, 겨울의 사계절이 존재하는 나라이며 계절변화에 따른 제품의 변화가 분명하게 나타나는 특성을 가지고 있다. 이는 사계절의 변화에 따라 매출의 변화 또한 분명하게 나타난다는 말이다. 소비자들의 소비특성은 겨울시즌에만 하더라도 초겨울과 한겨울 그리고 겨울에서 봄으로 넘어가는 늦겨울의 소비형태에 각각 차이를 보인다. 따라서 시장에 나타나는 제품 또한 겨울제품이라고 단순하게 한정 짓지 못하고 끊임없이 새로운 제품과 디자인을 선보이며 소비자의 선택을 찾아가는 것이다. 이렇게 매일같이 변화되는 시장을 가끔 1주일에 한 번씩 나와서 둘러본다는 것은 시장 조사가 아니라, 시장에 "관광"나온 것이다.
일반적인 경우 8월경 동대문과 남대문시장은 여름휴가가 끝남과 동시에 초가을 상품을 걸어서 판매를 시작한다. 바닥권에 있던 매출이 점점 상승하기 시작하면서 10월이 되면 소비가 살아나 시장이 활기를 찾기 시작한다. 그리고 추석이 다가오면서 살짝 주춤하는 모습을 보이나 10월말 초겨울제품을 선보이면서 다시 본격적인 매출상승이 시작된다. 이러한 매출은 12월까지 지속적으로 상승한다. 하지만 크리스마스를 지남과 동시에 매출은 급락의 골짜기로 빠져든다. 대부분의 창업자들은 쇼핑몰의 매출 하락에 의문을 제기하며 온라인광고에 막대한 비용을 투자한다. 실패한 창업자의 전형적인 예이다.
시장 조사를 한다는 것은 시즌별 매출 변화에 따른 아이템과 소비특성의 변화를 조사하고 그에 대한 해결책을 제시한다는 것이다. 이러한 일련의 과정에 대한 통찰 없이 일주일에 한 번 시장을 둘러보는 것으로 문제를 해결하겠다고 생각한다면 시장과 소비자를 너무나 쉽게 본 것이다.

그렇다면, 성공하는 쇼핑몰을 만들기 위해 무엇을 어떻게 조사해야 하는지 시장 조사에 대하여 실제적 방법론을 이야기해 보자.

먼저 벤치마킹 할 경쟁사를 선택해야 한다. 이때 주의할 점은 본인의 콘셉트와 유사한 쇼핑몰에서 판매량이 우수한 1등 경쟁사를 선택하라는 것이다. 벤치마킹 없이 독단적인 콘셉트에만 너무 치중하게 되면 소비자의 니즈(Needs)와는 멀어지는 실수를 범하기 쉽다. 벤치마킹할 경쟁사가 선정되었으면, 경쟁사의 쇼핑몰에서 판매하고 있는 아이템 리스트를 만들어야 한다. - 경쟁사에서 판매하고 있는 모든 아이템들이 경쟁사에게 돈을 벌어주고 있는 것은 아니다. 철저하게 판매가 되고 있는 베스트 아이템들을 선별하여 조사하라. - 이는 쇼핑몰의 포트폴리오를 만든다고 생각하여 최대한 디테일하게 정리해야 하며 매일 업데이트 해야 한다. 절대 빠지지 말아야 할 것은 조사한 날짜와 날씨 그리고 판매량(댓글 수)과 소비자 반응(댓글의 내용)까지 조사해야 한다는 것이다.

포트폴리오가 정리되었으면, 다음은 도매시장으로 나가라.
이때 주의해야 할 포인트는 스스로에게 미션을 부여해야 한다. 여기에서 미션이란, 본인이 준비한 포트폴리오에서 한 가지 아이템을 선택하여 집중적으로 조사하는 것이다. 시장에는 너무나 많은 아이템들이 디스플레이 되어 있으므로 미션에 집중하지 않으면 무엇을 조사하였는지 기억에서 사라질 것이다. 철저하게 미션에만 집중해야 한다.
미션으로 선정된 아이템에 대하여 어느 도매시장에서 판매하고 있는지? 도매상과 사입자들의 반응은 어떤지? 만약 동일한 아이템이 도매시장 "A"와 "B"에서 동시에 판매하고 있다면 원단의 품질과 가격이 어떻게 차이가 나는지? 디테일의 차이는 없는지? 나의 경쟁사들이 사입 하는 시장과 도매상은 어디인지? 내가 사입을 한다면 얼마에 공급을 받을 수 있는지 등을 미션에 따라 조사해야 한다.

마지막으로 도매상을 선정해야 한다.

경쟁사를 분석하고 포트폴리오를 작성하여 미션을 수행하였다면, 분명히 자신의 콘셉트에 맞는 도매상을 찾을 수 있다. 이때 찾은 도매상은 아마도 원도매일 가능성이 크다. 이런 원도매들은 중도매들보다 가격적인 메리트는 분명히 있으나 한 가지 부족한 점은 구색(Coordination)이 맞지 않는다는 것이다. 따라서 메인거래처로서 원도매를 선정하고 구색을 맞추기 위해 중도매를 필수적으로 찾아야 한다. 하지만 너무 많은 거래처를 가질 경우 오히려 역효과를 낼 수 있으므로, 하나의 아이템에 대하여 본인의 쇼핑몰 콘셉트에 맞는 메인거래처(원도매) 한군데와 구색을 맞출 수 있는 중도매를 3~4군데 정도 선정하면 효율적으로 관리할 수 있으며, 판매량만 받쳐준다면 무료로 샘플도 얻을 수 있으니 일석이조의 효과를 가질 수 있다.

이러한 과정으로 시장 조사를 하기 위해서는 시장에 얼마나 나와야 할까?

저자가 권하는 횟수는 동대문의 경우 토요일 밤을 제외한 매일이다. 토요일은 동대문 도매시장이 쉬는 날이다. 창업을 준비하고 있는 창업자라면, 시장에 나오는 것이 아니라 시장에 존재해야 한다. 그것이 매일 시장에 나와야 하는 이유이다. 하지만 부지런한 창업자들은 창업 준비를 위하여 여러 가지 교육을 받는 경우가 많아 매일 밤을 시장에서 보낸다는 것에 무리가 있을 수 있다.

동대문 패션도매시장은 월요일 밤, 화요일 밤, 금요일 밤이 가장 활발하게 돌아가는 날이다. 월요일 밤과 금요일 밤은 지방에서 사입자들이 가장 많이 올라오는 날이며, 화요일 밤은 중국에서 바이어들이 몰려오는 날이다. 따라서 신상이 가장 많이 출시되는 날이기도 하다. 일주일 중 시장이 가장 바쁘게 돌아가는 3일은 꼭 시장에 나와서 조사할 것을 권한다. 이것은 선택사항이 아니라 창업을 준비하고 있다면 필수사항이라는 것을 기억하기 바란다. 동일한 이유로 액세서리 시장 조사의 경우 월요일 낮 시간의 남대문시장이 공략 대상이다. 남대문은 밤시장보다 낮시장이 더 활성화되어 있으며 일요일이 휴일이다.

이 책 블랙바이블은 남대문과 동대문 패션도매시장의 사입안내서가 아니다.

패션창업을 준비하고 있는 모든 예비창업자들이 창업준비에 필요한 실제적 가이드라인을 제시하기 위해 쓰여진 책이다. 따라서 블랙바이블에서는 세 가지의 가이드라인을 순차적으로 제시하고 있다.

파트1, "시장과 소비자"에서는 남대문과 동대문의 도매시장을 소비자에 맞춰서 분류하고 설명하기 위해 소비자집단에 대한 설명을 우선하였다. 소비자를 이해하지 못하면 시장을 이해할 수 없기 때문이다.

국내의 소비자집단을 크게 구분 할 때, 6/25전쟁 이후에 폭발적 인구증가율을 보였던 "베이비부머(Baby Boomer)"세대와 그들의 자녀세대인 "넷세대(Generation Net)", 그리고 그들 사이에 끼어 있는 "엑스세대(Generation X)"로 나눌 수 있다.

현재 국내 패션시장의 패러다임이 오프라인에서 온라인으로 확대되고 있는 시점에서 주력 소비자 집단을 어떻게 규정하느냐에 따라 접근할 수 있는 도매시장이 확연히 구분된다. 파트1에서는 "현재 가장 Hot한 소비자집단으로 떠오른 넷세대는 누구이며, 어떤 소비특성을 가지고 있는지, 또한 이들에게 최적화된 도매시장과 아이템은 어떤 것들이 있을까?"라는 주제로 소비자를 이해하고 시장에 접근하는 실제적 방법에 대하여 이야기하고자 한다.

파트2, "패션아이템과 도매시장"에서 다루는 내용은 대부분의 초보창업자들이 시장 조사에서 알고 싶어 하는 내용에 대하여 다루었다. 동대문 시장 조사에 관한 특강 이후 가장 많이 받는 질문이 "교수님 저는 패션 가방을 판매하고 싶은데, 어느 상가에 가봐야 하나요?", "20대 후반에서 30대 초반의 여성을 타깃으로 쇼핑몰을 열고 싶은데, 어떤 상가를 조사해야 하나요?", "시장 조사 갔다가 언니가 유령취급해서 상처받고 왔어요. 어떻게 해야 초보취급을 받지 않을 수 있나요?"와 같은 질문들이다. 이러한 질문들은 본인이 시장 조사를 통하여 스스로 해결해야 하지만, 대부분의 초보창업자들은 시장에 대한 막연한 불안감과 높은 벽을 느끼고 있다. 그래서 여성복, 남성복, 아동복, 액세서리, 가방, 신발로 구분하여 아이템별 시장안내와 상가의 특성 그리고 품질과 트렌드에 관하여 정리하고 분류하여 설명하였다. 남대문과 동대문시장 입문을 위한 좋은 안내가 될 것이라고 생각한다.

파트3, "아무도 알려주지 않는 도매시장의 비밀"에서는 실제적으로 한 때 오픈 마켓 빅셀러였으며 또한 도매에서 매장을 오픈하여 운영한 두 저자의 경험들을 바탕으로 하였다. "원도매와 중도매에서 형성되는 도매가의 진실, 원도매를 찾는 방법, 프로 사입자들만 알고 있는 시장 조사 노하우, 아이템 사입과 생산 관련 노하우" 등 초보 쇼핑몰 운영자에게 아무도 알려주지 않는 비밀들에 대하여 정리하였다. 쇼핑몰을 운영해본 경험이 있거나 또는 현재 쇼핑몰을 운영 중인 창업자에게는 큰 도움이 될 것으로 판단된다. 다만 한 가지 염려스러운 부분은 초보 쇼핑몰 운영자의 경우 도매시장에 대하여 몇 가지 숨겨진 이야기들을 알았다고 스스로 자만에 빠지고 착각에 빠져 시장 조사를 게을리 하지 않을까라는 부분이 우려스럽다.
저자가 이야기하고 있는 내용들은 사실상 위에서 이야기한 철저한 시장 조사를 통하여 얻은 통찰에 대한 부분이므로 필자와 같은 노력을 병행하였을 때 비로소 본인의 지식과 경험으로 안착이 될 수 있을 거라는 일침을 함께 전달하고 싶다. 디자인과 품질이 우수하면서 가격도 저렴한 아이템은 누구라도 판매할 수 있다. 굳이 갖가지 판매스킬과 마케팅계획을 가지고 있지 않더라도 판매할 수 있다. 만약 초보 창업자들의 손에 "걸레"가 주어졌다고 가정해 보자. 대부분의 초보 창업자들은 걸레를 어떻게 판매하느냐고 반문할 것이다. 하지만 제품에 대한 눈을 뜨고, 소비자에 대한 눈을 떴다면 그 사람은 걸레도 판매할 수 있다.
걸레를 팔 수 없다는 것은 걸레가 필요한 소비자가 누구인지 관심이 없기 때문이다. 걸레가 필요한 소비자는 반드시 걸레를 소비하게 되어 있다. 불행히도 대부분의 초보 창업자들은 "패션"이라는 우아하고 고상한 병에 걸려, 걸레를 상품으로 취급하지 않을 뿐더러 그러한 소비자에 대한 관심도 가지지 않는다.

이는 단순히 걸레로 치부되는 아이템에 관한 이야기가 아니라, 시장을 바라보고 쇼핑몰을 운영하는 창업자들의 정신적 무장에 관한 이야기이며 시장변화에 적응해야 생존한다는 생존의 법칙에 관한 이야기이다. 창업 후 3개월 만에 실패하는 50%의 창업자, 그리고 1년 만에 실패하는 90%의 창업자들은 불경기 때문에 또는 쟁쟁한 경쟁자들이 시장을 선점하고 있기 때문에 실패하는 것이 아니다. 대부분의 창업자들이 시장에 대한 경계심이 부족하고 조사가 부족하고 실행이 부족하였기 때문이다.

창업은 결코 쉬운 것이 아니다. 그렇다고 불가능한 꿈도 아니다.
여러분들이 성공하는 쇼핑몰을 만들고 운영하기 위해서는 반드시 "눈을 떠야한다."

"머리"가 아닌 철저히 "발"로 창업을 준비하는 수많은 창업자들에게 한 줄기 빛이 되기 바라는 마음과 함께, 저자가 처음 시장에 입문하여 좌충우돌하던 시절, 쓰디쓴 조언으로 시장에 대한 눈을 뜰 수 있게 도와준 나의 오랜 친구 "늘대박", 그리고 도매매장 운영으로 24시간이 부족한 상황에서 집필을 도와준 공저 이정일 대표에게 감사의 마음을 전한다.

저자 전중열

Part 1 시장과 소비자 : 소비자를 알면 시장이 보인다.

1. 오프닝 : 당신이 알고 있는 시장조사는 관광일 뿐이다.   11
2. 소비자 : 모든 판매행위의 시작점   13
   - 시장을 일으킨 베이비부머(Baby Boomer) 세대   15
   - 엑스(X)세대 ; 패션을 이야기하다.   18
   - 넷(Net)세대 ; 이제는 우리가 대세(Next Generation)이다.   20
   - 21세기 신인류, K세대   21
3. 넷(Net)세대의 소비 특성   22
   - "디지털 네이티브"의 저자 돈 탭스콧이 이야기하는 넷(Net)세대의 소비 특성   22
4. 타깃 : 가면 속의 소비자   29
   - 소비자는 잡는 게 아니라 기다리는 것   30
5. 아이템 선정과 STP 분석 사례   36
6. 패션시장의 매출 주기를 기억하자.   48

Part 2 패션아이템과 도매시장 : 시장이라고 다 같은 시장이 아니다.

1. 동대문 이야기   59
   - 동대문/남대문 도매시장의 성공 신화   63
2. 패션과 온라인시장 : 전통적 유통채널의 확장   66
   - 오픈 마켓   67
   - 소셜커머스   68
   - 온라인 쇼핑몰   69
   - 입점몰   77
3. 시장에 가면 시장의 언어를 사용하자.   79
4. 고가시장 ; apM과 U:US   88
   - 수출공작소 : 에이피엠(apM)   90
   - 트렌드 1번지 : 유어스(U:US)   93
   - apM Expansion : 에이피엠 럭스(apM Luxe)   97
5. 저가시장 : 청평화, 디오트, 테크노   98
   - 인터넷 이후 도매시장의 중심 : 청평화   100
   - 제2의 청평화 : 디오트   101
   - 인터넷 최고의 수혜주 : 테크노   104
   - 그때 그 시절의 데자뷰 : 동평화와 서평화   106
   - 온라인 타깃 도매시장 분석   108
6. 동대문시장의 무풍지대 : 남성복 상가   110
   - 과소 평가 받고 있는 남성복 시장   110
   - 티셔츠 그리고 청바지 : 컨템포러리 캐주얼   112
   - 남성복의 자존심 : 수트   114
   - 스트릿룩 : 스케이트보드, 힙합, 우라하라   116
   - 남성복의 상권지도   117
7. 동대문 보다 남대문 : 아동복 시장   119
   - 아동복의 원류 : 남대문시장   122

- 아동복시장의 플랜B : 동대문시장 128
8. 남대문 이야기 132
9. 남대문시장은 하나의 큰 액세서리 상가 137
    - 오랜역사를 자랑하는 정통 액세서리 전문상가 : 연세/ 장안/영창 137
    - 다양한 콘셉트와 가격 : 남정, 유성, 코코 상가 140
    - 남대문의 중심 : 대도상가 142
    - 숨은 강자 : 삼호/우주 상가, 그리고 마노 144
10. 핸드메이드 액세서리 디자이너의 보물창고, 액세서리 부자재 상가 146
    - 남대문 액세서리 부자재의 맏형 : 남정 147
    - 부자재 상가의 빅딜 : 연세 147
    - 남대문 외곽지대 : 뉴서울/가우딘 148
    - 실버 부자재 : 삼호 148
    - 부자재 막내 : 유성 148
11. 남대문시장, 도매 판매자와의 인터뷰 149
12. 패션의 완성 : 슈즈이야기 158
    - 수제화와 합피 슈즈의 차이 159
    - 수제화의 메카 : 누존 3층 161
    - 합피 신발의 원도매 상가 : 신발 상가 C동 162
13. 명품백 부럽지 않은 기술력 : 남평화시장 169

Part 3 아무도 알려주지 않는 도매시장의 비밀 – 성공 쇼핑몰의 노하우

1. 유통의 커맨드 센터(Command Center) : 원도매를 찾아서 175
    - 일명 '창고'라 불리는 벤더(Vendor) 175
2. 유통의 비밀 : 유통은 제품의 위치 이동이다. 181
    - 청바지의 비밀 : 남평화에는 가방만 있는 게 아니다. 181
    - 여성화(합피 제품) : 창고에 다녀올게요. 182
    - 패션잡화 : 청계천에 다 모여 있다. 184
3. 시장을 이해하라 : 동대문시장도 사람이 사는 곳이다. 186
4. 동대문 시장 조사 노하우 : 4단계 법칙 188
    Step 1. 상권을 파악하라. 189
    Step 2. 신상에 집중하라. 191
    Step 3. 도매상과 친분을 쌓아라. 192
    Step 4. 시장 조사의 요령은 대화법이다. 194
5. 고단수의 필승 창업 전략 195
    전략 1. 시장 조사도 전략이다. 195
    전략 2. 매일 매일 창업 일기를 작성하라. 198
    전략 3. 초보 창업자여, 생산은 꿈도 꾸지마라. 204
    에필로그 : 원고를 마무리하며 211
    - 네이버 블로거 킬릿(Killit)의 인사 213

부록 : 1. 저자 직강 시장조사 교육 안내 214
       2. 니쁜필 감성캐주얼 하라주쿠걸 사업계획서 215

FASHION
BLACK
BIBLE

Part 1 시장과 소비자 : 소비자를 알면 시장이 보인다.

1. 오프닝 : 당신이 알고 있는 시장조사는 관광일 뿐이다.
2. 소비자 : 모든 판매행위의 시작점
3. 넷(Net)세대의 소비 특성
4. 타깃 : 가면 속의 소비자
5. 아이템 선정과 STP 분석 사례
6. 패션시장의 매출 주기를 기억하자.

성공하는 패션 창업을 위한
필수 조건은 무엇일까?
그것은 소비자를 이해하는 것이며,
토끼사냥을 하는 것과 유사하다.

소비자의 니즈(Needs)를 분석한다는 것은 토끼 사냥과 유사한 면을 가지고 있다. 토끼를 쫓아다녀서는 결코 토끼를 잡을 수 없듯이 소비자를 쫓아다녀서는 절대 소비자를 잡을 수 없다.

토끼가 지나다니는 길을 찾고(소비자 분석) 그 길에 덫을 놓아(선점 전략) 토끼가 오기를 기다렸다가 스스로 덫에 걸리도록(마니아) 만들어야 한다.

1. 오프닝 : 당신이 알고 있는 시장조사는 관광일 뿐이다.

사전적 의미에서 한 상품이나 서비스가 어떻게 구입되며 사용되고 있는가, 그리고 어떤 평가를 받고 있는가 하는 시장(市場)에 관한 조사를 '시장 조사(Marketing Reaserch)'라고 한다. 그러나 시장 조사에 들어가는 막대한 노동력과 정신력 대신에 본인의 탁월한(?) 감각과 느낌으로 동대문과 남대문 도매시장을 한번 쓱~ 둘러보고서는 곧바로 사입[1]에 돌입하는 용감한 사람들을 주위에서 자주 목격하곤 한다.

그리고서는 상품이 판매되지 않는 본인의 쇼핑몰을 보면서 소비자들의 취향이 자신의 감각을 따라오지 못한다는 핑계를 대며 소비자를 원망하기 시작하고, 급기야 남아 있는 창업 자금을 네이버 광고에 쏟아 부으며 마지막 불꽃을 화려하게 돈으로 지펴버리고선 장렬히 쇼핑몰을 닫아버린다. 이런 루트로 쇼핑몰을 오픈하고 장렬히 전사하는 데까지 소요되는 시간은 짧게는 3개월, 길어도 6개월을 넘기지 않는다.

지금 이 시간에도 밤새워 도매시장을 헤매고 다니면서 제품을 사입하는 우리의 쇼핑몰 창업자들은 스스로 최선을 다하고 있으나 매출이 노력만큼 나지 않는 현실에 낙심하고 있으리라 생각한다.

그렇다면 사입한 제품들을 코디네이션하여 바닥에 깔아보기를 권한다. 그리고선 한 발짝 뒤로 물러나 자신이 코디한 제품들을 한번 바라보라. 코디가 맞지 않거나 이상하다면 그 제품을 옆으로 빼고 다른 제품으로 코디를 맞춰 보라. 그렇게 옆으로 빠져 나온 제품이 얼마나 되는가?

대부분의 초보 창업자(창업 1년 미만)들은 아마도 옆으로 빠져 나온 제품들이 족히 50% 이상일 것이다. 그렇다면, 코디가 맞지 않거나 코디를 할 수 없어서 옆으로 빼 놓은 샘플들을 어떻게 처리할 것인가? 코디가 맞지 않으니 도매시장으로 가져가 반품을 요청할 것인가?

아니다. 도매시장으로 들어간 돈은 절대 현찰로 다시 나오지 않는다. 그래서 대부분의 쇼핑몰 운영자들은 코디가 맞지 않은 제품들 또는 판매가 되지 않아 재고로 남아 있는 제품들을 처리하기 위해 본인이 직접 제품을 입는다. 본인이 사입한 제품을 본인이 직접 소비하고 있다는 이야기이다.

우리의 현명한 쇼핑몰 운영자들은 잘 알고 있다. 소비자의 감각이 낮아서 본인의 감성을 따라올 수 없으므로 코디가 되지 않거나, 판매가 되지 않아 재고로 남아 있는 제품을 본인이 입어서 세상의 모든 소비자들에게 본인의 감성을 알려야 한다는 것(?). 저자가 지적하고 싶은 점이 바로 이것이다.

소비자가 선택하지 않은 제품을 본인이 입는다는 것의 의미는 어떤 것일까?

쇼핑몰 운영자에게 "당신의 쇼핑몰은 어떤 쇼핑몰입니까?"라고 물으면 대부분의 쇼핑몰 운영자들은 "타깃은 누구이며, 콘셉트는 이런저런 스타일의 쇼핑몰입니다."라고 대답하고 있으나 정작 현실에서는 전혀 그렇지가 못하다. 처음부터 쇼핑몰 운영자에게 소비자 따위는 안중에도 없었던 것이다. 본인의 감각을 믿고 있고, 내가 쇼핑몰을 운영하고 제품을 제

> 소비자가 선택하지 않은 제품을 본인이 입는다는 것의 의미는 어떤 것일까?

[1] 본인이 제품을 사용할 목적으로 구매를 하는 것이 아니라 판매를 목적으로 동대문이나 남대문 도매시장에서 물건을 떼는 행위를 말한다. 이렇게 제품을 사입하는 사람을 시장에서는 사입자라고 한다.

시하면 모든 소비자들이 만족해하며 구매해 줄 것이라 믿었을 뿐, 나의 소비자가 누구인지, 나의 소비자가 무엇을 원하고 있는지, 또는 나의 소비자들이 왜 제품을 구매하는지에 대해서는 전혀 고민하지 않는다.

고민하고 있다고 말하나 실상은 그렇지 못한 것이다. 아니 그것은 소비자보다 쇼핑몰 운영자 본인의 감각이 탁월하다고 생각하는 무책임한 발상에서 비롯되는 것이다.

또 하나 쇼핑몰 운영자의 판단력을 흐리게 하는 것은 동대문과 남대문 도매시장에 들어서면 수많은 신상품들이 매장마다 걸려 있어 사입자의 시선을 어지럽히고 있다는 점이다. 눈에 띄는 제품은 다들 예뻐 보이고 멋있어 보인다. 그래서 이것저것 사입하다 보면 어느덧 예상한 사입 금액을 초과해버려 더 이상 사입을 할 수 있는 여유가 없어서 되돌아 올 수밖에 없는 경우도 허다하다.

콘셉트가 있다고 주장은 하나 결국 콘셉트를 망쳐버리는 사입을 하게 되는 것이다. 소비자를 위해 또는 소비자가 원하는 제품을 콘셉트에 맞춰서 사입하는 것이 아니라, 본인이 원하는 제품과 콘셉트를 소비자에게 강요하고 있는 것이다. 대부분의 쇼핑몰 운영자들은 소비자가 원하는 제품과 콘셉트를 유지하는 것이 아니라 본인이 입고 싶은 제품과 유지하고 싶은 콘셉트로 쇼핑몰을 운영하고 있음을 알아야 한다.

그렇다면 성공적인 시장 조사라는 것은 무엇이며 어떻게 해야 할까?

첫째, 남대문과 동대문 도매시장으로 달려가 사입부터 하는 행위를 당장 멈춰야 한다.

사입하기 이전에 자신의 소비자가 누구인지부터 철저히 분석하고 조사하는 자세부터 갖춰야 한다. 소비자의 나이/직업/소득 수준/학력/코디와 용도 등을 철저히 세분화하여 정형화된 타깃 고객(반드시 얼리어답터[2]이어야 한다) 한 사람을 내세워야 한다. 모든 소비자가 만족할 수 있는 제품이란 없다. 철저하게 세분화시키고 자료화하여 찾아낸 타깃, 그 한 사람을 나의 소비자로 규정할 수 있을 때 그 소비자와 감성을 공유하는 모든 소비자가 나의 소비자가 되는 것이다. 그 다음 그 타깃에게 필요한 제품은 어떤 것인지 스토리텔링으로 풀어낼 수 있을 때, 도매시장으로 가서 제품을 사입해야 한다.

고객층을 분석하기 위한 마케팅 기법에 STP 전략이라고 하는 것이 있는데, 이렇게 공략할 시장을 세분화하고 구체화하는 것을 소비자 세분화(Segmentation)라고 하며, 소비자를 명확하게 특정지어 구분하는 것을 소비자 표적화(Targeting)라고 한다. 이후 원하는 제품이나 업체의 이미지를 소비자에게 깊이 각인시키는 것이 포지셔닝(Positioning)이다.

둘째, 한 템포 늦춰서 창업해야 한다.

이것은 단순히 한 발짝 물러나 여유를 가지라는 이야기가 아니라, 1년 정도 시간을 가지고 시장 조사를 철저히 하라는 이야기이다. 우리나라는 봄/여름/가을/겨울의 4계절이 뚜렷한 나라이다. 이것은 4계절의 매출 변화가 극명하게 나타난다는 이야기이다. 패션 아이템 소비에 있어서 연간으로 나누어 보면 두 번의 매출 상승기와 두 번의 매출 하락기가 분명하

성공적인 시장 조사란, 소비자를 이해하고 받아들이는 자세를 배우는 것이다.

[2] 신제품을 남보다 빨리 구입해 사용해보는 사람들을 뜻하는 신조어로서 early와 adopter의 합성어이다. 미국의 사회학자 에버릿 로저스가 57년 저서 '디퓨전 오브 이노베이션(Diffusion of Innovation)'에서 처음 사용할 때만 해도 대중에게 알려지지 못했으나 95년 이 책의 재판이 나올 무렵 첨단기기시대를 맞아 이 용어도 현대의 신조어로 부상했다. 얼리어답터는 이노베이터보다 늦게 신제품에 관심을 기울이지만 오피니언리더로서 상품시장에 큰 영향력을 발휘한다. [출처 : 네이버 백과사전]

게 나타난다. 시장 조사를 철저히 하였다면 이러한 매출 변화기에 시장이 어떻게 움직이고 반응하는지 체크하였을 것이고, 매출 변화에 따른 대응 방안을 나름대로는 대비를 하고 있을 것이다. 하지만 시장 조사가 부족한 대부분의 창업자들이 시장 분석을 잘못하여 숲을 보지 못하고 나무만 보는 우를 범하는데, 가장 대표적인 사례가 창업 시기를 잘못 결정한다는 것이다. 한참 매출이 상승했다가 하락기에 접어드는 5월과 12월에 창업을 하는 사례이다.

셋째, 단순히 제품을 판매하는 쇼핑몰이 아니라 브랜드로 성장할 수 있는 회사의 비전을 제시해야 한다.

온라인 창업은 오프라인 창업에 비해 창업 비용과 운영면에서 진입 장벽이 낮다고 표현한다. 이름만 들으면 알 수 있는 '스타일난다', '멋남', '임블리', '아보키', '난닝구' 등의 쇼핑몰을 보면, 동대문 등지에서 적당히 사입한 제품을 멋지게 사진 촬영하고 편집하여 본인들의 쇼핑몰에 올리면 소비자들이 알아서 구매를 해 주어 돈을 버는 것 같다. 하지만 초보 창업자들의 경우 이들과는 사입부터 판매까지 엄청난 차이를 가진다.

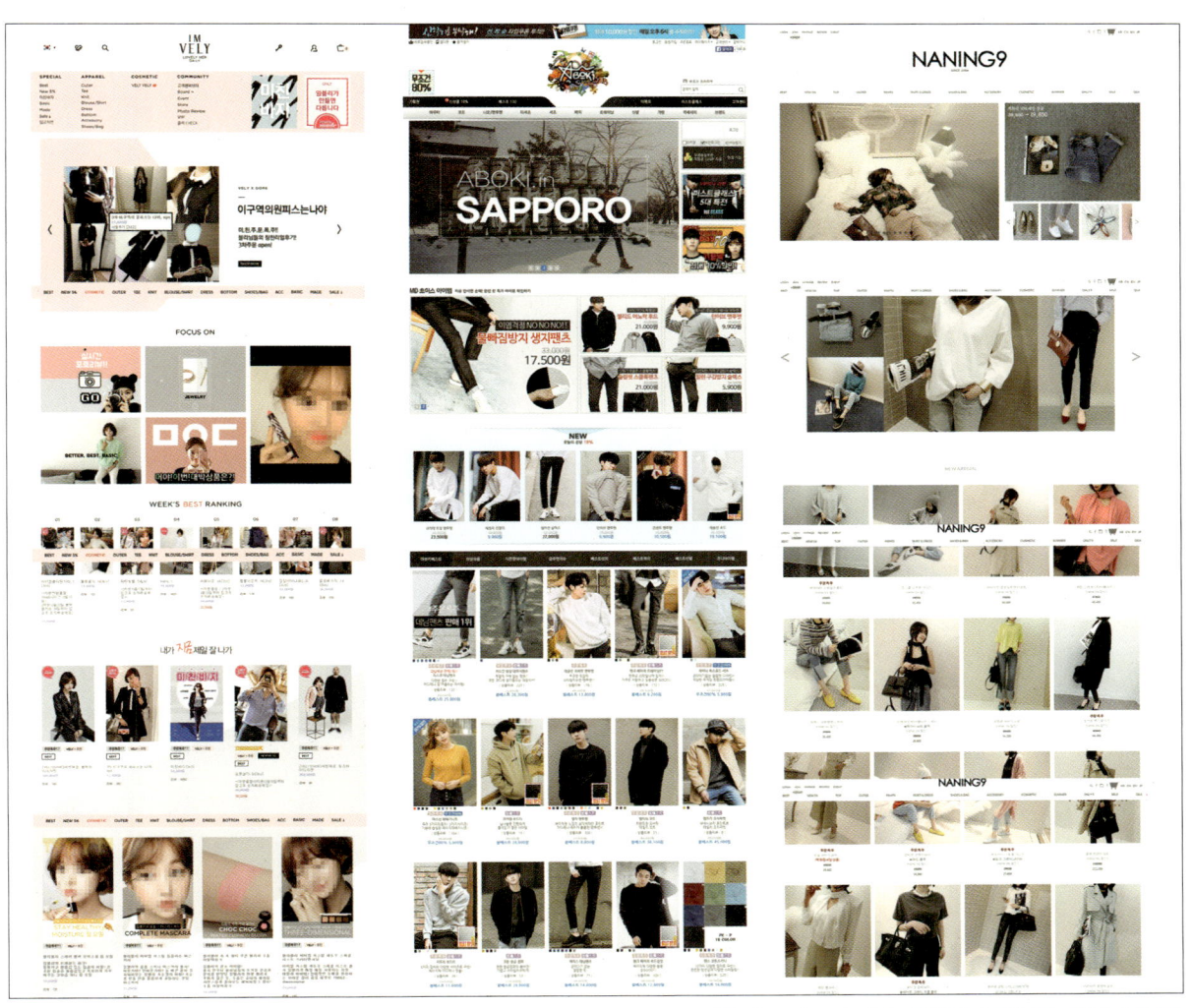

▲ 대한민국 대표 쇼핑몰, 왼쪽부터 임블리, 멋남, 난닝구

> 시장 조사란, 시장에 무엇이 있는지 파악하는 것이 아니라, 시장이 어떻게 돌아가는지를 파악하는 것이다.

초보 쇼핑몰 'A'가 우연히 '스타일난다'에서 39,000원에 판매하는 원피스 제품을 동대문시장에서 사입하게 되어 같은 가격 또는 그보다 저렴한 가격으로 판매를 할 수 있게 되었다고 가정해 보자. 여러분들이라면 누구의 쇼핑몰에서 원피스를 구매하겠는가? 결과는 '스타일난다'의 필승이다. 그렇다면 왜 그런 결과를 가져오는 것인가? 소비자들은 같은 가격, 설사 그보다 저렴한 가격이라도 내가 알고 있고, 내 친구들이 알고 있는 '스타일난다'에서 구매를 하기 때문이다. 그럼, 이러한 현상을 어떻게 표현해야 하는가? 그것이 바로 "브랜드화"되었다는 것이다. 이처럼 여러분들의 쇼핑몰도 곧 다가올 미래에 브랜드화가 진행될 것이므로, 창업 초기부터 브랜드화를 회사의 비전으로 삼고 준비를 해야 한다.

시장 조사를 한다는 것은 참으로 피곤하고 고된 과정이다. 하지만 성공적인 쇼핑몰을 구축하기 위해서는 반드시 필요한 과정이며, 성공의 8할은 시장 조사라는 것을 절대 잊어서는 안 될 것이다.

시장 조사란, 시장에 무엇이 있는지 파악하는 것이 아니라, 시장이 어떻게 돌아가는지를 파악하는 것이다.

2. 소비자 : 모든 판매행위의 시작점

시장을 구성하는 구성원들의 변화에 따라 시장의 모습은 점차 변화하며 그에 따른 시대성과 사회성을 함께 나타낸다. 마찬가지로 오늘날 도매시장의 모습에서도 변화된 세월의 흔적을 찾을 수 있다. 패션 도매시장의 양대 축으로 거론되는 남대문과 동대문 도매시장의 변화를 크게 나누어 보면 2가지로 정리할 수 있다.

첫째, 남대문에서 동대문으로의 권력 이양의 변화이다.

당초 여성복 도매시장의 거대한 메인 스트림으로 자리잡았던 남대문 트로이카인 대도, 삼익, 커먼플라자가 패션 격동기인-1988년 서울올림픽을 기점으로 패션이라는 개념이 우리나라에 확산되기 시작함-1990년대로 접어들면서 혜성처럼 나타난 동대문의 아트프라자에게 당시의 주력 아이템이었던 캐주얼을 내줌으로써 본격적인 여성복시장의 권력 이양이 나타났다.

1998년 IMF 사태 이후 중저가 브랜드에 밀려 동대문 기반의 보세 브랜드가 위축되었지만 '자라', '망고', 'H&M' 등의 글로벌 SPA 브랜드들의 국내 진출 이후 소비 성향이 패스트 패션(Fast Fashion)으로 빠르게 바뀌면서 동대문 기반의 의류/잡화 브랜드 또는 디자이너들이 가로수길에 위치한 '에이랜드(a-land.co.kr)', 홍대 및 전국 여덟 곳에서 운영되고 있는 '원더플레이스(wonderplace.co.kr)' 및 명동 눈스퀘어에 입점한 '레벨5(level5.co.kr)' 등으로 입점하였다.

이에 비하여 남대문시장은 도매시장의 패권을 독점했던 옛 명성을 뒤로 하고, 영캐주얼 또는 30대 여성을 타깃으로 하는 미시층의 제품보다는 40~50대 이상의 여성을 타깃으로 하는 마담층을 대상으로, "도매"보다는 "소매"의 비중을 높인 영업 방법으로 활발하게 움직이고 있다. 특히 일본 관광객들에게는 명동과 함께 빠질 수 없는 관광 명소가 되었고, 아동복 시장과 액세서리 시장은 여전히 대한민국 최대의 도매시장으로서 동대문에 자리를 내주지 않고 굳건히 제 위치를 지키고 있다.

둘째, 오프라인에서 온라인으로의 유통 패러다임의 변화이다.

온라인 유통(모바일, 인터넷, TV홈쇼핑 등)의 2016년 판매액은 전년대비 10% 이상 증가한 50조 원 이상으로 전체 유통업 성장을 이끌 것으로 추정되고 있다.[3]

2007년 이미 백화점 시장 규모를 앞지른 온라인 쇼핑은 다시 진화를 거듭하여 모바일 쇼핑이라는 쓰나미를 몰고 왔다. 한국 온라인 쇼핑협회에 따르면 올해 모바일 쇼핑 시장규모는 13조 1400억 원(이하 추정치)에 달할 것으로 파악됐다. 지난해 5조 9100억 원과 비교해 두 배 이상 커졌다. 모바일 쇼핑 원년인 2012년(1조 8200억 원)과 비교해도 7배나 확대됐다. 반면에 PC쇼핑 시장 규모는 감소폭이 더 확대됐다. 2012년 33조 9600억 원에 달했던 PC쇼핑 시장규모는 지난해 33조 7700억 원으로 소폭 감소한 데 이어 올해는 31조 9600억 원으로 5.4% 줄었다. 인터넷쇼핑족들이 대거 모바일 쇼핑으로 돌아선 것으로 추정된다. 여기에 언제 어디서나 쇼핑을 할 수 있는 모바일 쇼핑 특성상 소비자들의 온라인 구매 규모도 더 늘어난 것으로 파악된다.

모바일 쇼핑 시장 규모는 2016년에도 70% 이상 성장하며 22조 4600억 원에 이를 것으로 예측됐다. 이 규모는 최근의 성장 추이를 감안하면 더 확대될 수 있다. 실제로 2014년 말 협회가 예상했던 2015년 모바일 쇼핑 시장규모는 10조 원 안팎이었다. 2년 사이 120% 이상 늘어난 셈이다.[4] 이에 발맞추어 동대문시장 또한 유통의 패러다임을 오프라인시장보다는 온라인시장에 특화하여 성장하면서 상권의 변화를 가져오게 되었다.

남대문으로부터 주력 제품군인 영캐주얼과 미시를 물려받은 동대문시장은 10년마다 메인 상권의 변화가 나타나고 있으며, 당시의 주력 소비자를 중심으로 상권을 나누어 보면 1990년대 베이비부머(Baby-boomer)세대를 타깃으로 한 아트프라자, 2000년대 삼촌세대로 대변되는 엑스(X)세대를 타깃으로 시장을 주도한 디자이너클럽, 2010년대 인터넷 기반의 넷(Net)세대를 주축으로 하여 청평화시장으로 도매시장의 메인 상권의 변화를 보여 왔다.

■ 베이비부머(Baby Boomer) 세대 : 패션산업의 시작점

6.25 한국전쟁이 끝난 직후 출산율이 이전보다 크게 높아지던 시기에 태어난 세대(1955~1963년)를 말하며, 한국의 산업화와 민주화를 이끌어 급격한 경제 성장을 이루어 낸 실질적 주역이며, IMF 외환 위기와 글로벌 금융 위기를 경험한 세대로 현대사의 정치와 사회에 영향력을 행사하였다.

또한 자녀 양육과 부모 부양의 책임을 동시에 지고 있는 마지막 세대이자 노후를 스스로 준비해야 하는 첫 세대이다. 현재 714만 명으로 우리나라 전체 인구의 14.6%를 차지하며 지금까지 사회의 중심에서 활동하여 왔으나, 2010년부터 본격적인 은퇴가 시작되었다.

이들은 자식들(넷세대)의 교육을 삶의 최우선 순위에 두고 소비보다는 저축을 미덕이라 여

---

3) 패션채널, 2015년 12월 16일자 보도자료 인용

4) 전자신문, 2014년 12월 16일자 보도자료 인용

기며 살았다. 또한 디지털이라는 단어보다는 아날로그라는 단어가 더 어울리는 세대로서, 온라인 문명은 본인들에게 해당이 없는 별개의 문화로 받아들였다. 따라서 각 가정에 최소한 대 이상의 컴퓨터가 보급이 되었음에도 컴맹으로 살아가는 세대이기도 하다. 그것은 곧 소비 성향으로 볼 때 재래시장이나 브랜드 매장에서 제품을 착용해 보고 구매하는 오프라인 소비성향을 가지고 있다는 이야기이다.

그렇다면 이야기의 방향을 시장으로 옮겨서, 위에서 이야기한 베이비부머세대들이 남대문과 동대문 시장을 변화시켜 온 1세대라고 말할 수 있을 텐데 과연 어떤 시장의 어떤 상가들에게 영향을 끼쳐왔을까?

1988년 서울올림픽 이후 국내 패션 산업이 급격히 성장할 당시 밀려드는 손님들을 감당하지 못하고 있던 남대문시장의 틈새를 노렸던 동대문 시장으로 패션 도매시장이 빠르게 넘어오게 되었다. 그 대표적 역할을 한 상가가 아트프라자를 주축으로 신평화시장 그리고 동평화시장이었다. 당시엔 남대문시장이 대표 도매시장이었으나, 이제 막 떠오르던 핫(Hot)한 시장이 바로 동대문시장이었던 것이다.

그렇게 베이비부머를 타깃으로 성장하였던 아트프라자에서 다시 한 번 시장의 주도권을 내주는 계기가 있었다.

4050세대

● 베이비붐 세대 쇼핑의 큰손으로

최근 소비경제를 이끄는 큰손으로 여가 생활을 즐기는 50대 베이비붐 세대가 부상하고 있다. 온라인몰 옥션이 2014년 50대, 60대 여성 고객들의 패션, 육아 카테고리 구매단가를 살펴본 결과 2011년 대비 패션잡화는 21%, 유아용품은 10% 올랐다. 화장품의 경우 구매단가는 2% 하락했지만, 전체 구매자 수가 10% 증가한 것을 감안하면 젊은 세대를 겨냥해 내놓은 저가 화장품을 50대, 60대가 더 자주 사고 있는 것으로 보인다.[5]

평일 낮 시간 브런치(아침 겸 점심) 레스토랑의 주 고객들도 할머니들이다. CJ푸드빌의 패밀리레스토랑 빕스의 경우 50대 이상 여성 고객들이 꾸준히 늘면서 50대 이상 고객 수는 올해 들어 지난해 같은 기간보다 10% 늘었다.

롯데백화점에서도 60대 이상 구매 회원 수 비중과 매출이 수년째 늘면서 이제는 각각 8%, 9.9%에 이를 정도로 주 고객층으로 떠올랐다. 특히 2014년 이후 대부분의 연령층에서 남성비가 늘고 있지만 60대 이상에서만큼은 여성이 77.8%를 차지하며 지난해보다 증가했다. 30대, 40대들이 찾는 의류 브랜드를 방문하는 젊은 감각의 50대, 60대 고객도 해마다 늘어 올해는 이들이 차지하는 매출이 23%에 달했다. 신세계백화점은 수년 전 실시한 실버마케팅 행사에 50대, 60대층이 거의 응모하지 않자 그 이후 '실버 마케팅'이라는 단어를 아예 없앴다.

이들의 왕성한 소비욕은 의류시장의 판도도 바꾸고 있다. 옷 맵시가 잘 드러나지 않는 평퍼짐한 옷이 아니라 세련되고 화려한 옷의 구매가 점점 늘고 있다는 것이 특징이다. 신세계백화점은 아예 지난 2005년부터 베이비부머세대들을 위한 청바지 전문숍인 '더스튜디오 블루'를 오픈하여 유명 디자이너들이 직접 디자인한 화려한 제품들을 배치했다. 30~100만 원대의 고가이지만 체형 보정 기능도 있어 월 매출 1억 가량을 꾸준히 올리고 있다. 롯데백화점도 남성복 매장에 청바지 물량을 대폭 늘리고, 층마다 40~50대 남성전용 휴식 공간도 마련했다.

5) 한국일보, 2014년 11월 25일자 보도자료 "어번그래니 (멋쟁이 할머니) 늘다" 인용

● 자신을 위한 소비

현재의 4050세대는 풍요로운 시대에 태어나 다양한 문화적 혜택을 받았다. 이들은 이전 세대들과 달리 자녀들의 성공에만 목을 매지 않는다. 자기 실현과 노후 대비에도 관심이 크다. 여가 생활을 보내는 데도 적극적이다. 젊게 살려는 욕구가 강해 정보통신 기기, 패션 등에도 관심이 높다. 자신의 패션과 스타일을 위해 투자를 아끼지 않는 남성들도 증가하고 있다.

2~3년 전부터 중장년층 남성 고객들이 스스로 백화점 매장을 찾는 비율이 부쩍 증가한 모습을 보이는데, 이들은 예전처럼 눈치를 봐가며 구경만 하는 것이 아니라 넥타이 하나를 고르더라도 부인이나 여자친구와 상의하며 꼼꼼하게 고른다고 한다.

중장년층이 모바일 쇼핑으로 눈을 돌리면서 홈쇼핑과 소셜커머스도 명실상부한 '모바일 유통채널'로 변신하고 있다. TV 방송으로 시작한 홈쇼핑은 2015년 처음으로 모바일 비중이 20%를 넘어서고 모바일 기반으로 출범한 소셜커머스 역시 모바일 거래액이 전체의 80%를 돌파했다.[6]

GS숍, CJ오쇼핑, 롯데홈쇼핑의 모바일 판매비중은 각각 18%, 19%, 20%에 달했으며, 현대홈쇼핑 등은 아예 고객 유치를 위해 모바일에 특화된 홈쇼핑 방송을 별도로 제작하여 방송하기도 하였다.

모바일이 홈쇼핑 업계의 차세대 성장동력으로 부상하면서 모바일기기에 익숙한 2030세대 못지않게 40~50대 중장년층도 모바일 쇼핑으로 발길을 돌리고 있다. 스마트폰 대중화에 맞춰 전통적인 오프라인 고객이었던 중장년층이 모바일 쇼핑의 큰손으로 부상한 것이다. GS숍의 2014년 모바일 거래액을 보면 40대가 차지하는 비중이 전년보다 2.4% 포인트 늘어난 34%를 기록했다. 같은 기간 50대 이상은 17%포인트 증가한 9.6%로 나타나 상대적으로 50대 이상의 모바일 쇼핑 이용률이 가파르게 성장하는 것으로 나타났다. 40대 이상의 모바일 비중을 합치면 43.6%에 달해 2015년은 2030세대를 추월했다는 분석까지 나온다.

소셜커머스에도 중장년 고객의 발길이 잇따르고 있다. 티몬에 따르면 2014년 전체 매출 중 40대 고객의 비중은 17.8%로 전년보다 8.4% 늘었고 50대와 60대도 각각 7.8%, 7.7% 증가했다. 같은 기간 20대와 30대 비중이 소폭 감소한 것과 비교하면 더욱 두드러지는 대목이다. 소셜커머스가 2030세대의 전유물이라는 고정관념이 사라지고 있는 것이다.

6) 서울경제, 2015년 1월 17일자 보도자료 인용

● 문화 소비 주요 권력으로

4050세대는 자신을 위해 소비할 줄 모르는 이전 '문화 불모 세대'와는 다르게 자녀들과 함께 가족 동반 관람을 이끌면서 자기 계발이나 취미 생활을 위해 자발적으로 공연장을 찾아 문화를 적극적으로 수용하고 있다. 20~30대에 비해 경제력과 시간 면에서 여유롭기도 하다. 탁현민 한양대 교수(문화콘텐츠학)는 한겨레21과의 인터뷰에서 "한국에서 최초로 세대의 문화가 확고한 자기 정체성을 드러냈던 게 4050세대이다."라고 하면서 "암울한 정치 상황을 이겨낸 민주화운동 세력이면서 서정적인 포크 문화를 주도했던 이들은 문화 전반에서 창작과 생산, 소비가 가능하다."고 설명했다.

● 4050세대를 일컫는 신조어들 ; 루비족, 나우족, 노무족

이러한 변화에 따라 안정된 경제력과 정제된 라이프스타일을 갖춘 4050세대를 일컫는 신조어도 등장했다. 열성적인 중년 여성을 일컫는 '루비족'은 상쾌함(Refresh)과 특별함(Uncommon), 아름다움(Beauty)과 젊음(Young)에서 영어 앞글자를 따 만들어졌다. 경제력 있는 중년 여성들을 일컫는 '나우족'(New Older Women), 더 이상 아저씨로 불리기 원치 않는 '노무족'(No More Uncle) 등은 이들이 새로운 소비 트렌드를 만들어가고 있다는 증거다. 문화예술계뿐만 아니라 패션, 전자, 유통업체 등도 이들을 공략하는 상품을 출시하며 마케팅 활동을 펼치고 있다.

증권사 통계에 따르면 은퇴를 앞둔 50대는 평균 1억 4,000만 원 상당의 금융자산을 보유하고 있어 금융권에서도 그들의 목돈을 잡기 위한 마케팅이 한창이다. 돈을 쥔 이들에게 가장 관심이 많은 곳 중 하나는 카드사다. 연령 특화 상품으로 '2030카드', '4050카드'를 만들었던 카드사들은 IT기술의 발달에 힘입어 연령대별 마케팅을 취합한 빅데이터 자료를 분석해 프리미엄 체크카드 등 상품개발에 적극적으로 이용할 방침이다. 신한카드, 국민카드, 농협카드 등은 2016년 중으로 고객의 니즈를 충족시키면서 각사의 개성을 살려낸 상품을 출시할 계획이다.

은행들의 행보도 바쁘다. 농협은행은 2015년부터 50대 은퇴 준비자를 집중적으로 공략할 거점 지점을 육성하고, 재테크 상담과 은퇴 설계를 전담할 '시니어 전용 창구'를 운영하고 있으며, 신한은행은 2014년 4월 은퇴브랜드인 '신한 미래설계'를 선포하고, 은퇴자 전용 상담창구인 '미래설계센터'를 적극적으로 운영하고 있다. 보험사들 역시 All100플랜, 시니어행복설계 등의 네이밍을 통해 베이비붐 세대의 은퇴설계 전용 상품개발 및 마케팅에 열을 올리고 있다.

백화점들도 매장 리뉴얼을 통해 젊은 디자이너 브랜드와 신규 브랜드들을 선보이고 있으며, 스타일난다, 힙합퍼닷컴 등 온라인에서 맹위를 떨치고 있는 브랜드들을 대거 오프라인으로 초청하여 큰 재미를 보고 있다. 제일모직의 '르베이지', 형지어패럴의 '크로커다일 레이디' 등은 마담 부티크 상품들을 밀어내며 꾸준한 매출 신장세를 타고 있다.

100세 시대를 맞아 은퇴 이후에도 본인이 하고 싶은 일을 능동적으로 찾아 도전하는 50~60대의 수요 또한 계속 늘고 있다. 흔히 '액티브 시니어'라고 불리는 이들은 적극적으로 소비하고 문화활동에 나선다는 점에서 기존 실버 세대와 구분된다. 이들은 넉넉한 자산과 소득을 바탕으로 자신에 대한 투자를 아끼지 않으며 건강과 외모관리에도 철저한 특징을 지닌다.

현재 액티브 시니어는 714만여 명으로 우리나라 전체 인구의 14.3%를 차지하고 있으며 시장규모 역시 갈수록 증가하는 추세다. 보건복지부에 따르면 액티브 시니어 산업의 성장 규모는 2010년 43조 9천억 원으로, 2020년에는 약 148조에 이를 것이라고 전망했다.[7]

7) 한경닷컴, 2015년 10월 21일자 보도자료 인용

■ 엑스(X)세대 ; 패션을 이야기하다.

캐나다의 더글라스 코플랜드의 소설 "X세대"(Generation X, 1991년)에서 따온 말로서, 사회 공통의 문제보다는 개인적으로 어떻게 살아가는가의 방법에 더 큰 의미를 두는 세대이다. 베이비부머세대와 그들의 자식세대인 넷(Net)세대와의 사이에 끼어 있는 세대라고 하여 "끼인 세대"라고도 불린다. X세대를 다시 다른 말로 부를 때 "2차 베이비부머세대"라고도 표현한다. 시기적으로 1968년에서 1974년에 태어났으며, 약 596만 명으로 우리나라 전체 인구의 12.4%에 해당이 된다. 이들은 산업화를 바탕으로 베이비부머세대에 비해 상대적 풍요를 누리며 성장하여 소비 지향적인 성향이 강하다.

"X세대"라 불리는 이들은 베이비부머세대에 비하여 디지털 문명에 빨리 접하게 되었으며, 최초의 Personal Computer 교육을 받을 수 있었던 혜택을 누린 세대이기도 하다. 이 글을 쓰고 있는 저자도 X세대로서 고등학교 2학년때 처음으로 PC를 접해 보았다. 물론 지금으로서는 상상도 할 수 없을 만큼 부족한 성능이었지만-삼보 286XT, 램 메모리 16KB, 하드디스크는 없으며, 5.25인치짜리 플로피디스크로 구동되는 컴퓨터를 170만 원이나 주고서 샀다. 2년 후 대학 입학 시에 낸 등록금이 62만 원이었던 걸 생각한다면, 얼마나 비싼 제품이었는지 실감할 수 있다. 이들 X세대들이 대학을 졸업하고 경제적으로 독립할 무렵이 온라인 쇼핑몰의 도입기였다. 또한 사회적으로도 IT 강국을 내세워 국내에서 벤처 붐

과 함께 닷컴 버블이 일어나기도 했던 시기이다.

사회적으로 이렇게 온라인 변화의 바람이 불고 있을 때쯤, TV에서 이런 광고가 흘러나왔다.

"우리가 만들면 유행이 된다. 디자이너클럽"

베이비부머세대를 중심축으로 한참 전성기를 구가하던 아트플라자, 신평화·동평화 시장에서 도매 매장에 직원으로 고용된 디자이너들에게 도매 매장의 주인이 되어 직접 도매 매장을 운영할 수 있는 기회가 주어졌다. 그것이 디자이너클럽의 핵심 콘텐츠였으며, 시장에 적중하였다. 다양성을 확보해야 하는 패션 산업에서 디자이너들로 구성된 도매상가의 등장은 실로 크나큰 변혁이 아닐 수 없었다.

X세대를 주요 타깃 고객층으로 성장한 도매상가가 디자이너클럽, 누존, 제일평화시장, 벨포스트(구 에리어6) 등이다. X세대를 타깃으로 운영을 한다고 하여도 온라인 쇼핑과는 거리가 먼 상가들이다. 일단 타깃 집단들의 소비 성향이 강하여 저가의 제품보다는 품질과 디자인을 앞세웠고 영업적인 측면에서는 장차[8]를 위주로 오프라인의 지방 상인들을 대상으로 운영되었다.

하지만 안타깝게도 유통의 패러다임이 오프라인에서 온라인으로 변화하여 지방 상인을 비롯한 오프라인 로드숍들이 온라인 쇼핑에 시장을 내주고 있을 2008년 무렵 조차도 일부 도매 상인의 입장은 "온라인 쇼핑몰 때문에 오프라인 상가들이 망한다. 또는 단골이 끊어졌다."라는 시선으로 온라인 유통에 대한 반감을 심하게 가지고 있었다.

8) 지방 상인들이 남대문시장 또는 동대문시장으로 사입을 오기 위해 직접 차량을 가지고 이동하지 않고, 각 지방의 의류조합에서 운용하는 관광버스 등에 별도의 교통비를 지불하고 이용하는 버스를 일컫는 용어이다.

X세대 또는 N세대

90년대에 등장한 X세대 또는 N세대는 이데올로기의 시대를 마감하기도 했지만 젊은 세대가 기성세대에게 무엇을 던져야 한다는 것쯤은 알고 있었다. 붉은 악마를 위시한 표현들이 바로 그것이다. 서태지로부터 시작한 문화의 흐름은 외환 위기를 자초한 기성세대에 대한 일종의 문화적 조롱이자 비난이었다.

이들은 기존의 탐닉세대보다 더 심화된 개인주의로 무장하고, 정보화에 몰두하며, 정치적 사건과 쟁점보다는 개인적인 멋, 사랑, 드라마 등에 더 열광한다. 집단 이념에 관심 없고 개인의 성취와 성공 신화에 귀를 기울이는 세대, 공공장소에서도 거리낌 없는 애정 표현을 하는 세대, 동거와 이혼에 걸림이 없는 세대, 그럼에도 불구하고 기성세대가 상대적으로 신경쓰지 못했던 환경, 생태, 인권, 녹색주의 운동에 적극적인 세대이다. 극도의 정치적 무관심에 빠져있다고 혹자는 말하지만 2012년 안철수, 2014년 세월호, 그리고 2016년 위안부 문제에 깊이 파고들었던 그들의 모습은 정치를 완전히 부정하는 것도, 현실 참여의 끈을 놓아버린 것도 아니다.[9]

9) 송호근외, "위기의 청년세대 출구를 찾다", 나남, 2010.

자유롭고 풍요로운 G(글로벌)세대

G(글로벌)세대는 88서울올림픽 전후에 태어나 1990년대 중반 이후 부유한 환경에서 성장한 세대이다. 대략 1986년부터 1991년까지의 출생 세대로 베이비부머세대의 자녀들이 주축을 이루고 있다.

부족한 것 없는 환경에서 자라다 보니, G세대는 부모들과는 전혀 다른 코드를 가지고 있다. 물질적 풍요를 누리고 자랐기 때문에 부모세대가 가졌던 헝그리정신은 당연히 찾아보기 힘들다. 어려서부터 무엇을 하고 싶다거나 어떤 사람이 되고 싶다는 뚜렷한 인생 목표를 가졌던 이전 세대들과도 다르다. 반면 새로운 것에 대한 지적 호기심이 대단히 높아 인터넷/스마트폰 등의 최신 IT 트렌드를 단시간 내에 흡수하곤 한다. 하지만 게임에 빠져들어 일상을 소홀히 하고 책을 멀리하기 때문에 인문/교양에는 어둡다. 역사의식도 희미하고 미래를 위해 과거를 공부하는 것에 약하다.

사회학자들은 G세대에 대해 "이렇다 할 특징이 없다는 게 특징이다."라고까지 말한다. 언론들이 내놓은 또 다른 분석에 따르면 G세대는 글로벌 마인드와 뛰어난 외국어 구사 능력을 갖추었고, 좋고 싫음을 솔직하게 표현하며, 개개인의 개성 및 상상력과 창의력도 뛰어나다. 이에 반해 이들은 책임의식이 부족하다. 형님뻘인 N세대와 마찬가지로 소위 "캥거루세대"라 불리는 이들은 상대적으로 부유하고 풍족한 부모세대에 기대어 살며 독립심이 약하고 어려운 직장생활을 쉽게 포기하여 인내심이 부족하다는 비판을 많이 받는다.[10]

인터넷을 중심으로 한 이들의 가장 큰 특징은 달라진 네트워크 형태와 네트워크를 만드는 네트워킹 능력이다. 네트워크란 개체에 해당하는 노드와 노드들을 연결하는 링크가 결합된 것이다. 사람을 노드로 하는 사회적 네트워크와 함께 정보들 간의 네트워킹인 정보 네트워크의 형성과 유지에서 탁월한 능력을 보여 주고 있다. 성 차별에 대해 당연시하던 기성세대의 관성적인 생각이 거의 없어졌으며, 네트워크를 통해 맛집 정보, 교통 정보 등을 공유하고 확인함으로써 일상생활 내에서의 사소한 불편함조차 해결해 주는 지식과 정보 공유 등으로 집단 지성-Web2.0-을 풀가동하고 있다.

10) 송양민, "밥돈자유", 21세기북스, 2012.

■ 넷(Net)세대

1977부터 1997년 사이에 태어난 세대로 디지털 기술과 함께 성장해서 디지털 기기를 능숙하게 다룰 줄 아는 디지털 문명세대를 일컫는다. 이들은 베이비부머세대의 자식세대라고 하여 "메아리세대"라고도 불린다. 대학을 졸업하여 경제력을 가지기 시작한 1990년 중반 이후 지마켓 성공 신화와 더불어 각종 온라인 쇼핑몰의 주축 소비자이다. 이들이 이렇게 온라인 소비 세력으로 자리매김을 하게 된 것은 태생적으로 베이비부머세대 또는 엑스(X)세대의 소비자들보다 디지털 문명에 친숙하게 성장하였기 때문이다. 베이비부머세대에게 컴퓨터는 회사에서 작업할 때 사용하는 장비이며, 엑스(X)세대에게 컴퓨터는 자기를 표현하고 알려 주는 소통의 장치이며, 넷(Net)세대에게 컴퓨터는 언제나 자신과 함께 놀아 주는 놀이터인 셈이다.

주변에 세 살 정도 된 조카가 있다면, 스마트폰 또는 스마트패드를 어린 조카에게 줘보라. 10분 이내에 설치된 게임을 찾아내 실행하여 즐거워하고 있는 모습을 볼 수 있다. 조카에게 한번도 스마트폰 또는 스마트패드의 사용법을 알려 주지 않았지만 그들은 그것을 가지고 놀고 있는 것이다.

그렇다면 이러한 넷(Net)세대는 동대문 도매시장 발전에 어떠한 영향을 끼쳤을까?

한참 주가를 올리던 디자이너클럽과 제일평화시장 등을 따돌리고 당당히 동대문 대표선수의 자리를 차지한 상가가 apM(에이피엠), U:US(유어스), 청평화, 디오트(The OT), 테크노이다.

이들 중 청평화, 테크노는 온라인 쇼핑이 득세하기 이전엔 도매상가의 기능을 했다기보다는 재고나 땡물건을 임시 보관하는 창고의 기능을 하였다. 실제 필자가 2006년도 당시에 판매 후 남아 있는 재고 상품을 테크노에 납품한 경험이 있었고, 2008년 디오트가 세간의 주목을 받지 못하고 있을 당시 2층 에스컬레이터 앞 매대에서 짜장면을 시켜먹고 담배까지 필 정도였으니 말이다. 하지만 지금의 모습은 180도 변화되어 동대문에서 가장 번성한 상가가 바로 청평화, 디오트, 테크노이다. 이것이 모두 온라인의 힘이라고 저자는 과감히 말하고 있는 것이다.

■ 21세기 신인류, K세대

K세대(Generation K)는 2000년 이후 출생한 세대를 일컫는 용어이다. 영국 런던대 노리나 허츠(Noreena Hertz) 의사결정학 교수가 영국 파이낸셜 타임스(FT) 기고를 통해 내놓은 이 용어는 영화 '헝거 게임'의 여주인공 캣니스 애버딘(Katniss Everdeen)의 이니셜 K에서 따온 세대를 구분하는 신조어이다. 앞선 세대인 BB세대, X세대, N세대의 뒤를 이은 K세대는 IMF 이래로 지구촌 전체가 겪고 있는 최장기간의 경기침체와 최악의 테러위협에 직접 노출된 세대이다.

국가의 압제에서 신음하는 영화의 설정과 같이 이들은 기성세대와 사회체제에 대해 심각한 불신을 가지고 있고, 미래에 대한 암울한 전망에 사로잡혀 있으며, 테러 위협이나 기후변화 등 글로벌한 정치적 이슈들에 관심이 많아 캣니스 애버딘의 영웅 심리를 자신들에게 감정 이입시킨다. 현실을 바라보는 이들의 암울한 세계관은 기성체제에 대한 불신과 불안으로 이어진다. 노리나 허츠교수가 실시한 조사에 따르면, 대기업 및 정부를 신뢰하는 K세대는 겨우 4%와 10%로, 50% 이상의 신뢰도를 보인 기성세대(BB세대와 X세대)와 큰 격차를 나타냈다. 결혼이나 육아 등에 대한 질문에도 부정적인 답변이 각각 30%, 35%에 달했다.

윗세대에 비해 술이나 마약을 멀리함에도 불구하고 자살이나 자해 등의 자기파괴적 성향은 더 강하다는 점도 현실을 어둡게 보는 경향이 높다는 증거가 된다. 또한 기성세대에 비해 각종 차별에 대한 저항이 아주 강하다. 성차별이나 인종차별에 매우 부정적이며, 기존 세대들이 선호하는 지역주의, 파벌주의 등에 대해서도 사라져야 할 폐습으로 간주하는 이들이 많다.

그러나 뭐니 뭐니 해도 이들을 앞세대와 구분 짓는 가장 큰 특징은 어렸을 때부터 모바일 인터넷을 삶의 일부로 경험해 왔다는 점이다. K세대는 디지털 기술의 발전 위에 태어났다. 아이폰이 전 세계를 휩쓸고 트위터, 페이스북이 생겨나던 시기에 태어난 이들의 일상은 디지털기기와 떼려야 뗄 수 없다. 우리나라의 10대 스마트폰 보급률은 2010년 5.3%에서 2011년 40.0%로 폭증한 뒤, 2015년 99.7%로 올랐다. 제일기획 빅데이터 분석조직인 제일DnA센터에 따르면 10대의 스마트폰앱 사용 시간은 하루 평균 2시간50분으로 가장 높았다.[11]

이들에게 스마트폰은 생존에 필수적인 요소이다. 깨어 있는 시간의 상당 부분을 스마트폰에 소비하며, 마주 보고 앉아서도 스마트폰을 통해 대화를 진행한다. 다양한 감정 표현을 이모티콘으로 소화하니 바야흐로 신(新)상형문자 시대가 도래했다고까지 표현할 수 있다. 카카오톡에 따르면 2015년 9월 말 기준 1,000만 명 이상이 하루 평균 20개의 이모티콘을 사용하고, 이모티콘 시장 규모가 1,000억 원을 넘은 지도 오래다.

---

11) 통계자료, 헤럴드경제, 2016년 1월 2일자 보도자료 인용

K세대 인생에서 가장 불행한 사건을 꼽자면?

답은 '스마트폰을 화장실에 빠뜨렸을 때', 이들에게 디지털기기 없는 삶이란 생각할 수 없다. 한국청소년상담복지개발원 상담 사례에 따르면, 한 학생은 부모가 스마트폰을 빼앗자 대성통곡을 하다 경련을 일으켜 119가 다녀갔고, 다른 학생은 학교에서 태블릿PC를 빼앗기자 자해를 하기도 했다고 한다.

이러한 특성을 가지고 있는 K세대의 소비성향은 BB세대가 오프라인 소비에 특화되어 있고, N세대가 온라인 소비에 특화되어 있다면, K세대는 모바일[12]에 특화된 소비특성을 가지고 있다고 말할 수 있다. 이들은 현재 국내에서 인기몰이하고 있는 모바일 게임의 주요 소비자들이며, 유통채널로써 폭발적인 발전성을 보인 모바일 쇼핑몰의 주요 타깃이기도 하다. 따라서 PC기반의 기존 인터넷 쇼핑몰에서 모바일 쇼핑몰에 최적화된 UI(사용자 인터페이스)와 UX(사용자 경험) 개발이 필요한 시기이다. 유통시장에서 K세대가 가지는 마케팅적 의미는 아직 이렇다 할 변화를 가지고 오지 못하였으나, 차후 이들이 경제력을 갖게 될 약 10년 후의 패션시장은 다시 큰 변화를 맞이하리라 예상한다.[13]

3. 넷(Net)세대의 소비 특성

앞서 설명한 세대 구분을 기준으로 하여 현재 동대문시장의 주력 소비세대를 나눈다면 다음과 같다.

남대문시장의 커먼플라자, 삼익, 대도, 메사 등의 상가와 동대문시장의 아트프라자, 동평화, 신평화, 남평화, 광희시장 등을 주요 사입처로 활용하여 지방 재래시장 등지의 오프라인으로 공급하는 베이비부머세대와 제일평화, 벨포스트(구 에리어6), 디자이너클럽, 누존, 스튜디오W(유니온30) 등의 상가에서 제품을 사입하여 서울과 경인 지역의 오프라인으로 판매하며 차후 온라인까지 확장을 시도하고 빠른 소비자 반응을 확인하기 위하여 온라인 쇼핑몰까지 운영하고 있는 엑스(X)세대, 끝으로 apM(에이피엠), U:US(유어스)를 주력 사입처로 하여 고가로 판매하는 온라인 쇼핑몰과 청평화, 디오트(The OT), 테크노를 주력 사입처로 활용하여 지마켓, 옥션, 11번가 등으로 저가의 오픈 마켓 판매를 하는 넷(Net)세대로 나눌 수 있다.

그 중에서 현재 동대문 주력 소비자이며, 트렌드를 움직여 나갈 넷(Net) 세대에 대하여 정확히 이해를 하고 넘어가야 할 필요가 있다.

■ "디지털 네이티브"의 저자 돈 탭스콧이 이야기하는 넷(Net)세대의 소비 특성[14]

① **자유(Freedom)** : 넷(Net)세대들은 선택의 자유를 최고의 가치로 여긴다. 기성세대인 베이비부머처럼 대학을 졸업하고 직장을 갖는 순차적인 삶을 거부하고, 일하고 싶을 때 일하고, 놀고 싶을 때 언제든지 사표를 던진다.

현재 온라인 쇼핑몰이 지속적으로 성장하고 있는 요인을 뽑자면 경기 불안 지속으로 인한 청년 실업의 증가, 디바이스의 진화로 인한 유통 채널의 변화, 넷(Net)세대의 가치관 변화 등이 유기적 상호관계를 만들어 내고 있는데, 바늘귀처럼 어려운 취업 관문을

---

12) 이동하면서 인터넷 접속이 가능한 모든 기기

13) 통계청에 따르면 2007년생인 황금돼지띠 아동은 총 49만3,189명으로 전년인 2006년(44만8,153명)에 비해 약 10% 늘었다. 이들은 국내에서 K세대의 스타트세대로서 이들이 독립적으로 경제활동이 가능한 2025년경에 패션시장의 판도와 유통시장의 판도는 완전히 변화될 것으로 저자는 예상한다.

14) 돈 탭스콧, 디지털네이티브, 비즈니스북스, 2009.

통과하지 못해 취업 재수생으로 남을 필요가 없다고 생각하고 있으며, 또한 온라인 창업의 진입 장벽이 낮아 언제든지 창업이 가능하다는 것 등이다. 본인의 적성대로 창업하고 운영할 수 있으며, 직장 상사의 눈치 따위를 볼 필요가 없다는 것이다.

② 고객 맞춤(Customization) : 상품과 서비스 등 모든 것을 자신의 취향에 맞게 변형하고 자기 것으로 만들기를 원한다. 휴대폰이나 MP3 플레이어를 구입하면 겉모양과 색깔 등을 자기 취향대로 꾸미고, 필요하면 소프트웨어도 스스로 개발하여 사용한다. 현재 가장 핫한 디바이스로 스마트폰과 스마트패드를 들 수 있다. 그런데 디바이스의 모양은 같으나, 디바이스에 내장된 콘텐츠는 100인 100색의 다양성을 가지고 있다. 그것은 본인의 취향에 따라 앱(App)을 선택하고 사용하기 때문이다.

③ 협업(Collaboration) : 무엇이든 함께 작업하는 협업에 익숙하다. 온라인 백과사전인 위키피디아 같은 사이트에 수시로 접속해 자신이 알고 있는 지식을 기부한다. 하지만 아무런 금전적인 보상을 바라지 않는다. 학교에서도 일방적인 강의보다는 동료와 대화를 즐긴다. 또한 넷(Net)세대 10명 중 7명이 더 나은 제품과 서비스를 만들기 위해서 기업과 손을 잡고 협력하고 싶어 한다. 이러한 현상은 국내의 파워블로거들을 보면 쉽게 찾아볼 수 있다. 화장품 회사로부터 제품이 출시되기 이전에 테스터로 선정되는 파워블로거의 경우, 제품을 사용해보고 문제는 없는지, 더 좋은 아이디어는 없는지에 대하여 제안하고 그에 대한 본인의 의견을 블로그에 상세히 올려 소비자와 생산자로부터 좋은 반응을 얻기도 한다.

④ 철저한 조사(Scrutiny) : 어떤 사안에 대해서도 사실 여부를 검증하려고 한다. 신문이나 방송의 보도에 의문이 생기면, 즉시 관련 사실을 조사하고 온라인에 결과를 전파하면서 여론을 조성하여 "더 이상의 PR과 정보 조작은 통하지 않는다."고 선언하곤 한다. CSI 보다 더 무섭다는 네티즌 수사대라는 용어까지 만들어 낸 이런 부류들을 "인터넷 빅마우스"라고 부르는데, 실제로 다음(daum)의 한 카페에서 모 가수의 학력이 조작되었다는 의심을 품은 네티즌 일부가 이에 대한 각종 증거 자료를 모으고 인터넷 카페에 배포하여 사회적으로 문제가 되었던 적이 있다. 결국 모 가수의 학력은 가짜가 아닌 것으로 밝혀졌으나, 가수와 가족들에게는 지울 수 없는 상처를 주었다.

⑤ 성실함(Integrity) : 도덕적 가치를 높이 사며, 이 회사에 내 돈을 주어도 되는가라는 문제에 대하여 심각하게 생각한다. 넷(Net)세대의 83%는 일반적으로 제품을 구매하기 전에 필요한 모든 것을 조사한다. 저개발국에서 열악한 노동 환경 속에서 생산된 농산물이나 제품 구매를 거부하는 등 기업의 도덕성까지 요구하고 있다. 광우병이 한참 이슈가 되던 당시 미국산 소고기 수입에 대해 대학생 및 진보 세력을 중심으로 전국적인 반대 운동을 벌인 것이나, 독도를 두고 일본과의 대립이 첨예화될 때마다 앞장서는 온라인 단체 행동 및 반크 등의 활동, 환경 발자국 및 공정 무역 등을 거론하며 커피 등의 일상 소비 품목을 중심으로 활발히 전개되는 착한 소비 운동 등이 바로 그것이다. 근간의 패션 부분과 관련된 활동으로 국한해도 다양한 예를 쉽게 찾을 수 있다. 2012년 초, 가짜 후기 작성 및 환불 거부 등으로 문제를 일으킨 연예인 쇼핑몰들에 대해 일어난 대대적인 구매 거부 운동이나, 같은 해 9월 짐보리 아동복을 독점 판매하던 국내 최대 유통업체가 미국 본사 홈페이지 접근을 막고 폭리를 취했다가 네티즌과 여론의 집중 포화를 받고 이를 다시 허

용한 케이스 등에서 알 수 있듯이 현 세대를 소비자로 대하고자 하는 기업은 필수적으로 도덕성을 갖추어야 한다.

⑥ 재미(Entertainment) : 늘 재미를 추구하는데 직장이나 학교에서도 마찬가지다. 구글의 직원들은 회사 마당에 설치된 간이 수영장에서 수시로 수영을 즐기고, 자신의 애완견을 사무실에 데려와서 근무한다. 실제적인 사례로 Tobi.com이라는 회사에서는 소비자의 컴퓨터에 설치되어 있는 웹캠을 사용하여 판매되고 있는 제품을 본인이 가상으로 입어 볼 수 있는 서비스를 만들었다. 입어 본 제품이 본인의 마음에 들면 가상으로 만들어진 '좋아요' 버튼을 눌러 본인의 의사 표현을 할 수 있도록 하였고, 이를 다시 웹캠으로 촬영하여 페이스북으로 올릴 수 있도록 만들었다. 또한 진(Jean)으로 유명한 디젤(Diesel)의 경우는 이탈리아에서 매장을 방문하는 소비자에게 "디젤캠"이라는 서비스를 제공하고 있는데, 매장에서 갈아입은 제품을 매장에 설치해 놓은 "디젤캠"으로 셀카를 찍고, 이를 소비자 본인의 페이스북으로 올릴 수 있게 만들고, 소비자들의 친구들로부터 핏(Fit)에 관한 의견을 들을 수 있도록 하여 큰 호응을 불러일으켰다.

O2O와 옴니채널(Omni Channel)

웹이라는 것이 존재하지 않던 시절 마케팅을 지배하던 오프라인 유통채널은, 2000년 초반 인터넷 마케팅 환경이 급속도로 발전하면서 온라인 채널의 인기에 가려져 한동안 주목받지 못했다. 하지만 온라인의 영역확장이 임계점에 근접하여 주춤해지기 시작하자 두 채널의 융합이라는 새로운 방식을 통해 다시 마케팅의 전면으로 부상하고 있다. 온·오프 융합의 대표적인 두 가지 키워드는 O2O마케팅과 옴니채널로 요약될 수 있다.

❶ O2O(Online to Offline)

이용자의 요구에 따라 상품이나 서비스를 즉시 제공하는 온디멘드(On-Demand) 서비스에서 출발한 개념이 확장된 것으로, 온라인과 오프라인을 연결한 마케팅을 O2O라고 부른다. 통상적인 유통구조를 모두 건너뛰고 수요자의 수요가 발생하는 시점에 맞추어 제품의 공급이 시작된다는 점이 가장 큰 특징이다. 가장 대중적인 형태의 서비스는 위치정보나 앱 등을 통해 고객 정보를 파악하여 이를 토대로 마케팅에 활용하는 방법이다(LBS 마케팅).

미국 택시앱 우버는 세계에서 가장 규모가 큰 O2O 서비스 중 하나이다. 앱을 이용해 승용차 운전자와 승객을 연결하는 시스템을 통해 예약부터 실시간 이동 경로 확인, 결제까지 원스톱으로 진행 가능하다. 우버 런칭 후 샌프란시스코의 택시 이용률이 65% 떨어졌다고 한다. 국내에서도 카카오택시가 유사한 서비스를 진행하고 있다. 여객운송에 우버가 있다면 숙박업계에는 에어비앤비가 있다. 에어비앤비는 스마트폰을 이용해 가정집의 남는 방을 수요자에게 연결하는 서비스로, 국경을 초월하여 관광객들에게 사랑받고 있다.

국내의 O2O 산업은 음식배달 어플리케이션 서비스의 경우 12조 원, 퀵/화물 10조 원, 택시 8조 5000억 원, 렌트카 4조 원 규모 등으로 다양한 카테고리에서 성장 중이다. 야식 및 음식배달 문화가 발달한 한국의 특성이 반영된 "배달의 민족", "요기요" 등의 배달 앱이 주목받고 있으며, "대리주부" 등의 가사도우미 서비스도 35억의 투자를 유치하며 흥행몰이 중이다. 세탁특공대, 카닥, 굿닥 등 의료에서 세차에 이르기까지 다양한 영역으로 빠르게 확장되고 있으나, 법령의 개정 속도가 산업 확장을 쫓아가지 못해 각종 규제에 가로막히는 사례도 자주 마주치게 된다.

❷ 옴니채널(Omni Channel)

모든 것(omni)과 유통경로(channel)를 합쳐 만들어진 용어로, 웹, 모바일, 마트, 백화점 등의 다양한 온·오프라인 채널을 유기적으로 결합해 고객이 언제 어디서든 구매활동을 수행할 수 있도록 만들어진 시스템을 말한다.

> 오프라인 소비 → 온라인 소비 → 쇼루밍 → 모루밍 등으로 소비자의 구매패턴이 변화하면서, 이를 캐치한 기업들이 소비패턴을 분석하여 보다 효율적인 마케팅을 수행하기 위해 진화시킨 채널구조이다.
>
> * 쇼루밍(Showrooming) : 오프라인 매장에서 제품을 보고 구매는 온라인으로 하는 것
> * 모루밍(Morooming) : 오프라인 매장에서 제품을 보고 구매는 모바일로 하는 것
>
> 옴니채널을 잘 구현하고 있는 대표적 유통업체인 롯데백화점의 경우, 전용 앱을 설치하고 매장에 들어가면 고주파 신호를 받아 앱이 자동으로 실행되며 사용자가 선호하는 브랜드 매장에 접근 시 브랜드 정보나 쿠폰이 실시간으로 전송된다. 스타벅스의 경우 모바일로 선주문하면 매장을 방문하자마자 신호를 받고 제품을 만들어, 줄을 서지 않고도 바로 제품을 받을 수 있는 사이렌오더 서비스를 제공하고 있다. 이 외에 쇼윈도에 NFC[15]칩을 부착, 스마트폰을 대면 홈페이지로 자동 연동되는 서비스 등이 있다.
>
> ❸ O2O와 옴니채널의 차이점
> O2O와 옴니채널은 둘 다 온·오프라인을 아우른 서비스를 고객에게 제공한다는 공통점이 있다. 이 둘을 가르는 구분은 주도권과 채널에 있다. O2O는 서비스 제공에 있어 기업이 주도권을 가지고 채널 확장이 이루어졌다. 옴니채널은 채널 확장에 있어 철저하게 고객이 중심에 있다. 또한, O2O는 사실상 산업의 제한이 없다. 하지만 옴니채널은 반드시 오프라인 유통매장이 포함된 채널 구조로 되어 있다. 우버 시스템과 스타벅스 시스템을 비교해 보면 위 두 가지 차이점을 이해할 수 있다. 하루가 다르게 산업이 발달하고 있기 때문에, 이러한 구분도 조만간 바뀌거나 무의미해질 가능성도 크다.
>
> 15) NFC(Near Field Communication) : 초근접 통신이 가능한 시스템

⑦ 즉시성(Speed) : 스피드를 중시한다. 하루에도 수십 통의 이메일을 주고받고, 메신저로 전 세계 곳곳의 사람들과 정보를 주고받는다. 이메일을 보내고 즉시 답장을 받지 못하면 얼굴을 돌린다. 현재는 이메일보다 트위터와 같은 SNS를 더 많이 활용하고 있으며, 미국 대학의 경우 이메일 사용을 중지하는 사례까지 생겨나고 있다. 더욱이 한국에서는 스마트폰을 사용하여 "카카오톡"이라는 SNS가 생겨났으며, 국·내외적으로 사용자 수가 늘고 있다.

그렇다면 위에서 말한 특성을 가지고 있는 넷(Net)세대들의 온라인 접근법은 어떤 게 있을까? 또는 온라인 쇼핑몰에서 어떠한 경우에 구매 결정 버튼을 클릭하는 것일까? 그것을 가늠할 수 있는 좋은 사례가 있다.

일본에서 주목을 받고 있는 스트리트 패션 블로그(www.style-arena.jp)를 예로 들어 보겠다.

스타일 아레나라는 블로그는 처음에 일본어로만 서비스를 하였는데, 이제는 그 사용자가 글로벌하게 늘어나 영어와 중국어 그리고 한국어로도 서비스를 하고 있다. 지속적으로 관심을 가지고 볼만한 블로그로서 스트리트 패션 트렌드를 참조하기에 훌륭한 블로그라고 할 수 있다.

▲ 일본 패션 블로그(www.style-arena.jp)

스타일 아레나를 자세히 살펴보면 일본 패션의 핫스팟이라 할 수 있는 하라주쿠, 시부야, 오모테산도, 다이칸야마, 긴자에서 일반인들을 대상으로 그날의 트렌드세터를 선정하여 사진을 촬영한다. 이때 단순히 길거리를 걷고 있는 한 장의 사진을 촬영하는 것이 아니라 이들이 착용하고 있는 모자, 신발, 핸드백, 팔찌, 귀걸이 등의 디테일한 사진을 보여 주고 제품들에 대한 정보를 함께 올려 준다. 그리고선 이 달의 패션왕을 선정한다. 물론 이것은 블로그를 방문하는 소비자들의 의견을 반영하고 선출하여 지속적으로 소비자들의 방문을 유도한다.

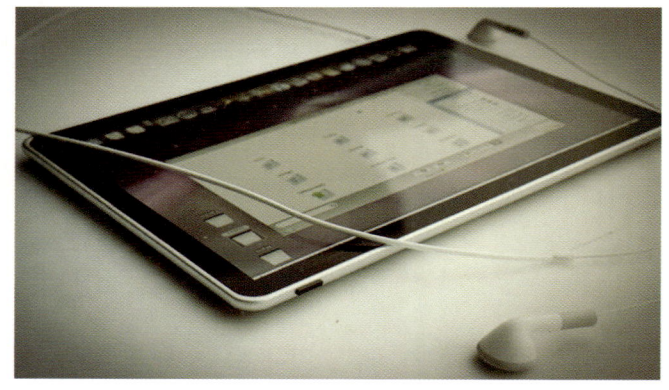

▲ ipad와 맥북의 기능을 하나로 묶어 놓은 새로운 형태의 콘셉트 디바이스

그런데 이쯤에서 생겨나는 의문점 한 가지, 이들은 블로그에 들어가는 비용을 어떻게 감당을 할 수 있을까? 그것은 바로 옆에 보이는 블로그샵에 있으며, 블로그 왼쪽 상단에 쇼핑몰로 연결되는 버튼이 있다. 일본의 넷(Net)세대들은 블로그를 통하여 패션을 공유하고 이야기하며, 필요한 제품은 블로그샵에서 구매한다. 블로그 운영자는 블로그샵(쇼핑몰)을 결코 홍보하지 않는다. 블로그가 성공적으로 운영이 될 수 있도록 노력하며 매출을 올리기 위해 마케팅을 하지는 않는다. 그렇기 때문에 일본의 넷(Net) 세대들은 블로그에 적극적으로 참여하며 부수적으로 필요한 제품을 블로그샵(쇼핑몰)에서 구매를 하고 있는 것이다.

국경을 초월하여 넷(Net)세대들의 공통적인 성향이 잘 나타나고 있는데, '개방(Open)-참여(Join)-공유(Share)'라는 21세기의 정신을 넷(Net)세대들은 태어난 순간부터 머리가 아닌 몸으로 체득하고 그것을 실행해 나가고 있다.

그렇다면 우리는 이러한 소비자들에게 무엇을 개방할 것이며, 어떻게 참여를 시켜야 하는지, 또 어떻게 공유시켜 나가야 하는지에 대하여 진지한 모습으로 고민해야 한다.

패션 파워블로그

◀ 글로벌 패션 파워블로그들[16]

16) http://www.bryanboy.com/bryanboy_le_superstar_fab/2011/06/net-a-porters-blog-power-list.html

[패션 파워블로그 리스트][17]

Blog	Web Site	Contents
The Sartorialist	thesartorialist.blogspot.com	15년 하이패션에서의 경력을 가진 스콧슈만의 내레이션 형식의 블로그. 감각적인 패션 피플의 사진들은 책으로 출간될만큼 수준급임.
Style Bubble	stylebubble.typepad.com	영국의 젊은 패션 선도자 수지라우의 스타일 버블. 영국 특유의 독특한 패션 취향과 개성 넘치는 견해로 세계적으로 많은 추종자를 이끎.
Style Rookie	thestylerookie.com	패션 전문가 못지 않는 지식과 달변으로 뉴욕 패션계에 신선한 충격을 주고 있는 15세 소녀의 블로그. 무한한 상상력으로 코디하는 그녀의 패션 스타일을 보는 것도 흥미거리임.
Garance Dore	garancedore.fr	프랑스의 감각적이고 세련된 취향을 볼 수 있는 대표적인 블로그. 남자친구인 스콧슈만과 전 세계 블로그의 트렌드를 주도함.
Fashionista	fashionista.com	엘리자베스 스피어스가 제작한 유쾌하고 유머러스한 사이트. 최신 패션 뉴스와 스타일 팁, 흥미진진한 가십이 주된 내용임.
Fashion Hippo	fashionhippo.com	최신 패션 스타일을 캐치하여 카테고리별로 "It things" 지정, 온라인 쇼핑 가이드를 제시함.
The Cherry Blossom Girl	thecherryblossomgirl.com	프랑스의 젊은 디자이너 알릭스가 만드는 아트와 패션이 결합된 창의적인 패션 다이어리. 체리브로섬 걸의 의상과 액세서리의 쇼케이스 장소임.
Frugal-Fashionista	frugal-fashionistas.com	셀러브리티의 룩을 저렴한 가격으로 재구성하여 제시하는 사이트. 각 아이템이 20달러에서 50달러 사이에 판매됨.
Omiru	omiru.com	일반인이 매일 입을 수 있고 접근 가능한 가격으로 구성된 아웃핏을 제공. 폴리보어에서 온라인 쇼핑몰의 제작된 이미지로 바로 구매할 수 있도록 링크됨.
Manolo's Shoe Blog	shoeblogs.com	1년에 70만 달러를 벌어들인다는 소문이 돌고 있는 미국 내 가장 이윤이 높은 패션 블로그. 마놀로의 풍자적인 유머와 패션에 대한 식견은 종종 뉴욕타임지에 실림.
Goop	goop.com	기네스 펠트로의 이름으로 만들어진 다양한 라이프 스타일을 다루는 아름다운 블로그. "Wear" 섹션에 절대 만만하지 않는 가격대의 매력적이고 스타일리시한 룩을 선보임.
Fashion Toast	fashiontoast.com	30세 아래의 여성들을 타깃으로 한 참신하고 크리에이티브한 스타일이 포스팅되는 사이트임.
A Shaded View On Fashion	ashadedviewonfashion.com	프랑스에서 20년 동안 재능 있는 신인 디자이너를 블로깅해 온 다이앤 페르네의 사이트. 미래의 알렉산더 매퀸을 발견할 수도...
Face Hunter	facehunter.blogspot.com	전 세계를 여행하면서 스트리트 패션 피플의 스타일을 캐치하는 이반 로딕의 트렌디한 사이트. 단지 보는 것만으로도 스타일에 목마른 눈에 비타민을 제공하는 듯한 느낌을 줌.

[17] 패션비즈, 2010년 2월호 인용

4. 타깃 : 가면 속의 소비자

패션이라는 말은, 새로움을 위한 새로운 것의 추구(Robinson, 1958) 또는 새로운 상품이 생산자나 디자이너에 의하여 사회에 소개된 후 소비자에게 채택되기까지의 사회적 전(全) 과정(King, 1964)이라고 정의되기도 하였다. 또한 패션은 현재 무엇이 가장 적합한 것인가에 대한 개념(Daniels, 1974)이기도 하며, 그 시간에 많은 사람들에게 받아들여지는 지배적인 스타일(Nystrom, 1928)[18]이라고 정의되기도 한다.

이들 정의 중에서 니스트롬의 이야기를 다시 정리해 보면, 그 시간에(동시성) 많은 사람들에게 받아들여지는(사회성) 지배적인 스타일(트렌드)이라는 말의 의미는 패션이란 동시성과 사회성 그리고 트렌드를 필수 요건으로 하고 있다. 그렇다면 지금까지 말한 한국사회를 구성하는 대표적인 소비자 집단인 베이비부머세대, 엑스(X)세대, 넷(Net)세대는 동시성과 사회성, 그리고 하나의 트렌드로서 패션을 적용시킬 수 있을까?

여기에서 한 가지 더 생각해 보아야 할 문제가 있다. "다양성"이라는 키워드가 존재하기 때문이다. 소비자들의 필요에 의한 요구(Needs)와 함께 무언가 특별함을 갈망하는 욕구(Wants)를 해소해 주어야 한다. 그것이 다양성에 대한 사회적인 욕구인 것이다.

소비자들은 어떻게 다양한 스타일을 추구하며, 갈구하는 것일까? 소비자들의 요구(Needs)와 욕구(Wants)를 먼저 알 수 있는 방법은 없을까?

[18] Paul Nystrom, "Economics of Fashion", The Ronald Press Company, 1928.

▲ 소비자들은 언제 무엇을 소비하는 것일까?

■ 소비자는 잡는 게 아니라 기다리는 것 : 세분화하고 표적화시켜 포지셔닝하여 잡는다.

한겨울 눈밭을 뛰어다니는 토끼가 있다고 상상해 보자. 그리고 우리는 반드시 그 토끼를 잡아야만 한다고 가정을 해 보자. 이 토끼를 잡는 가장 효율적인 방법은 무엇일까?

토끼 사냥을 처음 하는 초보 사냥꾼(초보 창업자)이라면 토끼(소비자)를 잡기 위해 두 다리가 푹푹 빠져드는 눈밭을 뛰어다니다(마구잡이로 사입을 하다가) 얼마 가지도 못해 체력(창업 자금)이 바닥 나서 포기를 하고 말 것이다. 만약 여러분들이 노련한 사냥꾼이라면 절대 토끼를 쫓아다니지 않을 것이다. 그들은 **토끼가 지나다니는 길을 찾고(소비자 분석), 그 길에 덫을 놓아(선점 전략) 토끼가 오기를 기다렸다가 스스로 덫에 걸리도록(마니아) 만드는 것이다.**

소비자의 니즈(Needs)를 분석한다는 것은 토끼 사냥과 유사한 면을 가지고 있다. 토끼를 쫓아다녀서는 결코 토끼를 잡을 수 없듯이 소비자를 쫓아 다녀서는 절대 소비자를 잡을 수 없다. 소비자가 TV에 나오는 유명 연예인의 스타일을 추종한다고 해서 24시간 동안 유명 연예인을 모니터링할 수도 없으며, 유명 잡지에서 소개되는 패셔니스타들의 제품을 일일이 사입할 수도 없다. 따라서 토끼 사냥 때와 마찬가지로 덫을 놓고 소비자를 기다리는 전략을 구사해야 한다. 그것이 바로 **소비자를 세분화(Segmentation)하여 표적화(Targeting)시켜 포지셔닝(Positioning)하는 방법이다.** 이것을 간단하게 줄여서 STP 분석이라 한다.

방법은 아래의 표를 활용하면 된다.

[STP 분석]

■ 인구/통계적 변수

STP 분석표 예시

생애주기	영아 (Infant)	유아 (Toddler)	아동 (Kids)	청소년 (Junior)	청년 (Young Casual)	성년 (Character Casual)	중년 (Missy)	장년 (Madame)	노년 (Silver)
나이(남,여)	0~2	3~6	7~12	10대 후반	20대 초반	20대 후반	30~40대	40~50대	60대 이후
직업	학생	주부	비정규직/알바	서비스	생산/기능	사무직	자영업	프리랜서	전문직	퇴직/무직
소득수준 (개인/가족)	소득없음	150만원 이하	200만원 이하	250만원 이하	350만원 이하	500만원 이하	1,000만원 이하	1,000만원 초과
가족 구성단위	싱글	신혼부부	자녀 있는 젊은부부	자녀 없는 젊은부부	중년부부	핵가족(4인 이하)	대가족(5인 이상)
학력수준	고졸 이하	고등학교 졸업	대학교 재학	대학교 졸업	대학원 재학	대학원 졸업

■ 상품기획적 변수

패션 트렌드 수용도	Innovator (패션리더)		Early Adopter (패션추종자)		Early Majority (전기수용자)		Late Majority (후기수용자)		Laggards (지각수용자)
패션 스타일 (감성적 변수)	Ethnic	Romantic	Elegance	Sophisticate	Modern	Manish	Active	Country
	소박한	귀여운	품위있는	도시적인	지적인	자립심이 강한	밝고 명랑한	자유로운
상황별 스타일	Sleeping Wear	Personal Wear	Home Wear	Town Casual Wear	Formal Wear	Business Wear	Resort Wear	Club Wear (Party)	Sports Wear
구매 가격별	초저가	저가	중저가	중고가	고가	초고가

■ 유통구조적 변수

브랜드 수용도	내셔널 브랜드	캐릭터 브랜드	디자이너 브랜드	프라이빗 브랜드	SPA 브랜드	온라인 브랜드
유통 위치	서울 중심상권	서울 주택상권	서울 변두리상권	대도시 중심상권	대도시 변두리상권	중소도시 중심상권	지방 읍(면) 상권
유통채널	(오프라인)	백화점	전문점	직영/대리점	아울렛	대형할인점	재래시장
	(온라인)	종합몰	입점몰	디자이너몰	수입대행	오픈마켓	소셜커머스

STP 분석표 활용법은 가상의 타깃 소비자를 설정한다. 가상의 타깃은 소비자들의 감성을 리드할 수 있는 얼리어답터(트렌드세터)이어야 한다. 일반 소비자들은 그들(트렌드세터)의 감성을 공유하기를 원하기 때문이다(감성을 추종).

[STP 분석, Case 1.]

■ 인구/통계적 변수

STP 분석, Case 1. 서지영(여), 28세 패션에디터

생애주기	영아 (Infant)	유아 (Toddler)	아동 (Kids)	청소년 (Junior)	청년 (Young Casual)	**성년 (Character Casual)**	중년 (Missy)	장년 (Madame)	노년 (Silver)
나이(남,여)	0~2	3~6	7~12	10대 후반	20대 초반	**20대 후반**	30~40대	40~50대	60대 이후
직업	학생	주부	비정규직/알바	서비스	생산/기능	사무직	자영업	**프리랜서**	**전문직**	퇴직/무직
소득수준 (개인/가족)	소득없음	150만원 이하	200만원 이하	250만원 이하	350만원 이하	**500만원 이하**	1,000만원 이하	1,000만원 초과
가족 구성단위	**싱글**	신혼부부	자녀 있는 젊은부부	자녀 없는 젊은부부	중년부부	핵가족(4인 이하)	대가족(5인 이상)
학력수준	고졸 이하	고등학교 졸업	대학교 재학	대학교 졸업	대학원 재학	**대학원 졸업**

■ 상품기획적 변수

패션 트렌드 수용도	**Innovator (패션리더)**	Early Adopter (패션추종자)	Early Majority (전기수용자)	Late Majority (후기수용자)	Laggards (지각수용자)
패션 스타일 (감성적 변수)	Ethnic 소박한	Romantic 귀여운	Elegance 품위있는	Sophisticate 도시적인	**Modern 지적인**	Manish 자립심이 강한	Active 밝고 명랑한	Country 자유로운
상황별 스타일	Sleeping Wear	Personal Wear	Home Wear	Town Casual Wear	Formal Wear	**Business Wear**	Resort Wear	Club Wear (Party)	Sports Wear
구매 가격별	초저가	저가	중저가	중고가	**고가**	초고가

■ 유통구조적 변수

브랜드 수용도	내셔널 브랜드	**캐릭터 브랜드**	**디자이너 브랜드**	프라이빗 브랜드	SPA 브랜드	온라인 브랜드
유통 위치	**서울 중심상권**	서울 주택상권	서울 변두리상권	대도시 중심상권	대도시 변두리상권	중소도시 중심상권	지방 읍(면) 상권
유통채널	(오프라인)	백화점	**전문점**	직영/대리점	아울렛	대형할인점	재래시장
	(온라인)	종합몰	**입점몰**	**디자이너몰**	수입대행	오픈마켓	소셜커머스

먼저 가상의 타깃을 28세의 패션 에디터 서지영씨라고 확정하고 난 다음 그녀의 모든 조건을 위의 STP 분석표에 적용시켜야 한다. 여기에서 가장 중요한 것은 오로지 대한민국에 존재하는 혹은 존재할 법한 바로 한 사람만을 타깃으로 설정하는 것이다.

초보 창업자들이 가장 많이 하는 실수 중에 하나가 타깃의 나이를 20대 후반에서 30대 초반으로 넓게 잡는다는 것이다.

일반적으로 30대를 타깃으로 하여 제품을 선정하면 30대에서는 구매가 별로 일어나지 않고 의외로 40대에서 제품 구매가 많이 일어난다. 따라서 위의 경우처럼 타깃을 잡는다는 것은 20대 후반의 소비자를 포기하겠다는 것과 같다. 그러므로 타깃을 선정할 때는 최대한 나이를 구체적으로 제시하는 게 좋다. 28세의 패션 에디터 서지영씨를 타깃으로 잡은 이유도 그러한 경우이다. **타깃을 좁게(Narrow) 선정한다는 것은 정확한 스타일을 제시할 수 있다는 것이고, 그러한 콘셉트(Concept)와 감성을 공유하는 소비자들이 나의 타깃 소비자가 되는 것이다.**

그렇다면, 타깃 소비자를 선정하고 라이프 스타일을 스토리텔링해 보도록 하겠다.

28세의 서지영씨는 전문직(패션 에디터)에 종사하며 월 수입이 350만 원 정도이다. 최종 학력은 대학원에서 패션을 전공하였고, 물론 직업적 이유로 모던한 스타일의 비즈니스 웨어를 즐겨 입는다. 따라서 수트(Suit) 위주의 고가 디자이너 브랜드 제품을 많이 가지고 있으며, 주로 백화점과 전문점에서 쇼핑을 한다. 가끔 해외 브랜드 제품은 구매대행이나 국내 입점한 제품을 찾기도 한다. 주요 활동 무대는 서울 중심가이며 강남의 아파트 단지에서 생활한다. 그녀는 프리랜서로 활동하기 때문에 주중에 시간이 날 때가 많아 집 근처의 카페에서 글을 쓰며 보내는 시간이 많다. 또한 주말에는 청담동의 클럽에서 친구들과 같이 시간을 보내기도 하며 시장 조사를 위해 가까운 일본으로 자주 출장을 떠난다. 또한 유명인들과 친분을 쌓기 위해 패션관련 시상식 등의 자리에 많이 참석한다.

칙릿(Chick Lit)

칙릿(Chick Lit)이란, 20대와 30대의 젊은 여성, 특히 미혼의 일하는 여성들을 주요 독자로 하는 소설 장르이다. 칙릿(Chick Lit)이란 '젊은 여성'을 뜻하는 미국 속어(Slang) '칙(Chick)'과 '문학(Literature)'의 줄임말 '릿(Lit)'이 조합된 용어이다. 칙북(Chick Book)이라고도 한다. 1990년대 중반부터 영국을 비롯한 유럽과 미국에서 등장하기 시작하여 수많은 발행 부수를 기록하며 여성들에게 선풍적인 인기를 끌었고, 원작에 바탕을 둔 영화와 드라마도 다수 제작되었다. 런던이나 뉴욕·맨해튼 등 대도시에 살며 주로 방송·출판·광고·패션업계에서 일하는 20~30대의 미혼 여성을 주인공으로 그들의 애정 생활과 능력을 인정받기 위하여 벌이는 고투(故鬪) 등을 주제로 삼고 있다. 대체로 가볍고 통속적인 톤으로 스토리가 전개되며, 세속적인 욕망과 성(性)에 대한 솔직한 이야기도 거침없이 드러낸다.

영화와 드라마로도 제작되어 화제가 된 대표적인 칙릿으로는 "브리짓 존스의 일기, Bridget Jones's Diary", "섹스 앤드 더 시티, Sex and the City", "악마는 프라다를 입는다, The Devil Wears Prada", "내니 다이어리, The Nanny Diaries", "쇼퍼홀릭, Confessions of a Shopaholic" 등이 있다.

여성들에게 가장 인기 있는 칙릿(Chick-Lit)인 미드 "섹스 앤 더 시티"에 나올 법한 여성을 모델로 잡은 이유는, 이들의 패션 스타일이 그대로 젊은 여성들의 워너비 패션 코드가 되었고, 이들의 연애 스토리 또한 그대로 자신들의 스토리가 되기를 전 세계 모든 여성들이, 그리고 대한민국의 20대 후반 여성들이 갈망했기 때문이다. 이 드라마가 인기 있는 이유는 주인공의 패션이나 명품 소품뿐 아니라, 이들의 삶의 방식이 너무도 당당하고 자신 있는 모습이기-그것도 뉴욕에서-때문이다.

블랙바이블

이렇게 타깃 소비자의 라이프 스타일을 분석하여 알고 있다는 것은 토끼를 잡기 위해 따라 다니지 않고 토끼가 다니는 길목을 알고 있다는 것이다. 그렇다면 우리가 해야 할 일들은 너무도 분명하다. 그 길목에다가 덫을 놓는 일이다.

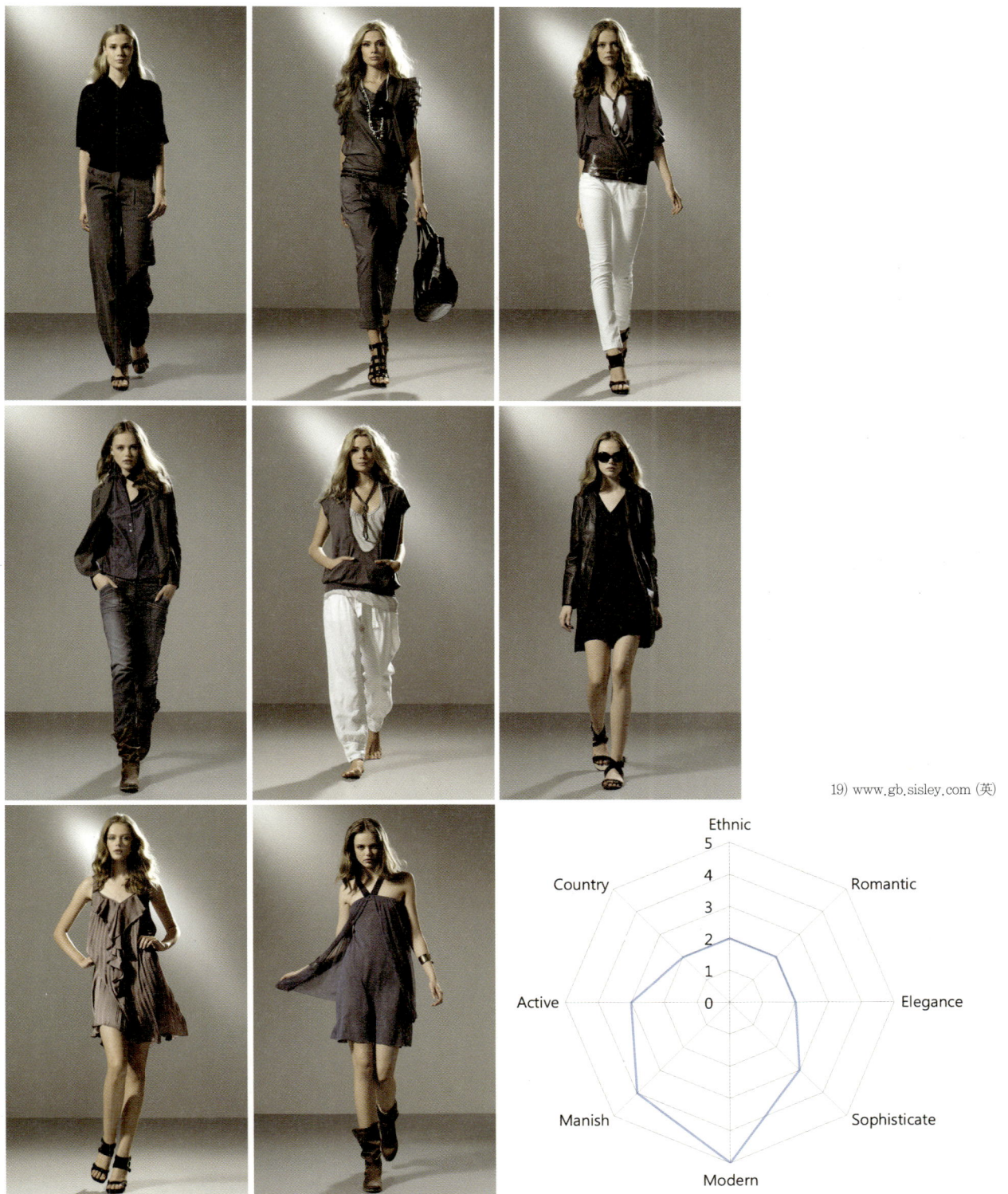

19) www.gb.sisley.com (英)

▲ 서지영의 패션 이미지 맵 19)

우리는 위에서 타깃 소비자 서지영씨의 생활 패턴을 이해하였다. 그렇다면 어떤 상품으로 타깃 소비자에게 어필을 할지 결정할 수 있다. 가장 먼저 모던한 이미지, 모던한 스타일의 제품을 주력 아이템으로 하며, 주중에 가볍게 입고 가까운 거리에 나갈 수 있는 1마일 웨어(One-Mile Wear)를 서브 아이템으로 준비할 수 있다. 또한 각종 시상식이나 공식적인 자리에서 입을 수 있는 패셔니스타를 위한 스페셜한 아이템과 해외 여행을 갈 때 반드시 필요한 머스트 해브 아이템들을 쇼핑몰에 담을 수 있을 것이다.

또 다른 남성의 예를 들어 보자.

제임스라는 친구가 있다. 나이는 22세이며, 대학교 3학년에 재학 중이다. 미국 뉴욕에서 한국어를 배우기 위해 유학을 온 친구이다. 한국에서 아르바이트로 영어학원에서 파트타임 네이티브 스피커 강사를 하고 있다. 따라서 직업은 학생이면서 파트타임으로 일하고 있는 강사이기도 한 셈이다. 기본적인 생활비는 미국에 계신 부모님께서 보내주시고, 아르바이트를 통해 받는 약 150만 원 정도의 돈으로 용돈 및 취미, 여가 비용 등을 충당하고 있다. 제임스가 입는 제품들은 대부분 캐주얼한 제품들이며, 운동을 좋아하는 활달한 성격이어서 스포티한 제품도 많이 쇼핑한다.

[STP 분석, Case 2.]

STP 분석, Case 2. 22세 제임스 대학 3년(학원강사)

■ 인구/통계적 변수

생애주기	영아(Infant)	유아(Toddler)	아동(Kids)	청소년(Junior)	**청년(Young Casual)**	성년(Character Casual)	중년(Missy)	장년(Madame)	노년(Silver)
나이(남,여)	0~2	3~6	7~12	10대 후반	**20대 초반**	20대 후반	30~40대	40~50대	60대 이후
직업	**학생**	주부	비정규직/알바	서비스	생산/기능	사무직	자영업	프리랜서	전문직	퇴직/무직
소득수준(개인/가족)	소득없음	150만원 이하	**200만원 이하**	250만원 이하	350만원 이하	500만원 이하	1,000만원 이하	1,000만원 초과
가족 구성단위	**싱글**	신혼부부	자녀 있는 젊은부부	자녀 없는 젊은부부	중년부부	핵가족(4인 이하)	대가족(5인 이상)
학력수준	고졸 이하	고등학교 졸업	**대학교 재학**	대학교 졸업	대학원 재학	대학원 졸업

■ 상품기획적 변수

패션 트렌드 수용도	Innovator(패션리더)	**Early Adopter(패션추종자)**	Early Majority(전기수용자)	Late Majority(후기수용자)	Laggards(지각수용자)
패션 스타일(감성적 변수)	Ethnic / 소박한	Romantic / 귀여운	Elegance / 품위있는	Sophisticate / 도시적인	Modern / 지적인	Manish / 자립심이 강한	**Active / 밝고 명랑한**	**Country / 자유로운**
상황별 스타일	Sleeping Wear	Personal Wear	Home Wear	**Town Casual Wear**	Formal Wear	Business Wear	Resort Wear	Club Wear(Party)	Sports Wear
구매 가격별	초저가	저가	중저가	**중고가**	고가	초고가

■ 유통구조적 변수

브랜드 수용도	내셔널 브랜드	캐릭터 브랜드	디자이너 브랜드	프라이빗 브랜드	**SPA 브랜드**	온라인 브랜드
유통 위치	서울 중심상권	서울 주택상권	서울 변두리상권	**대도시 중심상권**	대도시 변두리상권	중소도시 중심상권	지방 읍(면) 상권
유통채널 (오프라인)	백화점	전문점	**직영/대리점**	아울렛	대형할인점	재래시장
유통채널 (온라인)	종합몰	입점몰	디자이너몰	**수입대행**	오픈마켓	소셜커머스

블랙바이블

20) www.gb.sisley.com (英)

▲ 제임스의 패션 이미지 맵 20)

패션에 대해서 뛰어난 감각을 지닌 것은 아니지만, 학교와 집에서 생활할 때는 편안한 캐주얼을 선호하며 학원에 강의가 있는 날에는 말쑥한 세미 정장류를 즐겨 입는 편이다. 제임스가 선호하는 제품의 브랜드는 경제적 상황상 중저가의 내셔널 브랜드 제품이 주를 이루며 상설매장이나 오픈 마켓 등지에서 저렴한 제품을 구매하기도 한다. 그렇다면, 이렇게 STP 분석을 완성하였다면 위의 서지영씨의 경우와 마찬가지로 타깃 소비자의 이미지가 떠올라야 한다. 제임스가 학원 강단에서 강의할 때의 이미지와 학생 신분으로 대학에서 친구들과 어울려 생활하는 모습 등이 이미지화되어야 한다.

이렇게 떠오른 소비자의 이미지 또는 제품의 이미지들은 평소에 보드를 만들어 스크랩하는 습관을 들여야 한다. 이러한 작업을 "이미지 맵"이라고 한다. 이러한 작업은 타깃 소비자에 대한 콘셉트를 정확하게 정의할 수 있도록 도와주며, 실제 제품을 사입하게 될 때 하게 되는 실수를 방지할 수 있도록 해 준다.

[이미지 맵 감성축]

Ethnic	Romantic	Elegance	Sophisticate
소박한 여성이고 싶어 하는	귀여운 여성이고 싶어 하는	품위있는 여성이고 싶어 하는	도시적인 여성이고 싶어 하는
Modern	Manish	Active	Country
지적인 여성이고 싶어 하는	자립심이 강한 여성이고 싶어 하는	밝고 명랑한 여성이고 싶어 하는	자유로운 여성이고 싶어 하는

이미지 맵을 작성할 때 위에 제시한 8개의 감성축을 위주로 포인트를 주어 35페이지 오른쪽 아래에 보이는 방사형 그래프에 플롯(Plot)해 보아야 한다. 그러면 화살표와 같은 방향성을 띠게 된다. 표에서 나타난 위쪽의 4개 감성과 아래의 4개 감성은 서로 반대가 되는 감성을 마주보게 써 놓았다. 따라서 에스닉과 모던의 감성은 반대의 개념이므로 한쪽이 높은 포인트를 받으면 반대의 개념은 높은 포인트를 받을 수 없다.

또한 로맨틱(Romantic), 엘레강스(Elegance), 소피스티케이트(Sophisticate)의 3가지 감성에 모두 높은 포인트를 주어서도 안 된다. 그것은 전체 패션 아이템을 모두 손대겠다는 것과 같은 이야기로 콘셉트 없다는 말과 동일한 이야기이다. 따라서 위의 예시처럼 하나의 꼭지점만을 콘셉트로 정리해야 한다. 참고로 이미지 맵의 꼭지점 방향이 오른쪽 상단을 가리킬 때 유로 스타일에 가깝다고 하며, 왼쪽 아래로 향할 때 아메리칸 스타일이라고 이야기한다.

5. 아이템 선정과 STP 분석 사례

소비자를 정의할 수 있고, 소비자를 알고 있다는 것은 어떠한 상품을 소비자에게 제시해야 하는지 알 수 있다는 의미와 같다. 이때 우리가 관심 있게 보아야 할 소비자는 바로 얼리어답터(Early adopter)이어야 한다. 패션에서 유행 선도자라 불리는 패션 리더 혹은 트렌드세터들의 감성을 일반 대중들이 따라 입는 현상(Follow 현상)이 발생하는데, 이를 패션 전파 이론이라고 한다.

패션 전파 이론이란, 패션은 대량 생산되어 대중에게 판매되기 전에 소수의 패션 리더 그룹에 의해 먼저 구매된다는 이론이다. 스타일이 패션이 되는 과정은 사회적, 심리적, 경제적인 모델을 바탕으로 한 다양한 이론으로 설명된다.

① 하향 전파 이론(Trickle-Down Theory)

게오르그 짐멜(Georg Simmel)은 1904년 상품이 받아들여지는 것과 소비자 계층의 관계를 처음으로 설명했다. 역사를 통해서 패션을 이해할 수 있는 하향 전파 이론(Trickle-Down Theory)에서는 패션을 변화시킬 수 있는 두 가지 힘이 있다고 본다. 첫째, 사회적 계층이 낮은 그룹들은 그들보다 높은 계층 그룹의 상징들을 받아들이고 높은 계층에 속하기 위해 노력한다. 반면, 높은 계층은 낮은 그룹의 문화를 주시하며 그들과 달라지려 하며, 그들의 스타일이 모방되어 퍼지기 시작하면 새로운 스타일을 찾는다. 이런 상반되는 사회적 흐름이 지속적으로 패션을 창조한다고 설명한다. 이를테면, 유명 인사들이 영화 시상식에서 입은 드레스 스타일이 재디자인되어 낮은 가격으로 많은 백화점 및 소매점에 빠른 속도로 퍼지는 것이 한 예이다.

② 수평 전파 이론(Trickle-Across Theory)

하향 전파 이론은 낮은 계층과 높은 계층의 소비자 그룹 구분이 확실한 사회의 패션 변화를 이해하는 데 많은 도움이 되지만 현대사회에 이 이론을 적용하기란 쉽지 않다. 오늘날 대량 생산 마켓에 이론을 적용하기 위해서 하향 전파 이론을 변형한 수평 전파 이론(Trickle-Across Theory)이 전개되었다. 사회 계층을 기본으로 한 관점은 전반적인 우리 사회에 영향을 미치는 패션을 설명하기에 부족하다. 현대 소비자들은 발전된 첨단 기술과 유통 시스템으로 개인의 기호에 맞춘 상품들을 가질 수 있게 되었고, 모든 계층의 소비자들은 동시에 같은 정보를 공유하게 되었다. 따라서 여러 계층의 소비자들이 비슷한 스타일의 의류를 모든 가격대에서 구매할 수 있게 되었다.

소비자들은 자신들과 비슷한 패션 주도자에게 영향을 많이 받는다. 결과적으로 각각의 사회 그룹에는 패션 트렌드를 결정하는 패션 창조자가 있게 된다. 오늘날과 같이 패션이 구성원들 사이에서 수평적으로 퍼지는 현상을 설명하기 위해서는 하향 전파 이론보다 수평 전파 이론이 적합하다.

③ 상향 전파 이론(Trickle-Up Theory)

현대 사회의 패션은 가끔 낮은 계층에서 시작되어 높은 계층으로 전달되기도 한다. 사회적 지위와 체면이 상대적으로 낮은 사람들은 좀 더 도전적이고 생각이 자유롭기 때문에 새로운 문화를 쉽게 받아들이고 창조적으로 발전시킨다. 이 이론에 따르면, 정보의 흐름은 하향 전파 이론과 반대로 아래에서 위로 향한다. 즉 상향 전파 이론(Trickle-Up Theory)은 아래에서 위로 향하는 문화 현상을 설명해 준다.

대표적인 예로, 19세기 금을 찾아 떠돌던 광부들이 내구성과 실용성이 좋은 옷이 필요해서 입었던 청바지를 들 수 있다. 뒷주머니에 로고나 디자이너 이름을 넣은 청바지를 시작으로 고가의 디자이너 청바지는 부유층 소비자들에게 꾸준히 사랑받고 있다. 또 다른 예로 1960년대 히피룩을 시작으로 1980년대 락 뮤직으로부터 영감을 받거나 1990년 많은 랩

[21] 마이클 솔로몬, 낸시 라볼트 "패션과 소비자 행동", 시그마프레스, 2007.

퍼들이 인기를 끌면서 힙합 스타일이 높은 계층의 소비자들에게 전해진 경우를 들 수 있다.[21]

그렇다면 소비자와 제품, 그리고 시장은 어떤 상관관계를 가지며 움직이고 있을까?

◀ 리바이스 홍보 전단지, 1968년

이는 패션상품의 수용주기(또는 라이프사이클, Life cycle)를 활용하여 설명할 수 있다. 상품의 도입기(Introduction) 초반에 상품이나 서비스를 창조해 내는 이른바 혁신자(Innovators)라고 부르는 집단이 있다. 이들은 시대를 앞서나가 새로운 상품과 서비스를 창조해내는 사람들로, 전체 인구의 2.5%에 해당된다.

그다음 패션비즈니스에서 빼놓을 수 없는 소비자 집단이 전체 인구의 13.5%를 차지하는 얼리어답터(Early adopters)들이 있다.

이들은 소위 트렌드 세터(Trend Setter)[22]라고 불리며, 각 분야에서 트렌드와 유행을 만들어 간다. 위의 혁신자들과는 차원이 틀리다. 이들은 상품과 서비스의 사용자이지, 창조자(Creator)의 역할은 하지 않는다. 단지 만들어진 상품과 서비스를 일반인들보다 먼저 사용하며 트렌드를 만들어 낼 뿐이다.

이들 얼리어답터의 소비특성은 본인의 개성을 중시하며, 시대의 가치관보다는 개인의 가치관을 중요시한다. 또한, 상품과 서비스의 구매에 있어서 필수품보다는 단지 갖고 싶다는 욕망으로 구매행동을 보인다. 따라서 이들에게 가격은 그다지 중요하지 않다. 마케팅적인 측면에서 보면 높은 마진을 측정하여 판매할 수 있으니, 상당히 매력적인 소비자 집단이라고 할 수 있다. 하지만 패션비즈니스에서는 특별한 시각으로 접근할 필요가 있다. 우리는 이들을 패션리더(유행의 선도자, 트렌드 방향성(Trend Direction)을 제시)이라고 부른다.

22) 트렌드 세터(trend-setter)란 '의식주와 관련한 각종 유행을 창조, 수호, 대중화하는 사람 혹은 기업'이라는 뜻입니다. 유행을 선도하는 사람 [출처. 네이버사전]

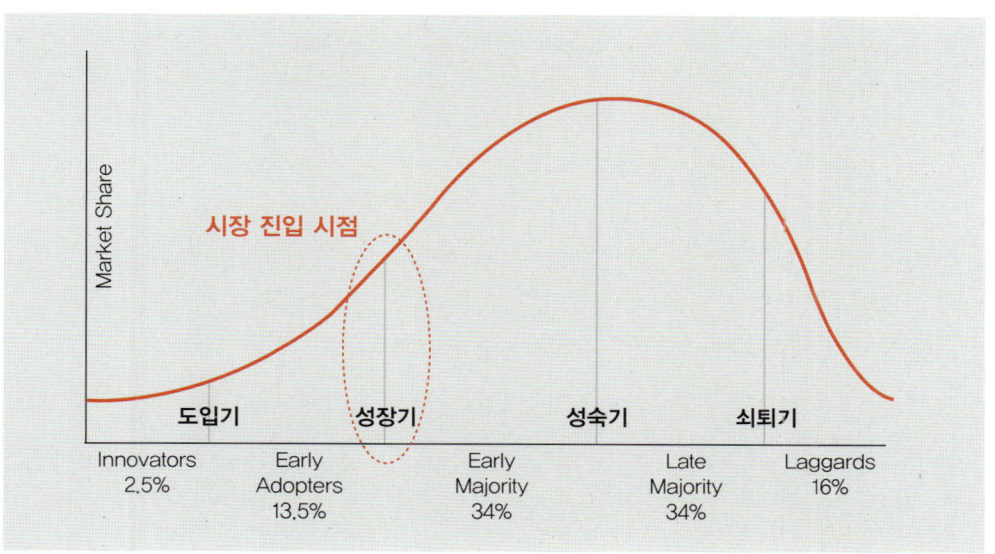

▲ 패션상품의 수용주기(라이프사이클)

그리고 우리 주변에서 흔히 볼 수 있는 일반인들(아마도 우리들 자신이 아닐까 한다.)이 있다. 전체 인구의 68%를 차지하는 이들 일반인들을 수용주기에서 전기수용자(Early Majority, 34%)와 후기수용자(Late Majority, 34%)로 구분하여 표현한다. 우리 주변에서 패션리더는 아니어도 패션과 유행에 민감한 부류를 전기수용자라고 부를 수 있고, 옷은 예쁘게 입더라도 그렇게 유행에 민감하지 못한 사람들을 후기수용자라고 보면 될 것이다. 이들 전·후기수용자가 거의 대부분 쇼핑몰의 주요고객이며 우리의 돈줄(?)이라 생각하면 된다. 그리고 이들은 유행을 앞서 나가지 못하며 TV나 잡지 또는 광고를 통하여 전파되는 트렌드를 충실히 이행하는 집단으로 개성보다는 집단의 분위기 또는 공통된 방향성으로 움직이는 행동을 보인다. 상품의 가치보다는 가격을 중요시하여 합리적인 가격이라고 판단될 때 구매한다. 절대 저가제품을 선호하는 것이 아니다. 그들은 가격이 합리적이라고 판단을 내릴 때 지갑을 연다는 것이다. 우리는 이것을 가성비라고 표현한다. 가성비란 가격대비 성능이라는 의미로써, 소비자들이 제품을 평가할 때 지불하는 비용보다 제품을 사용하면서 얻는 편익이 클 때 가성비가 좋다라고 말할 수 있다. 하지만 우리들 판매자들의 입장에서 무작정 가성비가 크다고 좋은 것이 아니며(수익이 적음), 비용과 편익의 균형(매출 최대)을 이루는 것이 좋다.

끝으로 패션계의 테러리스트(?)들로서 지각수용자(Laggard)라고 부르는 소비자 집단이 있다. 전체 인구의 16%에 해당되며, 이들은 패션 트렌드와는 아무런 상관이 없는 소비자들이다. 이들은 상당히 보수적이며 좀처럼 생각과 행동을 바꾸지 않는다. 크나큰 사회적 이슈에만 반응하며, 소소한 일상에서 가장 중요한 가치는 오로지 싼 제품 - 저가 또는 초저가를 찾아다니는 판매자들에게는 치명적인 하이에나 같은 소비자들이다.

지각수용자들의 소비패턴을 가만히 들여다보면 여름에 겨울상품을 구매하고, 겨울에 여름 상품을 구매한다. 왜냐고? 이유는 심플하다. 싸기 때문이다. 따라서 패션비즈니스에서 이들은 소비자로 보지 않고, 재고상품을 처리할 때 이들을 타깃으로 상품을 정리한다.

그렇다면 이렇게 다양한 형태의 소비자들을 대상으로 어떻게 콘셉트를 잡고 제품을 준비하면 좋을까?

이 질문에 대한 답은 위의 수용주기 그래프를 통하여 생각해 볼 수 있다. 우리는 얼리어답터를 타깃소비자로 설정하고 전기수용자와 후기수용자를 주요 소비자로 생각하고 상품을 준비하여야 한다. 상품의 콘셉트를 보여주는 타깃과 실제 소비를 일으키는 주요 소비자가 틀리다는 점을 명심해야 한다.

따라서 이를 앞에서 이야기한 STP분석을 통하여 타깃(얼리어답터)을 먼저 완벽하게 분석하고 소비자(전기수용자 + 후기수용자)에게 적용시켜야 한다.

한 번 더 타깃을 설정하고 어떻게 소비자에게 접근해야 하는지 "오피스룩"으로 다시 한 번 이야기해 보자. 오피스룩에서 타깃을 누구로 선정하면 좋을까? 또는 오피스룩을 소비하는 소비자들이 가장 선호하는 직종 또는 사람은 어떻게 될까?

가령 S그룹 회장님 비서실에서 근무하는 여성이라고 가정해 보고 타깃에 대한 스토리텔링을 시도해 보자.

〈국내의 명문대학에서 경영학을 전공하고 S전자에 입사한지 5년차가 된 'L'은 입사 동기들에 비하여 빨리 승진하였으며, 올해 S전자 경영기획실에서 S그룹 회장님 비서실로 자리를 옮기게 되었다. 'L'의 업무는 기본적으로 회장님의 일거수일투족에 관심을 기울여 회장님을 보좌하며, 각 계열사에서 올라오는 각종 보고서와 기획서를 정리하여 회장님께 결재를 올리고, 결재된 기획서는 계열사에서 잘 진행되고 있는지 체크하고 피드백하는 업무를 맡고 있다. 이는 기본적인 업무이며, 외부적으로 드러나지 않아 일반인들은 알 수 없는 그룹사의 전략 분석 업무도 맡아서 진행하고 있다. 비록 회사에서 인정을 받고 비서실로 자리를 옮겼으나, 'L'은 S전자의 사장이 되겠다는 개인의 꿈을 이루기 위해 유학을 준비 중에 있다.〉

간단하지만 S그룹에서 근무하는 알파걸[23] 'L'에 대하여 정리해 보았다. 이제 "L"에 대하여 STP 분석을 해 보도록 하자.

다음과 같이 'L'의 STP 분석을 완성하였다. 그렇다면 이제 'L'에게 맞는 제품을 그녀에게 제시해야 한다. 우선 'L'이 가장 많이 착용하는 제품은 어떤 것일까? 당연히 직업상 필요

---

[23] 댄 킨들러 하버드대 아동심리학 교수가 2006년 쓴 책인 "새로운 여자의 탄생:알파걸"에서 처음 사용한 말로, 어려서부터 부모의 관심과 전폭적인 지원에 힘입어 학업, 운동, 리더십 등 모든 면에서 남성보다 훨씬 뛰어난 엘리트로 성장하여 이전 세대와 근본적으로 다른 새로운 여성들을 지칭하는 용어이다.

한 제품은 회사에서 근무할 때 입는 수트 느낌의 제품일 것이다. 그렇다면 그녀가 선호하는 제품의 컬러는 어떻게 될까? 화려한 컬러보다는 블랙과 화이트 그리고 그레이 계통의 제품을 선호할 것이며 그녀에게 어울리는 가방 및 액세서리 또한 이와 코디할 수 있는 제품일 것이다. 신발은 어떨까? 요즘 잘 나가는 3cm 가보시(플랫폼, Platform)에 힐 높이가 15cm인 블링블링한 슈즈를 신을 수 있을까? 그럴 수 없음을 우리는 너무도 잘 알고 있다. 그녀는 힐 높이 5~7cm의 블랙 계열의 슈즈를 많이 신을 것이다

[STP 분석, Case 3.]

STP 분석, Case 3. L(여) 29세 S그룹 회장 비서

■ 인구/통계적 변수

생애주기	영아(Infant)	유아(Toddler)	아동(Kids)	청소년(Junior)	청년(Young Casual)	**성년(Character Casual)**	중년(Missy)	장년(Madame)	노년(Silver)
나이(남,여)	0~2	3~6	7~12	10대 후반	20대 초반	**20대 후반**	30~40대	40~50대	60대 이후
직업	학생	주부	비정규직/알바	서비스	생산/기능	**사무직**	자영업	프리랜서	전문직	퇴직/무직
소득수준(개인/가족)	소득없음	150만원 이하	200만원 이하	250만원 이하	350만원 이하	**500만원 이하**	1,000만원 이하	1,000만원 초과
가족 구성단위	**싱글**	신혼부부	자녀 있는 젊은부부	자녀 없는 젊은부부	중년부부	핵가족(4인 이하)	대가족(5인 이상)
학력수준	고졸 이하	고등학교 졸업	대학교 재학	대학교 졸업	대학원 재학	**대학원 졸업**

■ 상품기획적 변수

패션 트렌드 수용도	Innovator(패션리더)	Early Adopter(패션추종자)	**Early Majority(전기수용자)**	Late Majority(후기수용자)	Laggards(지각수용자)
패션 스타일(감성적 변수)	Ethnic / 소박한	Romantic / 귀여운	Elegance / 품위있는	Sophisticate / 도시적인	**Modern / 지적인**	Manish / 자립심이 강한	Active / 밝고 명랑한	Country / 자유로운
상황별 스타일	Sleeping Wear	Personal Wear	Home Wear	Town Casual Wear	Formal Wear	**Business Wear**	Resort Wear	Club Wear (Party)	Sports Wear
구매 가격별	초저가	저가	중저가	중고가	**고가**	초고가

■ 유통구조적 변수

브랜드 수용도	내셔널 브랜드	**캐릭터 브랜드**	디자이너 브랜드	프라이빗 브랜드	SPA 브랜드	온라인 브랜드
유통 위치	**서울 중심상권**	서울 주택상권	서울 변두리상권	대도시 중심상권	대도시 변두리상권	중소도시 중심상권	지방 읍(면) 상권
유통채널	(오프라인)	**백화점**	전문점	직영/대리점	아울렛	대형할인점	재래시장
	(온라인)	**종합몰**	입점몰	디자이너몰	수입대행	오픈마켓	소셜커머스

하지만 이렇게만 생각하여 'L'을 위한 상품을 준비한다면 그것은 오산이다. 그녀에게는 회사생활만 있는 것이 아니며, 주중에는 회사에서 치열하게 생활하지만 휴일에는 그녀 또한 집과 야외에서 일반인들처럼 생활을 할 것이기 때문이다.

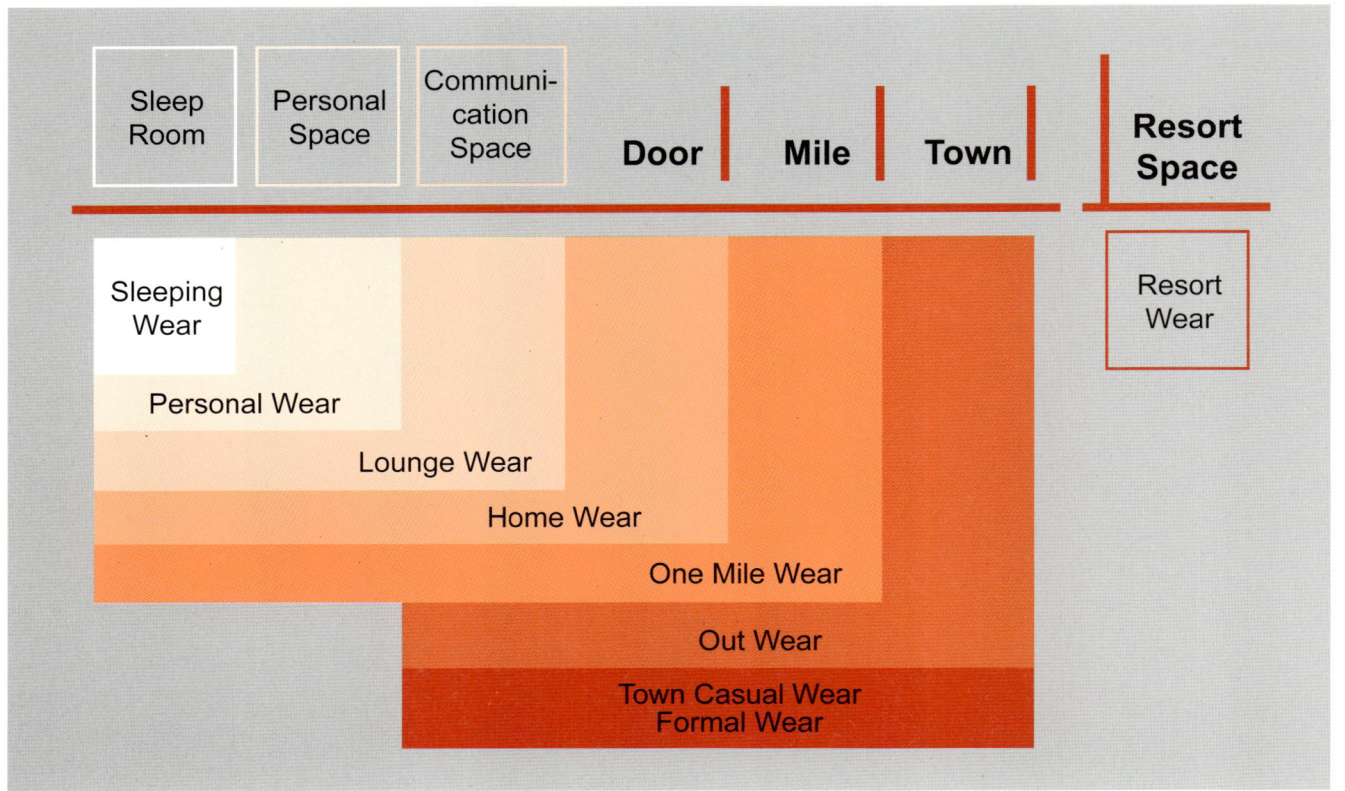

▲ 생활 공간과 패션

위의 그림은 생활 공간과 패션이라는 주제로 정리된 표이다. 이제껏 이야기한 'L'은 위의 그림에서 집 밖에서(Door) 회사까지(Town)의 제품으로만(Out Wear, Formal wear) 정리하였으나, 실상 'L'에게 필요한 제품은 집안(In Door)에서 필요한 제품과 휴가철(Resort) 등의 시즌성이 강한 제품도 필요하다. 빅토리아 시크릿은 언더웨어로 유명한 브랜드이다. 빅토리아 시크릿은 위의 공간 개념에서 확실하게 한 부분만 선택하고 집중하여 성공한 케이스다. Sleep Room이라는 한정된 공간에 철저히 제한하여 제품을 개발하고 브랜딩하여 성공한 케이스로, 제품 구성을 확장하기(Communication Space, Lounge Wear) 위해 빅토리아 시크릿이라는 이름 대신에 "Pink"라는 브랜드를 런칭하여 제품을 판매하고 있다.

이것이 패션에서 말하는 MD(Merchandiser)가 필요한 이유이다. 쇼핑몰에서 주력 아이템으로 무엇을 선정해야 하는지, 상품 카테고리 분류는 어떻게 나누어야 하는지, 신상품 업데이트 주기는 어떻게 잡아야 하는지, 소비자 가격은 얼마로 선정해야 하는지 등등 많은 부분을 고민해야 한다.

캐즘(The Chasm) 사례 - 레깅스 입는 남자, 치마 입는 남자

강남이나 명동대로에서 치마를 입고 다니는 남자를 본 적이 있는가?

고대 유럽에서는 치마가 남성 복장의 하나로서 오랜 기간 동안 자리하고 있었고, 지금도 스코틀랜드, 미얀마 등에서는 남자가 치마를 입는다. 스커트 입기는 해외의 여러 디자이너들에 의해서도 계속 시도되어 왔다. 90년대의 장 폴 고티에, 존 갈리아노, 비비안 웨스트우드 등은 많은 패션쇼 자리에 랩스커트, 롱스커트, 킬트 등의 여러 종류의 치마를 출품했고, 2005년에도 엠포리오 아르마니, 프링글, 드리스 반 노튼 등의 브랜드 및 디자이너들이 다양한 스타일의 남성 스커트를 선보였다. 아르헨티나에서도 2009년 치마를 입는 게 유행했었다고 한다.

▲ 치마 입은 남자[24]

레깅스의 경우 우리나라보다 훨씬 다양한 패션 아이템을 소화하고 있는 이웃나라 일본에서는 젊은 남자들이 대중적으로 착용하는 아이템으로 자리 잡고 있다. - 물론 하라주쿠 정도는 가야 볼 수 있다.

대한민국에서 레깅스와 치마는 여전히 남자에게는 금기품목이다. 최근 외국에서는 이른바 '메깅스(Meggings)'라 불리는 남성용 레깅스 출시가 잇따라 유명 스타들이 레깅스를 입고 거리를 활보하거나 운동하는 모습이 포착돼 화제를 모으기도 했고, 대중화에 힘입어 일부 연예인이나 얼리어답터를 중심으로 가끔씩 착용하고 있는 모습들을 볼 수 있지만, 일반인들이 공공장소에서 입고 다니면 주변의 따가운 눈초리를 피할 수 없다.

2013년 국내에서도 SPA 브랜드 유니클로가 '남성 레깅스 진' 15종을 선보이는 등 일상에서 입을 수 있는 레깅스 형태의 남성 바지가 등장했었지만, 히트에는 실패하였다. 아직 우리나라에서는 치마와 레깅스는 여성제품이라는 공식을 깰 수 있는 분위기가 형성되지 않은 것이다.

앞서 예를 든 치마 입은 남자와 레깅스 입은 남자의 경우와 같은 얼리어답터들의 소비자행동에 대하여 패션비즈니스관점어서 캐즘(chasm)[25]과 트렌드 확산(유행)에 대해서 구분하여 생각해 보고자 한다.

거의 대부분의 패션트렌드는 패션의 메카라 불리는 런던, 파리, 밀라노, 뉴욕에서 파생된다. 이렇게 파생된 트렌드는 TV와 잡지, 인터넷을 통하여 여과 없이 실시간으로 소비자들에게 노출된다. 하지만 대부분의 소비자들은 이러한 트렌드를 따라가지 못한다. 이러한 현상을 캐즘이라고 보면 된다.

위에서 우리는 얼리어답터를 타깃으로 일반소비자(전기수용자+후기수용자)에게 제품을 판매한다고 이야기했다. [전략이라고 말할 수 있다.]

일부 연예인들 중에 완판녀라 불리는 연예인들이 있다. 얼리어답터 또는 트렌드세터로 불리는 그녀들은 아름다움과 우아함을 무기로 스폰받은 상품들을 방송 후 완판시켜 버리기 때문에 완판녀라 불려진다. 소위 스타마케팅이라는 이름으로 신문이나 뉴스에서 심심찮게 들리는 기사거리이므로 여러분들도 잘 알고 있으리라 생각한다.

그런데 현실에서 이러한 일들이 얼마나 일어나고 있을까?

현실에서는 완판되어 스타가 되는 상품보다, 캐즘에 묻혀 사라지는 상품이 대부분이다. 일부 완판된 상품들을 방송에서 호도하므로 유명 연예인들이 입고, 들고, 신고 나오는 모든 상품들이 마치 유행이라도 될 것처럼 느껴지는 것이다. 상술 또는 마케팅을 통하여 최면에 빠지는 것과 비슷한 현상이다.

하지만 이렇게 완판이 되는 일은 좀처럼 일어나지 않는다.

오늘 여러분들이 시청한 TV방송과 이번 달에 구독한 유명잡지를 들여다보고 길거리의 소비자들을 관찰해보기 바란다. TV에서 유명 연예인이 출연한 상품 또는 유명 잡지에서 소개한 상품이 얼마나 눈에 띄는가?

눈에 잘 보이지 않는 이유는, 유명연예인(얼리어답터)의 상품이 실제 소비자들(전기수용자+후기수용자)에게 트렌드로 전파되기 이전에 캐즘에 빠져 대부분 사라지기 때문이다.

저자에게 수강한 어느 학생이 스타마케팅을 통해 제품을 팔기 위하여 TV나 매체에 노출된 상품을 중국에서 수입하여(유명 브랜드 짝퉁상품) 판매하고 있고, 실제로 매출이 괜찮다고 한다. 이는 명품이 가지는 브랜드파워(인지도)에 의한 구매이지 그것이 트렌드로 자리 잡았기 때문에 일어나는 매출이 아니므로, 브랜드 인지도가 높은 짝퉁상품과 트렌드는 구분하여 생각하기 바란다. - 한 번의 매출과 인생을 맞바꾸는 경우가 발생할 수 있으므로 여러분들은 짝퉁을 판매하지 않기를 충고한다.

그럼에도 불구하고 얼리어답터를 관찰하고 지켜보는 이유는 캐즘에 빠지지 않고 트렌드(유행)로 확산되는 바로 그것을 찾기 위해서이며, 콘셉트의 방향성을 잃지 않기 위해서이다.

24) http://www.thesartorialist.com/photos/are-we-ready-to-discuss-skirt-lengths-for-men/
25) 첨단기술이나 어떤 상품이 개발되면 초기시장과 주류시장으로 진입하기까지의 사이에는 일시적으로 수요가 정체되거나 후퇴하는 단절현상을 거치게 된다는 것을 뜻한다. 특히 첨단기술제품의 경우 혁신성을 중시하는 소비자(early adopter, 얼리어답터)가 주도하는 초기시장과 실용성을 중시하는 일반 소비자가 주도하는 주류시장으로 진입하기 전까지의 기간 동안에 일시적으로 수요가 정체되기 때문이다. [네이버 지식백과/시사상식사전, 박문각]

MD는 누구인가?

온라인 패션쇼핑몰을 창업하는 창업자들의 일반적인 특성을 살펴보면, 웹디자이너 출신 또는 포토그래퍼 출신으로 쇼핑몰 구축과 포토샵 스킬에 장점을 가지는 부류, 패션관련 전공이어서 상품기획과 트렌드 분석에 장점을 지닌 부류, 뛰어난 외모와 감성을 가지고 있어서 소위 셀렙으로 구분되는 부류, 이렇게 크게 3가지로 구분된다.

하지만 안타깝게도 쇼핑몰 창업에 가장 어려움을 겪는 부류도 위의 세 부류에 속하고 있다. 이는 자기만의 주관에 빠져 웹디자이너 출신들은 화려하고 멋진 웹사이트와 웹페이지 제작이 중심이 되어 상품사입에 소홀해지게 되며, 소위 셀렙으로 구분되는 창업자들은 자신의 감각에 너무 의존하여 감각적으로 사입을 하는 경향이 강하고, 패션관련 전공자들 또한 자신의 콘셉트를 너무나도 강조한 나머지 유명 패션브랜드의 하이브랜드 패션이 주를 이루어 상품판매와는 멀어지게 된다. 다른 누구보다도 강점을 가지고 있는 이들은 소비자중심의 제품 사입보다는 막무가내식 또는 자기중심적 사입으로 인하여 판매에 어려움을 겪고 있다.

따라서 이들에게 가장 필요한 조력자(직원)는 바잉(Buying, 제품사입전문) MD라고 부르는 사람이다. 바잉MD의 역할은 쇼핑몰의 콘셉트와 소비자니즈를 분석하여 판매상품 포트폴리오(사입리스트)를 구성하고, 도매시장에서 가성비가 높은(가격과 품질의 적절한 정도) 제품을 사입하여 상품촬영 시 판매상품과 어울리는 코디네이션까지 계획하는 업무를 한다. 아래에서 얘기하는 기업에서 통용되는 Retail MD의 개념이다.

패션 브랜드 속에 담겨 있는 스토리
● 왕비의 연인 에르메스

1867년 세계박람회에서 영예의 최고상을 수상한 작품은 말안장을 비롯한 각종 마구였다. 타제품 대비 월등한 내구성과 가벼움으로 세계적으로 인정을 받으며 명품으로 떠오른 이 제품의 제작자는 티에리 에르메스(Thierry Hermes). 바로 오늘날 전 세계적인 최고 명품 브랜드 중 하나로 널리 알려져 있는 에르메스(Hermes)의 창업자이다.

프랑스의 유명한 명품회사인 에르메스는 1837년 그가 유럽귀족에게 납품하기 위한 마구(馬具)작업장으로 시작되었다. 로고에 사륜마차 '뒤크'와 말, 마부가 그려져 있는 이유가 바로 그것이다. 자동차가 마차를 대신하는 교통수단으로 시대가 바뀌게 되자 취급 품목을 여행가방과 여성용 핸드백, 서류가방 등으로 사업을 빠르게 전환, 1922년 최초의 가죽 핸드백을 출시하였다.

한때 성장이 둔화 되었다가 1978년 대표 자리에 오른 장 루이 뒤마 에르메스(Jean Louis Dumas Herm's)에 의해 부활, 2003년 프랑스의 패션디자이너 장 폴 고티에(Jean Paul Gautier)를 수석디자이너로 영입하면서 브랜드 가치가 더욱 상승하였다.

에르메스 하면 1935년 출시된 '켈리백'과 1984년에 나온 '버킨백'이 가장 유명하다. 제품의 85%는 프랑스에서 생산되며, 시계와 남성복은 각각 스위스와 이탈리아에서 만든다. 여러 개의 공방을 직접 운영하고 있으며 가장 규모가 큰 피에르 베니트 가죽공방에는 350명이 작업하고 있다.

전 세계 여성들이 꼭 가지고 싶어 하는 핸드백을 속속 탄생시킨 에르메스가 우여곡절 끝에 180년이 지난 지금까지도 명품으로 자리 잡고 있는 비결은 다름 아닌 완벽한 장인정신. 현재에도 수작업으로 마무리 공정하는 방식을 택해 명품 중의 명품으로 손꼽히고 있다.

▲ 에르메스 로고에 새겨진 말과 마부

● 고유명사에서 보통명사로, 버버리 코트

트렌치 코트(Trench Coat)는 말 그대로 겨울 참호(Trench) 속의 혹독한 날씨로부터 영국군 및 연합군을 지켜주기 위해 만들어졌으나, 이후 100년간 계속되는 사랑을 받아오며 본래 명칭보다는 제작자의 이름을 딴 버버리(burberry) 코트로 널리 알려져 있다.

올곧은 '신사'를 가장 잘 표현하는 브랜드, 보수적이지만 존재감이 확실해 결코 진부할 수 없는 브랜드가 바로 영국의 대표 브랜드 '버버리'다. 영국이 낳은 것은 민주주의, 스카치위스키, 버버리라는 말이 있을 정도로 버버리에 대한 영국인들의 자부심은 대단하다.

창시자인 토머스 버버리는 1856년 농부나 목동들이 즐겨 입던 옷감에 관심을 가져 여름에는 시원하고 겨울에는 따뜻한 개버딘 원단을 개발, 1888년 이를 이용한 레인코트를 제작했다. 1914년 버버리 코트란 이름으로 히트를 친 트렌치코트는 애수의 로버트 테일러, 카사블랑카의 험프리 보가트, 형사 콜롬보의 피터 포크 등을 통해 헐리우드 영화 속 인물들의 독특한 캐릭터를 창조하는 필수품으로 자리 잡았다.

◀ 1차 세계대전 당시 영국군의 트렌치코트

고집스러울 만큼 보수적인 정신을 지켜 온 버버리는 1990년대 들어서면서 '버버리=촌스럽고 지루하다'라는 냉혹한 시선 속에 브랜드 가치가 하락하기도 하였으나, 크리스토퍼 베일리라는 천재적인 디자이너의 영입으로 현대적인 테이스트에 맞춘 '버버리 프로섬'이라는 컬렉션 라인을 별도로 지난 10여 년간 진행하여 트렌드를 적극적으로 수용하며, 버버리 클래식이라는 기존의 보수적 브랜드 가치를 유지하는 데에도 성공, '클래식한 혁신'을 이루어냈다.

신사의 중후함과 청년의 로큰롤(rock'n roll) 정신을 동시에 구현해 내며 되살아난 '버버리'는 지금도 디지털 쇼 등을 통해 끊임없이 과거의 역사와 현대의 가치를 연결해 나가고 있다.

● 벨보이에서 세계 최고 명품브랜드로, 구찌

▲ 구찌, 피렌체, 1953년, 출처 : Tour Italy Now

구찌는 구찌오 구찌(Guccio Gucci)가 1921년 피렌체(Firenze)에 설립한 이탈리아의 명품 브랜드이다. 초창기 구찌는 설립자가 호텔에서 근무하며 접했던 영국 귀족의 스타일에 이탈리아의 장인 기술을 결합하여 장갑 및 부츠와 같은 승마용품 등의 가죽 제품을 주로 선보였다.

1940년대 전란 속에서 금속, 가죽 등의 소재가 부족했던 시기에 큰아들 알도 구찌는 대마와 삼마를 직조한 디아만테 캔버스 및 대나무 손잡이의 뱀부백 등을 출시하여 선풍적인 인기를 끌었다. 유명한 GG 로고 및 GRG로 대표되는 더 웹 컬러도 알도 구찌의 작품이다.

구찌에게도 경영 위기가 있었는데, 1980년대 파울로 구찌에게서 촉발된 가족 간 상속 및 라이선스 사업 전개에 실패하여 재정난이 심화되기도 했었다. 부실 사업을 정리하고 전문경영인 체제로의 변화를 꾀한 구찌는 이어 톰 포드를 영입하여 다시 한 번 세계적인 명품 브랜드로 거듭나게 된다.

명품 브랜드에 빠질 수 없는 것이 바로 뮤즈들인데, 구찌의 뮤즈로는 그레이스 켈리와 재클린 오나시스가 유명하다. 곤충과 꽃을 아름답게 조화시킨 구찌의 플로라 패턴이 바로 모나코의 왕비 그레이스 켈리를 위해 만들어진 디자인이며, 당대의 여배우들이라면 하나씩은 다 가지고 다녔고, 지금도 꾸준히 만들어지고 있는 둥근 모서리의 숄더백은 재클린이 항상 가지고 다니면서 재키 백이라는 이름을 갖게 되었다.

세계 곳곳으로 매장을 확대한 구찌는 현재 핸드백, 여행가방, 신발, 실크제품, 시계, 주얼리 등을 선보이며 이탈리아를 대표하는 명품 브랜드로 자리 잡고 있으며, 전 세계 460여 개의 직영점과 백화점 및 전문 스토어를 통해서 시장을 확대하고 있다.

● 여행예술의 대명사 루이비통

3초백 하면 대한민국 여성들은 누구나 아는, 바닥이 넓고 윗부분이 둥근 얼룩덜룩한 밤색 가방이 있는데, 바로 루이비통의 핸드백이다. 이 백에 대해 세계 인류의 절반인 남성들이 결코 이해할 수 없는 두 가지가 바로 이것에 대한 여성들의 집착과 그것의 가격.

이 가방의 브랜드 네임인 루이비통(Louis Vuitton)은 창업자의 이름이기도 한데, 14세 때 가출하여 익힌 섬세한 패킹 기술 덕에 나폴레옹 황후의 눈에 든 그는 1854년 프랑스 파리에서 '포장 전문 가게'를 표방한 여행가방 업체로 브랜드의 시작을 알렸다.

프랑스 자본주의의 성장으로 인해 발전한 휴양문화는 루이비통의 사각형 트렁크를 탄생시켰고, 모조품과의 차별화를 강조하고자 다미에 캔버스와 모노그램 캔버스를 고유의 아이덴티티로 정착시켰다.

트렁크 외의 라인 전개는 1892년 핸드백이 그 시초였다. 앞서 3초백으로 설명한 스피디 백은 1930년에 개발되었고, 둥근 원통형의 빠삐용 백도 1960년대 선보이면서 인기를 얻기 시작했다. 역사다리꼴의 네버풀 백은 많은 수납공간으로 한국에서 특히 인기 있는 제품 중 하나이다.

1997년 루이비통의 아트 디렉터로 합류하게 된 불세출의 디자이너 마크 제이콥스(Marc Jacobs)는 브랜드에 젊은 이미지를 가미시켜 의류와 신발, 주얼리 컬렉션으로 상품 영역을 확장했다. 이때 탄생된 것이 바로 필기체 형식의 모노그램 그라피티(Monogram Graffiti)이고, 이후 일본의 네오 팝 아티스트인 무라카미 다카시(Takashi Murakami)와의 협업을 통해 모노그램 멀티컬러(Monogram Multicolore)의 유행을 불러일으켰다.

▲ 루이비통 홍보포스터[26]

1984년 뉴욕과 파리 주식시장에 상장, 이후 샴페인과 코냑 제조업체인 모에 헤네시(Mo't Hennessy)와 합병하여 거대 럭셔리 기업인 LVMH 그룹 탄생의 모체가 된 루이비통은, 현재도 그룹 매출의 절반을 벌어들이고 있으며 특별 주문 서비스 및 판매량을 제한하여 제품에 대한 희소가치를 높이는 전략을 통해 초고가를 유지시키는 것으로 유명한, 명실공히 세계 최고의 럭셔리 브랜드이다.

26) http://www.vmagazine.com

● **의식주 전반의 라이프스타일 브랜드 아르마니**

웹을 검색하다 보면 아르마니라는 브랜드가 비싼 제품이냐는 질문이 의외로 많다. 그도 그럴 법한 게, 해당 브랜드의 정보를 뒤져보면 정품인데도 브랜드별 아이템 가격대가 10배 가까이 차이가 나서 일반인들에게 혼동을 주기 십상인데, 조르지오 아르마니(Giorgio Armani)라는 오리지널 브랜드는 2000년대 초반까지도 세계 최고가의 하이엔드 정통 브랜드였고 지금도 영향력을 무시할 수 없는 패션계의 거목이다.

1920년대에 샤넬, 1930년대에 디올, 1960년대에 메리 퀸트, 1980년대에 아르마니라고 불리우기도 하는 그는 1934년 이탈리아의 평범한 가정에서 태어나, 의학도의 길을 걷다가 패션 분야로 진로를 바꾸었다. 1964년부터 니노 체루티(Nino Cerruti) 남성복 디자이너로 활동했으며 1970년 독립해 1974년 건축 도안가인 친구 갈레오티와 함께 '조르지오 아르마니'사를 세웠다.

남성복의 큰 성공에 힘입어 여성복과 주니어 의류를 선보인 아르마니는 영화 마케팅으로 유명한데, 1978년 영화 '애니 홀'에 출연해 오스카상을 수상한 다이앤 키튼을 시작으로 '아메리칸 지골로'의 주연배우였던 리처드 기어, 이후 '언터처블', '미션임파서블', '배트맨' 등을 통해 로버트 드니로, 숀 코너리, 톰 크루즈 등에 그의 의상을 입히면서 유명해졌다.

과장된 기교 없이 압축시킨 단순함과 우아함을 철학으로, 화려하지만 절제된 재킷으로 기술과 예술이 완벽한 조화를 이룬다는 평가를 받는 조르지오 아르마니는 다른 패션 럭셔리 패션 하우스와는 달리 의류 및 패션 잡화 사업을 넘어 의식주 전반의 라이프스타일 브랜드를 추구하고 있는데 화장품, 가구를 비롯하여 레스토랑, 나이트클럽, 카페를 세계 곳곳에 운영하고 있으며 고급 호텔과 리조트도 가지고 있다.

"패션은 프로의 일이다. 나는 아틀리에가 아닌 백화점에서 출발했다. 내가 고객들을 위해 뭔가 다른 것을 해 볼 수 있겠다는 생각이 들었을 때 – 그것은 고객과 직접 부딪혀온 결과이기도 했다. – 나는 옷에 대한 새로운 방식을 찾을 수 있었고, 이것이 나의 인생이 될 것임을 깨달았다." (아르마니 전기, BEING ARMANI by Renata Molho 중에서)

▲ 아르마니[27]

27) 이미지 출처 :http://www.armani.com

6. 패션시장의 매출 주기를 기억하자.

우리나라에는 봄/여름/가을/겨울의 4계절이 존재하여 계절에 따라 2번의 매출 상승과 하락이 극명하게 존재한다. 구체적으로 2월과 8월의 매출이 가장 낮은 달이며, 4월과 12월의 매출 포지션이 가장 높다.

다음 페이지의 그래프는 최근 4년간의 매출 변화 곡선과 기온 변화 곡선을 중첩하여 표현하였다. 가장 추울 때와 가장 더울 때 매출이 낮다는 것을 볼 수 있다. 또한 추석이 있는 10월에도 매출이 일시적으로 떨어지는 것을 볼 수 있다.

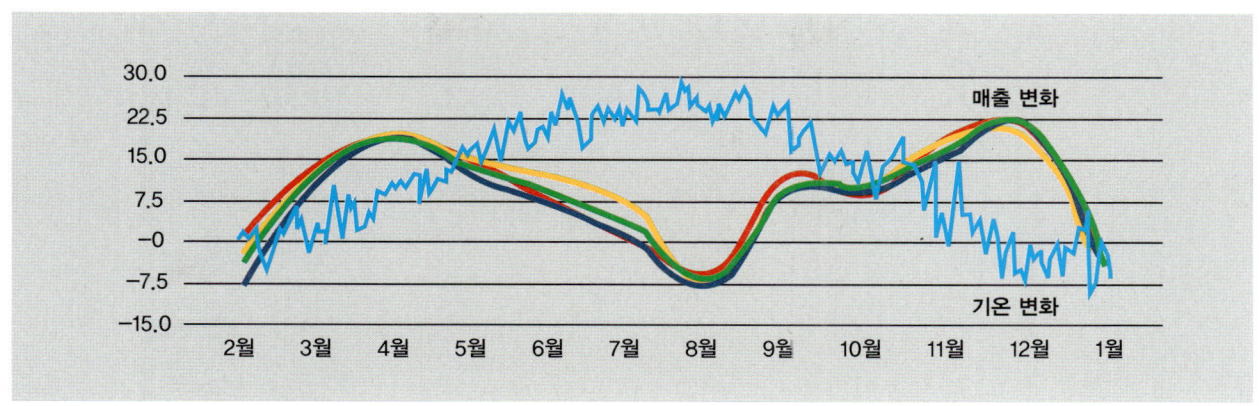

▲ 패션시장에서 기온과 매출 상관관계

여기에서 한 가지 짚고 넘어가야 할 부분이 있다.

초보 창업자들이 흔히 하는 실수가 창업 시기를 잘못 판단한다는 것이다. 겉보기에는 4월과 12월의 매출이 가장 높아서 창업하기에 적기로 보일지 모르나, 매출이 하락기에 접어들고 있다는 사실에 주목해야 한다. 그렇다면 언제가 창업에 있어서 최적의 시기일까? "동트기 전이 가장 어둡다."라는 속담처럼 매출이 가장 낮은 2월과 8월이다. 매출 상승기의 시작점이기 때문이다. 또한 위의 매출 그래프를 자세히 분석하면, 7월에서 8월로 접어드는 시점과 12월에서 1월로 접어드는 시점에 매출의 떨어지는 기울기가 굉장히 크다는 것을 알 수 있다. 왜 이런 현상이 발생하는 것일까?

한 온라인 쇼핑몰의 매출(일일 배송량) 분포를 보면,

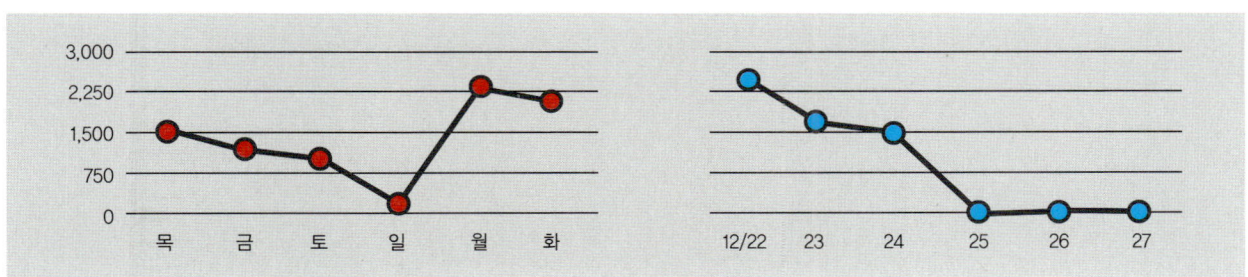

▲ 주간 매출 변화(왼편)와 12월 매출 변화(오른편)

평상시(왼편)의 주간 매출 차트(배송량)상에서 월요일에서 토요일로 갈수록 배송량(매출)이 점점 줄어들다가 휴일인 일요일엔 택배사가 휴무이므로 배송이 없고 월요일에 다시 상승하는 패턴을 보인다. 하지만 오른편에 있는 12월 매출 차트는 요일에 상관없이 평소와는 다른 패턴을 보인다. 12월 25일 이전까지는 이전의 매출(배송량) 차트와 패턴이 동일하나, 크리스마스를 기점으로 매출이 급감하는 현상을 보여 준다. 배송량 기준으로 매출 비율이 거의 1/100 수준으로 떨어진다. 이러한 패턴 때문에 12월은 매출이 가장 높은 달이나 매출 하락의 폭 또한 가장 큰 이유이다. 이러한 패턴은 매년 반복되고 있으므로 초보 창업자들은 이러한 매출의 늪(Swamp)에 빠지지 않도록 꼭 명심해야 한다. 따라서 매출 하락이 본격화되는 크리스마스 이전에 판매되고 있는 상품의 재고가 있다면, 그 이전에 세일을 통하여 완전 소진시켜야 함을 잊어서는 안 된다.

▲ 미송되어 사입자를 기다리는 제품들

8월의 매출 급락 원인은 무엇일까? 그것은 소비자들이 본격적으로 휴가를 떠나는 시기이기 때문이다. 그렇다면, 겨울에는 크리스마스를 매출 급락의 신호탄으로 알 수 있는데, 여름에는 알 수 있는 방법이 없을까? 물론 있다. 여름철 매출 급락을 알 수 있는 신호로 '부산 해운대 해수욕장' 개장일을 알면 된다. 해마다 TV에서 부산 해운대 해수욕장 개장 소식을 방송하고 있는데, 이러한 소식을 접한 소비자들은 본격적인 휴가 준비를 하게 된다.

재고는 독(毒)이다.

● Case 1 : 과도한 의욕이 만들어 낸 재고, 결국 사업 포기

필자의 가까운 지인이 2009년 중순경 여성의류 쇼핑몰을 오픈했다. 패션 감각도 꽤 있었고 동대문 도매시장 사입법에도 기본 지식이 있었으며, 적극적인 성격에 사업가적인 기질도 갖추고 있어 성공 가능성은 충분해 보였다. 쇼핑몰 오픈 및 초기 운영 시에도 이미지 촬영 및 사이트 편집, 광고 등 소위 노가다로 해결할 수 있는 모든 부분에 비용 지출을 지양하고 본인이 직접 발로 뛰어 창업 비용 및 운영비를 최소화하였기에 초기 운영 관리에도 큰 비용 부담이 없었고, 가까운 친구가 안정적인 매출을 올리고 있는 쇼핑몰을 운영하고 있어 좋은 멘토까지 갖춘 상태였다. 게다가 오프라인 의류점을 수년째 운영하고 있는 다른 사람과 필요시 공동 사입까지 협의해 놓은 상태였다.

한마디로 준비된 창업이었다. 일부러 실패하기도 쉽지 않을 정도로 공들였고 오픈 이후에도 정말 열심히 운영하는 듯 보였다. 하지만 1년 반이 지난 2011년 말에 사업을 정리하였다. 왜였을까?

원인은 지나친 의욕이 불러온 재고 누적에 있었다. 너무 열심히 한 나머지 처음부터 혼자 감당하기에는 다소 많은 양의 제품을 사입/진열하였고, 오프라인까지 염두에 두다 보니 매출에 비해 보유 재고량을 많이 가져가게 되었다. 운이 따르지 않아 금융 위기가 닥치면서 매출이 뚝 떨어지게 되자 나름대로 오픈 마켓 및 비즈카페 등에 추가 입점을 하였으나, 노력만큼 매출이 올라주지 않았다. 잘 나갈 때는 온라인 순수익만 월 300~400만 원이 나오던 쇼핑몰이었으나 관리가 조금 소홀해지자 급격히 매출이 줄어 인건비를 건지기도 어려워져 버렸다.

이에 더해 소매가 3,000만 원어치에 육박하는 악성 재고 때문에 창고비/관리비만 계속 지출하게 되자 결국 1인 쇼핑몰의 고질적인 한계를 극복하지 못하고 온라인 쇼핑몰은 폐쇄되고, 재고 물품과 오프라인 매장은 헐값에 처분하고 말았다.

● Case 2 : 구멍난 재고 관리, 뒤통수 맞을 수도

오프라인 상가나 점포처럼 온라인 쇼핑몰도 거래되는 일이 많다. 가격은 천차만별이나 소형 쇼핑몰은 보통 온라인 구축비나 광고비 등은 따로 산정되지 않고 회원 수나 월 매출 정도만 감안되며, 보유 중인 재고 물량을 원가보다 낮게 평가하여 쇼핑몰의 매매가를 추정한다.

2008년 중반의 일이니 약 8년 전 이야기이다. 금융 위기 여파 때문이었는지 평소보다 유난히 많은 온라인 쇼핑몰이 매물로 나와 있었다. 한 고객께서 온라인 쇼핑몰 창업을 위해 정보 검색 중에 맘에 드는 아동복 쇼핑몰 매물을 찾았다며 거래에 도움을 받고자 하셨다. 월 매출 700만 원, 3년 운영, 스탁(보유 재고) 1,500만 원 이상의 조건으로 기억한다. 매매가는 2,000만 원. 고객 정보/사입 정보/광고 기법 및 운영 노하우 3개월간 전수 조건까지 붙어있어 초보 창업하시는 분께 나쁘지 않은 조건이라 생각했다. 고객과 함께 방문해 보니 둘째를 임신 중인 주부 사장님이 재택 창업을 하여 운영하고 있었다. 성격도 좋고 달변의 미인이라(?) 거래는 긍정적으로 진행되고 있었다.

하지만 문제는 역시 재고였다. 큰 방 한 칸을 모두 차지하고 있는 재고를 한 시간 가까이 뒤집어 엎어 본 결과 유행이 한참 지난 디자인, 잘 팔리는 사이즈가 다 빠진 고미(아동복 도매 시 사이즈별로 묶음 판매하는 단위), 형광색만 남은 셔츠, 지나치게 무거운 겨울옷, 싼 맛에 다량 사입한 것으로 추정되는 후진국 패턴의 바지 등 정상 판매가 어려운 제품이 대부분이었다. 가치를 재산정해 보니 500만 원이 안 되는 수준. 매매가 조정을 권했더니 주부 사장님의 얼굴빛이 사색이 되었다. 몸이 무거워 정확한 재고 관리를 하지 못해 보유한 재고의 가치를 잘못 알고 있었던 것. 조정액이 너무 커 거래는 성사되지 않았고 1년 뒤 우연히 방문한 해당 사이트는 매매에 실패한 듯 방문객 없이 방치되어 있었다.

● Case 3 : 베테랑도 발목 잡힌다, 재고 우습게 보지 말라.

방금 다섯 번째 전화를 끊은 남대문 피혁 도매업체 이 사장은 기분이 별로 좋지 않다. 단 한 곳도 추가 오더를 받아주는 곳이 없었던 것이다. 단골 거래업체만 골라 연락하여 정상 도매 가격의 1/5에 팔겠다는 데도 유행이 지난 제품이라며 사겠다는 사람이 없다. 대형 오퍼상에서 원피스용 스판벨트를 기존 출하 가격의 1/4 값에 땡처리 한다고 해서 5만 개나 되는 것을 아도(완사입[28]) 오더쳐 온 것이 두어 달 전. 하남시에 위치한 오퍼상 창고에 갈 때만 해도 개당 몇 백원씩 더 주더라도 파살(부분 사입)할 생각이었으나, 잘 팔면 꽤 큰 돈이 되겠다는 욕심에 독점해서 반 정도 제값에 팔고 남는 건 다시 덤핑처리할 요량으로 완사를 땡겼다. 창고도 하나 더 임대했다. 최소 기간이 1년이라길래 반보다 조금 더 얹어주고 6개월 계약을 했다. 그 안에 다 처분하고 빼버리면 되니까. 이렇게 번 돈으로 더 큰 건을 하나 또 잡으면 다시 창고를 빌려야 하는데 그냥 1년 할걸 괜히 얹어줬나 하는 생각까지 했던 게 5월 말.

이후 두 달을 뛰어다녔지만 반은 고사하고 1/10도 못 팔았다. 정상가의 반값으로 팔았는데도 반응이 시큰둥해서 업체들마다 방문해서 팔아달라고 사정하며 떠넘기다시피 했다. 사올 때는 현금박치기, 팔 때는 외상거래를 해서 통장에 돈도 없다.

다행히 여섯 번째 전화에서 소량이지만 추가 오더를 받아 제품을 가지러 창고에 간 이사장은 코를 틀어쥐었다. 장마때 빗물이 지하 창고에 스며들어서 눅눅한 악취가 가득했다. 바닥 가까이 적재된 벨트들에 곰팡이가 잔뜩 피어 밝은 색상 제품들은 판매가 불가능했고, 다른 벨트들도 녹이 슬기 시작한 것들이 눈에 띄었다. 순간의 욕심에 눈이 멀어 15년 장사 경력이 무색하게 오판을 내린 스스로가 한심스러웠다.

28) 남은 재고 모두를 한번에 구매하는 경우

이러한 소비자 행동 변화가 시장의 변화까지도 동반하게 되는데, 동대문과 남대문 도매시장이 8월 둘째 주부터 약 2주간 휴가를 떠나는 이유도 이 때문이다. 동대문시장과 남대문시장은 해마다 8월 둘째 주에 휴가를 시작하는데, 각 도매상가들이 모두 같은 날 휴가를 떠나는 것은 아니며 상가마다 약간씩의 차이를 보이고 있다.

아래 그림에서 알 수 있듯이 **패션 도매시장의 새해의 시작은 2월이며, 끝은 1월이다. 이렇게 이해를 하면, 도매시장을 이해하기 쉬울 것이다.** 남대문과 동대문 도매시장의 제품 구성은 일반 소매시장보다 약 1개월에서 2개월 정도 빠르게 움직이고 있다는 것을 기억하기 바란다.

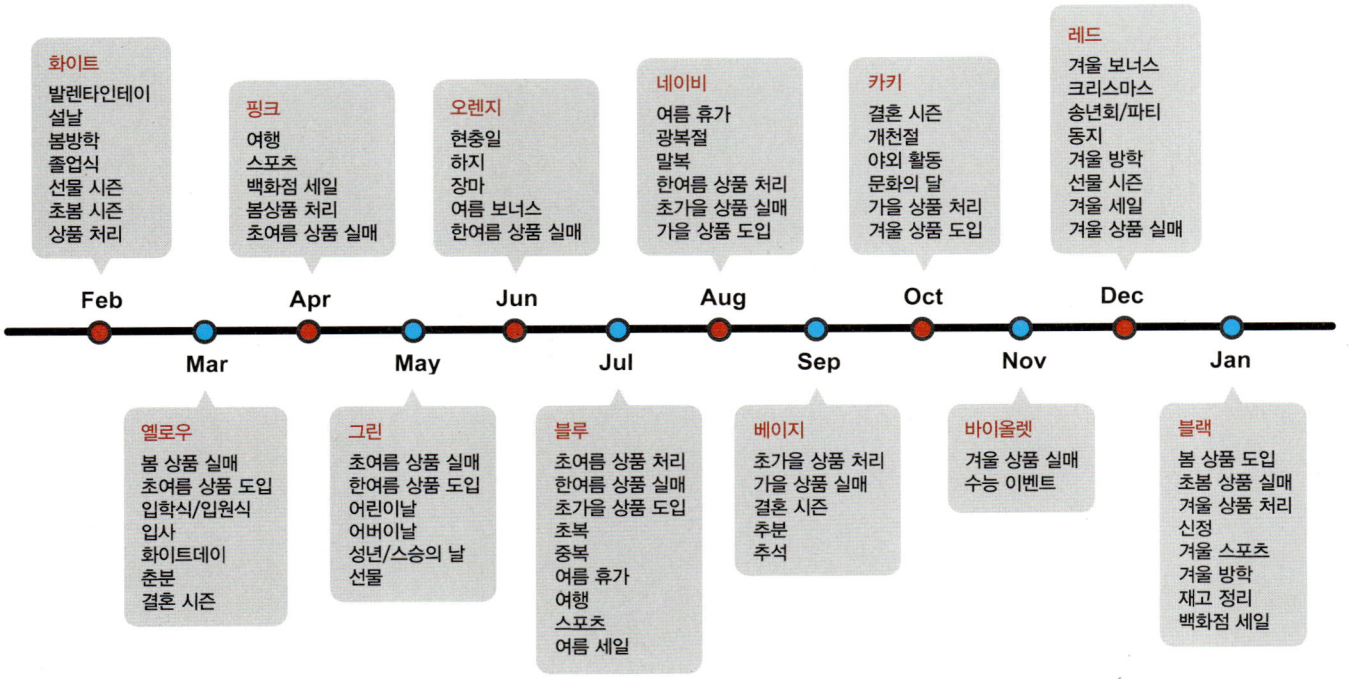

▲ 연간 상품 기획과 이벤트 정리

비즈니스의 독(毒), 재고처리 방법

모바일 경제로의 진화를 거듭하면서 현재의 상황은 문자 그대로 옴니채널(Omni Channel)의 시대이다. 비즈니스도 마케팅도 온라인(On-Line)과 오프라인(Off-Line)을 넘나들면서 진행할 수 있는 능력이 있다면 여러 돌발상황 발생 시에 보다 유연성 있게 대처가 가능하다.

온라인, 오프라인을 막론하고 모든 패션 비즈니스는 재고처리로부터 자유로울 수 없다. 온라인 비즈니스 역시 여러 가지 이유로 재고가 발생하게 된다. 한 두 장 샘플을 가지고 있을 때야 별다른 문제가 되지 않지만, 장기간 팔리지 않는 제품들이 점점 늘어나면서 차지하게 되는 창고 공간과 그로 인해 자꾸만 막히는 자금회전이 신경에 거슬리기 시작하면 나이에 맞지 않게 늘어나는 흰머리와 주름을 걱정하게 될 뿐만 아니라 회사의 사활을 걸어야 할 수도 있다.

가격적 메리트에 혹해서 대량으로 들여놨는데 생각만큼 팔리지 않거나, 제품에 하자가 있어 반품을 받았는데 사입처에서 받아주지 않거나, 유행이 지나서 판매가 부진한 경우처럼 재고가 쌓이는 유형도 다양한 만큼, 이 재고를 처리하는 방법도 다양한 방법을 찾아야 한다.

필자가 주로 사용하는 몇 가지 재고를 처리하는 방법을 소개해 본다.

● 땡처리를 통한 재고처분

가장 간단한 방법이다. 거의 모든 유통채널 또는 인터넷 카페 게시판에 "재고 삽니다"라는 광고 글들을 볼 수 있다. 그런 땡업자에게 연락하면 아이템과 수량을 물어보는데, 직접 방문하여 제품을 보고 딜(Deal, 가격조정)을 하기 때문에 소량은 처리가 어렵다. 게다가 말 그대로 "땡처리"이기 때문에 상황에 따라서는 사입가에서 0이 하나 떨어지는 이상의 경우도 각오해야 한다.[29]

[29] 의류의 경우, 도개사입가 1만 원일 때 2,700~2,900원으로 땡처리가 됨

이런 경우 너무 손해가 커지게 되므로 판매자가 직접 인터넷 카페 같은 곳에 올리는 방법이 있다. 당연히 사입비보다는 싸겠지만, 적어도 전문적인 땡업자에게 넘기는 수준보다는 더 받을 수 있다.

재고처리 시 일반적인 흐름은 아이템별 세부내역(디자인별, 컬러별, 사이즈별 수량)과 기본적인 이미지를 올리고 사입을 희망하는 사람으로부터 연락을 받아 최종 처리를 끝내는 게 기본 절차이다. 양이 많을 경우 파샬[30]과 아도(전체를 일괄판매) 등의 선택지를 사입자에게 주는 것이 재고처리에 유리하다. 자세하게 공개할수록 거래 성사 확률이 높아진다. "일단 연락 주세요." 이런 식의 표현은 곤란하므로 가급적 사입자의 입장에서 궁금한 내용을 정리해 주는 것이 좋다.

[30] partial, 한꺼번에 처분하지 않고 디자인과 수량을 나눠서 판매

패션 제품 처분 시 유행을 타느냐 안 타느냐가 상당히 중요한 키 포인트가 될 수 있다. 기본 면 티셔츠나 무난한 디자인의 잡화 등 유행을 별로 타지 않는 제품보다, 연예인 착용 액세서리나 월드컵 기념품 등 일시적 이벤트성이 강하고 유행을 심하게 타는 제품의 할인 폭이 월등히 높다.

● 오프라인 행사를 통한 재고처분 : 프리마켓, 장터, 바자회 등

근대 이전부터 지속되어 오던 동네 장터 문화가 2000년대 후반부터 정부의 지원을 받으며 더욱 다양한 형태로 발전하기 시작했다. 크게 분류해 보면 관공서에서 주도하는 지역별 축제나 장터, 민관 합동의 성격이 강한 바자회(예 서울바자), 판매자들 스스로 진행하는 프리마켓 등의 행사가 있다.

관공서에서 주도하는 행사는 지역별 축제나 공공장소에서 진행되는 대규모 장터 등이 대표적이다. 많은 사람이 모이고 참가비용도 매우 저렴하나 개인 자격으로의 참여는 제한적이니 협동조합이나 마을기업 등의 단체를 통하거나 "사회적기업" 인증을 받는 것이 좋다. 아이템의 제한은 없으나 행사 특성상 무난하고 대중적인 제품이 잘 먹힌다.

민관 합동의 개념으로는 종교단체 바자회나 지역 벼룩시장 등이 있다. 조금만 발로 뛰면 연고가 없어도 참여가 가능하다. 인근 지역민 위주의 콘셉트로 진행하게 되는 경우가 대부분인 관계로 많은 판매량을 기대하기에는 무리가 있다.

판매자들 스스로 진행하는 이벤트로는 각종 프리마켓이나 문자 그대로 "OO행사"로 통칭하는 판매이벤트 등이 있다. 프리마켓이라 함은 벼룩시장 또는 플리마켓에 문화 + 공연 콘텐츠를 제공하는 기능까지 포함하는 개념이다.

일반적으로 프리마켓 주최자가 유동인구가 많은 곳의 유휴공간을 주인에게 일정금액을 지불하고 단기간 임대하여, 해당 공간을 잘게 쪼개 참가비를 받고 참가자를 모집하여 진행하는 형식을 취하고 있다. 주로 젊은 층을 대상으로 아트 콘셉트를 취하는 곳이 많으며 의류나 액세서리, 패션잡화 등의 아이템을 소량 다품종 판매하기에 유리하다.

외부 공간에 천막 등을 치고 지역에서 진행하는 소위 "OO행사"는 조금 더 대중적인 경우가 많다. 프리마켓에 비해 규모도 좀 더 크고 광고, 홍보, 참여인원 등에서 볼륨이 어느 정도 갖춰져 있으며 판매물품도 공산품, 식료품 등으로 범위가 넓다. 민간 이벤트는 상대적으로 참가가 용이한 반면 일정 수준의 참가비용이 필요하다. 반짝세일이나 럭키박스 등의 아이디어를 더해 깜짝 매출을 올릴 가능성도 있지만, 매출이 부진할 경우 손익계산서상으로 마이너스가 될 수도 있다.

● **오프라인 입점을 통한 재고처분 : 샵인샵(Shop in Shop), 깔세 등**

온·오프라인을 동시에 운영하면 상호 교차판매가 가능하여 효율을 올릴 수 있다. 필자도 2010년경 온라인 쇼핑몰과 오프라인 소매 매장을 함께 운영하여 채널 간 상호 보완효과를 톡톡히 누린 적이 있으며, 현재도 도매로서 양쪽 라인을 동시 가동하고 있다. 필자의 경우 도소매 양쪽 모두 오프라인 판매를 먼저 시작하고 후에 온라인판매를 병행하였는데, 도매 오프라인에서 속 썩이던 재고 중 상당수가 온라인 B2B에서 쑥쑥 빠져나가는 것을 경험한 바 있다.

오프라인 숍을 운영하려면 점포비용을 포함한 고정비가 상당히 부담스러운 경우가 있다. 이럴 때 비교적 비용부담을 줄일 수 있는 방법으로, 비용을 지불하고 타 점포의 일부에 입점하여 판매하는 샵인샵이나 초단기로 점포를 임대하는 깔세[31] 등의 방안을 생각해 볼 수 있다.

31) 최소 1주일 이상이며, 보증금 없이 임대하는 기간 동안의 임대비용을 한 번에 일시금으로 지불하고 판매하는 오프라인만의 판매 방법

샵인샵(Shop in shop)은 말 그대로 점포의 일부를 활용하는 방법이다. 단독 점포 안의 매대 일부를 임대하는 경우가 가장 일반적이며, 경우에 따라 임대하는 매대(판매 시 사용하는 테이블)들로만 점포를 형성하는 경우도 있다. 홍대 등 젊은이들이 많이 다니는 곳의 편집숍 중 일부가 이런 형태로 운영되고 있다.

이런 곳은 상권 내 해당 콘셉트의 기존 매출이 어느 정도 발생하고 있는가를 확인한 후 입점하여야 효과를 볼 수 있다. 상권, 입지, 매대 위치가 좋지 못할 경우, 교통비도 남지 않는 곳이 많으므로 입점 전에 며칠 동안 판매상황을 관찰해 볼 필요가 있다.

깔세는 보증금 없이 정해진 기간의 세를 선납하고 일단위로 까(차감해) 나가는 형태이다. 재래시장 등의 상권 내 비어있는 점포에 월단위 계약을 하고 입점하여 판매하는 경우가 많으며, 인테리어나 디스플레이가 어려우므로 판매 가능한 품목이 제한적이다.

보증금이 없는 대신 월세가 높으므로(약 2배 정도) 매출이 나오는 초기 1~2주를 넘기면 하루 매출로 당일 임대료를 뽑기 어려운 경우도 많아 업체들끼리 깔세를 서로 교환하거나 날짜를 쪼개어 재임대를 하기도 한다.

● **온라인을 통한 재고처분 : 경품, 사은품, 온라인 경매**

다른 카테고리 아이템의 판매 촉진용이나 홍보용으로 소비하는 방법이다. 중고나라 등의 커뮤니티에 홍보를 겸해서 저가로 판매하거나, 소비자들이 많이 모이는 곳에 경품으로 내놓는 방식 등이 그러하다. OOO쇼핑몰 가입자 대상 추첨 등의 방법을 잘 쓰면 회원 수를 늘리는데 요긴하게 사용할 수 있다. 구매 메리트가 있는 제품이라면 각종 온라인 경매 등에 내놓는 방법도 있다. 단, 경매 입찰 시 원하는 판매가에 한참 못 미칠 건 각오해야 한다.

● 사회환원을 통한 재고처분 : 기부

끝으로, 사회의 어두운 곳을 밝혀줄 좋은 일에 기부하는 방법이 있다. 일부 기관 행사의 경우 기부영수증 발행이 가능해 연말정산이나 소득세 신고 시 공제도 가능하다. 필자도 피혁잡화 및 액세서리 한 트럭 정도를 해외봉사 단체에 기부한 적이 있으며, 미혼모시설과 동 주민센터에 여성복을 각 3,000장씩 기부한 경우도 있다.

판매를 통하여 소진시키는 것이 당연하지만, 반품 또는 교환을 통하여 재판매가 어려운 상황이라면 기부하는 것도 의미 있는 방법이 될 수 있으며, 기부내용을 블로그나 SNS에 올려 소비자들에게 사회적인 기업으로서 어필하는 것도 좋은 방법이라고 생각한다.

FASHION
BLACK
BIBLE

Part 2 패션아이템과 도매시장 ; 시장이라고 다 같은 시장이 아니다.

1. 동대문 이야기
2. 패션과 온라인시장 : 전통적 유통채널의 확장
3. 시장에 가면 시장의 언어를 사용하자.
4. 고가시장 ; apM과 U:US
5. 저가시장 : 청평화, 디오트, 테크노
6. 동대문시장의 무풍지대 : 남성복 상가
7. 동대문 보다 남대문 : 아동복 시장
8. 남대문 이야기
9. 남대문시장은 하나의 큰 액세서리 상가
10. 핸드메이드 액세서리 디자이너의 보물창고, 액세서리 부자재 상가
11. 남대문시장, 도매 판매자와의 인터뷰
12. 패션의 완성 : 슈즈이야기
13. 명품백 부럽지 않은 기술력 : 남평화시장

트렌드에도 흐름이 있다
소비자의 삶의 방식을 이해하자.

8년이라는 시간을 시장에 있으면서 한 가지 깨달은 것이 있다. 소비자들 또는 사입자들이 무언가 알 수 없는 '흐름'에 이끌려 한 방향으로 움직이고 있다는 것이다. 소위 마케터들은 이것을 '트렌드'라고 부른다. 하지만 분명한 것은 눈에 보이는 '트렌드'가 전부가 아니라 보이지 않는 소비자들의 필요(Needs)와 욕구(Wants)에 의하여 흐름이 결정이 된다는 것이다. 시장을 이해한다는 것은 소비자들의 삶의 방식을 이해하는 것이다.

동대문시장은 서울특별시 종로구 종로4가의 광장시장에서부터 동대문 주변의 종로6가 및 청계천8가까지의 약 2km에 이르는 상가 밀집 지역을 말한다. 청계천을 따라 평화, 신평화, 동평화, 청평화, 디오트, 테크노, 아트플라자, 제일평화, 벨포스트(구 에리어6), 유어스, apM, 디자이너클럽, 누존 등 37개의 상가, 34,600개의 개별 점포, 근무자 수 약 4만 여명으로 이루어진 섬유, 의류/패션에 직·간접적으로 관련된 점포들이 있는 국내 최대의 패션 상권이다.

> 동대문 도매시장은 일반 소비자들이 찾는 소매시장, 도매와 소매를 병행하는 도·소매시장, 그리고 한 장을 판매하더라도 도매로 판매하는 도매시장으로 구분된다.

1 동대문 이야기

역사적으로 일제 강점기에는 배오개시장으로 알려졌었는데, 1905년 7월에 김종한 외 3인이 광장주식회사를 설립하고 동대문시장(현재 광장시장)을 등록함으로써 최초의 근대시장으로 출발하였다. 전차의 부설로 동대문시장은 상권이 더 넓어졌으며, 한국전쟁 종전 후 1961년 청계천 복개 공사와 함께 건평 7,400평의 평화시장 건립으로 동대문의 의류 생산이 본격화되었고, 평화시장의 성공은 통일상가와 동화시장의 설립을 촉진시켜 동대문종합시장을 탄생시켰다. 경부고속도로 개통과 함께 동대문종합상가 터미널이 완공됨에 따라 전국적인 의류 도매시장으로 자리를 잡았고, 1990년대 후반 기존 패션 산업 유통 구조를 단순화시켜 최신 유행의 상품을 저렴한 가격에 공급하는 밀리오레와 두타 등 패션 쇼핑몰의 등장으로 최신식 건물과 인테리어, 쇼핑, 엔터테인먼트, 식음료를 동시에 해결할 수 있는 시설과 편의 시설, 주차 시설까지 완비한 종합 쇼핑의 중심지로 발전하였다. 현재는 대한민국 스포츠 발전에 큰 역할을 한 동대문 운동장이 2007년 철거되고 난 그 자리에 동대문역사문화공원과 동대문디자인플라자(DDP)가 완공을 앞두고 마무리 공사를 진행 중이며, 아시아의 패션 허브로 도약하기 위한 2차 성장을 준비 중이다.

위기의 동대문시장

현재 동대문은 8만 개가 넘는 패션 업체가 밀집해 있고 하루 평균 60만 명의 인파가 몰려드는 한국 패션 산업의 메카다. 최신 유행 의류들이 하루가 멀다 하고 빠르게 등장하고, 중저가의 가격 경쟁력을 갖춰 국내 소비자뿐만 아니라 해외 관광객까지 몰려들며 지난 수십 년간 전성기를 누려왔다. 동대문은 기획·생산·판매가 한 지역에서 이뤄지는 산업 집적화가 경쟁력이다. "아침에 디자인한 옷이 오후면 매장에 진열된다."는 말이 현실적으로 가능한 곳이 바로 동대문이다. 이러한 동대문의 원스톱 시스템은 최근 전 세계를 휩쓸고 있는 패스트 패션에 가장 적합한 인프라를 갖췄다. 하지만 이러한 동대문의 시스템도 최근 여러 도전을 맞고 있다. 글로벌 패스트 패션 브랜드의 시장 장악, 생산 인력의 부족, 제조 공장의 해외 이전 등으로 최근 동대문의 명성이 다소 희미해져 가고 있다. "더 이상 '동대문 패션왕'은 없다."는 자조적인 목소리까지도 나온다.

역사적으로 동대문시장은 1905년 탄생한 한국 최초의 근대적 시장으로 1960~1970년대 노동 집약적 섬유 산업이 한국의 주요 수출품일 때 많은 생산 인력과 업체가 이곳으로 모여들었다. 1990년대 초 남대문시장도 패션 산업에서 디자인이나 기획력을 갖추고 있었지만 동대문의 생산력을 따라오지 못했다. 동대문에는 청계천부터 구평화·신평화·동평화 시장에 자체 공장을 갖추고 생산할 수 있는 인프라가 충분히 갖춰져 있었다. 당시 남대문에서 새로운 디자인이 등장하면, 며칠 후 동대문에서 곧바로 같은 디자인이 대량 생산됐다. 가격도 남대문시장에서 팔리는 것보다 훨씬 저렴하게 판매됐다. 이 때문에 패션 산업은 남대문에서 동대문으로 중심이 이동했고, 남대문 상인들이 1990년대 중반 동대문으로 모두 옮겨 왔다. 그리고 1990년대 후반 apM·두타·밀리오레 등 현대식 쇼핑몰이 들어서면서 도소매를 모두 아우르는 최고의 번영을 누렸다. 이후 남대문은 아동복으로만 명맥을 유지하게 되었고, 영캐주얼 패션은 동대문으로 주도권이 완전히 넘어갔다. 상인들에 따르면, 당시 통로를 지나갈 수 없을 정도로 동대문 점포는 붐볐고 하루 수천만 원의 매출을 올리는 곳도 여럿이었다고 한다. 2000년대 초반에 마루·TBJ 등 중저가 브랜드 체인점이 국내시장에 등장하면서 동대문 상점들의 매출이 점차 줄어들었다.

2005~2006년까지 하락세를 겪던 동대문 상권은 2008년 세계금융 위기로 새로운 국면을 맞게 됐다. 이때 원화 평가 절하로 인해 중국 상인들이 동대문으로 몰려들어 대규모로 구매해 가는 덕분에 중국 특수를 맞았다. 중국으로부터 돈이 대량으로 유입되면서 동대문의 매장뿐만 아니라 공장들도 다시 호황을 맞았다. 하지만 이도 잠시, 자라·H&M·유니클로 등 해외 패스트 패션이 국내시장을 장악하면서 동대문은 다시 침체의 길로 접어들었다. 글로벌 패스트 패션 브랜드의 유통력과 가격 경쟁력을 동대문이 이길 수 없기 때문이다. 해를 거듭할수록 중국 특수도 사라지면서 최근 동대문을 중심으로 한 의류 공장들이 하나 둘씩 문을 닫

▲ 동대문 도매시장의 지방사입자들을 위한 물품보관소

는 상황으로까지 치닫고 있다. 명유석 헴펠 대표는 "동대문 상인 및 공장들은 예년에 비해 올해 수입이 50%로 줄었다고 말한다."며 "공장들이 너무 많이 문을 닫으면서 옷을 만들 데가 없어지고 있다."고 밝혔다. 그리고 "앞으로 4~5년은 버티겠지만 지금처럼 생산 기지의 몰락이 지속된다면 동대문의 전망은 밝지 않다."고 덧붙였다.

최근 동대문이 생산 기지로서의 명맥을 잇지 못하는 위기를 맞은 가장 큰 이유는 생산 인력 부족때문이다. 동대문을

중심으로 장위동을 포함한 성북구·강북구·중랑구 일부에 봉제 공장이 퍼져 있다. MK패션산업발전협회에 따르면, 이곳에 있는 봉제 공장 종사자들을 모두 합치면 25만~27만 명으로 추산되며, 이곳 '미싱사'들은 모두 40대 이상의 중년 여성이다. 한국의류산업협회에 따르면 서울에 있는 봉제 공장 종사자의 85%가 40~50대이고, 30대는 8%, 20대는 겨우 2%뿐이다. '미싱'이란 직업이 고되고 박봉인 까닭에 더 이상 새로 일을 배우러 오는 젊은이들이 없기 때문이다. 최근 패션 산업 인력 구성을 보면 디자인을 전공하는 이들이 크게 늘고 있지만 봉제·재단을 하는 인력은 1960~1970년대 여공이었던 인력이 그대로 남아있을 뿐 신규 공급은 거의 없다.

▲ 유어스에서 바라본 동대문 디자인플라자

외국인 노동 인력을 의류 공장에 유입하기도 상황이 여의치 않다. 외국인 노동자는 정부 관리 하에 월급제로 근무해야 하는데 동대문 봉제 시스템은 맡은 물량대로 임금이 지급된다. 주문 물량에 기복이 있어서 월급제를 유지할 수 없는 것이다. 비숙련이며 숙식을 제공해야 하는 외국인 노동자 대신 차라리 60~70대지만 동대문 일대의 할머니 숙련공들이 빠르고 정확하게 물량을 맞출 수 있다. 주요 패션 브랜드의 공장은 이미 2000년대 해외로 대부분 이전했고, 그나마 동대문에서 도매로 판매돼 전국 편집숍이나 온라인 쇼핑몰에서 판매되는 물량만 동대문에서 생산돼 왔다. 하지만 이마저도 공임비가 낮은 중국과 베트남 등의 공장으로 물량을 돌리면서 동대문 일대의 공장들이 존폐 위기를 겪고 있는 것이다. 동대문의 점포들은 이제 한국에서 만들기보다 중국에서 대량으로 제조해 가져와 파는 구조가 일반화됐다. 원단은 아직 한국제가 좋지만 중국 인력의 봉제 기술은 이제 한국보다 더 좋다고 평가된다. 이런 의류 제조 인프라의 붕괴는 이미 일본과 대만 등이 겪었던 일이다.

1990년대 동대문의 제조 공장들이 호황을 누렸던 배경이 자체 생산력을 잃은 대만으로부터 동대문으로 주문이 몰려왔기 때문이었다. 한국도 몇 번이나 제조 기반이 붕괴될 위기를 겪었지만 그때마다 대만, 홍콩에서 주문이 밀려들면서 이제까지 명맥을 유지해 올 수 있었다. 하지만 현재 제조 공장들이 하나 둘씩 문을 닫고 있는 상황은 끝이 없어 보인다. 명 대표는 "미국의 자바 시장이 전 미국과 중남미의 모든 수요를 흡수하고, 이탈리아의 밀라노 시장이 유럽과 전 세계의 수요를 감당한다."며, "한국도 의류 생산 기지로서의 역할을 잃지 않도록 하고 해외 도매 유통이 쉽도록 동대문을 자유무역 지대로 설정하는 등의 시스템을 갖춘다면 아시아의 패션 산업 수요를 담당할 수 있다."고 강조했다. 이어 "현재 생산 기지로서 장점을 잃어 가고 있어 국내 패션 산업을 다시 활성화하기 위한 대책이 시급하다."고 주장했다.[1]

1) 자료 출처 : 한경비즈니스, 2012년 6월호

▲ 동대문시장 상권

지도는 전체 동대문 상권을 판매 특성별로 묶어 놓은 것이다. 노란색으로 포인트된 두타, 밀리오레, apM(소매), 굿모닝시티는 소매 상권으로, 동대문을 방문하는 대부분의 관광객과 일반인들이 찾는 곳이다. 일반적으로 시장 조사 시에 도매 매장의 제품과 소매에서 판매되는 제품의 차이가 있음을 발견할 수 있고, 이것은 도매 매장이 소매 매장에 비하여 약 1~2개월 앞서서 제품을 생산하기 때문이다. 소매 매장에 걸려 있는 제품들은 현재 판매가 원활히 잘 되고 있는 상품들이며, 도매 매장에 걸려 있는 제품들은 앞으로 잘 나갈 제품들인 것이다. 도매 매장이 소매보다 1~2개월 앞서서 진행된다는 것을 항상 명심해야 한다.

녹색 포인트로 표시가 된 곳은 제일평화를 중심으로 맥스타일, 벨포스트, 광희패션몰, 신발 상가 A동과 B동, 문구/완구 상가로서 도매와 소매를 함께 진행하는 도소매 상가이다.

도소매 상가의 판매 특징은 사입자의 사입량에 따라 가격이 결정된다. 예를 들어 정상 도매가가 1만 원인 제품을 보통 2배 정도의 가격인 2만 원에 소매로 판매한다고 가정할 때, 사입자가 1장을 사입하면 당연히 소매가인 2만 원을 적용하고, 사입량이 10장 정도일 때는 1만 5천원 정도, 사입량이 30장 정도가 되면 비로소 1만 원의 정상 도매 가격을 매긴다. 물론 이것은 절대적인 기준은 아니며, 판매자 또는 사입자와의 친분 정도에 따라 달라진다. 이것은 소매 판매와 도매 판매를 병행하였을 때 나타나는 자연스러운 현상으로 '사입량에 따라 도매 가격이 결정'되는 것이지, 절대 사입자를 속여서 이윤을 더 보기 위한 도매 상가의 횡포가 아님을 알아야 한다. 이러한 현상은 남대문 아동복 상가에서도 나타나는데, 남대문시장에 위치한 대부분의 아동복 상가들이 낮에는 소매 판매를, 밤에는 도매 판매를 병행한다. 시장 조사를 목적으로 낮 시간대에 방문하였을 경우 대부분의 상인들이 도매가 아닌 소매의 개념을 적용한다. 이는 사입자를 소매로 제품을 구매하는 일반인으로 판단하기 때문이며, 시장 조사를 위해 방문하였다고 하여도 상인들은 이를 믿지 않는다. 대부분의 일반인들이 본인들의 자녀에게 입히기 위해 싸게 구매할 욕심으로 사입자를 사칭하는 경우가 많아지면서 자연스럽게 불신(?)의 문화가 형성되었다.

다음으로 **빨간색 포인트가 빽빽하게 포진하고 있는 곳이 순수 도매 상가이다.** 온라인으로 제품이 많이 나가는 에이피엠(apM), 에이피엠럭스(apM Luxe), 유어스(U:US), 청평화, 디오트, 테크노를 비롯해 오프라인으로 제품이 많이 나가는 디자이너클럽, 누존, 아트플라자, 스튜디오W, 혜양엘리시움 등이 있다. 잡화 상가로는 가방을 판매하는 남평화, 빠리 상가(광희시장 지하)가 있으며, 신발 상가로는 신발 상가C동과 D동이 있다. 도매 상가라는 것은 한 장을 거래하더라도 도매 가격으로 거래를 하는 곳이다. 가끔 제품의 가격이 비싼 것 같다며 속았다(?)라는 말씀을 하시는 분들이 계시는데, 그건 도매 매장의 직원이 가격을 속인 것이 아니며 실제 가격이 비싼 제품으로 다른 경쟁 상품에 비해 품질과 디자인, 완성도가 높은 제품이다.

■ 동대문·남대문 도매시장의 성공 신화

이렇게 동대문과 남대문 시장에서 조그맣게 시작해 커나간 패션 브랜드는 헤아릴 수 없을 정도로 많다. 적게는 십 수년, 길게는 40~50년의 역사를 가지고 있는 브랜드들이 이에 해당되는데, 그 중에서는 덩치를 키워 대기업들과 같이 경쟁하고 있는 초대형 브랜드들도 있다.

가장 유명한 브랜드 중 하나는 매년 조 단위 매출을 기록하고 있는 패션 그룹 형지. '크로커다일 레이디'를 비롯하여 8개 브랜드를 거느리고 있는 최병오 회장은 서울 동대문 광장시장에서 3.3㎡(1평) 남짓한 상가를 중견 패션 기업으로 성장시킨 인물이다.

최 회장의 사업 과정은 참으로 부침(浮沈)이 심했다. 19세 때 페인트 가게를 물려받아

7년 만에 사채 빚으로 사업을 접고, 1982년 광장시장에서 바지를 만들어 팔기 시작했다. 1985년 '크라운'이라는 상표를 만들어 독보적인 성공 가도를 달렸으나, 어음 관리 소홀로 인해 10여년 만에 다시 문을 닫고 말았다. 이에 굴하지 않고 남성복 중심의 수입 브랜드 '크로커다일'의 여성복 버전인 '크로커다일 레이디'를 런칭, 고가와 저가로 이원화되어 있던 여성복 시장에 '중가 어덜트 캐주얼 로드숍'이라는 틈새시장을 만들어낸 것이 IMF와 맞물려 대히트를 친 것이다. '샤트렌', '올리비아 하슬러', '라젤로', '아날도 바시니' 등 만들어 내는 브랜드마다 고속 성장을 거듭하여 2020년 '국내 1위의 패션 그룹'의 비전을 달성하기 위해 전력을 다하고 있다.

독립문 메리야스 'PAT'로 시작하여 이탈리아 브랜드 '네파'를 먹어치운 평안L&C도 빼놓을 수 없는 시장 출신 대기업 중의 하나이다. 독립문이라는 브랜드는 또 하나의 대기업을 탄생시켰는데, 메리야스를 이곳에 납품하던 부산 동춘상회 박순호 사장은 훗날 '인디안', '올리비아로렌' 등 대형 브랜드를 거느린 패션 그룹 세정의 회장이 된다.

엠케이트렌드의 김상택 사장도 동대문 출신이다. 1990년대 초 '더 베스트 진(The Best Jean)'을 유행시켜 전국적 인기를 얻자 1994년 'TBJ'라는 상표명을 등록, 빠른 상품 기획력을 앞세워 리딩 브랜드로 자리매김했다. 이후 '버커루'의 메가 히트로 시장을 다시 한 번 뒤집어 엎었다.

예신퍼슨즈 박상돈 회장은 1986년부터 동대문에서 장사를 시작, 옹골진으로 성공한 뒤 마루, 노튼 등 유명 캐주얼 브랜드를 연이어 내놓았고 2002년 한국형 SPA 브랜드 코데즈컴바인으로 큰 인기를 끌었다.

권종열 회장은 이들의 삼촌뻘 세대로, 1970년 평화시장에서 옷가게를 운영하고 있을 때 수입 청바지가 잘 팔리는 모습을 보며 청바지를 만들기로 결정, 이 청바지가 기성복 1세대 브랜드로 널리 알려진 뱅뱅이다. 1982년 교복 자율화와 함께 한때 폭발적인 인기를 구가, 한때 외환 위기 등을 겪으며 사업이 어려워지기도 하였으나 젊은 스타 마케팅 등을 통해 부활하였다.

이 외에도 캐주얼 브랜드 클라이드, 아웃도어 브랜드 K2, 아동복 브랜드 컬리수 등 동대문, 남대문 시장을 거쳐 대형 브랜드로 성장한 업체들은 셀 수 없이 많다.

순수 우리말을 사용하여 큰 인기를 끌었던 국내 토종 브랜드들의 행보는 극과 극이다. 패션 브랜드로 시작하여 문화 영역 등으로 크게 행보를 넓혔던 쌈지의 경우 사기사건에 휘말려 코스닥 시장에 진출해 있던 패션 부문 사업이 상장 폐지되었고, 현재 문화 사업 및 농업 등으로 주요 사업영역이 완전히 달라진 상태. 이와 반대로 옹골진/잠뱅이 등 순 우리말로 이름을 지은 동대문 태생의 또 다른 패션 브랜드들은 연 500~600억 원 수준의 매출을 올리며 꾸준히 대형 브랜드의 문턱에 다가가고 있다.

그런가 하면 일개인이 만들어 낸 브랜드가 아니라 다수의 상인, 상가 차원에서 육성해 만들어진 브랜드들도 꽤 있다. 그 중 유명한 것으로는 남대문의 아동복 빅4 브랜드, 부르뎅/마마/포키/원 아동복 등이 있다. 이들 브랜드는 한두 사람의 소유가 아니라 해당 상가 전체의 브랜드이다. 예전 남대문시장이 전성기를 누릴 때에는 공중파를 통해 경쟁적으로 마케팅을 펼치기도 했었고, 수십 년이 지난 지금에도 아동복 시장에서 국내외 유명 메이커 제품들과 어깨를 나란히 하고 있다.

지금도 시장 곳곳에서는 수십, 수백 개의 브랜드들이 밤을 새며 영토 확장을 위해 노력하고 있다. 소비자들을 즐겁게 해 줄 새로운 브랜드의 탄생을, 맨손으로 일구어 내는 또 하나의 성공 신화를 기대해 본다.

도매에서 세일하는 상품은 가격 메리트가 있다(?)

동대문 도매시장과 남대문 도매시장에서 시장 조사를 하다 보면, 세일 상품을 매장에서 판매하고 있는 것을 볼 수 있다. 세일 상품이라고 하면 보통은 시즌이 끝나갈 무렵 정상 판매를 하던 제품을 20~30% 정도 가격을 내려 판매하는 것을 말하는데, 아직 시즌이 끝나지 않았음에도 세일하는 경우를 심심치 않게 볼 수 있다. 초보 창업자의 경우 가격 경쟁에서 우위에 서기 위해 세일하는 상품을 사입하는 경우가 있다. 그렇게 세일하여 사입한 상품이 정말 경쟁력이 있는 상품일까? 도매 매장에서 세일을 하는 경우는 아래의 3가지 경우뿐이다.

첫째, 파스[2]가 끝난 경우이다. 데님(Denim)이나 아동복의 경우 고미[3]가 깨져버린 상품은 판매가 거의 되지 않고 재고로 남는 경우가 많다. 그래서 메인 컬러와 메인 사이즈 제품이 모두 판매되고 빠져버린 경우 추가 생산 시 재고 부담이 상승하므로 생산을 중지하고 세일에 들어가는 경우가 많다.

둘째, 상품의 경쟁력이 없을 경우이다. 일명 신상을 제작하여 반응을 보았는데, 사입자 또는 소비자들로부터 전혀 반응이 없는 경우이다. 아무리 좋은 원단과 디자인을

▲ 도매시장 내 세일중인 상품

가지고 제품을 생산하였더라도 무슨 이유에서인지 모르겠지만 소비자 반응이 없을 때가 있다. 이럴 경우 안타깝지만 도매에서는 현금 확보를 위하여 세일을 실시한다.

셋째, 제품에 에러(Error)가 있을 때이다. 엄격하게 말한다면 불량이라고 해야 하나, 생산자가 아니라면 찾기 힘든 미세한 불량이 존재할 때이다. 예를 들어 티셔츠를 착용하였는데 왠지 모르게 살짝 틀어짐(Twist)이 있다던지, 미세한 염차(染差, Color Trouble)가 있다던지, 소비자들이 판단하기 힘든 불량이 있을 경우 판매자들은 정상가로 판매하지 않고 세일하여 빨리 처분하여 버린다.

이렇게 세일하는 상품을 시장 초보들은 사입을 하게 되고 경쟁력 있는 상품을 구매하였다고 생각한다. 하지만 위의 세 가지 이유로 도매에서 반응이 없었던 제품이 나의 숍 또는 쇼핑몰로 가지고 왔다고 해서 소비자들에게 선택을 받을 수 있을까?

[2] 상품의 1회 생산된 생산량을 의미한다. 예를 들어, "삼촌, 이번 파스 끝났어요."라는 이야기는 이번에 생산된 제품의 판매가 거의 끝이 나서 추가 생산(리오더) 없이 판매를 끝낸다는 이야기이다.

[3] 영어의 Set과 같은 개념으로 생산된 제품의 컬러와 사이즈의 총합을 의미한다. 예를 들어, 티셔츠를 생산하였는데 사이즈를 'S, M, L'의 3단으로 구성하고 컬러를 블랙, 화이트, 블루 세 가지 컬러로 생산 하였다면, 티셔츠는 9장이 1고미가 된다. 온라인시장이 확대되면서 여성복의 경우 고미의 개념이 많이 사라졌지만, 남대문에서 판매되는 아동복의 경우 아직까지 고미를 고수하는 도매 판매자들이 있으므로, 제품 사입 시 이 점을 고려해야 한다.

2 패션과 온라인 시장 : 전통적 유통채널의 확장

1990년대 인터넷의 폭발적인 확산에 힘입어 옥션(www.auction.co.kr)과 지마켓(www.gmarket.co.kr)을 필두로 온라인 쇼핑몰이 급격히 발전하였다. 진입 장벽이 낮은 온라인 쇼핑몰은 전체 아이템의 61%를 패션 아이템으로 장식하고 있다. 따라서 온라인 쇼핑몰의 발전은 자연스레 동대문시장의 유통 변화를 예고하였고, 특히 넷(Net)세대를 주축으로 오프라인에서 온라인으로의 유통 패러다임의 변화를 가져오게 되었으며, 이는 고가시장과 저가시장으로 동대문 도매시장을 양분하게 되었다.

국내 오픈 마켓의 첫 등장은 1998년 4월, 옥션이 인터넷 경매 서비스를 시작하며 출범했다. 이후 2001년 2월, 옥션은 세계 최대 전자상거래 업체인 이베이가 대주주 지분을 확보해 인수하였다. 뒤이어 2000년 4월, 지마켓이 법인을 설립했으며, 2003년 8월에 지마켓 홈페이지를 열며 오픈 마켓 경쟁에 뛰어 들었고 이후 2009년 6월, 지마켓도 이베이에 인수되었다. 옥션과 지마켓을 인수한 이베이는 2011년 8월, 정식으로 옥션과 지마켓을 합병하고 '㈜이베이코리아'로 법인명을 변경하였다. 이전에는 2009년 옥션이 지마켓 주식을 99.9% 취득해 계열사 관계로만 운영되어 한 지붕 두 가족 같은 형태였지만 정식으로 합병됨으로써 이베이는 국내 오픈 마켓 시장 점유율의 70% 이상을 차지하게 되었다.

11번가는 2008년 2월 런칭한 이후 2009년 12월 누적회원 수 1,000만 명을 돌파했다. 국내 오픈마켓 시장의 주요 사업자는 이베이코리아(지마켓, 옥션), 에스케이플래닛(11번가), 인터파크(인터파크) 등 3개사이며, 3사 시장점유율이 거의 100%에 육박하는 것으로 추정되며, 2014년 판매액 기준으로 지마켓이 38.5%(5조 5,290억 원), 옥션이 26.1%(3조 7,420억 원), 11번가가 32.3%(4조 6,270억 원), 인터파크가 3.1%(4,430억 원)를 각각 점유하고 있다.

판매사업자는 여러 곳의 오픈마켓에서 판매를 할 수 있으며(Multi-Homing), 지마켓에는 약 7만 개, 옥션에는 약 6만 개, 11번가에는 약 22만 개, 인터파크에는 약 4만5천 개의 판매사업자가 활동 중인 것으로 집계되었다.[4]

오픈 마켓의 발전과 함께 대두되고 있는 것이 소비자 피해다. 오픈 마켓에 입점한 판매자가 일방적으로 주문을 취소해 버리거나, 소비자가 구매한 상품이 아닌 다른 상품을 판매하는 경우도 비일비재하다. 문제는 이처럼 문제가 발생했을 경우 오픈 마켓이나 판매자는 서로 책임 회피에 급급하다. 피해를 입은 소비자를 위한 보상책이 마땅하지 않은 것이 현실이다. 이를 위한 대책이 마련되어야 한다.[5]

---

4) 공정거래위원회, 오픈마켓 시장 실태점검 결과, 2015년 9월 11일 보도자료 인용

5) 자료출처 : 온라인 전자상거래의 발전, http://it.donga.com

오픈 마켓의 주요 소비층인 넷세대(10~30대)의 경우 "디자인과 색상"을 첫 번째 요인으로, 오프라인 주요 소비층인 베이비부머세대(40~50대)의 경우 "품질"을 패션 의류 선택 요인으로 꼽았다.

인터넷진흥원에서 실시한 "연령별 패션 의류 선택 요인" 조사를 보면 주력 소비자들의 구매 요소를 잘 이해할 수 있다. 오픈 마켓의 주요 소비층인 10대의 경우 디자인과 색상을 첫 번째로, 가격을 두 번째 구매 요인으로 꼽았다. 품질이라고 대답한 소비자는 3.6%로, 입어 보지 않고 구매를 해야 하는 위험 부담에 대하여 그다지 중요하게 생각지 않으며, 이들은 자신이 구매한 제품에 대한 가치를 1회용 인스턴트와 동일하게 생각하는 경향이 있다. 따라서 이들은 온/오프라인 유통 채널 중 가격 경쟁이 가장 심하며, 저가 제품을 중심으로 유통되고 있는 오픈 마켓의 주요 고객층으로 자리잡고 있다.

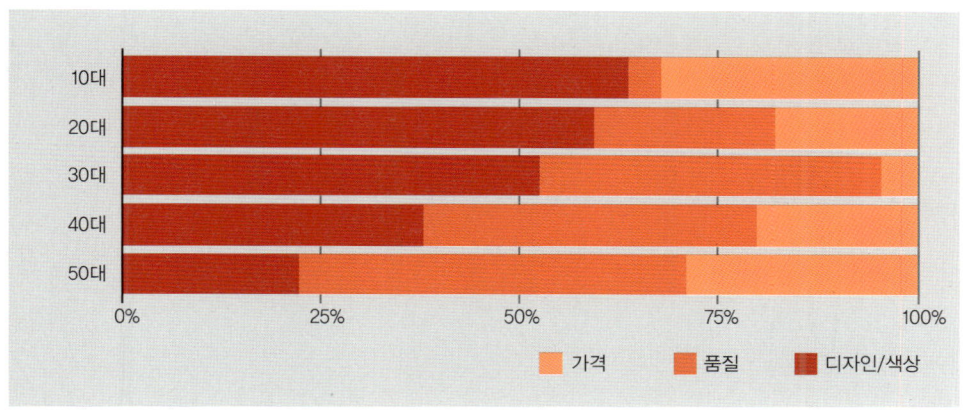

▲ 소비자 연령대별 패션 아이템 구매 요인

온라인 쇼핑의 대표적 소비자로 이야기되는 넷(Net)세대로 분류할 수 있는 20대와 30대의 구매 요인으로 첫 번째가 디자인과 색상, 두 번째가 품질을 선택하여 가격보다는 본인의 스타일을 잘 보여 줄 수 있는 콘셉트와 디자인으로 차별화된 구매를 한다는 것을 보여 준다. 따라서 한번 구매한 제품에 대하여 꼼꼼히 따져보고 만족해 할 경우 대부분의 넷소비자들이 일명 '단골'이라는 충성고객이 된다.

또한 베이비부머세대로 분류할 수 있는 40대와 50대의 응답 소비자들은 디자인과 색상보다는 품질과 가격을 중시하는 경향을 보여 패션 아이템 구매에 있어서도 알뜰한 소비자의 전형을 보여 주고 있다.

■ 오픈 마켓

오픈 마켓(한국식 영어, Open Market)[6] 또는 온라인 마켓플레이스(Online Market place)는 기존의 온라인 쇼핑몰과 다르게 개인 판매자들이 인터넷에 직접 상품을 올려

[6] 회원이면 누구나 상품을 자유자재로 사고팔 수 있는 '온라인상의 자유 시장' 공간을 의미

매매하는 곳이다. 온라인 쇼핑몰에서의 중간 유통 이윤을 생략하고 판매자와 구매자를 직접 연결시켜 줌으로써 기존보다 저렴한 가격으로 판매가 가능하다. 오픈마켓의 운영은 개인 판매자들이 오픈마켓 업체에 일정 수수료를 지불하면 판매자로 가입이 가능하며, 직접 판매할 상품을 온라인상에 등록하면 해당 업체를 이용하는 구매자가 구입할 수 있는 대표적인 C2C 서비스로서, 대표적인 오픈 마켓으로는 대부분의 여성 소비자들이 구매를 하는 지마켓(www.gmarket.co.kr), 남성과 중고 판매를 주요 타깃으로 성장한 옥션(www.auction.co.kr), 20대 젊은층과 브랜드 제품을 주요 타깃으로 한 11번가(www.11st.co.kr), 서적 판매와 티켓을 주요 아이템으로 성장한 인터파크(www.interpark.com)가 있으며, 최근에 네이버 오픈 마켓인 샵앤까지 합세하였다.

오픈 마켓 판매는 문자 그대로 열린 시장으로 온라인 비즈니스를 시작하기 위한 최소 조건인 사업자 등록과 통신 판매 신고 등을 하지 않더라도 판매가 가능한 시장이다. 물론 전문적인 판매를 위해서는 사업자 등록과 통신 판매 신고가 필요하겠지만 초보 판매자 입장에서 그런 서류적인 절차까지는 필요가 없다. 또한 판매하는 아이템의 개수가 일반 쇼핑몰에 비하여 적은 하나의 제품만으로도 판매가 가능하므로 온라인 비즈니스를 처음 시작하는 초보 판매자에게 적당하다고 말할 수 있다. 하지만 수수료율이 8~12%로 부담이 있으며, 오픈 마켓 빅셀러들의 박리다매 형식의 저가 공세가 심하여 경쟁이 치열한 단점이 있다. 따라서 동대문시장에서 사입할 경우 저가의 제품을 공급하고 있는 청평화시장과 디오트, 테크노 등으로 사입을 집중할 수밖에 없다.

■ 소셜커머스

모바일의 핵심 특징은 언제 어디서나 가볍게 접근할 수 있는 쇼핑채널이라는 점이다. 이동시간 및 휴식시간에 손쉽게 할 수 있어 사용 편의성이 매우 높으며, 소비자에게는 인터넷, SNS, 게임 등과 같은 취미/여가로 오락적 기능도 존재한다. 현재 어떤 쇼핑채널도 이러한 편의성을 능가하기 어렵다. 모바일 쇼핑 시장은 2015년 25조 원을 돌파할 전망이고, 온라인에서 모바일이 차지하는 비중은 2013년 12% 수준에서 2015년 40%를 돌파할 전망이다. 동기간 온라인 증가율은 17.8%였으나, 인터넷은 3.2% 감소한 반면 모바일 거래액은 연평균 112.6% 증가하며 급성장했다.[7] 이러한 모바일 쇼핑의 중심에 소셜커머스가 자리하고 있다.

소셜커머스(Social Commerce)는 소셜 네트워크 서비스(SNS)를 활용하는 새로운 형태의 전자상거래 일종으로, 국내에서는 소셜커머스의 유형 가운데 주로 공동구매형 전자상거래를 의미한다. 소셜커머스의 판매형태가 초기에는 개별 판매자들이 소셜커머스업체 내 사이트에 판매하고자 하는 제품을 공동구매형으로 업로드하여 판매를 진행하고, 소비자는 해당업체가 제품별로 규정한 일정한 양 이상의 구매 수량을 채우게 되면 다양한 할인 혜택을 통해 해당 제품을 구입할 수 있다. 이와 더불어, 소비자들로 하여금 소셜네트워크를 통해 적극적으로 주변 사람들을 공동구매에 참여시키도록 독려하고 이를 위한 다양한 마케팅 전략[8]을 제시하였다. 하지만 현재 대부분의 소셜커머스들은 기존의 오픈마켓과 유사한 판매형태를 취하게 되었으며, 기본 취지인 소셜(Social)의 개념은 사라지고 할인 판매채널이라는 형태로 모바일에 특화되어 발전되었다.

---

7) 산업의 진화와 세대교체, 유통업 2016년 전망, 흥국증권

8) 소비자들이 구입한 제품 및 구입에 관한 경험은 페이스북이나 트위터 등과 같은 소셜네트워크를 이용하여 홍보 및 확산을 촉진하고, 이는 특정 제품에 관한 정보 파급력이 매우 빠르며, 많은 소비자의 구매효과를 유도할 수 있다는 차원에서 다양한 업체가 판매에 이용하였다. "상업적"이라는 뜻의 커머스(Commerce) 앞에 "사회적인"이라는 의미의 소셜(Social)을 붙여 놓은 이유도 여기에 있다.

소셜커머스의 시장 규모는 2010년 500억 원으로 시작하여, 이후 급성장하면서 2011년 기준, 전체 소셜커머스 시장은 약 1조 원으로 나타났으며, 2012년은 2조 원, 2013년 3조 4,000억 원으로 확인되었고, 2015년에는 약 5조 5,000억 원에 이를 것으로 추정되며, 국내 소셜커머스 시장도 오픈마켓 시장과 마찬가지로, 대표되는 업체를 중심으로 해당 업태의 규모를 확대시키고 있는 실정이다. 특히 국내 소셜커머스의 주요 3사인 쿠팡, 티몬, 위메프는 전체 소셜커머스 거래액의 96%를 점유하고 있는 것으로 확인되었다.

일반적으로 소셜커머스에서 상품을 판매하는 판매자들의 상품은 생산하여 직판하는 경우가 많다. 물론 오픈마켓에서도 빅셀러들이 중국 내륙지역에서 직접 생산하여 판매하는 경우도 있지만, 실제 동대문 도매시장 등에서 사입하여 판매하는 셀러들도 많다. 하지만 소셜커머스의 경우 사입해서 판매하는 판매자는 없다고 보는 것이 옳다. 이는 소셜커머스 업체들의 무리한 가격인하 요구와 초기 재고보유 등을 요구하기 때문에 초보 판매자들이 접근하기에는 어려움이 크다.

■ **온라인 쇼핑몰**

바가지머리, 아우라제이, 큐니걸스 등 이름만 들으면 알 수 있는 쇼핑몰 등은 흔히 말하는 온라인 쇼핑몰로서 개인이 누구나 오픈할 수 있으나, 사업자 등록과 통신 판매 신고를 반드시 해야 한다는 점에서 오픈 마켓과 차이가 있다. 하지만 오픈 마켓과는 달리 수수료가 4%(카드 결제 수수료)로 저렴하여 상대적으로 가격 경쟁을 가질 수 있으나, 초기 판매 시작 시점의 아이템의 개수가 오픈 마켓보다 훨씬 많은 최소 80개 이상의 아이템이 필요하다는 점에서 초기 투자비의 부담이 크다. 패션아이템의 경우 컬러와 사이즈를 감안한다면 초기 샘플 사입비는 엄청나게 불어날 수 있다. 오픈 마켓과 마찬가지로 경쟁이 치열해지고 있으며 판매 가격 또한 낮아지고 있는 추세이다. 따라서 쇼핑몰의 콘셉트와 품질을 잘 포지셔닝해야 하는데, 이럴 경우 품질이 우수하며 디자인 트렌드가 앞서는 에이피엠과 유어스의 제품으로 조정을 해야 한다.

[온라인 판매 채널별 비교]

오픈 마켓	인터넷 쇼핑몰	입점몰
Gmarket AUCTION 11ST	바가지머리 aunej QNIGIRLS	CJmall opage Å
• 사업자 등록 : 무 • 입점 서류 : 무 • 수수료 : 12% • 아이템 : Min 1	• 사업자 등록 : 유 • 입점 서류 : 무 • 수수료 : 4% • 아이템 : Min 80	• 사업자 등록 : 유 • 입점 서류 : 유 (포트폴리오 & 브랜드 소개서) • 수수료 : 25~30% • 아이템 : Min 10

국내에서 온라인 쇼핑몰은 한 달에 3,000여 개가 생기고, 2,000여 개가 사라진다. 대형 브랜드 위주로 운영되는 해외와 달리 국내에는 '동대문'이라는 거대한 도매시장과 생산 공장이 있어, 개인도 쉽게 물건을 떼어다 팔 수 있기 때문이다. 대박을 꿈꾸며 달려드는 젊은이들이 많지만 살아남는 것은 결코 쉽지 않다.

국내 쇼핑몰 호스팅 시장의 70% 이상을 차지하는 카페24와 메이크샵에서 지난해 온라인 쇼핑몰을 창업한 사람은 16만 명이 넘는다. 가입만 하고 운영하지 않는 '유령몰'을 감안해도 적지 않은 수이다. 카페24에서만 전년보다 24% 늘었고, 20대 창업자가 전체의 35.5%나 된다. 온라인쇼핑협회에 따르면 지난해 대기업이 운영하는 온라인 쇼핑몰을 제외한 소호·전문몰 시장 규모는 약 10조 원으로, 3년 만에 두 배 가까이 커졌으며 모바일쇼핑의 발전으로 더욱더 성장할 것으로 예상이 된다. 하지만 창업자 가운데 성공한 사람은 손에 꼽는다. 더욱이 연 매출 100억 원 돌파는 모든 온라인 쇼핑몰 창업자의 꿈이다.

'미아마스빈'은 동갑내기 부부인 강병석·김영란 공동대표가 2008년 5월 대구 동성로를 기반으로 오픈한 여성의류 전문 온라인 쇼핑몰이다. 김영란 대표 여동생이 피팅 모델을 하는 등 가족 운영 체제를 갖추고 있고, 김 대표가 10여년 간 오프라인 의류 매장을 운영한 경험이 있어서 상대적으로 온라인 쇼핑몰 오픈이 쉬웠다.

'바가지머리' 역시 손석호(35세)·김윤경 공동대표가 운영하는 패션 잡화 온라인 쇼핑몰이다. 바가지머리 마스코트를 쓰고 전국을 도는 등 독특한 마케팅으로 유명하다.

'머시따'는 윤제환(28세) 대표가 운영하는 남성의류 전문몰로 '대한민국 남성 평균키 173㎝'라는 독특한 콘셉트로 인기몰이 중이다.

'스타일난다'의 김소희(29세) 대표는 "홍익대, 롯데백화점 매장에 이어 미국, 일본, 유럽의 오프라인 시장에도 진출할 것이다."라고 하며, "글로벌 제조·유통 일괄형(SPA) 브랜드가 한국에서 성공했듯 스피드와 스타일을 앞세운 한국 패션이 해외에서 성공하는 것을 보여 주고 싶다."고 말했다.

스타일난다(www.stylenanda.com). 한번이라도 인터넷으로 여성 의류를 사본 적이 있는 20~30대 여성이라면 모를 수 없는 주소이다. 그만큼 스타일난다는 여성 의류 온라인 쇼핑몰을 대변하는 하나의 고유명사로 자리매김했다. 실제로 이 사이트는 하루 방문자 수가 20만 명에 육박하는데다 판매된 물건만 택배상자로 하루 3,000개가 넘는, 명실공히 업계 1위 사업자다. 스타일난다의 서버 호스팅과 사이트 구축을 맡았던 심플렉스인터넷 카페24의 김영희 홍보팀장은 "스타일난다는 의류 쇼핑몰을 하는 사람들 사이에서 성공 신화로 회자된다."라고 말한다.

비결은 무엇일까? 스타일난다 김소희 대표는 "남들과 다른 시각"이라고 단언한다. 김 대표의 옷에 대한 독특한 철학은 사업 초기부터 빛을 발했다. 자신이 입으려고 동대문에서 구매했던 원피스를 우연한 기회에 올린 인터넷 경매 사이트에서 큰 호응을 얻으며 단숨에 팔았던 것. 김 대표는 "처음에는 신기하고 얼떨떨했다."며 "그때 비로소 나의 안목이 남들에게도 통한다는 것을 깨달았다."고 말했다.

김 대표는 한 달에 한두 번은 반드시 일본이나 빈티지의 본고장인 영국 등을 찾아 트렌드를 파악하며, 자신이 직접 동대문시장에 나가 옷을 매입한다. 김 대표의 남다른 감각은 타고난 기질도 있지만 무조건 많이 보고 느낀 것도 주효했다. '옷을 좋아하는 순수한 마음'이 발현된 것이다. "무엇보다 나만의 색깔을 확실하게 드러낼 수 있는 스타일이 우선입니다."라고 김 대표는 말한다.

즉, **스타일난다는 단순히 '상품'을 파는 것이 아니라 '스타일'을 판매함으로써 개성을 중시하는 고객들의 취향과 욕구를 만족시키고 있었다.** 소비자들의 기억에 각인된 쇼핑몰은 하나의 브랜드다. 특히 가장 선호하는 온라인 쇼핑몰 창업 아이템으로 꼽히는 여성 의류 분야에서 명확한 스타일은 쇼핑몰의 성패를 좌우한다.[9]

9) 전자신문, 2012.2.23. 보도자료 인용

10) 전자신문, 2012.2.23. 보도자료 인용

[연 매출 100억 원 온라인 쇼핑몰 업체 분석][10]

업체명	미아마스빈	바가지머리	머시따
대표	강병석·김영란(35) 공동대표	손석호(36)·김윤경 공동대표	윤제환(28) 대표
소재지	대구 동성로	서울 학동역	경기 의정부
아이템	여성 의류	패션 잡화	남성 의류
창업 비용	오프라인 매장에서 시작	1,000만 원	150만 원
창업 시점	2008년 5월	2005년 9월	2007년 9월
연 매출 100억 원 돌파 시점	2010년	2009년	2011년
연 매출 100억 원 돌파에 걸린 시간	2년	4년	4년
창업 초기 수면 시간	3시간	2시간	5시간(쪽잠 포함)
성공 비결	좋은 품질	철저한 서비스	적절한 아이템
좌우명	신뢰를 지키자.	정직하게 가자.	노력이 성공의 99%
이 한마디	좋아하는 걸 하라.	철저히 준비하라.	CEO 마인드를 가져라.
업체명 사연	에스페란토 어로 '아이러브유'라는 뜻	어린 시절 바가지머리 해 본 친근한 경험을 공유하기 위해	TV를 보다가 우연히 떠오른 아이디어

온라인쇼핑몰의 최강자 "스타일난다"

대한민국 최고의 패션쇼핑몰이 "스타일난다(대표 김소희)"라는 것에 이의를 가질 사람은 아무도 없으리라 생각한다. 2013년 12월 롯데백화점 명동 영플라자점에서 58평의 매장을 런칭하고 월매출 8억 2,700만 원(2014년 3월 기준)이라는 기록적인 매출을 올렸다. 단일 백화점 매장에서 발생하는 년간 매출만 100억 원이라고 추정 가능하다. 단일 매장에서 100억이라는 숫자는 글로벌 SPA브랜드인 "자라(3억 원/월, 35억 원/년)"도 달성하지 못한 대기록이다.

▲ 롯데백화점 영플라자에 위치한 스타일난다 매장 전경

공식적으로 1,000억 원이 넘는 매출을 자랑하는 온라인쇼핑몰과 전국에 8개 오프라인지점을 가지고 있는 스타일난다의 온/오프 유통채널은 서울 잠실점이 1억 8000만 원/월, 대구점과 인천점이 각 9,000만 원/월 등으로, 온라인 쇼핑몰로 시작하여 명실상부한 패션 브랜드로 자리매김을 하였다.

[스타일난다 성장히스토리]

2004년
- 오픈마켓에서 의류판매 시작

2005년
- 온라인쇼핑몰 '스타일난다' 사이트 개설

2006년
- 액세서리 전문 '난다걸' 런칭, 네이버 여성의류 인기도 1위

2007년
- '난다' 법인 설립
- 란제리&라운지 웨어 '세미난다' 런칭
- ERP 및 CS 콜센터 시스템 도입
- 네이버 브랜드명 검색 70만 건/월 기록
- 랭키닷컴 여성보세 의류 부문 1위

2009년
- 코스메틱 브랜드 '쓰리컨셉아이즈' 런칭
- 방문자 수 20만 명 돌파 및 벤처기업 등록
- 지식경제부장관 감사패 수여

이렇듯 대한민국 최고의 온라인 쇼핑몰이며, 패션기업으로 등극한 "스타일난다"의 브랜드 스토리를 알아보고 그녀의 성공 노하우를 배우도록 하자.

● 스타일난다 - 네 시작은 미약하나, 네 나중은 심히 창대하리라.

스타일난다의 김소희 대표는 6세 때 자신이 직접 코디해서 옷을 입었다고 할 정도로 패션에 대한 감각과 비즈니스 마인드를 타고난 것으로 보인다. 런칭 초기부터 현재까지 모든 상품에 대한 상품기획과 VMD, 각종 콘텐츠까지 그녀가 직접 관리하는 것으로도 유명하다.

김소희 대표는 대학 졸업 후 모 회사의 비서직으로 회사생활을 시작하였으나, 본인의 적성과 맞지 않는다는 것을 알고, 사직 후 언더웨어 장사를 하는 어머니의 일을 도와 패션업계에 입문하였다. 그 당시 어머니께서 판매하시는 속옷을 촬영하여 온라인 판매를 시작하였고 월 매출 1,000만 원까지 키워내면서 온라인 쇼핑몰의 가능성을 알게 되었다.

그 후 어머니의 속옷에서 벗어나 직접 여성복을 판매하겠다고 판단을 내린 그녀는 동대문에서 사입한 원피스를 인터넷 경매 사이트에 올려 소비자들로부터 큰 반응을 일으켰는데, 모 기자와의 인터뷰에서 "처음에 신기하고 얼떨떨했지만, 나의 안목이 남에게도 통한다는 것을 깨달았다."고 전했다. 그녀는 타고난 안목을 바탕으로 어머니와 함께 패션시장과 도매시장의 흐름을 이해하고 직접 판매를 시작한 아주 이상적인 창업자의 모습이었다. 또한, 그녀는 회사의 매출이 천문학적으로 성장한 지금도 상품기획에서 피팅모델 사진촬영에 이르기까지 일일이 신경을 쓰고 있으며, 온라인 쇼핑몰 운영에서 무엇이 중요한지를 잘 알고 있는 실무에 정통한 CEO이기도 하다.

2004년 당시 20대 여성을 타깃으로 온라인 쇼핑몰을 창업하여, 방문자 수 1위(랭키닷컴 집계)에 회원 수 100만 명, 연 매출 300억 원을 넘는 회사로 성장시켰다. 온라인 쇼핑몰의 타깃 소비자가 20대 여성이므로 오프라인 전개 전략 또한 20대 여성을 타깃으로 지역별, 유통별 특색을 철저히 소비자에 맞춰 운영하는데, 오프라인 채널의 특성에 맞지 않는다고 판단되면 특정 아이템의 판매를 중지할 정도로 철저히 소비자 중심적인 관점에서 관리하고 있다.

2004년 런칭 이후 스타일난다는 한 가지씩 라인을 업그레이드하였다. 2006년에 액세서리 전문 브랜드인 "난다걸"을 런칭하였고, 2007년에는 란제리와 라운지웨어를 선보인 "세미난다"를 런칭, 2009년에는 뷰티 브랜드 "3컨셉아이즈(3 Concepteyes)"를 런칭하여 주목을 받았다.

의류에서 시작하여 액세서리, 뷰티까지 종합 패션몰을 지향한 김소희 대표는 2011년 또 한 번 놀라운 도전을 시작하였는데, 본인의 패션 노하우를 담은 패션전문서적 "스타일난다"를 출간해 회사의 브랜드와 브랜드 스토리를 아시아에 알리게 되었다.-이 서적은 패션분야 베스트셀러로 등극하였으며, 중국과 대만에서도 동시 출판되어 아시아 소비자들에게 "스타일난다"를 알리게 되는 계기가 되었다.

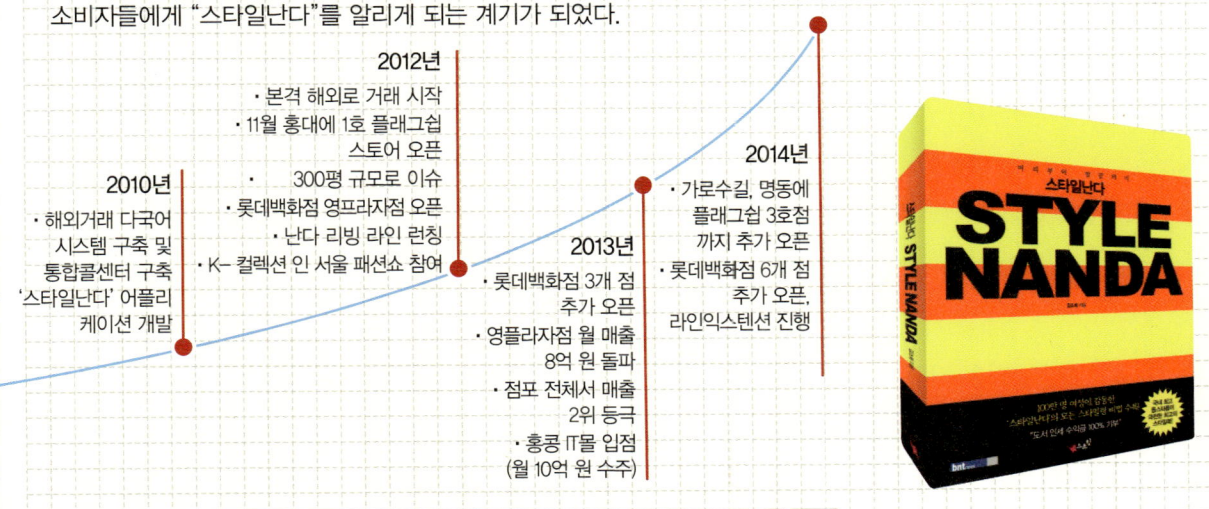

이에 멈추지 않고 2012년에는 라이프&리빙 콘셉트의 "스타일난다리빙"까지 선보이며 머리부터 발끝까지의 개념을 뛰어넘어 소비자들의 라이프스타일까지 영역을 확장하며 무한성장의 기틀을 마련하였다.

이러한 스타일난다의 진격에 화답이라도 하듯, 2013년 롯데백화점은 젊은 소비자들의 붐업(Boom-Up)을 위하여 영플라자에 매장(약 58평)을 내주었고, 의류제품은 품종에 따라 다소 차이가 있으나 1만 9,000원에서 10만 9000원까지, 화장품은 1만 원에서 3만 원 수준의 중저가로 판매를 허가하였다. 이제는 국내 전체 인터넷업계 매출순위 10위를 차지하여 소셜커머스와 어깨를 나란히 하고 있다.

● **스타일난다 - 나는 노는 물이 달라.**

'나는 노는 물이 달라'라는 슬로건으로 "스타일난다스러움"을 어필한 스타일난다의 콘셉트는 독특하다. 처음 런칭될 당시 국내시장에서 먹히지 않을 것이라는 걱정과는 달리 "섹시 빈티지룩(섹시와 발랄이 주요 콘셉트)"으로 일관된 브랜드 스토리를 풀어냈다. 컬러와 디자인, 그리고 디테일이 눈에 확 띄는 - 톡톡 튀는 - 클럽웨어 제품들로 구성하고, 여기에 어울리는 스모키[11]한 색조 화장품을 함께 판매하여 시너지를 끌어올렸다.

11) 아이라인메이크업의 한 종류로써 아이라이너, 아이섀도를 활용하여 눈가를 짙고 어둡게 연출하는 화장법이다.

온라인 쇼핑몰의 전체적인 분위기는 화보집의 느낌이 나도록 꾸며 다른 쇼핑몰과 메인화면에서 차별화를 시도해 소비자들로 하여금 구매를 유도하기보다는 패션잡지를 보듯 자연스럽게 사이트 곳곳을 누비도록 하여 리텐션 타임(Retention Time, 머무름 시간)[12]을 늘렸다. 상품의 구성 또한 타 쇼핑몰에 비해 자체 생산이 많고(전체 판매제품의 약 40% 정도) 디자인 또한 독특하며 감성적인 제품으로 구성하여 자체 레이블(상표)로서 경쟁력과 브랜드 인지도를 높이는 데 노력하였다.

12) 소비자가 방문하는 특정 페이지 또는 화면에서 소비자가 조회하는 페이지 수 또는 소비자가 사이트에 머무는 시간을 말한다. 온라인쇼핑에 있어 머무름 시간에 비례하여 매출이 발생하므로, 최대한 소비자들이 떠나지 않도록 하는 것이 쇼핑몰 구축 시 첫 번째로 요구되는 요건이다.

이는 스타일난다가 지향하는 소비자중심의 C/S에서도 나타난다. 일례로 어느 여성분이 스타일난다의 레이블을 구매하였는데, 목 부분에 달려있어야 하는 브랜드라벨이 없다고 불만을 표시하자 즉시 교환을 해주고, 제품이 마음에 들지만 사이즈가 맞지 않아 안타까움을 전해온 소비자를 직접 사무실로 초청하여 맞춤제작을 해주는 등 소비자들로 하여금 고객 충성도를 높여주고 있는 것이다.

'단골고객 챙기기'는 스타일난다에서 가장 주력하는 C/S부분으로 세일이나 특정 에누리상품이 없고 또한 가매출[13]을 발생시키지 않는 회사의 운영방침과 맥을 같이하며 소비자들로부터 회사의 가치를 인정받았다라고 할 수 있다. 이는 비단 소비자들에게만 인정을 받은 것이 아니라 내부고객이라 할 수 있는 직원들의 충성도를 높이는데도 한 몫을 하였다. 숍매니저로 근무하는 대부분의 직원들이 스타일난다의 단골고객이었으며, 전체 직원 중 80%가 스타일난다를 좋아했었던 여직원들로 구성되어 직원들 간의 유대관계가 깊으며 충성도가 높아서 자연스럽게 즐기면서 일하는 분위기가 형성되어 있다.

언니로 통하는 그녀들의 문화에 빼놓을 수 없는 '고객과 공감대 형성'에 집중하여, 스타일난다는 패션상품을 판매하는 기업이 아니라 감성과 문화를 판매하는 기업이라는 이미지를 구축하기 위하여 온라인 쇼핑몰을 웬만한 '패션 커뮤니티'의 수준으로 만들어 소비자들과 소통하며 발 빠른 피드백으로 대응하였다.

'난다의 고객이 필요로 하는 것은 가장 빠르게'를 철칙으로 2007년에는 인천 본사 사무실에 고객 상담 전화시스템(CS 콜센터 시스템)을 체계적으로 구축함과 동시에 전광판을 설치하여 전 직원이 전화에 응대할 수 있도록 하였다. 현재 스타일난다의 고객문의와 불만사항을 가장 빠르게 처리하기 위하여 25명이 넘는 C/S 담당자들을 배치하여 실시간 답변을 주고받고 있다.

13) 매출을 눈속임하기 위해 타 유통채널의 판매액을 한곳으로 모으는 것

● 직접생산을 통하여 레이블을 입히다.

▲ 스타일난다 자체 레이블 상품[16]

패션 비즈니스에서 언젠가부터 스피드가 생명이 되었다. 빠르게 변화하는 트렌드에 대응하기 위하여 기획-생산-판매를 동시적으로 움직이는 시스템이 생겨났고 현재 SPA(생산자 직소매방식)브랜드로 성장하는 바탕이 되었을 것이다. 기억을 더듬어 보면 인터넷이 없던 시절 패션 트렌드라고 하면 SS/FW로 구분되어 정리되었는데, 인터넷을 통한 정보의 흐름이 빨라지고 경계가 사라지고 난 뒤 패션 트렌드는 너무도 빨리 변화하여 제품을 생산하면 이미 지나간 트렌드가 되고 만다. 이러한 트렌드를 따라잡기 위해, 현재의 패션 비즈니스에 있어서 스피드는 생명과 같을 것이다.

스타일난다는 의류, 액세서리, 코스메틱, 리빙에 이르기까지 빠른 트렌드를 반영하기 위하여 자체생산으로 상품구성(MD)을 빠르게 교체하고 신상품의 회전율을 높였다. 이는 국내는 물론 해외의 소비자들에게 스타일난다의 상품력을 인정받기에 충분하였다.

스타일난다의 자체생산 비율은 40% 정도이며, 매출비로는 70%이다. 이는 반응생산[14]한 스타일난다의 자체제작 레이블들로서 섹시하고 발랄한 콘셉트로 매주 10여 개의 자체 디자인 상품을 테스트하고 - 디자인팀과 함께 김소희 대표가 제품의 70% 이상을 직접 초이스한다. - 반응에 따라 생산량을 탄력적으로 조절하여 운영한다. 이는 재고의 최소화와 지속적인 신상으로 쇼핑몰의 신선도를 유지할 수 있어 매출을 올리는 일석이조의 효과가 발생한다.

2007년부터는 온라인에 최적화된 ERP[15]시스템을 도입하였고, 2012년에는 오프라인 매장과 온라인을 통합하는 하나의 관리시스템을 구축하여 운영하고 있다. (온라인 기준으로 4,000박스/일 배송)

14) 최소량의 샘플만 생산하여 판매한 후 소비자반응이 좋은 상품을 본생산하는 생산방식으로 패스트패션(Fast Fashion)의 대표적인 생산방식.
15) 전사적 자원 관리(Enterprise Resource Planning, ERP)라 하며, 기업의 경영 및 관리에 관한 업무를 위한 컴퓨터 시스템이다. 인사/재무/생산 등 기업의 전 부문에 걸쳐 독립적으로 운영되던 각종 관리시스템의 경영자원을 하나의 '시스템 통합'(System Integration, SI)으로 재구축함으로써 생산성을 극대화하려는 경영혁신기법이다.
16) 이미지출처 : http://stylenanda.com/

● **이제는 해외로 진출하다.**

현재 국내에서는 역직구가 해마다 최고기록을 경신하며 발전하고 있다. 이러한 추세에 맞추어 롯데백화점은 스타일난다에서 역쇼루밍(逆showrooming)의 가능성을 발견하였다. 제품 확인은 백화점에서 하고 실제구매는 온라인에서 결재하는 소비자행동을 쇼루밍(Showrooming)이라고 한다. 하지만 스타일난다의 상품은 온라인쇼핑몰에서 제품을 확인하고 백화점에 방문하여 구매하는 소비자가 많다. 이에 착안하여 롯데백화점측은 젊은 층 소비자가 많은 일산, 부산, 건대 스타시티 등 매장을 늘려나갈 계획이다.

2015년 말 롯데백화점에서 발표한 자료에 따르면, 춘절(설날을 중국에서는 춘절이라고 부름)기간 중 본점에서 매출 상위 브랜드 10개 가운데 스타일난다가 구매건수 기준으로 1위를 차지하여 전년도와 전 전년도에 1위를 차지한 성주그룹의 MCM을 따돌렸다.

중국인들에게는 'MCM'보다 '스타일난다'인가 보다.

불과 몇 년 전만 하더라도 동대문시장에서 사입한 보세상품을 판매하던 한낱 인터넷쇼핑몰이 지금은 의류 브랜드의 하나로 또한 한류를 대표하는 브랜드로 자리를 잡았다.

실제 스타일난다의 해외진출은 남달랐다.

2010년부터 미국, 브라질, 러시아, 중국, 일본 등에 직구가 가능한 해외 판매 시스템(EMS)을 구축하여 하루 1,000건이 넘는 해외직구가 일어나고 있다. 2013년 10월에는 홍콩 침사추이의 대형 쇼핑몰 실버코드(SilverCord) 내 I.T 매장에 단독매장을 오픈한 이후 현재 홍콩에만 매장 5곳을 운영하고 있다.

스타일난다가 홍콩을 비롯하여 오프라인으로 진출한 국가가 중국, 싱가폴, 태국으로 늘어났으며, 이제 아시아 시장에서 한국을 대표하는 브랜드로 인식되고 있다. 중국에서만 전년 대비(2014년 대비) 158%의 매출성장을 이루었으며, 도매 형식으로 입점한 중국 오픈마켓 '티몰'에서는 하루 6,000만 원의 폭발적인 매출을 올리고 있다.

물론 스타일난다에게 어려운 시기가 없었던 것은 아니다.

2010년과 2011년 중국, 일본, 미국 등 다국어 해외사이트를 개설하면서 막대한 투자를 실시하였고, 국내에 글로벌 SPA 브랜드들이 대거 진출하며 영업에서 어려움이 따라 각각 3억 원(2010년), 4억 원(2011년)이 넘는 영업 손실을 내며 힘든 시기를 보내기도 했다.

그러나 중국시장에서 스타일난다의 제품이 인정을 받는 2012년 41억의 영업이익을 내면서 흑자로 돌아섰다.

저자가 파악한 스타일난다의 2013년 영업이익은 202억 원이었으며, 2014년도에는 1,151억 원의 매출을 올리고 영업이익은 276억 원(영업이익률 24%)을 기록하였다.

김소희 대표가 운영하는 대한민국 최고의 쇼핑몰 스타일난다는 분명 많은 쇼핑몰들에게 좋은 성공모델이자 희망이 될 수 있으리라 판단하며 더욱더 발전하는 쇼핑몰로 거듭나기를 희망한다.[17]

17) 패션비즈 2014년 3월호, 한국경제신문 보도자료, 비즈니스포스트 보도자료 일부 인용

■ 입점몰

온라인 비즈니스의 또 다른 형태로서, 본인의 제품을 직접 디자인하고 생산한 제품을 온라인 백화점이라고 말할 수 있는 CJ몰(www.cjmall.com), 현대몰(www.hyundaihmall.com) 등의 대형 온라인숍 또는 위즈위드(www.wizwid.com), 에이랜드(www.a-land.co.kr) 등 디자이너숍으로 숍인숍(Shop in shop) 형태로 입점을 할 수 있으며, 수수료율이 개인마다 차이를 보이긴 하나 25~30%까지 높게 책정되어 있으므로 자칫 매출은 있으나 이익은 없는 구조로 빠져버릴 수 있어서 판매가와 매출 구조에 각별히 조심해야 한다. 하지만 개인 또는 쇼핑몰의 브랜드화를 위해서는 아주 훌륭한 마케팅 수단이라 할 수 있다. 입점을 위해서는 서류상 반드시 사업자 등록과 통신 판매 신고를 필해야 하며, 입점하는 몰과 개별적인 계약을 통해 입점이 이루어진다. 또한 입점 심사를 위해 각종 서류가 필요한데, 포트폴리오와 회사 소개서가 대표적이다.

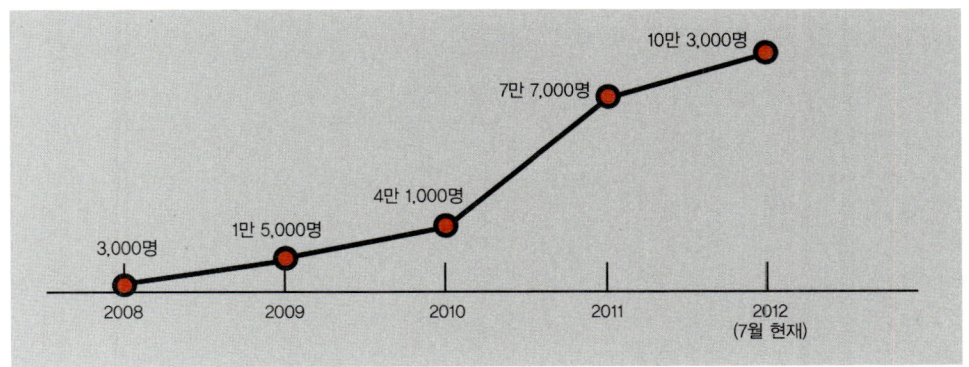

▲ 온라인 패션 브랜드 '주줌' 회원 수 추이[18]

18) 동아일보 인터넷판 보도자료 인용

[백화점에 새바람을 몰고 온 브랜드]

1980년대	한국 디자이너	• 1985년 서울 명동에서 이름을 날리던 '미스지', '이따리아나', '박윤수' 등 한국 디자이너 브랜드 현대백화점에 최초 입점
1990년대	해외 명품, 한국 고급 브랜드	• 1990년 '까르띠에', 1992년 '구찌', 1995년 '루이비통' 갤러리아 입점 • 1993년 한국 여성복 '타임' 현대·롯데백화점 동시 입점
2000년대	해외 컨템포러리 SPA 브랜드	• 2006년 'DKNY', 2007년 '띠어리' 국내 백화점 입점 • 2005년 '유니클로', 2008년 '자라' 롯데백화점 입점
2010년대	온라인 브랜드	• 2012년 8월 업계 최초로 현대백화점에 온라인 여성 브랜드('주줌', '디그', '루시다') 단독 매장 입점 • 2012년 10월 '스타일난다' 롯데백화점 영플라자 입점

▲ 편집숍, 에이랜드 인터넷숍 www.a-land.co.kr

(주)ALAND는 신인 디자이너의 편집숍으로 더욱 다양한 패션 문화를 대중에게 선보이고 있으며 의류, 신발, 문구 등 디자이너의 손길이 닿을 수 있는 모든 상품을 판매한다.

동대문 도매시장에 들어서면, 매장 점원 또는 제품을 제작하는 공장 사장님의 대화법은 독특하다. 우리나라말도 아닌 것이 그렇다고 일본어도 아닌 그런 어중간한 어휘를 사용한다. 동대문 도매시장에서단 사용하는 말들, 그것은 100년 동안 치열하게 경쟁하면서 만들어 온 그들만의 발자취이며, 언어인 셈이다.

3 시장에 가면 시장의 언어를 사용하자

어느 날 청평화에서 매장의 점원과 제품을 제작하여 납품하는 봉제 공장 디자이너가 이야기하는 모습을 본 적이 있다. "언니 시보리에 나오시가 많아." 태어나 처음으로 듣는 단어들이었다. 시보리?, 그리고 나오시? 참으로 난감한 지경이다. 무슨 뜻을 가지고 있는지 물어보기도 참으로 애매한 상황이다.

나오시(불량)가 있는 경우, 보통은 회수하여 수선하는 것이 원칙이나 불량의 정도가 미세하여 소비자들이 정확히 판단하기 힘들다고 생각이 될 때 도매에서는 제품을 "반품 또는 교환 불가"라는 라벨을 붙여 싸게(세일) 판매를 하는 경우도 있다.

만약 매장의 직원과 디자이너의 대화를 우연히 듣게 되었다면, 경험이 많은 사입자들은 그 제품을 피해서 사입할 것이나, 초보 사입자라면 세일해 준다는 말에 즐거운 마음으로 불량난 제품을 사입하게 될 것이다. 시보리에 나오시가 많다는 이야기는 손목 소매 깃 부분에 불량이 많이 생기니 제품을 제작할 때 주의를 하라는 이야기이다.

도매시장에서 사용되는 언어를 알아야, 그들과 함께 소통할 수 있고 또한 초보 사입자의 티(?)를 벗을 수 있을 것이다. 커다란 사입가방[19]만 들고 다닌다고 초보에서 벗어나는 것이 아니다. 도매시장에서 가장 많이 사용되는 시장 용어들과 그 쓰임에 관하여 알아보자.

① **가다** : 어깨(심) 또는 모양, 본, 형, 형태를 의미하는 일본어이다. 도매시장보다는 봉제 공장에서 많이 사용되는 용어이다.

② **간지** : 느낌(Feel) 또는 맵시(Fit)를 일컫는 말이다. 일반적으로 "간지 난다."라는 식으로 많이 표현하며, 제품의 디자인이 좋으며, 잘 만들어져 "몸에 잘 맞는다. 핏(Fit)이 좋다."라는 의미이다.

③ **고미** : '구미(くみ 組, 둘 이상을 짝 지은 것. 쌍. 벌. 세트)'라는 일본 단어가 '고미'라는 한국식으로 변형된 말이다. 영어의 Set가 가장 어울리는 단어이며, 사이즈별/컬러별 묶음 판매 형식을 이야기한다. 예를 들어, 2가지 컬러/3가지 사이즈의 원피스가 있다고 하자. 이럴 경우 한 고미는 6장이 된다. 전통적으로 동대문/남대문 패션도매시장은 고미를 기준으로 판매를 하였다. 고미로 판매한다는 것의 의미는 필요한 컬러와 사이즈에 상관없이 무조건 6장을 구매해야 한다는 이야기이다. 하지만 근래에는 온라인시장의 발전으로 '낱장' 판매도 많이 하고 있는 추세이다. 하지만 처음부터 낱장 판매를 하지는 않으며, 기존에 거래가 있을 경우 '리오더'[20]에 한하여 낱장 판매한다.

예외의 경우도 있다. 남대문 도매에서는 아직도 고미의 개념이 존재하는데, 대표적인 상품이 아동복이다. 아동복 중에서 토들러의 경우 1호/3호/5호/7호/9호 등으로

[19] 사입자들이 가지고 다니는 커다란 가방을 이야기한다. 보통 사입가방은 어떤 가방을 들고 다녀도 무방하지만, 일반적으로 도매시장에서 판매하는 가방을 들고 다닌다. 예를 들어, 누존에서 판매하는 가방은 전체적으로 파란색을 띠며 NUZZON이라고 영어로 커다랗게 프린트했다. 사입가방은 보통 년 초에 도매시장의 운영사무실에서 1~2만 원의 가격으로 판매한다.

[20] 처음 도매매장에서 상품을 사입할 때를 보통 "샘플(Sample)사입"이라고 부른다. 샘플사입 후 실제 판매가 일어나면 도매매장으로 재주문을 넣는데, 이때를 리오더(Re-Order)라고 표현한다. 일반적으로 샘플사입 시에는 컬러별 한 장씩은 사입해야 하며(최소 사입량이라고 생각하면 이해하기 빠르다), 리오더 시에는 필요한 컬러와 수량만큼만 사입하면 된다. 리오더는 주문이 1장만 들어와도 상관없이 도매가로 사입할 수 있다.

사이즈를 '호수'로 표기하는데, 본인의 의사와는 상관없이 5가지 사이즈를 모두 사입해야 하는 경우도 있다. 물론 이는 도매시장에서 전해 내려오는 비현실적인 전통 중에 한 가지로 매장의 사장님이 젊은 사장님일 경우 인터넷에 대한 이해도가 높아 낱장으로 물건을 주기도 하므로 매장의 언니 또는 사장님과 상의를 해보기 바란다.

④ 깔 : 제품의 컬러를 의미한다. "언니 몇 깔이에요?"라는 질문은 제품의 컬러가 몇 가지냐고 묻는 말이다. 근래에는 '깔'이라는 단어보다는 '컬러'라는 단어를 더 많이 쓰기도 하나, 동평화, 제일평화, 벨포스트(구 에리어6), 디자이너클럽, 누존 등의 상가에서는 보편적인 단어로 사용된다.

초보 사입자의 경우 고미로 구매를 하게 되면 필요 이상으로 많은 샘플을 사입하게 되는데, 이런 경우 매장 언니와 이야기하여 필요한 컬러만 초이스하여 사입하면 된다.

도매사입의 최소수량은 깔별로 한 장씩이라는 점을 꼭 기억하자.

▶ 깔(컬러) 예

실제로 니트의 경우 컬러를 다양하게 생산하는 대표적인 품목 중에 한 가지인데, 예를 들어 폴라티가 '빨주노초파남보'의 7가지 컬러로 생산이 되었을 경우 7가지 컬러를 모두 사입한다는 것은 무리가 있다. 이럴 때는 7가지 컬러의 절반 정도 수준, 즉 4가지 정도만 초이스하면 사입하는데 무리가 없다. 여성복의 경우 대체로 사이즈는 프리사이즈로 생산되는데, 컬러가 필요 이상으로 많다. 따라서 생산된 컬러의 절반 수준에서 사입을 하고 매장언니에게 만약의 경우 '깔교환'이 되느냐고 확인하여, 제품 촬영 후 필요에 따라 제품을 다른 컬러로 교환하면 된다. 이는 반드시 매장언니와 대화하여 사입 시 체크해야 할 사항이다.

⑤ 나오시 : '수선하다'라는 의미의 일본어이다. 공장에서는 에러가 발생한 제품을 바로 잡거나 고치는 일을 의미하지만 시장에서는 불량이 난 제품을 이야기한다. 나오시가 난 제품을 초보 사입자들은 반품해야 한다고 생각하는 경우가 간혹 있다. 하지만 도매시장에서 반품은 절대 불가이다. 기어코 반품을 하겠다면, 반품 가격의 3배를 구매해야만 한다. 10만 원어치 반품하려면, 30만 원어치 사입을 해야 한다는 이야기다. 이는 동대문시장에서 100년을 넘게 전해져 온 전통이므로 이유를 따지지도 묻지도 마라. 그래서 도매시장에서는 반품대신 교환을 많이 하는데, 교환 후 매장의 직원이 나오시 난 부분이 어디인지 몰라 한참을 찾는 경우가 있다. 따라서 교환을 해야 할 경우 불량이 난 부분에 투명테이프 등을 붙여서 교환을 하면 매장의 언니가 불량이 난 포인트를 금방 찾을 수 있으므로 불필요한 충돌을 피할 수 있다.

여기서 잠깐, 제품 불량의 기준은 누가 봐도 불량이어야 한다. 소매의 길이가 다르다거나 또는 안감 우라가 겹쳐져 박힌다거나 제품이 완전 틀어진다거나 등의 수준을 불량이라고 한다. 소매에 실밥정리가 되지 않았다거나 단추가 떨어질 듯 간당간당한다거나 퍼(Fur)제품의 제품털이 눌려있다거나 하는 정도는 도매매장에서 불량으로 보지 않는다.

이는 생산원가를 줄이기 위하여 마무리 공정인 마도매 또는 시아게를 거치지 않아 생기는 해프닝이다. 따라서 싼가격에 제품을 사입하였으면, 뛰어나온 실밥이나 눕혀진 털 또는 간당간당한 단추 등은 쇼핑몰 사업자가 직접 마도매 또는 시아게를 하는 게 맞다.

⑥ **다이마루** : 재미나게도 동대문 도매시장에서 원단을 표현하는 용어 중에 가장 많이 듣는 표현이 '다이마루'와 '우븐'이다. 우리는 원단이 뭐냐고 물으면 '면', '실크', '폴리' 등을 상상하지만, 이는 원단을 취급하는 원단도매에서 통상적으로 사용하는 이야기이며, 원단이 의류제품으로 제작되면 다이마루와 우븐으로 표현하는 경우가 많다.

따라서 다이마루라고 하면 원단의 종류(소재)보다는 원단의 짜여진(만들어진) 형태가 '환편니트' 제품을 말한다. 하지만 일반적으로 우리가 알고 있는 니트 의류와는 확연한 차이를 보이며 경우에 따라서는 저지(Jergy)로 표현하기도 한다. 다이마루의 짜여진 형식은 스타킹을 상상하면 이해가 빠르다. 스타킹을 넓게 늘려보면 조직들이 동그란 원의 형태를 취하고 있는데, 이렇게 원단을 넓게 늘렸을 때 조직이 동그란 원의 형태로 늘어나는 모든 원단을 그냥 '다이마루'라고 하는 것이다. 소재가 면이든 폴리(Poly)이든 무엇이든 간에 그냥 '다이마루'이다.

대개의 경우 여름철 많이 입는 티셔츠원단을 이야기한다. 최근에는 다이마루기계의 기술이 좋아져 겉보기에 마치 니트와 같은 느낌을 주는 다이마루가 생산된다. 이는 경기가 지속적으로 어려워지면서 니트 느낌을 부여하여 단가를 높이기 위한 마케팅 방법이다. 니트와 다이마루의 구분법은 의외로 심플하다. 시보리(스매 끝단)의 마감을 뒤집어 보았을 때 봉제가 들어간 제품은 무조건 다이마루이다. 니트는 절대 소매 끝단(시보리)에 박음이 되지 않음을 명심하자.

다이마루와 상대적인 의미의 원단으로 '직기, Woven'가 있는데, 이는 날실과 씨실로 짜여진 격자형태로 짜여진 원단을 이야기한다. 직기원단은 원피스, 블라우스, 팬츠, 자켓, 스커트 등에 일반적으로 사용된다.

▲ 다이마루 제품

▲ 니트 제품

▲ 직기 제품

⑦ **대봉, 중봉, 소봉** : 사입 후 제품을 넣는 비닐백을 이야기하는 것으로 시장에서는 '몇 호'식으로 부르나, 일반적으로 사이즈가 큰 것을 '대봉'이라고 표현한다.

21) 고미가 깨진 제품이란, 예를 들어 A 스타일 원피스를 사이즈는 55, 66, 77, 컬러는 블랙, 화이트, 그레이를 한고미로 생산했다고 가정하자. 이러한 제품을 실제 판매해 보면 고미가 반드시 깨지는 현상이 발생하는데, 항상 팔리는 컬러와 사이즈만 판매되고 나머지 제품은 판매가 되지 않고 남게 된다. 이렇게 남아 있는 재고들을 부를 때 고미가 깨진 제품이라 부른다.

⑧ **땡** : 제품 판매 후 고미가 깨져버리고 남아 있는 재고를 다른 판매자들에게 전량 싼 값에 넘길 때 "땡 쳤다."라고 표현한다. 재고는 아직까지 타인의 손에 넘어가지 않은 상태의 제품을 이야기하며, 보통은 도매에서 세일하여 판매한다. 하지만 '땡'은 완사 조건으로 1/3가격 이하로 진행된다. 노련한 사입자들은 이런 땡상품을 사입하여 '미끼' 상품으로 판매를 하나, 초보 사입자들에게는 아주 위험한 상품이니 땡에 관심을 가지지 않는 게 좋다. 대개의 경우 불량이 생겼거나, <u>고미가 깨졌을 때</u>[21] 땡으로 넘긴다.

⑨ **마도매** : 제품 제작 후 후공정에서 사용하는 공장 용어이다. 마무리, 끝손질의 의미가 있다. 제품을 제작하고 난 다음 다림질('아이롱'이라고 부름) 또는 실밥 등을 깨끗하게 정리하는 마무리(Finishing) 공정을 말한다. 다른 말로 '시아게'라고도 하며, 이를 전문으로 작업하는 조그만 업체들도 있다.

⑩ **장끼** : 제품 구매 후 소비자가 받게 되는 영수증을 도매시장에서는 '장기[장끼]'라고 부른다. 일반적인 경우 제품을 사입해야 장끼를 받는데, 반드시 그런 것은 아니며 시장 조사 시에 가격 등을 기록하여 사입자들에게 전해 주기도 하며, 사입자들이 샘플을 받아갈 때도 '샘플 장끼'를 넣어 주기도 한다.

초보 사입자들이 한 가지 주의해야 할 점은 장끼는 세금계산서가 아니라는 점이다. 간혹 부가세 신고 기간이 되면, 장끼를 세금계산서로 착각하여 신고하는데, 장끼 아래쪽에 보면 '부가세 별도'라고 분명하게 명기가 되어 있다. 몇 년 전만 하더라도 동대문 도매시장에서 세금계산서를 발행한다는 일은 상상도 할 수 없었던 일이나, 온라인시장이 확대되면서 세금계산서 발행에 대한 인식이 많이 향상되었다.

그런데 부가세 신고 기간이 되었다고 상가 차원에서 세금계산서를 발행하는 것은 아니며, 개별 도매상들이 직접 발행을 하고 있다. 이는 도매상 한 사람, 한 사람이 개별 사업자이므로 당연한 일이나 개별 발행을 하다 보니 발생하는 문제점도 있다. 부가세 신고 기간이 되면 대개 A4용지에 "4월 1일부터 4월 7일까지 세금계산서 발행합니다."라고 간단하게 적어 매장에 붙이고 있는데, 자칫 주의를 기울이지 못하고 이를 놓쳐버리면 세금계산서 발행이 어렵게 된다. 따라서 시장 조사를 하거나 사입할 때 매장에 붙어 있는 내용들을 잘 체크해야 한다.

부가가치세 신고

부가가치세는 6개월을 과세 기간으로 하여 신고·납부하게 되며 각 과세 기간을 다시 3개월로 나누어 중간에 예정 신고 기간을 두고 있다.

[부가세 과세 기간 및 신고 납부 기간]

과세 기간	과세 대상 기간		신고·납부 기간	신고 대상자
제1기 1.1~6.30	예정 신고	1.1~3.31	4.1~4.25	법인 사업자
	확정 신고	1.1~6.30	7.1~7.25	법인·개인 사업자
제2기 7.1~12.31	예정 신고	7.1~9.30	10.1~10.25	법인 사업자
	확정 신고	7.1~12.31	다음해 1.1~1.25	법인·개인 사업자

도매시장에서는 부가세를 포함하여 단가를 측정하지 않는다. 원피스 도매 가격이 37,000원이라는 것은 부가세 3,700원이 별도로 존재하는 것이므로 세금계산서를 발행받기 위해서는 3,700원을 도매에 입금 후 40,700원(부가세 포함)에 대한 세금계산서를 받게 된다는 점을 명심해야 한다.

물론 사입할 때 건 바이 건(case by case)으로 세금계산서를 받는 것이 아니라, 사입한 도매상에서 공지한 날짜에 1개월 치 또는 3개월 치를 한꺼번에 정산하면 된다.

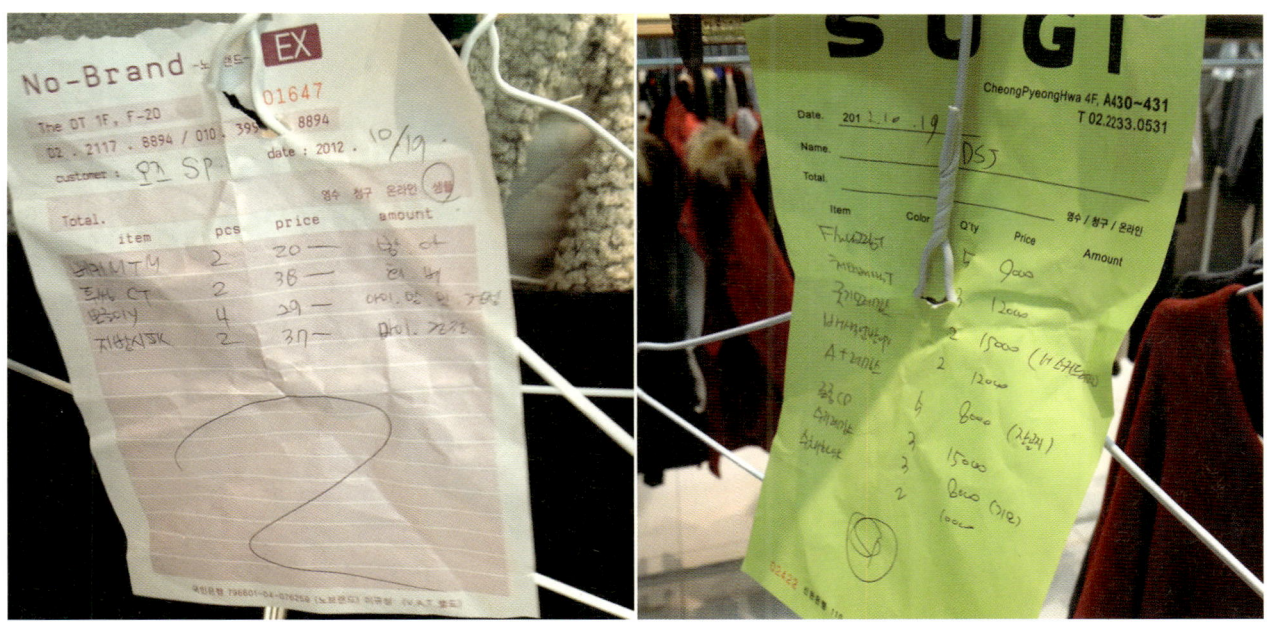

▲ 장끼

▲ 상호 간판 밑에 세금계산서를 발행한다는 공지를 붙여 놓고 있다.

⑪ **미송** : 일반적으로 '외상'이라 하면 제품값을 치르지 못하고, 제품을 받은 경우를 말한다. 미송이란, 외상의 반대 개념이다. 도매에서 사입을 해야 할 제품이 인기가 좋은 경우는 항상 물량이 부족하게 된다. 따라서 제품을 사입하지 못하고 되돌아서는 경우가 생기는데, 이럴 때 도매에 필요한 제품과 물량에 대해 제품값부터 결제를 해준다. 그리고 다음날 찾으러 오는데 이러한 행위를 "미송 잡았다."라고 한다. 그러면 매장의 언니는 사입한 물품에 대하여 정상적으로 장끼를 적어주는데, 이때 장끼에다가 미송이라고 적어 준다. 이는 제품값은 받았으나 제품을 주지 못했다는 의미로서, 이때 받는 장끼를 '미송 장끼'라고 한다.

만약 미송 장끼를 잃어버린다면 어떻게 될까?

장끼는 겉장끼와 속장끼 2장이 1세트로 작성된다. 겉장끼에 볼펜으로 작성하면 먹지로 인해 속장끼까지 카피가 되어 똑같이 작성되고 겉장끼를 찢어서 사입자에게 주게 되는데, 만약 장끼를 잃어버리게 되면 도매에 남아 있는 속장끼로 확인이 가능하나 도매에서 관리를 철저히 하지 못해 간혹 분실되는 경우도 꽤나 많다. 따라서 사입자들은 장끼 보관을 본인이 철저히 해야 한다는 것, 그리고 장끼는 세금 영수증 발행 시에도 사용이 된다는 점을 잊지 말아야 한다.

⑫ **와끼** : '옆 솔기'를 부르는 말이다. 의류 제품의 경우 안감 옆구리에 제품 성분 라벨과 품질 표시 라벨이 붙는데, 이를 시장에서는 '와끼 라벨'이라고 한다.

⑬ **완사(입)** : 매장에 남아 있는 재고 상품을 한꺼번에 전부 사입하는 것을 말하는데, 보통 '땡'칠 때 완사 조건으로 많이 넘긴다. '완사'된 제품에는 불량이 섞여 있을 수 있는데, 완사는 차후에 발생할 수 있는 불량까지 포함하여 전량 사입하는 것을 의미한다. '아도'도 비슷한 의미를 가지고 있는데, 한명의 사입자가 완사하기 이전에 완사 의사를 보이고 도매상에게는 다른 판매자에게 제품을 넘기지 못하도록 못을 박는 행위를 이야기한다.

⑭ **요척** : 옷을 제작하는 데 사용되는 원단의 사용량을 말한다. 사입자에게는 큰 의미가 없으나, 쇼핑몰에서 직접 제작을 한다면 원가 부담을 줄일 수 있는 요인 중에 하나로서 굉장히 중요하다. 재단을 어떻게 하느냐에 따라 똑같은 100야드 원단에서 원피스가 50장이 생산되기도 하고 60장이 생산되기도 한다.

⑮ **파스** : 제품을 생산하는 데 필요한 총량과 걸리는 시간을 말한다. 예를 들어 도매에서 청바지 초도 물량으로 100장을 생산할 것인지 또는 1,000장을 생산할 것인지를 도매에서 판단해야 하는데, 이때 생산된 물량이 얼마이건 한 번에 생산된 총량과 기간을 '한 파스'라고 한다. 물량이 아닌 한 번 작업한 주기를 이야기한다. 사입을 하다 보면 매장의 언니가 "파스가 끝났으니 다른 물건을 추천해 줄게."라고 이야기할 때가 있다. 이것은 이번에 생산한 제품의 판매가 거의 끝났으나 리오더를 넣어 추가 생산할 의사가 없다는 뜻이다. 물론 할 수도 있다. 하지만 대부분의 경우 생산하지 않는다. 오프라인 숍을 운영한다면 고미가 깨진 제품이더라도 한 장만 판매하면 끝이므로 문제가 되지 않으나, 온라인 쇼핑몰 운영자라면 사진 촬영과 포토샵 작업 후 주문을 받아야 하기 때문에 차후 주문이 발생하더라도 도매에 제품이 없을 수 있다. 따라서 파스가 끝난 제품을 사입할 필요는 없다.

⑯ **사입자** : 동대문시장에서 도매를 대상으로 상품을 사입하여 판매하는 모든 판매자들을 사입자라고 말한다. 가장 대표적인 예가 쇼핑몰 운영자가 제품을 사입하러 가면 그들을 사입자라고 일컫는다. 남녀의 구분이 없다. 그런데, 사입을 전문으로 하는 '사입 삼촌'들이 동대문시장에는 따로 있다. 프리랜서부터 규모가 꽤나 큰 회사까지 있다. 이들의 주업무는 개인 쇼핑몰 운영자들이 사입을 나오기 어려울 때 대행하여 사입을 해 주고 수수료를 받는 것이다. 동대문 도매시장에서 대봉을 가득 짊어지고 가는 청년들은 대부분 '사입 삼촌'이라고 보면 된다.

예를 들어, 쇼핑몰에 들어온 주문 건수가 3건밖에 되지 않는다고 가정하자. 청평화시장에서 사입한 제품으로 밤 12시가 되어야 시장이 오픈하므로 대중교통을 이용하여 동대문시장으로 이동할 수 없다. 그래서 본인의 차를 이용한다면 배보다 배꼽이 더 커지는 일이 생긴다. 집에서 동대문시장까지 오가는 교통비(기름값), 주차비, 야식비, 본인 인건비 등을 계산하면 3건 주문으로는 오히려 손해가 난다는 결론이 나온다.

이럴 땐 쇼핑몰 운영자들은 <u>사입 삼촌</u>[22]을 활용하면 된다. 먼저 거래처에 전화해 쇼핑몰 선주문을 넣은 후 사입자가 갈 것이라고 이야기하고 온라인으로 입금해 주면 된다. 그리고 사입 삼촌에게 전화해 대행시키면 되는데, 이때 사입 삼촌에게 들어가는 사입비는 업체마다 차이를 보이나 최초의 한 건은 3,000원이고, 추가되는 건수에 대하여는 1,000원을 추가하면 된다. 10건의 주문 건수가 있다고 가정한다면, 최초의 한 건은 3,000원이며, 나머지 9건은 1,000원씩이므로 총 12,000원의 사입비가 발생한다. 사입된 제품은 쇼핑몰 운영자가 원하는 대로 택배 또는 퀵서비스를 선택하면 된다. 참고로 동대문시장은 모든 물류가 밤에 이동을 한다. 이 말의 의미는 새벽에 택배 픽업이 되는 물량일 경우 서울, 경인 지역은 당일 오후에 받을 수 있다는 이야기다.

22) 네이버 검색에서 '사입자'를 검색하면 사입 삼촌을 찾을 수 있다. 프리랜서의 경우 지식 검색에 많이 올라와 있고, 규모가 있는 업체는 자체 홈페이지를 가지고 있다.

▲ 디오트 앞에서 주문서를 정리하고 있는 사입 삼촌

도매에서 외상이 가능할까?

기존에 거래가 있었고 쇼핑몰 운영자가 성실하다고 판단되면 도매에서 사입비를 밀어주기도 하는데-외상을 준다는 의미 - 보통의 경우 1주일 결제를 많이 활용한다. 1주일 동안 사입한 사입비를 매주 금요일, 또는 월요일로 날짜를 지정하여 정산하는 방식인데, 교환 또는 반품 물량까지 함께 정산하여 입금하면 된다. 한 가지 주의할 것은 도매에서 1주일이 되지 않았더라도 사입비의 규모가 어느 정도 커지면 정산해 줄 것을 요구할 때도 있다. 필자도 남대문에서 아동복을 도매할 때 쇼핑몰 운영자들에게 외상을 밀어주었다. 하지만 무작정 밀어주는 것이 아니라 '100만 원/1주일'이라고 나름의 규칙을 정하고 1주일이 되지 않았더라도 결제 대금이 100만 원을 초과하면 정산할 것을 요구하였다. 도매 입장에서는 쇼핑몰 운영자들이 망하고 잠적해버릴지도 모른다는 가정을 항상 하고 있는 것이다.

[의류 제품 관련 현장 용어]

현장 용어	의미
가라게	일명 '오바로크'라고도 하며, 옷단의 끝이 흐트러지지 않도록 비스듬히 휘감는 바느질
가리누이	시침질 또는 피팅을 보는 행위
가부라	소매 끝이나 바지 끝단의 접어 올린 부분
기레빠시	재단 후 남아 있는 원단의 짜투리 또는 천조각
기스	제품에 난 흠집
기지	사용되지 않은 원단, 옷감 또는 '생지'라고도 함.
나나인치	블라우스나 셔츠에 사용되는 일자형 단추 구멍
나라시	재단판 위에 올려진 원단을 재단하기 위해 골고루 펴는 작업
나시	소매가 없는 민소매 옷
다이	책상과 같은 넓은 작업대, '재단판'을 '재단다이'라고 부름.
대봉, 중봉, 소봉	사입된 제품을 포장하는 쇼핑백의 사이즈(큰 것, 중간 것, 작은 것)
마끼	원단을 말아 놓은 모양
마이	재킷류를 부르는 총칭
마쿠라	재킷의 어깨를 돋보이게 하기 위한 어깨심, 덧심
만식이	동대문 물정을 모르는 '호구'를 일컫는 말
사입자	동대문시장에서 상품의 구입을 맡고 있는 사람
언니/이모(女)/삼촌(男)	기본적으로 매장의 직원을 호칭하는 말이나, 동대문시장에서 일하는 모든 사람들-심지어 식당에서 서빙하는 아줌마에게도 이모라고 부른다-을 말한다.
소데	소매를 부르는 말(소데나시=소매가 없는 민소매 옷)
시다	'보조'의 일본식 표현
시보리	소매 끝단에 사용되는 신축성이 있는 편성물
시아게	제품 제작 후 마무리하는 작업, 실밥 제거나 다림질 등
신상	'신상품'의 줄임말
쓰봉(즈봉)	남성복 바지의 총칭
아도	매장에 남아 있는 상품을 전부 사는 것
에리	목깃, 영어로 칼라(Collar)를 의미함.
우라	재킷이나 스커트에 사용되는 안감
우와기	양복 재킷(상의)의 총칭

현장 용어	의미
유도리	장식 또는 기능상의 이유로 실측보다 여유있게 품을 더하는 것
이미	'이미테이션'의 줄임말
장차	지방 상인이 타고 올라오는 전세 버스
조시	재봉되어 실이 박혀져 있는 상태
찐빠	한 쌍으로 작업되어야 하는 박음질에서 한쪽이 맞지 않아 삐뚤어진 상태
큐큐	재킷에 사용하는 일자형 단추 구멍
탕	옷감을 염색할 때 한 단위별로 하는 것
택(Tag)	제품의 치수, 품질 표시, 성분 표시 등의 내용이 적혀 있는 표식
후크(Hook)	단추 대신으로 옷깃을 여미는 연결용 금속 장치(걸고리)
히다	스커트 또는 블라우스에 들어가는 플리츠(Pleats) 또는 개더(Gather)

▲ 독산동에 위치한 봉제 공장의 모습

4
고가시장 : apM과 U:US

시장 조사를 반복적으로 실시하다 보면, 한 가지 깨닫는 것이 있다. 소비자들 또는 판매자들이 무언가 알 수 없는 '흐름'으로 계속 움직이고 있다는 것. 그 흐름이란 것을 구체적으로 표현하자면, 결국 개인의 노하우들이 쌓여 집단 지성을 이루는 현상으로서, 그것을 시장에서는 '트렌드'라는 말로 표현한다. 패션 트렌드와는 다른 이야기이다. 시장의 트렌드를 이해하는 것은 하루아침에 이루어지지 않는다. "동대문과 남대문 시장을 며칠 돌아보니 대충 알겠더라. 나에게 필요한 시장이 어디인지 파악했다."라고 말한다면, 그것은 코끼리의 코 또는 다리만을 보고서 전체 코끼리의 모습을 이해했다고 말하는 것과 같은 참으로 안타까운 일이다. 또한 시장의 트렌드란, 우리가 패션 잡지 또는 패션 방송에서 시청하는 그런 트렌드와는 차원이 다른 이야기이다. 시장이란 끊임없이 변화하는 살아있는 유기적 생명체이다. 오늘 시장을 이해하고 기억한다고 해서 내일도 똑같은 모습으로 존재하리라 생각해서는 큰 오산이다. 지속적으로 관심을 갖고 끊임없이 반복적으로 조사하였을 때 시장의 트렌드를 비로소 이해할 수 있을 것이다.

**apM, 유어스를 주축으로 한 고가시장과
청평화, 디오트, 테크노를 트로이카로 내세운 저가시장으로 양분되어
동대문시장을 견인하고 있다.**

동대문시장을 넷(Net)세대와 베이비부머세대, 그리고 그 사이에 끼어있는 엑스(X)세대로 구분 할 때, 가장 역동적으로 움직이는 시장이 넷(Net)세대를 타깃으로 한 시장이다. 넷(Net)세대를 타깃으로 한 시장을 가격으로 다시 한 번 더 구분을 한다면 고가시장과 저가시장으로 구분할 수 있다. 그렇다면 고가시장과 저가시장은 어떤 시장들일까?

넷(Net)세대를 타깃으로 하고 있는 여성복 상가는 동대문시장의 apM, 유어스(U:US), 청평화, 디오트, 테크노를 대표적으로 이야기할 수 있다. 그 중에서 고가시장은 apM , 유어스로서 이들 상가는 이름이 있는 대부분의 온/오프라인의 숍으로 제품을 공급하고 있으며, 특히 온라인에서 콘셉트와 디자인에서 타 상가에 비해 앞서 나가고 있다. 하지만 판매가가 청평화, 디오트, 테크노보다 높다는 단점이 존재한다.

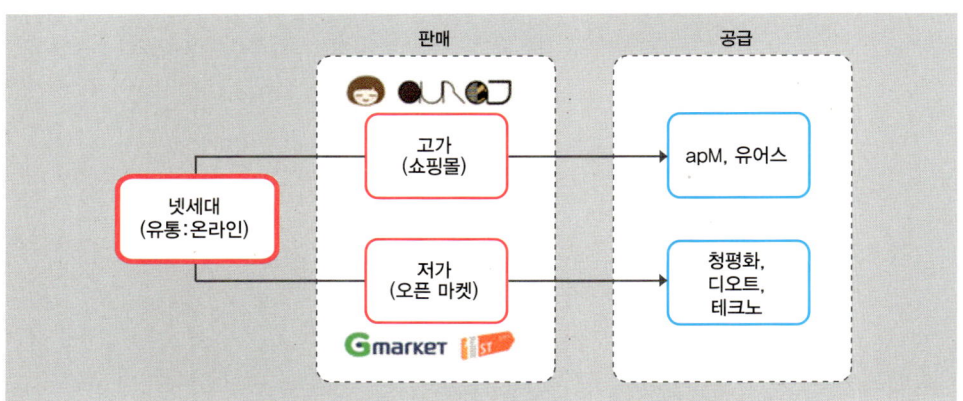

▲ 가격 포지션과 동대문 상가 분포

apM, 유어스와 같은 상가의 가격이 높다라는 점은 소비자 구매 요인 중 한 가지인 '가격'이라는 점에서 치명적인 약점을 가지고 있다. 하지만 다행스럽게도 **패션 아이템의 주요 구매 요인은 '가격'이 아닌 '감성'에 의지한다는 것이다.** 따라서 어떻게 코디네이션하고 표현하느냐에 따라 충분한 경쟁력을 가진다는 것이다.

인터넷진흥원에서 실시한 '소비자 패션 의류 선택 요인 조사'에서 넷(Net)세대만을 추출하여 다시 정리해 보면 다음과 같은 결과를 얻을 수 있다. 넷(Net)세대에게 있어 패션 의류 선택 요인의 첫 번째 요소로서 전체 응답자의 56%가 디자인과 색상을 꼽았고, 두 번째 요소로서 품질이라고 대답한 소비자가 33%에 달하였다. 마지막으로 가격이라고 응답한 소비자는 전체 응답자 중 11%에 불과하였다. 이는 콘셉트와 디자인을 잘 유지한다면 높은 가격이더라도 충분히 구매 의향이 있다는 것을 잘 보여 주고 있으며, 경우에 따라 충성도 높은 잠재 고객이 될 수 있다는 것을 알 수 있다.

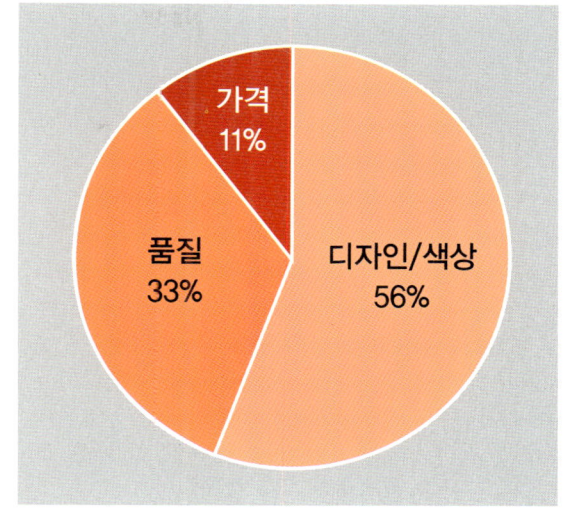

▲ 넷(Net)세대 구매 요인

그렇다면 넷(Net)세대 타깃 시장 중 고가시장인 apM과 유어스의 시장 분포는 어떻게 될까?

아래의 시장 조사표는 디자인과 품질, 그리고 가격 순으로 시장을 분석하여 정리한 것이다. 1번 apM 지하 1층의 경우 디자인과 품질에서 가장 우수한 제품을 판매하고 있지만, 디자인과 품질이 우수한만큼 가격 또한 고가의 제품을 판매하고 있다. 1~6번까지의 순서는 디자인이 트렌디한 순서이며, 품질이 우수한 순서이며, 가격이 비싼 순이다. 이점을 잊지 말고 시장 조사 시에 참고하길 바란다.

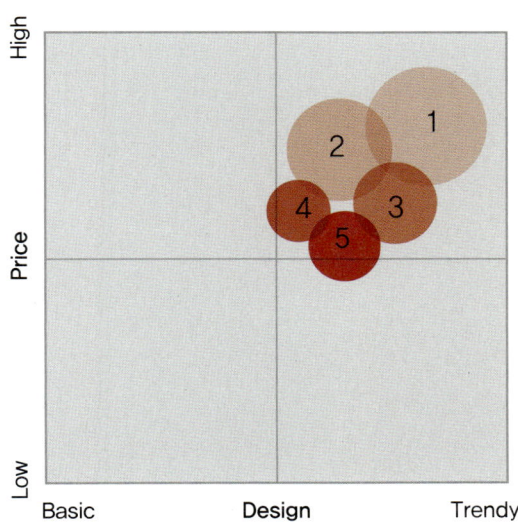

▲ 고가시장 포지션 맵

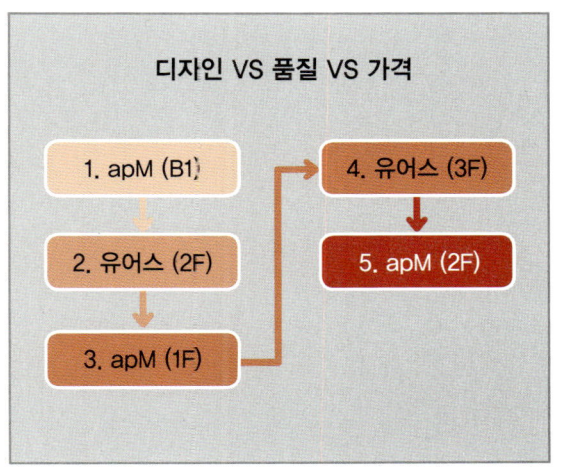

▲ 고가시장 시장 조사 순서

▲ 고가시장 상권 분포

■ **수출공작소 : 에이피엠(apM)**

2000년대 중국의 개방이 본격화되면서, 국내 소비재의 대부분을 '메이드 인 차이나'가 장식하였다. 패션 도매시장 역시 중국 제품을 수입하여 판매하는 것이 제조 단가를 낮출 수 있어서 효율적이라는 인식이 확산되어, 너도 나도 중국산 제품을 무분별하게 판매하기 시작하였다. 하지만 이는 우리시장의 경쟁력을 떨어뜨리는 자충수가 되었고 경기 불안이라는 경제 상황과 맞물려 더욱더 악재로 작용하게 되었다.

이에 몇몇 도매상가와 상인들 사이에서는 반대로 높은 품질과 우수한 디자인의 한국 제품을 만들어 수출을 하자는 분위기가 자연스럽게 확산되기 시작하였고, apM, 유어스의 상가들을 주축으로 한 제품들이 중국과 일본으로 한국 제품을 수출하는 중추적인 역할을 하게 되었다.

apM으로 사입을 가기 위해 지나야 하는 디자이너클럽과 팀204 사이의 좁은 골목은 언제나 제품을 사입하는 사입자들로 북새통을 이룬다. 팀204 입구에서 가판대를 열고 판매하는 신발나까마들 앞에서 신발을 사려는 사람들과 비좁은 틈에서 떡볶이와 샌드위치를 먹는 사람들, 그리고 apM으로 쉴 새 없이 들어가는 제품을 가득 실은 차량들로 말이다.

어렵사리 복잡한 골목을 통과하여 apM 입구에 들어서면, 도매시장이라기 보단 멀티숍이라는 말이 어울릴 정도로 세련된 VMD(Visual Merchandising)를 자랑하는 매장들과 마주치게 된다. 기존의 도매시장이라 함은 1칸(평)이라 불리는 작은 공간에다가 물건을 빡빡하게 재워 놓고, 디스플레이라기보다는 그저 제품을 보여 주기 위해 옷걸이에 걸쳐 놓은(?) 정도임을 생각해 보면 과히 놀라운 일이 아닐 수 없다.

먼저 apM에 대하여 전체적인 내용을 살펴보면

여성복과 남성복을 도매로 판매하는 상가로서, 지하 1층부터 지상 3층까지는 여성복이 자리를 잡고, 4층부터 7층까지는 남성복을 판매한다. 20~30대 남녀를 타깃으로 하며 캐주얼한 제품이 주를 이룬다. 영업 시간은 밤 9시에 오픈하여 다음날 새벽 5시에 마감을 한다. 제품의 디자인과 품질은 동대문 전체 상권에서 가장 우수하다고 말할 수 있으나, 디자인과 품질이 받쳐 주는 만큼 제품의 가격이 꽤 비싼 편으로, 유사 디자인으로 가장 가격이 저렴한 테크노와 비교를 했을 때 최고 4배까지도 차이가 날 정도로 비싼 경우도 있다. 하지만 제품에 사용하는 원단과 가공 상태의 품질, 디자인의 난이도를 따져보면 설득력 있는 가격대라고 할 수 있겠다.

apM의 MD 구성에서 눈에 띄는 점은 지하 1층에 메인 아이템인 여성복을 배치하고 있다는 점인데, 보통 지하층은 패션 잡화(가방, 신발, 액세서리 등)로 구성하고, 매출이 가장 많이 발생하는 메인층(보통 1~2층)에 여성복을 배치하는 일반적인 타 상가의 MD 구성과 비교해 봤을 때, 지하 1층에 메인 아이템인 여성복 매장을 꾸린 것은 apM만의 독특한 특징이다.

[apM(에이피엠)]

구분	내용
홈페이지	http://www.apm-korea.com/
운영 시간	pm 9:00~am 5:00
MD 구성	여성복 도매(B1~3F) / 남성복 도매(4~7F)
타깃 고객	20~30대 캐주얼
경쟁 상가	유어스 2~3F
상가 특징	제품의 품질이 우수해 중국과 일본 바이어가 많으며, 현재 동대문 도매시장의 트렌드를 주도하고 있음.

apM 여성복 도매에서 가장 주목할 만한 부분인 **지하 1층 매장은 동대문 도매시장을 방문하는 중국과 일본 바이어들이 가장 많이 찾는 곳 중의 하나**'기도 하며, apM 에서 디자인과 제품력이 가장 뛰어난 상품들로 구성하였다.

우리가 시장 조사를 하면서 부딪치는 해외 바이어들이 많이 찾는 곳을 알아야 하는 이유는 무엇일까? 중국 바이어들이 비싼 비행기 값을 지불하면서 한국으로 와서 제품을 찾는 이유는 무엇일까?

그것은 중국산 제품이 아닌 한국에서 만들어진 원단으로 디자인하고 생산된 바로 '메이드 인 코리아' 제품을 찾기 위해서다. 해외 바이어가 apM 지하 1층을 많이 찾는다는 것은 바로 지하 1층에 "메이드 인 코리아" 제품을 많이 판매하고 있기 때문이며, 이것이 우리가 시장 조사에서 놓치지 말고 유념해야 할 중요한 부분이다.

왜냐하면, 온라인 쇼핑을 즐기는 국내의 소비자들 또한 같은 가격의 제품을 구매하면서 저가로 만들어진 중국산 제품보다는 잘 만들어진 한국산 제품을 선호하기 때문이다. 물론 제품의 판매 단가가 높으므로 쇼핑몰의 콘셉트에 맞춰 사입의 비중을 적절히 잘 조절해야 함도 잊어서는 안 될 것이다.

지하 1층을 둘러보면 또 하나의 특징적인 모습을 볼 수 있는데, 예전에는 볼 수 없었던 패밀리룩을 판매하는 상점이 눈에 띠기 시작했다는 것이다. 여성복을 메인으로 판매하면서 엄마와 감성을 공유할 수 있는 키즈 제품을 함께 만들어 판매하는 모습에서 새로운 마켓의 가능성을 엿볼 수 있다. 아동복은 남대문 도매시장의 주력 상품이라 말할 수 있으나, 아직까지 국내에서는 패밀리룩이 활성화되지 못하고 있다. 하지만 국민 소득 수준과 문화적 의식 수준이 선진화 되어가고 있으므로 국내 패밀리룩시장도 충분히 성장 가능성을 가지고 있다고 본다.

apM의 전체 MD를 살펴보았을 때 팬츠, 스커트, 블라우스, 재킷, 니트, 티셔츠 등의 단품 아이템 전문점보다는 다양한 아이템을 두루 판매하는 토털 판매 형식을 취하고 있어, 한 매장 내에서 자체 코디네이션이 가능하다는 장점이 있다. 물론 상품 구색을 갖추기 위해서 꽤 많은 도매 거래처를 확보해야 한다는 단점이 함께 존재한다. 데님 팬츠 제품에서도 경쟁 상가인 유어스에 비하여 데님 전문점 매장 수가 많고 디자인이 다양하며 품질 또한 훌륭하다.

지하 1층에서 나와 1층으로 들어서면 디자인과 품질면에서 경쟁 상가인 유어스(U:US)와 거의 구분이 되지 않으며, 1층에서 3층으로 올라갈수록 중국산 제품이 눈에 띄는 것이 다소 아쉬운 점이나, 앞으로도 동대문 대표 도매상가로서 위상을 잃지 않고 수출 기지 역할을 충실히 해줄 것으로 기대한다.

◀ 도매 apM

◀ 도매 apM 남성복

■ 트렌드 1번지 : 유어스(U:US)

1925년에 지어져 대한민국 스포츠 발전에 큰 역할을 한 동대문 운동장이 2007년 철거되고 난 그 자리에 동대문역사문화공원과 동대문디자인플라자(DDP)가 2014년 완공되었다. 유어스에서 내려다보이는 풍경은 동대문역사문화공원과 동대문디자인플라자의 위용을 감싸 안은 듯하다. 본디 유어스는 동대문 주차장 위에 지어진 5층 건물로, 1층부터 3층까지는 패션 도매시장 유어스로 사용되고 있고, 4층은 수출지원센터, 5층에는 신진 디자이너들을 위한 창작 스튜디오와 서울패션아트홀(패션쇼 등의 각종 컨벤션 행사가 가능한 공간)이 위치하고 있다.

두타 앞의 큰길을 경계로 하여 두타, 밀리오레, 헬로에이피엠, 굿모닝시티 등 소매 상권을 이루는 서부 상권(서편제라 함)과 제일평화, 신평화, 유어스를 경계로 도매 상권을 이루는 동부 상권(동편제라 부름) 초입에 위치하고 있어서 일본 관광객과 중국 관광객들이 많이 찾는 곳이기도 하다. 물론 관광객이 많이 찾는다고는 하나 유어스는 가장 활성화되고 해외 바이어가 많이 찾는 동대문을 대표하는 도매시장 중 한 곳이다.

그렇다면 동대문 대표 도매시장인 유어스에 대하여 알아보도록 하자.

지금의 유어스는 두 번의 리뉴얼을 거쳐서 현재의 유어스로 완성되었다. 리뉴얼 이전의 MD는 1층과 2층이 여성복 도매였으며, 3층은 남성복 도매로 구성하였다. 하지만 2008년 1차 리뉴얼(2층)을 거치면서

▲ 유어스(U:US)

상가 구성과 매장 디스플레이가 apM과 유사하게 변경되었으며, 다음 해인 2009년에 다시 한 번 리뉴얼(3층)을 실시하여 3층에 있던 남성복을 대폭 줄이고 여성복과 남성복을 같이 운영하였다. 하지만 남성복의 매출이 그다지 높지 않아 2013년에 다시 리뉴얼하여 3층의 남성복을 모두 다 내보내고 현재의 여성복 전문상가로 거듭난 것이다.

[U:US(유어스)]

구분	내용
홈페이지	http://www.uus.co.kr
운영 시간	pm 8:15~am 6:00
MD 구성	여성복 도매(1~3F) / 남성복 도매(3F)
타깃 고객	30~40대 미시(1층) / 20~30대 캐주얼(2~3층)
경쟁 상가	에이피엠 지하 1층~3층
상가 특징	1층과 2~3층의 MD 구성이 차이를 보임. apM과 함께 해외 바이어가 활발하게 움직이는 상가임.

유어스는 경쟁 상가인 apM처럼 매장 VMD가 아주 시원하게 잘 꾸며져 있는 것으로 유명하다. 상가의 층별 면적비로 보았을 경우, apM에 비하여 약 2.5배 정도 넓으며-물론 apM은 7층까지 시장이 형성되어 있으므로 규모 면에서 절대 유어스에 뒤쳐지지 않는다-사입자들이 지나다니는 복도의 폭 또한 가장 넓은 도매상가가 아닐까 싶다. 그래서 사입 가방을 매고 다닐 때 앞사람의 사입 가방에 얼굴을 부딪히는 일은 없을 듯하다. 실제 청평화에서 앞사람의 사입 가방에 얼굴을 부딪쳐 상처를 입은 적이 있다.

먼저 유어스의 MD 구성은 다른 상가와는 사뭇 다르다. 1층과 2~3층의 제품 분위기가 확연히 다르다는 점이 가장 큰 차이로서, 1층의 경우는 오프라인 세대(Baby boomer)를 타깃으로 하여 제품 구성이 변화하였고, 2~3층의 경우는 온라인 구매 세대(Net Generation)를 타깃으로 발전해왔기 때문에 층간 제품의 콘셉트 차이가 크게 발생하므로 품질과 디자인이 가장 우수한 층을 메인층이라고 정한다면 2층을 메인이라고 부를 수 있을 것이다.

에스컬레이터를 타고 2층으로 들어서면 다양한 컬러의 상품들이 가장 먼저 눈에 띈다. Made in Korea 상품답게 컬러감이 아주 우수한 고품질 제품들이 대부분이다. 전체적인 매장의 배열은 apM과 마찬가지로 팬츠, 블라우스, 스커트, 재킷, 니트, 티 등의 특정 아이템만을 다루는 전문점보다는 토털로 제품을 운영하는 도매상이 많으며, 데님 팬츠의 경우 2층보다는 1층에서 활성화되어 있다.

대부분의 상품들이 트렌드 의존성이 강하기 때문에 상가별로 구분하여 특징을 뽑아내기란 참으로 어려운 일이다. apM의 제품들이 미니멀하면서 디자인적인 요소의 제품들이 많이 있다고 한다면, U:US의 제품들은 화려하면서도 상품성이 우수한 제품들이 많다고 말할 수 있다.

apM과 유어스 2~3층을 넷(Net)세대를 타깃으로 형성된 온라인 고가시장으로 구분하여 경쟁력을 비교한다면 아래에 있는 표와 같이 분석할 수 있다.

[고가시장 비교]

상가명	apM	apM Luxe	유어스
영업 시간	pm 9:00~am 6:00	pm 9:00~am 6:00	pm 8:15~am 6:00
영업 방법	도매	도매	도매
상가 분류	여성복 / 남성복	여성복 / 잡화	여성복 / 남성복
세부 종목	B1~3F : 여성복 4~7F : 남성복	B2~B1 : 잡화 1~4F : 여성복	1F : 여성복 및 잡화 2F : 여성복 3F : 여성복
디자인	상	상	상
타깃	20~30대	20~30대	20~40대
상가 분위기	• 동대문 트렌드 1번지로 품질면에서 가장 우수한 상품을 출시하나 가격이 높음. • 중국 바이어들이 많음.	• 도매상가 apM의 럭셔리 콘셉트임. • 지점 형식으로 해외 바이어를 위한 도매겸 전시장으로 활용되는 분위기임.	• 2층, 3층은 apM과 유사하나 1층은 지방 상인들의 영향으로 제품에서 지방색이 드러남.

패션이 보이는 도서관, 패션자료실 (유어스 4층)

패션 관련 비즈니스를 하다 보면 항상 트렌드 정보와 아이디어에 목말라 있다. 가끔 해외 사이트를 둘러보기도 하고 국내 패션 관련 사이트를 둘러보아도 만만치 않은 결제비로 인하여 현실적 아쉬움이 남는다. 저자는 일본 패션 트렌드지를 자주 구매하여 본다. 평화시장 1층에 가면 전문서점이 있어서 손쉽게 구매할 수 있으나, 매월 가야 하는 번거로움과 한 번 가서 구매하는 잡지의 비용도 만만치 않다. 이럴 때 무료로 패션자료와 트렌드지를 확인할 수 있는 패션자료실을 이용하면 된다.

패션자료실은 서울디자인재단(舊, 서울패션센터)에서 운영하는데, 유어스 4층에 위치하고 있다. 유어스는 기본적으로 여성복 도매상가로서 낮 시간에 방문하면 상가는 닫혀 있지만 엘리베이터는 운영하고 있다. 엘리베이터를 타고 4층으로 직행하면 된다. 유어스는 북쪽과 남쪽으로 두 대의 엘리베이터를 운영하므로 아무거나 타면 된다. 4층에 도착하여 패션자료실로 들어서면 먼저 왼쪽 데스크에서 방명록을 작성하고 오른쪽에 있는 사물함에 가방을 넣고 필요한 필기구나 노트북 그리고 카메라를 들고 들어가면 된다. 기본적으로 무료로 이용할 수 있으나 복사나 스캔은 비용을 지불해야 한다.

간단하게 패션자료실을 소개하면,

들어서는 입구에는 국내외에서 발간되는 각종 최신 패션잡지(월간지)들이 진열되어 있고, 원하면 최근 1년까지의 자료가 진열대 뒤편에 숨어 있다. 보고 싶으면 꺼내서 보면 되고, 만약 자료를 찾을 수 없으면 안내데스크에 근무하는 직원에게 찾아달라고 하면 상냥하게 찾아준다.

열람실 중심으로 컴퓨터가 위치하고 있어서 간단한 자료검색이나 인터넷활용이 가능하고 오른쪽에는 시청각자료실이 위치해 있다. 최신의 런웨이 동영상뿐만 아니라 영화, 다큐멘터리를 고화질의 DVD로 시청이 가능한데, 40인치의 대형 화면으로 헤드폰을 끼고 보면 마치 내가 유명패션쇼에 직접 참여한 듯한 착각을 일으킬 정도이다.

안쪽으로 들어오면 서가가 위치해 있는데, 최근 1년 치의 자료가 보관되어 있다. 저자가 알기로 3년 치(1만9천여 권)의 자료를 보관하고 있으므로, 최근의 트렌드뿐만 아니라 지나간 트렌드 자료까지 열람 가능하며, Louis Vuitton, Givenchy, Vivienne Westwood 등 세계적인 브랜드와 디자이너들의 패션쇼 현장을 담은 사진첩과 컬렉션북이 준비되어 있어서, DVD 대신 사진첩으로 볼 수도 있다. - 해외 트렌드 정보지는 별도 보관하고 있어서 안내데스크에 요청하면 된다.

패션 관련 논문과 패션산업 관련 책, 1900년대 패션 스타일을 볼 수 있는 사진집까지 구비되어 있으며, 패션과 관련된 책들만 가득한 서가에서 가장 눈에 띄는 것은 유럽, 미국, 일본 등에서 발행한 각종 해외잡지 컬렉션과 국내외 과월호 잡지 컬렉션까지 구비되어 있어서 저자는 가끔 패션자료실 소열람실에서 작업할 때가 많다. 사실 블랙바이블 2판을 준비하는 지금도 원고작업을 패션자료실 소열람실에서 작업 중이다.

거의 대부분의 자료들은 복사와 스캔, 촬영 등을 통해서 자료를 수집할 수 있는데, 몇 가지 트렌드지는 저작권 보호 차원으로 촬영을 금지하고 있다. 그리고 유명패션정보 사이트인 삼성디자인넷과 스타일러스의 자료를 무료로 이용할 수 있어서 최신의 인사이트 있는 자료들을 확인할 수 있다.

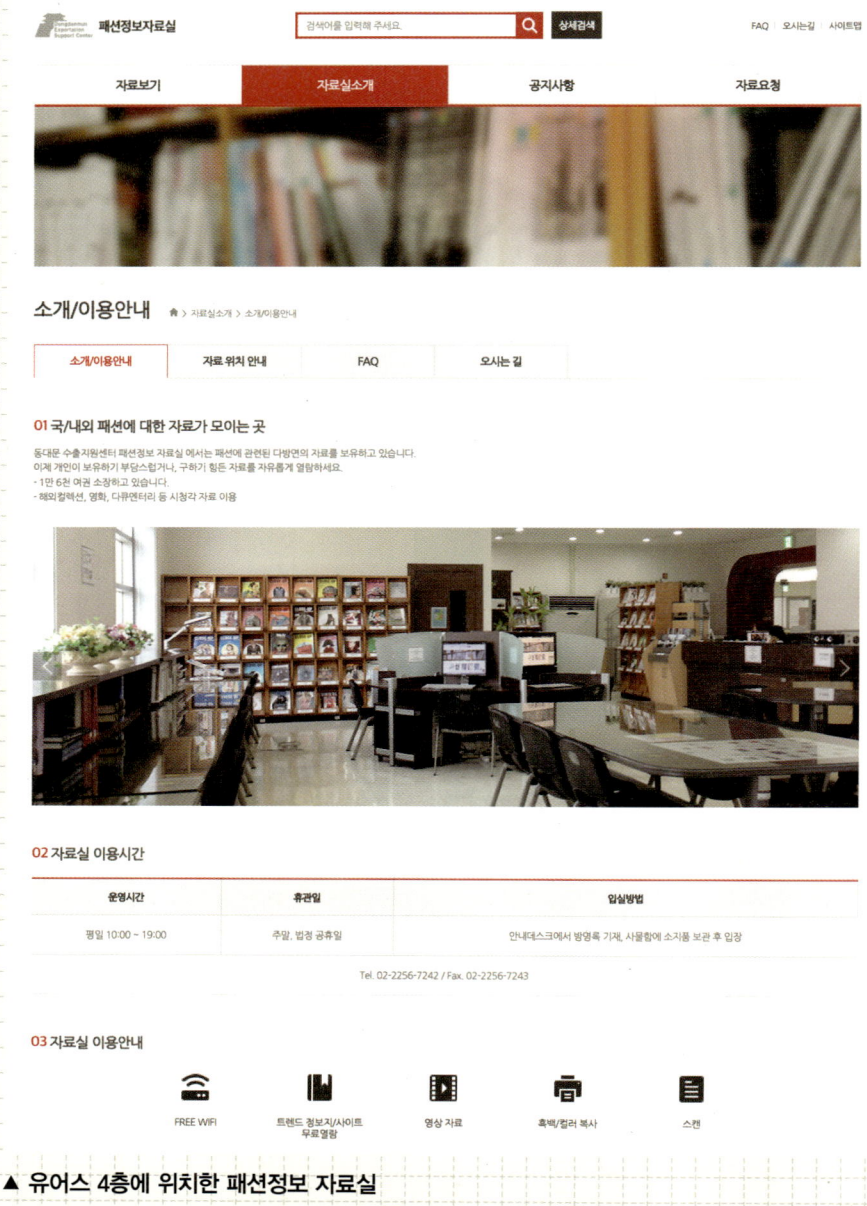

▲ 유어스 4층에 위치한 패션정보 자료실

운영시간 : 월요일~토요일, 오전 10시~오후 7시까지 운영 (일요일, 공휴일 휴무)
문의전화 : 02-2088-3158

■ apM Expansion : 에이피엠 럭스(apM Luxe)

동대문시장은 100년도 훨씬 넘는 역사를 가진 시장이다. 1905년 고종의 하명으로 광장주식회사를 설립한 것이 현재 동대문시장의 근간이 되었으며(종로 4가와 5가 사이에 위치), 상권이 동쪽으로 지속적으로 이동하여 현재의 동대문시장을 형성하였다. 그렇게 발전하면서 일제 강점기를 거쳐 6.25 한국전쟁까지, 그리고 88올림픽을 지나 현재에 이르기까지 민족의 역사와 함께 변화하며 성장하였는데, 최근 10년 동안 크나큰 변화를 겪었다. 지난 100년 세월을 초월하는 현상이 최근 10년 동안 발생하였던 것이다. 그것이 인터넷의 발전이다. 인터넷은 유통의 새로운 패러다임을 제시하며, 급속도로 성장하였고 동대문시장도 그 변화에 적응하기 위해 노력하였다. 그러한 변화에 적응하지 못했던 판매자, 심지어 변화를 거부하였던 판매자들은 시장의 뒤안길로 사라져 갔다. 그런 흔적들이 동대문시장 곳곳에 상흔으로 남아 있다.

apM Luxe는 그러한 몸부림 속에서 지난 2012년 2월 '자파(ZAPA)'라는 상가를 apM에서 주도하여 리모델링하여 리오픈(Re-Open)하였다. 사실상 apM Luxe가 오픈하기 이전에는 자파(ZAPA)라는 이름으로, 그 이전에는 논(Non)이라 이름으로, 그 이전에는 나인플러스로 불리던 상가였다. 지하 1층에서 지상 4층까지 판매 부스를 열고 있었으나 사실상 지상 1층만이 운영이 되는 상황이었고, 내부적으로 상인들과 지주들 사이의 법적 갈등이 지속되면서 동대문시장에서 전혀 주목받지 못하고 도태되어 가던 상가였다. 그러던 사이 청계천 주변 상가를 정리하여 '청계공원'을 만들겠다는 서울시의 입장이 발표되면서 청계천 주변의 신발 상인들이 뜻을 모아 자파(ZAPA)라는 이름으로 상가를 운영하게 되었다. 자파(ZAPA)는 상가명에서 느낄 수 있듯이 잡화 제품을 전문으로 판매하는 상가였다. 1층에는 가방, 시계, 스카프, 레깅스 등의 퍼션 잡화를 판매하였고, 지하 1층에는 여성화를 전문으로 판매하였다. 하지만 지주들과의 법적 갈등이 여전히 존재하는 상황에서 해결책을 제시하지 못하고 지하 1층과 지상 1층만이 운영되어 상가 전체로 봤을 때 수익성이 악화되었다. 이를 동대문에서 소위 '한다는' 상인들을 모아서 apM의 주도하에 건물을 다시 리빌드(rebuild)에 가까운 리모델링을 실시하였다.

apM Luxe는 기존 apM뿐만 아니라 주변 상가들인 유어스, 제일평화, 벨포스트(에리어 6), 디자이너, 누존 등지에서 제품력이 확인된 도매상들을 입점시키는 전략으로 지하 2층에서 지상 5층까지 부스를 오픈하여 운영하고 있다. 실력있는 도매상들을 모아 놓은 만큼 **제품들의 분위기가 타상가에 비교 불가할 정도로 우수하여 중국 바이어들의 발길이 가장 많은 상가이다.** 하지만 이 또한 중국의 불경기와 맞물려 동대문시장을 찾는 중국 바이어들의 발길이 뜸한 상태이며, 과거 나인플러스의 불운을 답습하지 않도록 각별한 관심이 필요한 상가이다.

apM, 유어스에서 시장 조사를 마친 초보 사입자들은 한결같이 테크노의 상품이 본인의 컨셉트와는 거리가 있다고 말한다. 하지만 그들은 모르고 있다. 소비자들은 테크노의 상품에 만족해한다는 것을…

5
저가시장 :
청평화, 디오트, 테크노

온라인 쇼핑몰과 동대문시장을 이야기할 때 빼놓지 않고 거론되는 가장 핫(Hot)한 상가 3형제가 서울 지방경찰청 기동대 뒤쪽에 나란히 자리하고 있다. 동대문 상권이 종로4가의 광장시장에서 시작하여 지속적으로 동쪽으로 이동하며 현재의 동대문 상권을 형성하였는데, 성동공고에 가로막혀 더 이상 동쪽으로 발전하지 못하고 있다. 그들 3형제 중에 가장 큰형이라 할 수 있는 청평화와 둘째 디오트가 성동공고를 마주하고 있다. 막내 테크노는 혜양엘리시움 뒤쪽에서 청평화와 디오트로 들어오는 골목길을 밝혀 주고 있다. 사실상 이들 3형제는 동대문 상권의 중심권에서 벗어나 있으나, 밤 12시가 되면 청평화와 디오트 오픈과 동시에 동대문 중심 못지않은 불야성을 과시한다. 그래서 새벽시장이라고도 불린다.[23]

23) 동대문에서는 운영시간에 따라 밤시장과 새벽시장으로 구분하여 부르고 있다. 밤시장이란, 밤 8시~9시 사이에 오픈하는 상가들을 말하며 유어스, apm, 디자이너클럽, 누존, 팀204, 제일평화, 벨포스트, 광희, 퀸즈스퀘어, 남평화(의류), 스튜디오W, 아트플라자, 테크노를 말한다. 새벽시장은 밤 12시~2시 사이에 오픈하는 상가들을 말하며 청평화, 디오트, 신발 상가C/D동, 남평화(가방)를 이야기한다.

과거 오프라인 상권을 중심으로 시장이 움직이고 있을 때, 아트플라자를 중심으로 동평화와 신평화 시장에서 도매를 운영하던 상인들이 창고로서 사용한 곳이 바로 청평화시장이었다. 그러던 중 온라인시장의 포지션이 커지면서 가격 경쟁력이 치열해지기 시작했고, 급기야 온라인 쇼핑몰 운영자들은 더 저렴한 상품을 찾기 시작했다. 타 상가의 창고로서 기능하던 청평화는 말 그대로 죽어있는 상가였으므로 권리금과 보증금, 임대료 등이 타 상가에 비하여 낮았던 탓에 제품의 원가 또한 낮았다. 따라서 타 상가에 비하여 저렴하게 제품을 공급하였고, 온라인 쇼핑몰 운영자들 사이에서는 '숨은 진주'가 되었다. 이렇게 하여 디자이너클럽 vs 아트프라자로 양분되어 움직이던 오프라인시장에 온라인이라는 새로운 바람이 불면서 활력을 불어 넣었다.

그렇게 청평화시장의 독주가 시작되었고, 이를 견제하기 위하여 디오트가 오픈하게 되었다. 과거 청평화시장의 운영 시간은 새벽 4시~오후 3시였다. 디오트는 이렇게 늦은 시간에 오픈하는 청평화시장과 차별화하기 위해 자정에 오픈하여 오후 3시까지로 운영 시간을 결정하였다. 디오트 오픈 초기에는 1층만 겨우 운영이 될 뿐 지하를 포함한 2층 이상은 거의 운영이 되지 못하였다. 이러한 상황에서 서울시가 동대문 운동장을 철거하여 운동장 상가에 입주한 상인들을 비롯한 운동장 주변에서 '나까마' 형식으로 판매를 하는 상인들까지 갈 곳이 없게 되자, 이들 판매자들이 대거 디오트로 입주를 하게 되었다. 덕분에 디오트 3층까지 판매자들이 모두 입주하게 되긴 했으나, 디오트의 제품 이미지는 추락하는 사태가 벌어졌다. MD를 정리하기 위해서 지하는 수입 보세와 잡화로 구성하고, 1층과 2층은 여성복으로 3층은 빅사이즈 의류로 구분(현재는 지하 2층으로 자리를 옮김)하였다. 이렇게 하여 디오트 초기의 모습이 완성되었고 현재에 이르기까지 많은 변화를 거치면서 발전하여 지금은 청평화보다 더 주목을 받고 있는 상가가 되었다. 초기 디오트에서 판매를 하던 도매상들을 지금은 거의 찾아볼 수 없다. 시장의 변화에 따라 도매 판매자들 또한 끊임없이 변화하기 때문이다.

▲ 저가시장 상권 분포

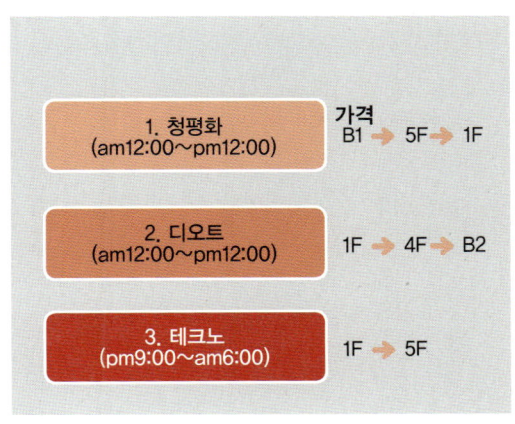

▲ 저가시장 시장 조사 순서

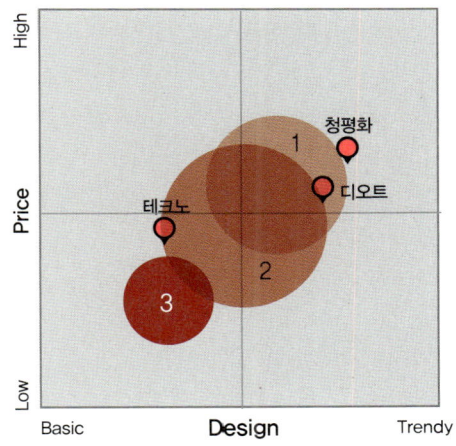

▲ 저가시장 포지션 맵

■ 인터넷 이후 도매시장의 중심 : 청평화

오늘날 패션 유통의 중심이 오프라인에서 온라인으로 이동하면서, 가장 주목을 받고 있는 시장이 청평화시장이다.

그 이유는 **첫째, 가격이 저렴하다.** 청평화시장이 동대문에서 가장 가격이 저렴한 여성복시장이라고 말할 수는 없다. 하지만 제품의 품질과 가격이라는 두 마리 토끼를 놓고 봤을 때 가장 합리적인 '가성비(가격대비 품질)'의 상가는 청평화라고 말할 수 있다. apM과 유어스의 제품은 누가 봐도 디자인과 품질이 우수하다. 하지만 디자인과 품질의 완성도가 높은 만큼 가격도 만만치 않게 비싸다.

둘째, 트렌디하고 다양한 제품을 스피디하게 만들어낸다. 요즘 온라인의 변화 속도만큼이나 패션에서의 변화 속도 또한 크다. 예전 오프라인 유통을 중심으로 진행되던 패션시장의 시즌은 봄/여름/가을/겨울로 크게 구분하였고, 시즌이 상대적으로 긴 여름과 겨울은 초여름과 한여름, 그리고 초겨울과 한겨울로 시즌을 디테일하게 구분(전체적으로 6번의 시즌으로 구분)하여 상품을 생산하고 유통하였다. 하지만 소위 말하는 패스트 패션(Fast Fashion)이라는 형태의 해외 SPA[24]브랜드—자라, 망고, H&M, 유니클로 등의 브랜드—들이 대량 생산 저가 공세로 국내 패션시장을 잠식하고 온라인 중심으로 유통시장의 변화가 가중되면서 패션시장의 제품 주기가 점점 짧아져 이제는 2주 단위로 트렌드가 변한다고 볼 수 있을 정도이다. 국내 패션시장의 중심이라고 말할 수 있는 동대문시장은 이러한 패스트 패션에 최적화된 시스템을 가지고 있고, 그 중에서도 저가의 합리적인 제품을 24시간 이내에 제작하여 도매로 공급하는 청평화시장의 생산 시스템은 현재의 트렌드와 소비자 니즈에 잘 맞아떨어지고 있다.

청평화시장은 지하 1층에서 지상 5층까지이며, 여성복 시장 규모 면에서 디오트와 함께 가장 큰 시장이 아닌가 한다. 먼저 층별 구성을 소개하면 지하 1층에는 수입 보세 의류와 잡화들로 구성되어 있는데, 눈여겨볼 만한 부분은 수입 보세 의류의 콘셉트가 독특하다는 점이다.

동대문시장은 카피한 제품들로도 유명하다. 특정 상가의 특정 제품이 베스트셀러가 되면, 다른 상가에서도 그 제품을 비슷하게 만들어 판매하기 때문에, 제품의 디자인들이 비슷한 경우가 허다하다. 이러한 현실에서 청평화시장 지하 1층의 제품을 잘 선별하여 사입을 한다면 특색 있는 쇼핑몰의 콘셉트를 가질 수 있게 된다. 따라서 시장 조사 시에 꼭 꼼꼼하게 조사해 볼 것을 권한다.

청평화시장이라고 하면 트렌디하고 저렴하다는 점을 강점으로 꼽을 수 있는데, 이러한 강점을 잘 보여 주는 것이 5층과 4층이므로 지하를 돌아본 다음 엘리베이터를 타고 바로 5층으로 가기를 권한다. **일명 시장에서 '선수'라고 불리는 도매집들이 5층과 4층에 많이 포진하고 있어서 소비자들의 취향에 맞는 제품을 잘 만들어 내고 있으며, 이름깨나 있는 쇼핑몰들은 대부분 청평화 5층과 4층에서 많이 거래를 하고 있다.** 따라서 청평화시장 조사 시에는 5층부터 1층으로 내려가는 것이 현명한 사입 방법이다. 또한 청평화시장에서 한 가지 더 이야기 할 수 있는 곳이 바로 지상 1층인데 선선한 바람이 불어오는 가을 시즌이 되면 소비자들이 많이 찾게 되는 니트 의류를 볼 수 있다.

---

[24] Specialty retailers store of Private label Apparel의 약자로서 '생산자 직소매'라고도 한다. 한 업체가 제품을 기획하고 생산과 판매에 이르는 모든 과정을 일체화해 운영하는 매장 또는 브랜드를 의미한다. 대표적인 브랜드로 Gap, Zara, H&M, 유니클로 등이 있다.

물론 다른 상가, 다른 판매자들도 선선한 가을이 되면 니트 의류를 많이 생산하지만 청평화 1층은 시장 안에 작은 니트시장이 들어있다고 말할 수 있을 정도로 니트 의류가 주를 이룬다.

[청평화]

구분	내용
홈페이지	www.cph.co.kr
운영 시간	am 00:00시~pm 12:00
MD 구성	여성복 도매 (B1~5F)
타깃 고객	20~30대 캐주얼 & 미시
경쟁 상가	디오트, 테크노
상가 특징	트렌디한 제품을 위주로 제품 생산과 출고까지의 시간이 24시간 이내로 패스트 패션의 대표적 상가이며, 대부분의 온라인 쇼핑몰에 제품을 공급함.

◀ 청평화시장

▲ 청평화시장, 오픈 후 새벽 3시의 모습

■ 제2의 청평화 : 디오트

디오트시장은 청평화시장과 더불어 최고의 온라인 쇼핑몰 사입처이다. 지금은 청평화와 어깨를 나란히 하고 있지만, 불과 5년 전만 하더라도 1층을 제외한 나머지 층은 사입자들로부터 주목을 받지 못하고 이대로 창고로 전락하는 것이 아닌가 걱정하였다. 하지만 그러한 걱정이 기우일 뿐이라고 말하듯 5년 만에 명실상부한 등대문 대표시장으로 성장하였다. 지금은 사입자에 따라 차이가 있지만, 청평화보다 더 경쟁력이 있지 않느냐는 이야기가 나오고 있을 지경이다. 하지만 매출이 상승하면, 어김없이 함께 상승하는 것이 매장비(월세)이다. 같은 디오트라고 하더라도 위치마다 매장비가 다르긴 하지만, 1층의 경우 이미 750만 원을 상회하고 있으며 3층의 경우도 구석자리가 350만 원이니 이대로 간다면 디오트의 원가 경쟁력을 떨어뜨리지 않을까 염려스럽다.

지하 2층부터 지상 8층까지로 이루어진 디오트는 5층부터 8층까지가 오피스텔로 구성되어 있으며 나머지 층들은 도매시장으로 형성되어 있다. 지하 2층은 성동공고 방향 엘리베이터쪽으로 식당가가 들어와 있고, 나머지에서는 여성복 빅사이즈 의류를 취급하고 있다. 동대문시장에서 빅사이즈 의류를 전문적으로 취급하는 곳은 디오트 지하 2층과 스튜디오W 2층~3층밖에 없으므로 관심을 가지기 바라며, 매장에 직원이 없는 경우가 많은데 이럴 경우 매장에 적혀 있는 전화번호로 전화를 하면 직원이 내려와 문의를 할 수 있다. 지하 2층을 둘러본 후 지하 1층으로 올라가면 수입 보세 의류와 신발, 액세서리, 가방 등의 잡화를 볼 수 있는데, 청평화에서도 수입 보세 의류를 판매하고 있으므로 비교하여 볼 필요가 있다. 청평화 지하의 경우 독특한 콘셉트의 제품들로 구성되어 있으나 가격이 디오트보다 높은 편으로 디오트 지하 1층의 수입 보세 의류는 디자인보다는 가격적인 메리트로 접근해야 한다. 지상 1층부터 4층까지가 본격적인 여성복시장으로 큰 규모만큼이나 다양한 콘셉트의 다양한 제품을 많이 취급하고 있다. 딱히 타깃 에이지(Age)를 이야기하기 어려우며 영캐주얼에서 미시층까지 다양하게 즐길 수 있는 제품들로 구성되어 있어 쇼핑(사입)하는 즐거움을 한껏 더해 주는 시장이기도 하다. 더군다나 경쟁 상가이기도 하면서, 온라인에서 고가 라인을 형성하고 있는 apM, 유어스와는 달리 팬츠, 스커트, 정장, 원피스, 재킷 등의 전문점들이 눈에 띠는 특성이 있다. 물론 토털(Total)로 판매하는 것이 요즘 동대문시장의 나름 트렌드라고 얘기할 수도 있다. 한 가지 유의해야 할 사항은 어느 시장 어느 상가이던지, 남들이 가지 않는 뒤안길에 꽃길이 있음을 잊지 말아야 한다. 디오트처럼 큰 상가들은 구석구석 다니면서 꼼꼼하게 조사하기가 어려우므로 가급적 입구에서 가장 많이 떨어져 있고, 메인 통로에서 가장 많이 떨어져 있는 곳부터 시장 조사를 시작하라고 권해 주고 싶다. 이유는 사입자들이 많이 찾지 않는 구석 코너에 있기 때문에 경쟁력을 높이기 위해 동일 디자인의 제품을 가장 싸게 판매하며, 경쟁 쇼핑몰에는 없는 유니크한 디자인의 제품을 찾을 수 있기 때문이다.

또한 디오트는 다른 상가와는 달리 여름 휴가 2주 전부터 매년 세일 행사를 공개적으로 하고 있다. 디오트 상가의 앞도바(앞마당)에 행사 매대를 줄지어 놓고 여름에 판매하던 상품을 세일하고 있는데, 경우에 따라서는 히트 상품을 싸게 사입하여 다음 해에 기획(미끼) 제품으로 판매할 수도 있다.

디오트시장을 조사하다 보면 청평화와 제품들이 많이 겹친다는 느낌을 받을 수 있다. 실제로 같은 제품을 디오트와 청평화에서 판매하는데, 이런 경우 대체로 한 명의 사장님이 디오트와 청평화에 두 개의 매장을 가지고 운영하고 있는 경우이다. 또 다른 사례로 한 상가에 두 개의 브랜드명으로 다른 콘셉트의 제품을 복수 판매하는 경우도 있다.

[디오트]

구분	내용
홈페이지	http://www.theot.org
운영 시간	am 00:00시~pm 12:00
MD 구성	여성복도매 (B2~4F)
타깃 고객	20~30대 캐주얼 & 미시, 다양한 연령대에서 커버 가능한 다양한 제품을 공급
경쟁 상가	청평화, 테크노
상가 특징	여성 빅사이즈[25](88~) 제품을 사입할 수 있는 상가로서 4층에서 지하 2층으로 이전함.

25) 빅사이즈 의류를 취급하는 상가로는 디오트와 스튜디오W가 대표적이다.

◀ 디오트 입구 모습

◀ 디오트 새벽 시장 모습

■ 인터넷 최고의 수혜주 : 테크노

테크노는 청평화, 디오트와는 태생에 차이가 있다. 청평화는 초기 새벽 4시 오픈하여 운영하다가 밤 12시로 변경하여 디오트와 함께 오픈하는 새벽시장이면서 온라인 쇼핑몰에 제품을 공급하는 저가시장의 대표선수라고 얘기할 수 있으나, 테크노는 밤 9시에 오픈하여 밤시장에 포함되어 있으면서 온라인 쇼핑몰 또는 오픈 마켓으로 최저가의 상품을 공급하는 역할을 하여 온라인 저가시장 3인방에 포함되었다. 2007년도까지 시장에 주목을 받지 못하였지만 온라인시장이 활성화되면서 지금은 가장 활발하게 움직이는 시장으로 2010년도 겨울에는 확장 공사까지 실시하여 명실상부한 동대문의 대표선수가 되었다.

시장 조사를 위해 테크노 상품을 사입하여 품질 검사를 해 보면, 실망스러울 때가 있다. 정교하지 못한 디테일과 살짝 틀어지는 라인, 단추와 단추 구멍의 위치가 정확하지 않으며, S자로 지나가는 재봉선, 시아게(마무리 손질)가 제대로 되지 않아 여기저기 튀어나온 실밥 등 제품의 완성도가 떨어진다고 할 수 있다. 과연 이러한 제품을 마주할 때 소비자들이 입을 수 있을까? 또는 컴플레인(Complaint, 소비자 불만)이 걸리지 않을까 염려스럽다. 그러나 오픈 시간과 함께 밀려드는 사입자들을 볼 때면 그러한 생각은 나 혼자만의 착각이며, 소비자들은 이러한 단점을 문제삼지 않는다는 생각을 하게 한다. 저렴하다는 점이 오히려 단점을 커버하고 있는 듯하며, 쇼핑몰 운영자들은 테크노 시장의 제품을 메인 아이템으로 선정하여 주력하기보다는 싸다는 장점을 이용하여 '미끼 상품'으로 판매하고 있다.

필자는 8년 전 봄, 10대 후반의 여성을 타깃으로 3,900원에 콩단추 블라우스를 판매한 적이 있다. 컬러는 화이트와 블루 두 종류였으며, 사이즈는 55/66 프리사이즈로 제품의 컬러와 사이즈가 적어 재고 부담을 덜 수 있어, 미끼 상품으로 판매를 하였다. 중국 대표 도매시장의 한곳인 13항(쓰산항)에서 제품을 수입하여 국내 오픈 마켓에 판매한 것으로, 나중에 알게 된 사실이지만 사용하고 있는 콩단추에 바느질이 되어 있지 않은 제품이었다. 바느질 대신에 글루건(본드총)을 사용하여 옷과 단추를 붙여 놓은 제품이었다. 지금 생각하면 참으로 아찔하기 짝이 없지만 사실상 그 제품은 약 3,000장 정도 판매가 되었으며, 콩단추를 글루건으로 부착한 문제는 소비자들이 크게 문제삼지 않았다. 오히려 3,900원짜리 블라우스라는 사실에 가격 대비 디자인이 괜찮았다는 평을 들었다.

물론 테크노의 모든 제품이 필자가 경험한 정도로 문제가 있지는 않다. 테크노시장의 대부분의 제품들은 필자의 경우와 다르게 가격 대비 괜찮은, 가성비가 높은 제품들로서 오픈 마켓에 판매되는 경우가 많다. 최근의 제품 트렌드는 디테일이 많은 직기(Woven) 제품 보다는 다이마루(Jersey) 위주의 심플한 디자인을 제작하여 단가를 낮추는 기본물 위주의 제품이라고 할 수 있다.

[테크노]

구분	내용
홈페이지	없음
운영 시간	pm 9:00~am 6:00
MD 구성	여성복 도매 (B1~4F)
타깃 고객	10~30대 여성 캐주얼
경쟁 상가	청평화, 디오트
상가 특징	박리다매 형태로 판매가 됨. 오픈 마켓에서 판매 가능한 제품들로 구성, 2010년 겨울 확장 공사를 실시함.

▲ 테크노 입구 모습

[저가시장 비교]

상가명	청평화	디오트	테크노
영업 시간	am 12:00~pm 12:00	am 12:00~pm 12:00	pm 9:00~am 6:00
영업 방법	도매	도매	도매
상가 분류	여성복	여성복	여성복
세부 종목	B1 : 여성복 / 잡화 1~5F : 여성복	B2~B1: 여성복 / 잡화 1~4F : 여성복	B1~5F : 여성복
디자인	중	중	중
타깃	20~30대	20~30대	10~30대
상가 분위기	• 온라인 쇼핑몰 발전 이후 동대문 상권의 중심으로 부각 • 대다수 쇼핑몰에 제품을 공급	청평화시장의 대안으로 부상	• 가장 싼 제품을 공급하는만큼 품질면에서 떨어짐. • 2010년 겨울에 확장 공사

■ 그때 그 시절의 데쟈뷰 : 동평화와 서평화

위에서 설명한 바와 같이 2008년 온라인 쇼핑의 발전 이후 동대문의 주력은 청평화 – 디오트–테크노 3개의 도매상가이다. 하지만 이것도 시대의 변화에 따라 서서히 변화하고 있다. 1960년~1970년대 동대문상권의 시작을 알린 동대문종합시장(현재 원단상가, 1960년대 버스터미널)과 원조 평화시장(두타 옆에 위치)이 메인이었다면, 1970년~1980년대를 주름잡은 신평화시장으로 상권을 넘겨주었고, 다시 1980년~1990년대에는 아트플라자와 동평화시장으로 상권이 이동하였으며, 1990년~2000년대에 들어서면서 누존과 디자이너클럽으로 중심상권은 다시 이전하였다. 이는 다시 인터넷의 발전에 힘입어 온라인쇼핑이 유통의 지도를 바꿔놓기 시작한 2000년 중반에 들어서자 최종적으로 청평화와 디오트로 중심상권이 이동하였다. 물론 apm과 유어스가 든든한 맏형 역할을 하는 것이 사실이다. 하지만 온라인쇼핑에서는 뭐니뭐니해도 단연 청평화와 디오트이다.

이렇게 10년을 주기로 상권이 이동하는 현상을 저자 개인적으로는 "10년 주기 상권이동설"이라고 부른다. 기억을 더듬어보면 청평화와 디오트도 이제 10년을 채워가고 있다. 그러면 저자의 주장과 같이 상권이 또 움직일까?

그렇다. 상권이 다시 들썩이고 있다.

100년 전 종로4가에서 시작한 동대문시장은 끝없이 동(東)으로 동(東)으로 이동하며 발전하였는데, 청평화와 디오트를 끝으로 더 이상 동으로 이동할 수 없다. 왜냐하면 성동공고가 가로막고 있기 때문이다. - 저자가 추측컨대 향후 50년 이내에 성동공고가 이전할 가능성은 없어 보인다.

지금 동대문은 높은 임대료로 인하여 몸살을 겪고 있다. 심지어 믿기지 않겠지만, 임대료와 제품 공임을 내지 못해 자살하는 도매상인도 생겨나기 시작했다. - 우울한 이야기는 여기까지만.

하늘 높은 줄 모르고 오르기만 하는 임대료를 감당하지 못하는 일부 도매상들이 청평화와 디오트를 떠나기 시작했다. 그렇다고 해서 청평화와 멀리 떨어진 상가로 갈 수도 없다. 그래서 그들이 선택한 옵션은 바로 옆에 위치하였지만, 오랫동안 방치되어 왔던 상가를 찾기 시작하였다.

동평화시장은 1층과 지하를 제외하고서는 콘셉트 또는 특색을 찾아보기 힘들다.

아동복과 성인복, 아우터와 이너웨어, 신제품과 땡상품이 공존하는 그래서 사업자들의 기억에서 사라진 상가이다. 동평화시장 1층은 언더웨어가 주력을 이루는듯하지만, 패션잡화까지 다양한 상품을 취급하고 있으며, 지하는 등산복과 골프웨어를 중심으로 기능성 아우터들이 많다. 동평화시장을 이야기할 때 생각나는 것이 있다면 수없이 많은 라벨갈이(택갈이)집이다. 그 외에는 그다지 생각나는 것이 딱히 없다. 그랬던 동평화시장에 이제 변화가 왔다.

비싼 임대료에 지친 청평화와 디오트의 상인들이 동평화와 서평화로 이동하기 시작했다. 예전 라벨갈이집들을 모두 내보내고 여성복 상점들을 본격적으로 유치하기 시작하였다. 전체 동평화시장의 규모에 비교하면 보잘 것 없는 정도이지만, 점차 청평화와 디오트의 이탈현상이 본격화되고 가시화가 될 것으로 보인다.

동평화와 마찬가지로 서평화는 2015년 여름휴가철을 기점으로 상가 리뉴얼에 성공하였다. 리뉴얼 이전에는 전통적 도매시장의 칙칙한 분위기, 40~60대를 타깃으로 한 오프라인 위주의 상품을 주력으로 하였으나, 이제는 산뜻한 인테리어와 함께 온라인쇼핑에 맞는 상품군들과 그에 걸맞는 판매자들로 분위기를 쇄신하여 변신에 성공하였다.

동평화와 서평화 두 시장은 아직 가야 할 길이 멀다. 하지만 과거 청평화와 디오트가 갑자기 주목을 받고 사입자들로부터 사랑을 받았듯이, 내년 또는 3년 후 또는 5년 후에 지금의 청평화와 디오트의 역할을 대신할지도 모른다.

변화를 이야기하면서 퀸즈스퀘어와 제일평화시장을 빼놓으면 섭섭하다.

퀸즈스퀘어는 2013년 2월 광희시장 3~6층을 대대적으로 리뉴얼하여 새롭게 탄생한 시장이다. 재미나게도 지하에서 2층까지는 여전히 광희시장이라고 부른다. 광희시장은 전통적으로 가죽제품으로 유명한 상가였다. 사실 광희시장 2층이 아니면 모피제품을 본격적으로 사입하기도 힘들 정도로 독보적인 제품군을 가지고 있다. 하지만 가죽제품의 인기가 시들해지면서 점차 상가의 분위기 또한 무너지게 되었고 어느 순간 일본 관광객들을 대상으로 소매장사를 위주로 운영되는 소·도매상가로 변해 있었다. 가죽을 판매하는 도매상인들은 '겨울 한 철 장사해서 1년을 먹고 산다'는 말이 있다. 따라서 모피제품이 비수기인 봄-여름-가을에는 오픈시간과 클로징(폐장) 시간이 소매장사로 인하여 모호해지고 도매판매가 이루어지는 밤~새벽시간에는 오히려 문을 닫고 있는 상황이 발생하는 등 광희시장의 변화가 절실했던 2013년 결단을 내리고 3~6층까지 여성복 도매시장으로 과감하게 리뉴얼하고 '퀸즈스퀘어'라는 별도의 상가명으로 재오픈하였다. 현재 2층의 모피제품을 6층으로 이전하는 작업을 시작하였다. 아직은 일부 판매자들만 이전을 한 상태지만 곧 이전이 완료되어 과거 모피전문 도매상가의 모습을 보여주기를 기대한다.

제일평화시장은 대외적으로 동대문시장을 알리는 역할을 한 상가이다. "동대문에 가면 싸고 멋진 제품들을 살 수 있다."라는 입소문은 사실 제일평화시장에서 비롯되었다라고 해도 과언이 아니다. 얼마 전 모 TV방송프로그램에서 백화점의 제품과 동대문의 제품을 비교하는 소비자고발 프로그램을 본 적이 있다. 백화점에서 판매하는 제품과 동대문에서 판매하는 제품의 디자인과 성분비교를 통하여 동일한 제품이 두 곳에서 다른 가격으로 판매가 되고 있다는 시사고발 프로그램이었다.

솔직히 이러한 일은 동대문시장에서는 공공연하게 사실로 인정을 하고 있다. 그래서 사입을 다니다 보면 "삼촌, 백화점에 납품한 제품이야."라는 말을 자주 듣게 된다. 백화점에서 제품을 구매하신 소비자들은 이런 사실이 다소 불편할 수 있다.

어떻게 이런 일이 발생할 수 있느냐고 물어본다면 경우는 두 가지이다.

브랜드의류에서 오더를 진행하고 납품 후에 남아 있는 재고를 본인의 도매매장으로 가져와서 판매하는 경우가 있고, 도매매장의 제품을 브랜드의류에서 완사입조건으로 사입하는 경우도 있다. 해마다 빠르게 변화하는 소비자의 니즈를 맞춰내기 위한 브랜드와 도매시장이 마치 악어와 악어새마냥 서로에게 암묵적으로 도움을 주며 공생하는 시스템이 오랜 관행처럼 되어버린 것이다. 그래서 제일평화시장의 제품은 백화점에 디스플레이된 제품에 못지않은 뛰어난 품질과 디자인을 가지고 있다. 물론 가격 또한 만만치 않다. 그래서 온라인마켓에서 유통되기에는 가격적인 부담이 크기 때문에 대부분 서울 외곽과 경기인천지역의 오프라인 패션중심상권으로 제품이 많이 유통되고 있다.

이렇게 오프라인 유통을 중심으로 발전한 제일평화는 이제 온라인유통에 관심을 보이기 시작했다. 적극적인 판매자 유치와 더불어 7층까지 (퀸즈스퀘어의 약진에 자극을 받은듯하다.) 리뉴얼을 시작하여 2015년 가을에 그랜드오픈 하였다.

■ **온라인 타깃 도매시장 분석**

동대문 시장 조사에 있어서 가장 중요한 포인트는 트렌드의 흐름을 유지하는 것이다. 그래서 항상 강조하는 것이 연속성을 잃지 말라는 것이다. 똑같은 제품을 가지고 여기저기 상가에서 카피하여 판매한다는 인식이 강한 동대문시장은 사실상 카피해서 판매한다기 보다는 제품의 트렌드 반영을 충실히 이행하는 것으로, 아래 그래프와 같은 흐름을 가지고 있다. 물론 아래 그래프가 전체 시장을 100% 반영하고 있다고 믿어서는 안 된다. 다만 현재의 큰 흐름을 특징적으로 설명하고 있는 것이다.

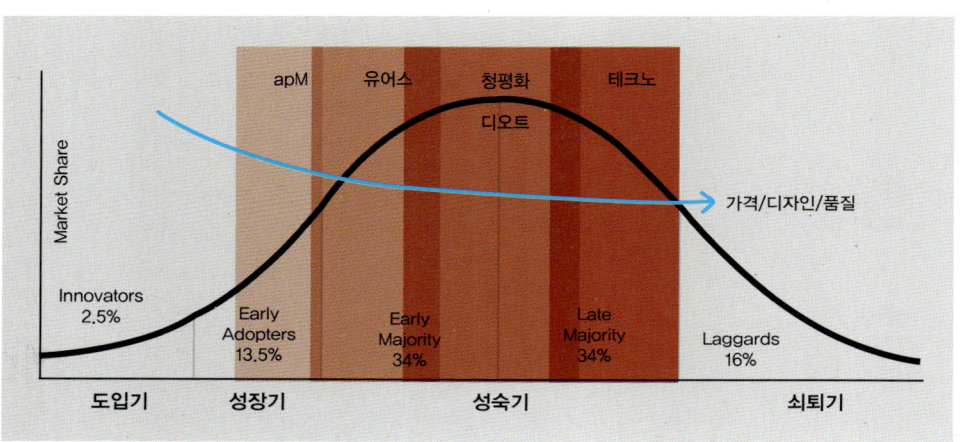

▲ 온라인 마켓 분석

지난 겨울 창업 스쿨의 학생들과 시장 조사를 함께 나왔을 때이다. 한 학생이 울먹이면서 나에게 급하게 도움을 요청하였다. 유어스 상가에서 소매가로 판매를 하면서 자신에게 상품을 판매하지 않을 테니, 그냥 돌아가라는 이야기를 듣고 어지간히 충격을 받았던 모양이다. 그래서 어떤 제품이며 가격이 얼마였느냐고 물었더니, 그냥 야상이며 16만 원이라고만 대답하였다. 그 학생의 대답을 들으며 답답한 심정을 금할 수 없었다. 현재 동대문시장에서 고가시장을 형성하는 상가가 바로 apM과 유어스라고 이야기하였으나 아마도 나의 이야기는 기억하지 못하는 듯 하였다. 그리고 제품 또한 그냥 야상이라고만 말할 뿐 어떤 디자인이며, 어떠한 디테일을 가지고 있는지도 설명하지 못하였다. 쇼핑하듯 지나가다 맘에 드는 제품을 보고 가격을 물어봤을 뿐이며, 가격을 듣고 소매가라고 인식하였던 것이다.

사실, 같은 디자인이라고 해서 같은 제품이라고 말할 수는 없다. 특히 생산지가 한국이냐 중국이냐에 따라서 원가의 차이가 확연히 드러나므로 디자인만 보지 말고 원단과 바느질(재봉 상태), 그리고 디테일 등을 확인하여 구분해야 한다. 그 학생이 보았던 야상의 경우, 청평화나 디오트에서는 6만 원에 도매 판매되고 있지만 유어스에서 16만 원에 판매를 하였다. 하지만 그 둘의 제품은 엄연히 서로 다른 제품이다. 10만 원씩 가격 차이가 나는 이유는 겉보기에는 비슷해 보일지 모르지만 원단부터 다르며, 유어스 쪽 제품은 소량으로 국내에서 생산한 것으로 판단된다. 또한 결정적으로 가격을 상승시킨 이유는 어깨부터 봉제선을 따라 진짜 퍼(Fur)를 사용하였던 것이다. 지난해 한참 유행하였던 퍼를 야상에 디테일로 사용한 것이다. 이러한 점을 주의 깊게 판단해야 하나, 시장 조사의 의미를 그냥 시장을 둘러보는 정도로만 인식을 한다면 아마드 다시는 유어스에서 사입하지 않으려고 할 것이다.

6 동대문시장의 무풍지대 : 남성복 상가

매주 찾아오는 일요일 밤, 현재 시각은 7시 50분이다. 8시까지 출근해야 하는 도매상가의 직원들이 지각비를 내지 않기 위해 달리기 시작한다. 아직 도매상들은 출근도 다하지 못하였는데 벌써 시장에 찾아온 사입자들이 도매시장 문 앞에 삼삼오오 모여서 도매상가의 셔터가 올라가기만을 기다리고 있다. 이들은 대다수가 여성복 또는 여성관련 아이템의 사입자들이다. 패션 도매시장에서 남성복의 비중이 얼마나 될까? 정확한 통계가 없어 주관적으로 판단을 내리자면 여성복시장과 비교하여 약 9:1 정도로 규모면에서 상당히 낮다. 그러나 실제 패션 소비시장에서의 남성복 포지션은 절대 작지 않다. 오히려 패션 도매시장에서 남성복이 과소평가되고 있다는 게 필자의 평가이다.

글로벌 시장 조사 기관인 유로모니터 인터내셔널은
2012년 한국 남성이 화장품 구입에 4억 9,550만 달러(약 5,527억 원)를
지출해 전 세계 남성 화장품 매출의 21%를 차지했다고 분석했다.
유로모니터는 한국을 "성인 남성 인구는
1,900만 명에 불과한데 남성 화장품 시장 규모는 세계에서 가장 큰
특이한 국가"로 꼽았다.

■ **과소 평가 받고 있는 남성복 시장**

패션 아이템은 다양한 개인적인 욕구를 충족시켜 주는 자기 표현의 수단인 동시에 인간의 사회적 관계에서 하나의 중요한 시각적 상징으로 사용된다. 특히 남성사회에서의 의복은 사회적인 지위와 직업 성취도를 나타내 주는 중요한 요소로서, 최근의 사회적·경제적으로 구조적 변화에 따른 생활 양식과 남성 역할의 변화로 남성의 외모와 의복에 대한 관심이 증가되고 있다. 따라서 남성복에 있어서 스타일의 다양성과 유행의 중요성이 높아지고 있다.

남성복의 시기별 변화를 보면 1965년에서 1975년대의 남성복은 맞춤복의 전성기였으며, 저급 기성복이 나타나는 시기였다. 국내의 대표적인 브랜드로는 인디안과 한독이었다. 1976년에서 1985년에는 고급 브랜드가 성장하고 확산하는 시기로 맨스타, 갤럭시, 로가디스 등의 브랜드들이 있고, 서울에서 아시안게임과 올림픽이 개최된 시기인 1986년에서 1990년대에는 국민 소득과 생활 수준의 급격한 향상으로 남성 기성복 브랜드들의 성장기라고 이야기 할 수 있다. 당시 탄생한 브랜드들은 아직까지 활발하게 남성복시장에서 자리굳힘하고 있으며 타운젠트, 지오지아, 트루젠, 타임옴므 등은 여성복이 남대문에서 동대문으로 옮겨질 당시에 태동한 브랜드들이다.

개성을 중시하는 남성들이 늘어나면서 현재 남성복 패션시장은 컨템포러리, 어번 캐주얼, 볼륨 캐주얼로 다극화되고 있으며 라인이 세분화되고 있는 추세이다. 기존의 획일적 스타일의 신사정장에서 벗어나 자신을 잘 표현할 수 있는 캐릭터 캐주얼이 가미된 스타일리시한 캐주얼 시장이 탄생하였고, 프리미엄 라인까지 구축되고 있는 것이다.

최근 한국패션산업연구원은 한국패션협회와 함께 산업통상자원부가 지원하는 "국내외 패션시장 조사분석사업"에 관한 세미나에서 2015년 국내 패션시장의 성장은 둔화될 것이라고 전망했으며, 남성복 매출은 2012년 대비 10% 이상의 발전을 이어가고 있다.

[2015 패션시장규모조사사업]

구분	2012년(억 원)	2014년(억 원)
남성복	49,137	54,802
여성복	93,840	97,231
캐주얼	61,629	74,980
스포츠	94,644	120,739
유아동	14,331	12,799
내의	14,323	13,937
잡화	64,096	74,115
합계	392,000	448,603

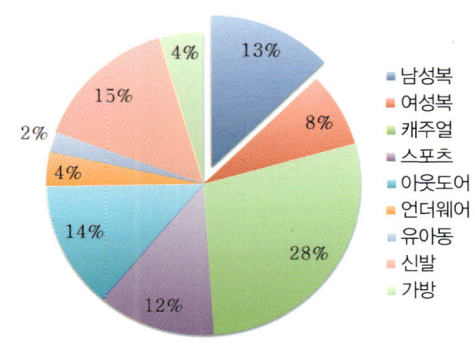

▲ 패션시장 비율

그뿐만 아니라, 여성들의 전유물로 여겨졌던 패션/뷰티 업계에서도 남성의 소비가 두드러지고 있다. 2010년부터 불어온 '꽃미남' 열풍과 함께 깔끔하게 관리된 외모와 구매력(경제력)을 동시에 지닌 '차도남' 열풍이 가세하면서 꾸미는 남자(그루밍족)들이 크게 늘고 있다. IMF 금융 위기 이후 10년이 넘는 정체의 늪에서 빠져나와 2010년 이미 남성복시장은 여성복시장 규모를 앞질렀고, 국내 화장품시장은 세계 최대 규모로 올해 1조 3,000억 원 규모를 넘어설 것으로 예상된다.

10~55세의 남성 인구가 여성 인구보다 더 많은 시장 구조에서 경기 회복세와 그루밍 열풍을 타고 남성 패션/뷰티 시장이 급성장하고 있는데 그 원인은 다음과 같다.

첫째, 구매 절대 인구 수에서 남성이 여성보다 더 큰 비중을 보이고 있다는 것이다. 20년 전과 비교하여 남성 싱글족들이 폭발적으로 증가하였는데, 30대 초반의 싱글남 비율이 1995년 18.6%, 2000년 27.1%, 2005년 40.9% 등의 비율로 꾸준히 증가하고 있으며, 한국인구학회가 통계청의 의뢰로 작성한 '2010 인구주택 총 조사 전수 결과 심층 분석을 위한 연구'에 따르면 2009년 30대 초반 남성의 미혼 비율이 48.9%에 달한 것으로 조사됐다. 35~39세 남성의 미혼율은 지난해 26.9%로 95년 6.1%에 비해 큰 폭으로 상승했다. 또 40~44세 미혼 남성은 지난해 14.8%로 95년 2.6%에 비해 5배 넘게 늘었고, 44~45세 남성의 미혼 비율도 1.2%인 것으로 조사됐다. 패션 의류시장을 주도하는 10~55세까지의 남성 인구가 여성보다 많아 시장의 소비를 받쳐주고 있는 셈이다.[26]

둘째, 그동안 가부장적이며 권위적이었던 남성의 이미지를 심미적인(aesthetic) '멋 추구'에 대한 남성들의 욕구를 대변한 '꽃미남 스타'들의 부상과 함께 벗어버리게 되었다.

26) 자료 출처 : CBC뉴스, 2011년 1월 11일 보도자료

셋째, 남성복시장에 대한 패션 기업들의 혁신적인 노력 또한 소비자의 신소비를 진작시켰기 때문이다. 최근 수년 동안 캐주얼 라이징 트렌드를 적극적으로 수용하며 글로벌한 제품을 개발하고 고급화와 토털화를 추구한 결과로 젊은 남성 고객의 높아진 패션 수준과 더불어 중장년층 고객의 젊어진 마인드에 수요가 적중한 것이 남성복의 판도를 바꿔놓은 것으로 판단되며, 앞으로도 남성복시장은 구매 소비자의 증가와 함께 지속적으로 발전할 것으로 판단된다.[27]

27) 자료 출처 : 이코노믹리뷰, 2011년 8월 23일 보도자료

이렇듯 국내 브랜드 남성복시장의 생태계 진화가 진행되는 동안 동대문시장은 컨템포러리 캐주얼(Contemporary Casual)과 캐주얼 수트(Casual Suit), 그리고 스트릿룩(Street Look)의 세 가지 군으로 나뉘어 동대문시장만의 콘셉트로 발전하게 되었다.

■ 티셔츠 그리고 청바지 : 컨템포러리 캐주얼

지방 상인이 가장 많이 찾는 여성복 상가로 알려진 누존은 지하~2층까지 여성복을 메인 아이템으로 판매하며, 3층에 남성복, 4층에 수제화, 5층에는 가방과 액세서리류의 패션 잡화, 6층에는 다시 남성 멀티숍과 함께 수입 잡화 등으로 구성되어 있다. 하나의 상가에서 판매하는 제품군의 수가 가장 다양한 상가로서 시장 조사 시 반드시 돌아볼 필요가 있는 상가이다.

또한 최근 들어 남성복시장에 뛰어든 스튜디오W는 유통의 트렌드 변화를 적극적으로 수용하려는 자세가 아주 돋보이는 상가로서, 전통적인 베이비부머 여성복시장에서 과감히 MD 변화를 시도하여 1층과 2층에는 X세대를 타깃으로 여성복으로

▲ 데님소재의 컨템포러리 캐주얼

변신하여 누존과 디자이너클럽에 과감히 도전장을 내밀었고, 3층과 4층에는 남성복으로 MD를 개편하여 누존과 남평화시장에 당당히 도전장을 내밀어 앞으로의 행보에 관심을 기울일 필요가 있다. 더군다나 과거 남성복 층이었던 5층에 고도몰에서 운영하는 위스토어(온라인 쇼핑몰 창업센터)를 런칭하여 새로운 도약을 위한 인프라를 구축하고 있다.

남성복시장에서 있는 듯 없는 듯 무심한 상가가 바로 남평화시장이나, 이들의 존재감은 누존에 비하여 절대 뒤떨어지지 않는다. 남평화 2층은 남녀 니트 의류를 중심으로 남성복과 여성복이 혼재하여 판매되고 있으며, 3층은 청바지와 기본 티셔츠 중심의 남성복을 판매하고 있다. 남성복에서 원도매급 상인이 가장 많은 곳이 남평화시장으로, 천연가죽으로 생산된 가방시장으로 유명하나 남성복 또한 절대 이에 뒤지지 않는 상가라고 이야기 할 수 있다.

블랙바이블 이전 버전에서는 언급하지 않았으나, 또 다른 남성복 도매시장의 강자가 하나 더 있다. 아는 사람만 안다고 하는 통일상가이다. 예전에는 아저씨 남성복으로 철 지난 디자인에 우중충한 컬러를 주력으로 베이비부머세대에게 저가로 공략하였다면, 이제는 2층과 3층에 온라인유통에 적합한 트렌드를 반영하며 여전히 저가의 제품으로 재무장하였다.

동대문이라고 말하면 머릿속에 떠오르는 이미지가 기본티와 청바지로 각인된 '캐주얼' 제품이다. 제품의 원가를 낮추기 위해 다이마루 원단을 사용하여 디테일이 거의 없는 기본티, 그리고 슬림핏의 셔츠, 데님 청바지가 메인 아이템이다. 이들 상품은 누존 3층의 남성복존과 남평화시장 2층과 3층에서 주로 판매되고 있는데, 최근 스튜디오W에서 3층과 4층에 남성복존을 런칭하여 사입시장의 선택의 폭을 넓혀 주고 있다. 한 가지 특이점은 누존과 스튜디오W에서는 매장 VMD(Visual Merchandising) 구성과 디스플레이(Display)를 보기 좋게 정리하여 제품들이 한눈에 쏙쏙 들어오는 편이나 남평화시장의 경우는 제품들을 디스플레이 하였다기보다는 그냥 쌓아 놓은 경우가 많아 사입 시 고도의(?) 주의가 필요한 편이다. 하지만 VMD나 디스플레이에 투자하는 비용, 그리고 타상가보다 저렴한 매장비는 고정비와 변동비를 줄여 주는 요소로 작용하여 제품의 단가를 낮출 수 있는 중요한 요소로 작용한다.

누존, 스튜디오W, 남평화시장과는 달리 유어스 3층과 apM 4~5층에서 판매하고 있는 아이템들은 기본티라고 말하기에는 디자인적인 요소가 많이 가미되어 있다. 코디네이션 제품으로도 훌륭하지만 단품 그 자체만으로도 제품의 완성도를 높이고 있다고 할 수 있다. 당연히 디자인과 디테일의 완성도가 높은 만큼 가격 또한 만만치 않은 시장이다.

■ 남성복의 자존심 : 수트

동대문 남성복시장에서 가장 핫한 아이템으로 '수트(Suit)'를 빼놓을 수 없다. 수트는 두 가지로 디테일하게 세분화하여 이야기 할 수 있는데, 누존 3층에서 판매되고 있는 수트류는 25세를 기준으로 25~35세까지의 직장 남성을 타깃으로 생산/판매하는 '비즈니스 캐주얼(Business Casual)'이다. 누존의 경우는 남성 정장과 캐주얼의 중간 틈새를 공략하여 직장 남성들에게 직장 안팎에서 온/오프 동시 착용이 가능한 제품들로 스타일, 품질, 가격 등에서 만족도 높은 제품을 공급하고 있다.

3층에 들어서면 경쟁 상가라고 얘기할 수 있는 apM과 유어스와는 제품의 디자인과 구성에서 확연한 차이를 보인다. 제일 먼저 눈에 띄는 것이 제품의 디자인이 트렌디(Trendy)하다기 보다는 기본물에 가까운 베이직(Basic)한 스타일들이며, 컬러 구성 또한 apM과 유어스에서 보이는 화려하고 톡톡 튀는 듯한 컬러보다 차분하고 안정적으로 보이는 블랙과 그레이, 그리고 연베이지의 제품들이 주를 이룬다. 이는 25~35세의 직장인이라는 타깃의 특성을 고려한 점과 주요 사입자들이 온라인보다는 지방 사입자들로 이루어진 누존의 입장이 반영되었다고 볼 수 있다. 최근 들어 경기 불안정에 계절적인 요인까지 겹쳐 지방 사입자들이 눈에 띄게 줄어들어 시장의 분위기가 많이 가라앉아 있음을 느낀다.

이에 반해 apM은 6~7층을 중심으로 트렌디한 영캐주얼 제품이 판매되고 있는데, 25세 미만의 소비자를 주요 타깃으로 획일화된 기성복시장의 디자인에 염증을 느낀 소비자들에게 자신만의 스타일을 보여 줄 수 있는 캐릭터 캐주얼(Character Casual) 디자인을 제안하고 아이템 간의 믹스매치 코디네이션을 강화한 것이 특징이다. 기존의 코데즈 컴바인과 같은 브랜드 제품들과 비교하여 뒤쳐지지 않는 우수한 디자인과 품질을 선보이고 있으나 가격 또한 그에 못지않다.

특히 apM은 남성복의 경우, 단일 도매상가로서는 최대의 규모를 자랑하는 시장이다. 2011년 리뉴얼을 통하여 4층부터 7층까지 무려 4개 층을 남성복에 할애한 apM은 각 층별 MD가 비록 남성복이라고 하더라도 아이템의 차이점을 가지는 상가이다. 6층과 7층에서 캐릭터 캐주얼을 선보이고 있다면, 4층과 5층에서는 누존에서 판매하고 있는 비즈니스 캐주얼과 남평화시장에서 판매하고 있는 기본 아이템(베이직한 티셔츠와 청바지류)에서 디테일을 강화하여 디자인적인 완성도를 높여서 생산하고 있다. 하지만 유어스는 남성복으로 분류가 되었던 3층을 오히려 2010년도 리뉴얼에서 반으로 쪼개어 남성복의 포지션을 반으로 줄여버려, 한때 남성복을 판매하던 도매 판매자들의 대거 이탈이 생기기도 하였다. 그러나 apM에 비하여 뒤처지지 않는 제품의 디자인과 완성도를 보여주었고 가격적인 면에서 apM보다 저렴한 정책을 유지하여, 비록 규모면에서 apM에 뒤처지나 남성복 사입자들에게는 여전히 중요한 시장으로 자리매김하고 있다.

▲ 화려한 비상을 꿈꾸는 남성복 도매시장, apM

■ 스트릿룩 : 스케이트보드, 힙합, 우라하라

스트릿룩은 누존 6층의 멀티존과 벨포스트 3층의 멀티존, 그리고 제일평화시장 3층으로 특화되어 발전하여 왔으나 제일평화시장 3층의 경우는 제품군의 수가 너무 적고 제한적이며 소매와 병행을 하는 판매 전략때문에 전문 사입자들에게 환영받지 못하고 있으며, 광희시장은 3~6층까지 리뉴얼을 통하여 남성복을 퇴출시켜 버려 그나마 스튜디오W 3~4층이 대안이라고 할 수 있다.

누존 6층의 멀티존은 베이직한 제품들보다는 스타일리시한 제품들로 구성되어 있다. 멀티존이라는 이름답게 트렌디한 남성복들과 함께 스트릿룩, 스포츠웨어 그리고 일명 카피(Copy)라고 부르는-브랜드 제품에서 모티프(Motif)를 차용하여 디자인한 제품-것들까지 다양한 제품들을 볼 수 있다.

유사한 분위기의 시장으로 스튜디오W 3~4층이 있다. 굳이 차이를 말하자면 스튜디오W 3~4층은 스트릿룩을 중심으로 밀리터리, 힙합, 니뽄(Nippon)간지의 제품들 위주라고 한다면 누존 6층은 댄디한 스타일의 남성복을 중심으로 여러 가지 콘셉트의 제품들이 혼재되어 있다. 스튜디오W 3~4층과 더불어 다양한 스타일의 보고(寶庫)라고 할 수 있다.

스트릿룩은 한마디로 이야기하기가 애매한 부분이 있는데, 범위도 방대하고 스타일(Style)과 문화(Culture)를 콕 짚어서 말하기가 어렵기 때문이다. 그래서 보통의 경우 국내에서 스트릿룩이라고 할 때 '스케이트보드(Skate Board)'와 '힙합(Hip Hop)', 그리고 '우라하라(Urahara)' 3가지로 압축하여 이야기한다. 최근에는 이 세 가지 룩이 혼재되어 딱히 어떤 룩이 "이것이다."라고 말하기에도 모호한 점이 있다. 각 스타일에 오랫동안 충성도 높은 소비자로 존재하였던 마니아층은 최근의 스타일을 "자유(Freedom)"라고 이야기할 수 있는 진정한 스트릿룩 정신(Spirit)이 없다. 라고 생각할 수 있지만 시작점이야 어떻든 남들과 다른 나를 원하는 소비자들의 욕구(Wants)는 똑같다. 그러면 구분하기가 애매한 점이 있다는 것을 인정하고 나름대로 각 스타일에 대하여 정리해 보도록 하자.

① '스케이트보드 스타일'이라고 하면, 문자 그대로 스케이트보드를 즐기는 사람들의 스타일이다. 스트릿 문화를 이끌어 가는 대표적인 인물들이라 할 수 있다. 기본적으로 여름철엔 스케이트보드를 타고 추운 겨울철에는 스노우보드를 타는 사람들이기 때문에 스타일과 함께 기능적인 면을 중시한다. 활동성과 견고함을 동시에 지닌 바지와 쿠셔닝이 있고 내구성이 강한 아웃솔을 가진 신발이 핵심이다. 이 때문에 데님(Denim)은 살짝 루즈한 핏(Loose Fit)을 선호하고 아예 짧은 7부 크롭 팬츠를

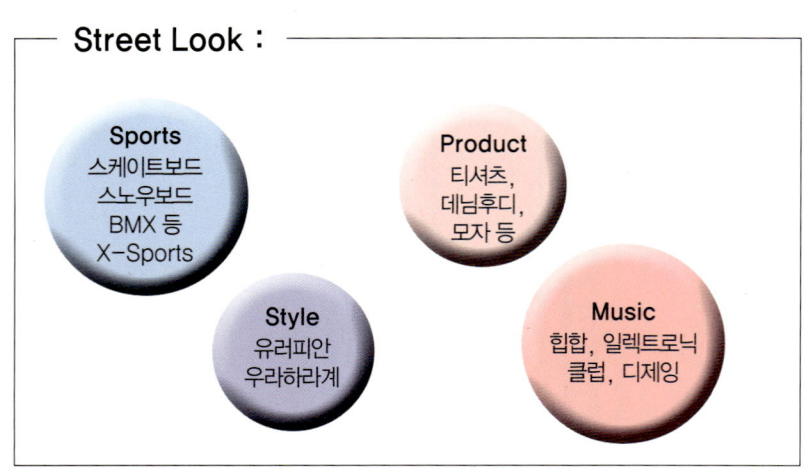

입기도 한다. 또 신발은 기능적인 면을 위해 다소 투박한 느낌의 디자인이 특징이지만 그것이 스케이트보드룩의 핵심이자 멋이다. 최근에는 과감히 기능을 포기하고 스타일만 추구하는 논스케이트(Non-Skate) 아이템들도 나오고 있다.

② **스트릿 문화를 이야기 할 때 빼놓을 수 없는 '힙합'이 있다.** 스케이트보드가 전통적으로 백인들을 위한 스포츠이며 그들을 위한 문화로 시작되었다고 한다면, 힙합은 흑인들을 베이스로 출발한 것이다. 과거 1990년대 처음 힙합이 국내에 도입되었을 때의 힙합룩은 빅사이즈 또는 레이어드(Layered)와는 차원이 다른 '주섬주섬 걸쳐 입은' 듯한 스타일에서 출발하였는데, 최근에는 블링블링(Bling Bling)한 럭셔리 콘셉트로 스타일의 변화를 추구하고 있다.

③ **'우라하라(Urahara) 스타일'이란 쉽게 말하여 '니쁜 스타일'이라고 할 수 있다.** 일본 도쿄의 패션 핫스팟인 하라주쿠 뒷골목의 패션거리를 '우라하라'라고 부르며, 그곳에서 발견되는 스타일을 '우라하라계'라고 쉽게 표현한다. 힙합과 스케이트보드룩에 일본 특유의 절개선이 독특하며 강한 원색이 믹스매치(Mix Match)된 스타일로 니쁜류이지만 유러피안 감성이 살아나는 특성이 있다고 이야기할 수 있다.[28]

28) 자료 출처 : 패션비즈, 2011년 1월호 인용

■ **남성복의 상권 지도**

동대문 패션 도매시장에서 남성복 분포는 다음과 같다. 남성복시장을 가격 분포 기준으로 다음과 같이 apM과 유어스를 고가시장으로, 누존, 남평화, 스튜디오W, 에리어6을 저가시장으로 나누게 된다. 이 시장들을 아이템 기준으로 다시 분류한다면 캐주얼 남성복시장은 누존 3층, 남평화 3층, 스튜디오W 3층으로 구분하며, 남성복 수트 시장은 apM 6~7층, 유어스 3층, 누존 3층으로 나눌 수 있다. 마지막으로 스트릿룩은 누존 6층, 벨포스트 3층, 스튜디오W 4층으로 구분된다.

고가시장으로 분류할 수 있는 apM은 트렌드와 디자인, 그리고 품질에 있어서 가장 뛰어난 시장이나 판매 가격 또한 제일 높은 시장으로서 사입 시 쇼핑몰의 콘셉트와 제품군 구성에 있어서 신중하게 고려해야 한다. apM은 규모면에서도 동대문시장에서 단일 남성복 상가로서 4층부터 7층까지로 가장 크다고 하겠다. 이에 비해 유어스는 apM에 견줄 수 있는 유일한 상가이나, 규모면에서 apM 시장의 반 정도, 약 2개 층에 해당하므로 다양한 제품군을 볼 수 없는 것이 단점이다.

이들 고가시장에 반해 저가시장 중에서 대장주라고 할 수 있는 누존은 3층과 6층에서 다양한 콘셉트의 제품을 보여 주고 있다. 3층에서 비즈니스 캐주얼 수트와 함께 다이마루 기본물, 슬림핏의 셔츠, 청바지 등은 지방 사입자들뿐만 아니라, 온라인 사업자들에게 필수 코스가 되었다. 이와 함께 6층의 멀티존에서 판매되는 수입 의류와 스트릿룩은 쇼핑몰의 콘셉트를 특화시킬 수 있는 아이템으로 사입자들에게 훌륭한 사입처가 되고 있다. 하지만 저가시장이라고 하더라도 누존은 타상가에 비하여 가격이 비싼편에 속한다. 물론 이들 시장에서 판매되는 다양한 제품의 가격을 절대적 기준으로 '높다 또는 낮다'라고 이야기하는 것 자체가 모순이 존재하므로, '비슷한 디자인과 품질을 기준으로 하나의 상품을 비교한다면'이라는 전제를 두고 시장 조사에 임해야 한다.

▲ 남성복 도매 상권

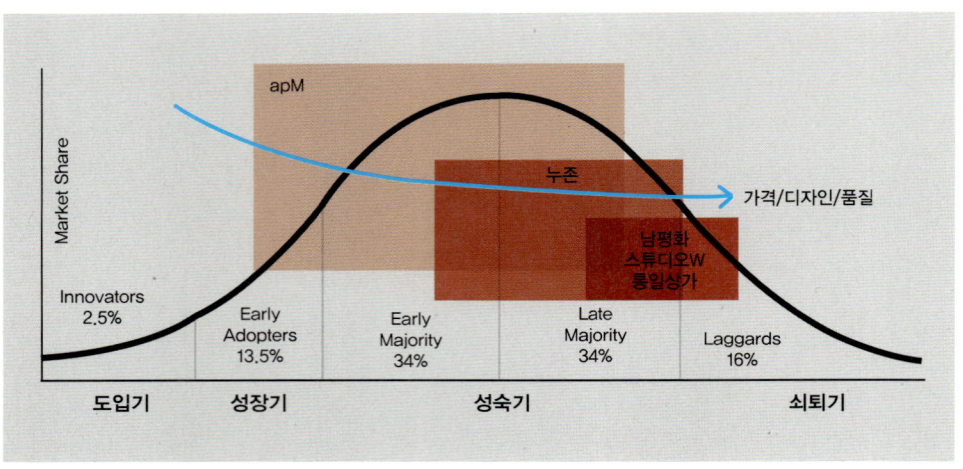

▲ 남성복시장의 트렌드 분포도

[남성복 고가시장 비교]

상가명	apM	누존
영업 시간	pm 9:00~am 6:00	pm 8:00~ am 6:00
영업 방법	도매	도매
디자인 완성도	상중	중
홈페이지	apm-korea.com	nuzzon.co.kr
전화	02-2250-1600	02-6366-3110
상가 분위기	• 4층부터 7층까지 남성복이며, 4층/5층에서 디테일이 강한 캐주얼 아이템을 볼 수 있으며, 6층과 7층에서 캐릭터 캐주얼 수트를 볼 수 있음. • 현재 동대문 남성복시장에서 가장 핫한 상가이며 트렌드와 디자인 그리고 품질까지 가장 우수한 상품을 판매하고 있음.	3층 남성복존과 6층멀티존으로 나누어져 있음.

[남성복 저가시장 비교]

상가명	남평화	스튜디오W	통일상가
영업 시간	pm 8:00~am 11:00	pm 8:30~am 6:00	pm 9:00~am 5:00
영업 방법	도매	도매	도매
디자인 완성도	중	중하	
홈페이지	namph.com	없음	없음
전화	02-2237-0620	02-2230-7000	02-2275-2345
상가 분위기	중저가 위주의 남성복을 판매하고 있으며, 청바지가 강세	최근에 남성복을 리뉴얼하여 운영중이나 아직 활성화되지 않았음.	베이비부머세대를 타깃으로 저가제품을 판매하였으나, 최근 넷세대 타깃으로 전환함.

어린이 수는 줄고 있지만, 어린이 시장은 불황을 모른다. 오히려 점점 확대되고 있다.

7 동대문보다 남대문 : 아동복 시장

0세에서 14세에 해당하는 영/유아, 아동을 포함한 어린이 인구는 전 세계 인구의 약 30%를 차지하고 있다. UN 조사에 따르면 전 세계 어린이 인구 비율은 2000년에 전 세계 인구의 30.1%를 차지하고 있지만, 2050년에 이르면 20.1%로 점유율이 크게 낮아질 전망이다. 현재 우리나라의 출산율은 2015년에 1.25명으로 조사에 참여한 224개국 중 219위를 기록해 충격을 주고 있다. 국내의 통계청 조사에서도 14세 이하 국내 어린이 인구는 2010년 790만 명으로 지난 1980년 1,300만 명, 1990년의 1,097만 명, 2000년 990만 명으로 지속적으로 감소하고 있어서, 한국의 경우 2010년도 기준으로 어린이 비중은 15.8%이나, 2050년에는 13.8%로 낮아질 것으로 예측된다.

하지만 이와는 대조적으로 풍요롭고 소비 지향적인 사회 분위기와 출산율 감소와 함께 맞벌이 부부의 증가세에 힘입어 전 세계적으로 어린이시장은 급팽창하고 있다. 저출산으로 인해 아이를 하나만 낳는 젊은 부모들이 자녀의 패션에 아끼지 않는 투자를 하기 때문이란 분석이다. 특히 '신상맘'이라는 용어가 등장할 정도로 자녀의 패션에 민감한 젊은 엄마들은 아동복 최고의 소비자로 등극하여 아동복 패션시장에 막강한 파워를 보이고 있으며, 최근에는 이러한 분위기에 발맞추어 랄프로렌, 폴스미스, 랑방, 스텔라메카트니, 마크제이콥스 등 수입 브랜드 제품의 런칭이 이어지고 있으며 시장 점유율을 점차 높여 나가고 있다. 최근의 이러한 수입 아동복 브랜드는 브랜드 네임과 이미지를 고스란히 옮긴 럭셔리 아동복을 런칭하여 매출 다변화 유도 및 브랜드 성장을 가속화시키고 있는데, 무엇보다도 아동복 라인을 통해 기존의 충실한 고객의 자녀를 새로운 고객으로 끌어오고, 미래의 잠재 고객으로 연결시키고자 하는 전략으로 내다볼 수 있다.

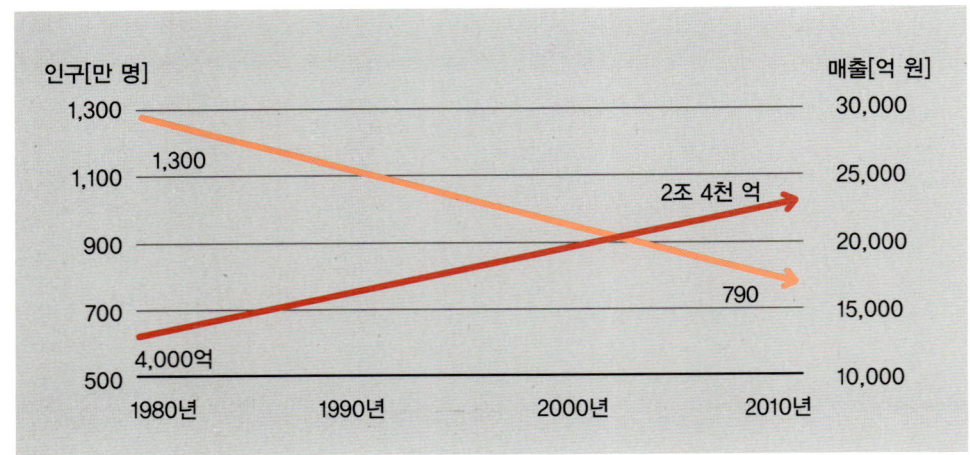

▲ 아동복 인구 변화에 따른 매출 변화

이 같은 아동복 시장의 결정적 변화 요인으로는

첫째, 인구 구조와 사회의 변화를 이야기 할 수 있다.

최근 들어 싱글족이 20년 전 대비 12배 이상 상승하여 혼인율 저하와 함께 출산율 저하는 국내시장 경기의 위축이라는 결과를 가지고 왔다. 하지만 아동복시장에서는 글로벌 시장에 친숙한 새로운 부모 집단(엑스(X)세대)의 등장으로, 고소득/저출산이 자연스럽게 자녀에 대한 투자로 이어지게 되었다.

둘째, 소비자의 변화를 들 수 있다.

감성 소비화, 고급 소비화, 편의 지향, 가치 추구 등의 새로운 소비 문화를 소비자들이 받아들이게 되었다. 이는 곧 Pre-teen과 Junior 시장의 영향력을 증가시키는 원동력이 되었다.

셋째, 글로벌화되는 시장의 변화이다.

각종 유명 해외 브랜드 제품들이 국내 소비자들에게 선보여 소비 행태에 있어 질적인 변화를 가져오게 하였다. 더군다나 SPA 브랜드 갭(Gap), 자라(Zara)의 국내시장 진입도 시장의 변화에 크게 기여하였다.

[국내 아동복시장의 변화[29]]

29) 자료 출처 : 패션비즈, 2012년 5월호, '국내 매스밸류 마켓 변화 과정' 중에서 인용

태동기 1990~2000년대 중반
- 외환 위기 이후 소비 트렌드 변화
- 백화점 위주의 고급 시장과 대리점, 할인점 위주의 중저가 시장으로 양분화
- 대형 마트 신유통 채널로 부상
- 2001 아울렛 PB '유솔' 런칭(2001년), '트위키' 가격 다운+유통 다각화
- SPA 브랜드로 변화 시동(2003년)

도입기 2000년대 중반
- 대형 마트 수수료가 25% 웃돌며 로컬 브랜드의 신유통에 대한 니즈 확대
- 양극화 현상 가속화로 프리미엄 브랜드 VS 초저가 브랜드 분리
- 이랜드월드 '오후', '더데이걸' 런칭
- '유솔' 아메리칸 캐주얼 브랜드로 재런칭
- 성인 '유니클로' 런칭

성장기 2007~2010년
- 글로벌 SPA 브랜드 본격 유입(2007)
- 해외 아동 SPA 브랜드 백화점, 숍인숍 유통 전개
- '갭 키즈' 런칭(2007)
- '유니클로키즈' 런칭(2008)
- '자라 키즈' 런칭(2008)
- 'H&M 키즈' 런칭(2010)
- 이마트+신세계인터내셔널 '데이즈' 런칭(2010)

성숙기 2011~2015년
- 국내 브랜드 마트, 가두 상권 중심의 대형 매장 전개
- '코데즈컴바인 키즈' 런칭(2011)
- 롯데 GF 사업부 : 프랑스 '드팜', 미국 '짐보리' 런칭(2011)
- 이랜드월드 초저가 브랜드에서 SPA 브랜드로 변화, '유솔', '더데이걸'
- '유니클로' 베이비라인 런칭(2012)
- 한국형 SPA 브랜드 '에스핏' 런칭(2012)
- 국내 VS 해외 아동 SPA 브랜드 경쟁 시작

변화기 2015년 이후
- 매스밸류 브랜드가 단일 브랜드 개념에서 대형 매장 개념으로 변화
- 국내 진출한 해외 아동 SPA 브랜드 유통 채널 다각화 시작
- 국내 아동 브랜드 대형 매장 → 멀티숍 전개
- 이랜드월드 아동 SPA 브랜드 완성

일반적으로 아동복은 0~14세까지, 유·아동 의류를 포함하여 이야기한다. 예전에는 0~3세 baby, 4~12세 kids market으로 구분하였으나, 최근에는 Infant(0~2세), Toddler(2~4세), Kids(4~10세), Pre-teen(10~12세), Junior(13~16세)로 세분화되고 있는 추세이다. 하지만 남대문시장에서는 아직까지 아동복을 치수로만 이야기하고 있다.

대체로 아동복을 3호, 5호, 7호, 9호, 11호로 5단 구분을 하며, 13호 이상의 사이즈를 주니어라고 부른다. 1호와 3호를 Infant로 볼 수 있으며, 5호, 7호, 9호를 Toddler, 11호, 13호를 Kids로 볼 수 있다. 한국소비자보호원에 따르면 이렇게 치수로 제품을 구분하는 것은 동일한 치수로 표시된 아동복이 제조업체에 따라 치수 차이가 큰 것으로 밝혀져 남대문시장의 고질적인 문제로 남아 있다.

> 최악의 경기가 지속되었고, 우리 세대에서 이 일을 끝내려고 생각하고 있었다. 그러나 작년부터 매출이 20% 정도 신장하면서 서서히 좋아지고 있음을 느낀다. 더 이상 80년대의 호황을 바랄 수는 없겠지만, 1~2년 정도의 안정기만 가질 수 있다면 분명 기대해 볼 수 있는 성과가 나올 거라 생각한다. 올해는 제품을 수출하기 위해서 유럽, 중동, 중국 등을 다니면서 남대문의 제품을 홍보하러 다닌다. 또한 남대문 공동의 브랜드를 만들기 위해서 상가 회장들과 연합하여 경쟁이 아닌 상생의 방안을 모색하고 있는 중이다.
>
> – 남대문 탑랜드 상가 회장, 김홍민 회장과의 인터뷰 중에서

■ 아동복의 원류 : 남대문시장

동대문 시장 조사에 관한 세미나에서 가장 먼저 꺼내는 이야기는 바로 남대문시장에 관한 이야기이다. 남대문시장은 패션시장의 주력 아이템인 여성복시장을 동대문시장으로 내주어 현재는 역사의 뒤안길로 사라지는 게 아닌가 할 정도로 위축되어 있지만, 역사적으로 임진왜란 시기부터 600년을 훌쩍 뛰어 넘는 긴 세월을 지켜 온 시장이니만큼 쉽게 무너지지 않을 거라 생각한다. 또한 남대문시장만이 가지고 있는 아동복과 액세서리시장은 앞으로도 남대문시장 발전의 새로운 100년을 위한 주력 아이템이 되길 기원한다. 그렇다면 패션 유통에 있어서 남대문시장이 가지는 의미는 무엇일까?

남대문시장이 가장 경쟁력을 가지고 있는 것은 바로 액세서리시장과 아동복시장이다.

남대문 아동복시장의 경쟁력은 아직 무너지지 않아 현재도 국내 재래시장과 온라인 쇼핑몰은 물론 중국, 대만, 러시아까지 수출을 하고 있으며 최근에는 도매상가의 운영 주체인 도매 상인들의 구성원이 베이비부머세대 이전 세대인 실버세대에서 그분들의 자녀세대인 엑스(X)세대(산업화세대, 88올림픽을 보면서 자라온 세대)로 운영권을 이양하고 있다. 따라서 재래시장 위주의 오프라인시장에서 온라인시장으로 유통의 흐름이 빠르게 변화하고 있다.

그 대표적인 예로 **온라인 중도매시장이 가장 활성화되어 있는 아이템이 아동복시장이라는 점을 들 수 있다.** 많은 수의 아동복 쇼핑몰들이 온라인 중도매시장을 이용하는데, 남대문에서 샘플을 직접 사입하여 사진 촬영과 포토샵 작업 후 판매를 하는 것이 아니라, 온라인 중도매에 올려진 제품 이미지를 그대로 쇼핑몰로 가지고 와 판매를 하고 있다. 이들 온라인 중도매들은 규모가 굉장히 커져 원도매급에 해당하는 회사들도 있으므로 시장 조사 시 반드시 포함하여 조사해야 한다.

▲ 남대문 아동복 상권 지도

흔히 장사라고 표현하는데, 장사를 다른 말로 '유통'이라고 표현한다. 유통이라는 단어를 곱씹어 보자. 유통 과정을 살펴보면 유통 회사 A로부터 'A'라는 상품을 또 다른 유통 회사 B에게 넘길 때 새로운 상품인 'B'로 변형이 되어서 넘겨지는 것이 아니라, 'A' 상태 그대로 옮겨진다. 앞서도 언급한 바와 같이 이때 상품 'A'는 어떠한 부가가치도 발생하지 않지만 가격이 변화하는 것을 발견할 수 있다. 하지만 이 부분에 대하여 그 어떤 사람도 이야기하지 않는다. 분명 상품은 그대로인데, 가격은 변화하였다. 이상하지 않은가? 그렇다. 유통이란 그런 것이다. 상품에 새로운 가치가 덧붙여지지 않지만 가격은 변화하는 것, 사람들은 그것을 '유통 마진'이라고 한다.

그럼, 남대문시장의 아동복은 어떨까? 마찬가지 유통의 시작점이라고 할 수 있다. 남대문 탑랜드에서 필자가 아동복 도매 장사를 하던 시절이 있었다. 일명 구찌 손님(거래 물량이 큰 손님)은 대부분 동대문시장에서 도매 장사를 하시는 분들이었다. 일부 밀리오레나 두타에서 숍을 운영하시는 분들도 계시지만, 물량이 많지 않아 구찌 손님이라고 부르지는 않는다. 하지만 동대문에서 도매 장사를 하시는 분들은 단골 거래처와 온라인 거래처 손님들이 많아 꽤 많은 물량을 소화해 준다. 그래서 이런 동대문 아동복 중도매에게는 일반 도매 가격에서 약 10% 정도를 할인하여 판매한다. 이것은 이들 중도매상들에게 일정 마진폭을 유지시켜 주기 위한 도매들만의 불문율(?)이라고 할 수 있다. 물론 이들은 탑랜드뿐만이 아니라 부르뎅, 마마, 포키, 원, 크레용 아동복 등 다른 상가에서도 사입을 하고 있지만 제품 가격이 가장 싸고, 일반 소비자들에게 노출이 되지 않은 상품으로 판매가 되는 탑랜드를 선호하게 되었다.

그렇다면, 가격이 가장 싸고 일반 소비자들에게 상품의 노출이 되지 않았다는 말은 어떤 의미일까?

남대문 아동복 도매시장에서 제품의 품질과 디자인이 가장 좋은 상가는 마마, 포키, 부르뎅이라고 이야기할 수 있으며, 이들 세 상가들의 우선 순위를 매길 수는 없다. 비슷한 디자인과 품질을 자랑하기 때문이다. 상대적으로 탑랜드의 상품이 이들 상가에 비하여 디자인과 품질이 약간 떨어지는 면이 없지 않은데, 이는 순수 도매로 판매하는 운영 방식에서 차이가 오는 것이다.

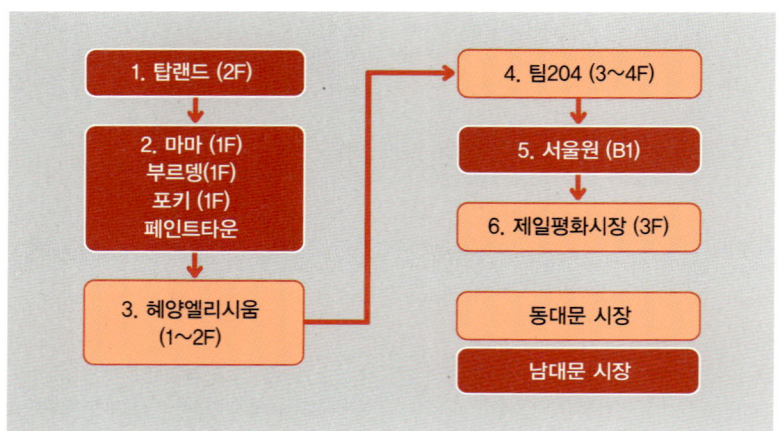

▲ 아동복 시장 조사 순서도

마마, 포키, 부르뎅, 서울원 아동복은 평소 낮 영업 시간인 오전 10시부터 오후 5시까지는 일반인들을 상대로 소매 영업을 한다. 오후 5시 마감을 마치고 밤 9시가 되면 다시 도매 영업을 시작하는데, 낮 시간에 찾아온 일반 소비자들의 입맛에 맞는 제품을 공급하기 위해서 디자인과 품질을 높일 수밖에 없는 것이다. 그럼, 가격은 어떻게 될까? 당연히 디자인을 강조하기 위해서 디테일을 강화해야 하고, 품질을 올리기 위해서 우수한 품질의 원단을 사용해야 하며, 국내에서 가공하여 박음질의 상태 또한 좋아야 일반 소비자들과 억척스러운 한국 주부들의 입맛에 맞출 수가 있는 것이다.

이렇게 소비자들에게 제품의 디자인과 가격이 노출되므로-도매 가격의 두 배로 소매 판매를 하고 있음-이들에게서 제품을 사입하여 판매를 하는 사입자의 처지도 쉽지는 않다. 경우에 따라서는 도매가에 가까운 가격으로 미끼 상품을 판매하기도 해야 하며, 때로는 두 배 이상의 마진을 붙여 재미를 보는 아이템도 있어야 하지만 소비자들이 도매상에서 직접 구매가 가능한 관계로 가격이 훤히 노출되어 있기 때문에 판매에 어려움이 따르는 것이다.

◀ 남대문 아동복 도매 상가의 디스플레이

이는 유통에 있어서 상당히 심각한 사태를 유발할 수 있다. 컴퓨터라는 아이템으로 한때 최고의 주가를 올렸던 "용산 전자 상가"의 붕괴를 보면 알 수 있다. 일반 소비자들이 직접 컴퓨터를 조립하기 시작하면서, 도매 가격이 소비자들에게 노출되었고 이는 도매상들로 하여금 너도 나도 최저가를 외치며 가격 경쟁에 불을 붙여 놓게 되었다. 그래서 한때 철옹성 같던 용산 전자 상가도 하루아침에 이름만 남은 상가로 전락하게 된 것이다. 용산 전자 상가의 예처럼, 지금 남대문 도매시장은 조금이라도 매출을 더 올리기 위해서 소매와 도매를 병행하여 판매하는 전략을 구사하고 있지만, 이러한 전략은 차후 도매 시장 붕괴라는 무서운 결과를 초래할 수 있으므로 주의 깊게 전략을 조정할 필요가 있다. 이런 시점에서 남대문 아동복 도매시장에서 유일하게 밤시장 도매 영업만 하는 상가가 바로 탑랜드인 것이다.

위에서 이야기하였듯이 마마, 포키, 부르뎅에 비하여 탑랜드 제품의 질이 떨어진다는 말의 의미는 디테일도 없고, 저급 원단을 사용하며, 중국에서 날림으로 제품을 제작하여 판매한다는 것이 아니다. 상대적인 의미에서 제품을 비교하였을 때의 이야기이며, 유통 구조적으로 도매와 소매 판매를 병행하는 상가와 유일하게 도매 전문으로 판매하는 탑랜드와의 차이점은 분명히 인식하고 넘어가야 하는 것이다.

패션쇼핑몰 창업을 위한 사입의 비밀

◀ 남대문 아동복 도매상가 탑랜드 2층으로 통하는 입구

[남대문 아동복 상가 비교]

상가명	서울원	부르뎅	마마	포키	크레용	탑랜드
영업 시간	소매영업 : am 10:00 ~ pm 5:00 / 도매영업 : pm 9:00 ~ am 5:00					pm 9:00 ~ am 5:00
영업 방법	도/소매 병행운영					도매
디자인	중/하	중/상	중/상	중/상	중/상	중
홈페이지	http://www.wonchild.co.kr/	http://www.burdeng.co.kr/	http://www.mamachild.co.kr/	http://www.porkykid.co.kr/	http://www.crayonchildren.co.kr	http://www.seoultopland.co.kr/
전화	02-757-6493 02-771-0325	02-755-5737	02-1544-8020	02-755-2154	02-3789-9092	02-774-9034
상가 분위기	삼익타운 지하층에 위치, 전체적으로 분위기가 많이 다운 되어 있음.	주말과 휴일에 자녀들의 옷을 사입이 아닌 소비를 하려는 일반소비자들로 시장의 분위기는 가장 좋음. 하지만 소매와 도매를 병행 판매하여 디자인과 품질은 좋지만, 상대적으로 가격이 높은 편임.				유일하게 도매로만 판매를 하며, 자유수 입상가 2층에 위치

남대문시장에서 운영 중인 아동복 매장은 1,000여 개. 지난해까지 마마아동복, 부르뎅아동복, 크레용아동복, 포키아동복, 원아동복, 탑랜드까지 모두 6개 아동복 상가가 운영됐지만 지난 2016년 1월 새로운 아동복 상가 페인트타운이 문을 열었다. 페인트타운은 당초 동대문의 숙녀복 위주 도매상가였다. 하지만 남대문시장 아동복이 각광받으면서 통째로 남대문으로 옮겨왔다. 최형우 페인트타운 상인회 회장은 "한때 남대문시장은 동대문에 밀려 도매 기능이 거의 남아 있지 않았다."며 "젊은 상인 위주로 아동복 시장을 역동적으로 새로 키워보자는 마음으로 올해 새롭게 상가를 열었다."고 말했다.[30]

30) 매일경제 2016년 3월 14일 보도자료 인용

페인트타운은 1층에서 5층까지이나 2016년 3월 현재 4층까지만 운영되고 있다. 동대문아동복에서 볼 수 있는 세련된 디자인과 감각이 느껴지며, 필자가 예전에 수제화 디자이너로 활동할 당시 같이 활동한 여성복 디자이너가 아동복 디자이너로 변신하여 3층에 자리 잡고 있어서, 왠지 발전이 기대가 되는 상가이다.

◀ 새롭게 오픈한 아동복 도매시장 페인트타운

> 남대문시장의 분위기는 과거 80년대, 90년대의 국내시장과 전통 재래시장을 타깃으로 형성이 된 것이다. 따라서 시장 제품의 콘셉트에서 제한적인 느낌을 받는다.
>
> 국내외 유수 브랜드들의 아동복 런칭이 줄을 잇고 있다. 더군다나 연령대도 점점 어려지고 있으며, 아동틱한 주니어 콘셉트에서 성인복 느낌의 주니어 쪽으로 제품이 이동하고 있는 추세이다.
>
> – 패션 인사이트, 장영실 기자와의 인터뷰 중에서

■ 아동복시장의 플랜B : 동대문시장

최근 수년 간 해외 아동복 디자인의 화두는 '미니미룩(Mini Me Look)'[31]이다. 아동복에서 '미니미룩' 디자인은 부모가 입는 옷과 비슷한 디자인 의상을 아이 사이즈로 줄여 만드는 것을 일컫는다. 업계의 관계자는 "아동복을 구매하는 소비자들이 30~40대의 주부층인데, 이들의 패션 감도가 높아진 만큼 키즈마켓이 변화하고 있다."며 알록달록한 원색을 써서 아동용 의류임이 확연하게 드러나는 디자인보다는 성인용 의상의 유행을 아동복에서도 따르는 경향이다. 국내 아동복 브랜드도 유사하다.

성인복과 동일한 상품의 사이즈를 축소해 내놓기 때문에 기획 기간이 짧은 것이 장점인데, 꾸미지 않은 듯 자연스러운 매력이 드러나게 디자인하여 '작은 어른' 같은 느낌을 주는 아동복이 유행을 타고 있다. 회색, 흰색, 감청색 등의 차분한 기본 색상에 오렌지나 파스텔 색상으로 포인트를 주는 패션 디자인은 성인복의 트렌드와 다름없는 모양새이다. 이는 자연스럽게 패밀리룩(Family Look)으로 제품의 라인을 확장해 주고 있다.

패밀리룩은 아이와 함께 엄마와 아빠, 온가족이 입을 수 있는 제품을 일컫는데, 우리나라에서는 아직 도입 단계이며, 패밀리룩의 앞선 트렌드를 보이는 가까운 일본과는 확연한 차이를 보이고 있다.

패션으로 패밀리룩이 완성되기 위해서는 특정 이벤트 Day, 아이들의 생일 또는 가족 행사 등에만 잠시 입고 벗어 놓는 옷이 아니라, 평상시 아이들과 감성을 공유할 수 있도록 엄마와 아빠가 함께 제품을 착용할 수 있도록 하는 것이 중요하다. 하지만 우리나라의 패밀리룩은 아직까지 디자인과 소재를 통일하는 1세대 또는 2세대에 속한다고 할 수 있다.

일부 여성복 상가(apM, 유어스)에서 3세대 패밀리룩을 시도하고 있으나 아직 활성화되지 못하고 있는 실정이며, 남대문시장과 동대문시장의 아동복상가에서는 패밀리룩에 대한 관심을 가지고 있지 못하지만 조만간 시장의 볼륨(Volume)이 커질 것으로 기대한다.

[패밀리룩 분류표]

1세대 : 디자인 통일	2세대 : 소재 통일	3세대 : 감성 통일
부모와 자녀의 디자인을 동일하게 적용	부모와 자녀의 소재를 동일하게 적용	부모와 자녀의 감성을 동일하게 적용

▲ 일본의 패밀리룩-엄마와 딸

---

[31] 1980년대 경제부흥기 이후에 본격적으로 패밀리룩의 개념이 나타나기 시작하였다. 하지만 그 시절의 패밀리룩은 아동복을 '사이즈 늘림'하여 성인들이 입는 형태였다. 예를 들어, 아이가 좋아하는 미키마우스 캐릭터의 티셔츠 사이즈를 키워 엄마와 아빠가 입었다. 하지만 현재의 패밀리룩 또는 미니미룩은 성인복을 '사이즈 줄임'하는데 소재와 디자인을 똑같이 쓰지는 않는다. 단지 부모와 아이들이 감성을 공유할 수 있는 디자인을 선호하는 것이다.

◀ 일본의 패밀리룩-오누이

또한 팀204도 경쟁력을 잃은 여성복을 버리고, 지하 1층을 제외한 전 층을 2012년 여름 시즌에 리뉴얼하였다. 신발 상가라고 이야기하기에는 뭔가 부족함이 많았던 팀204지만 1층에 신발 상가 C동의 선수급 원도매집들을 일부 런칭하면서 신발 상가로서의 위용을 갖추게 되었고, 무엇보다 운영이 되지 않던 3층과 4층을 리뉴얼하여 아동복을 런칭하였다. 현재는 3층만 아동복 시장으로 운영되며, 동대문시장에서 유일한 아동복상가인 혜양엘리시움의 대안이 되고 있으며 제품의 품질 또한 남대문시장의 부르뎅, 마마, 포키에 뒤쳐지지 않는다. 디자인적인 면에서는 도전적인 디자인으로 새롭게 선보이는 제품들이 다채롭게 꾸며져 있다는 점에서 혜양엘리시움과는 차별화하였다고 이야기할 수 있다.

물론 팀204에도 혜양엘리시움과 마찬가지로 남대문시장에서 제품을 사입한 중도매가 없지는 않다. 하지만 사입자들이 혜양엘리시움과 팀204의 중요성을 인식해야 하는 부분은 이들 중도매들이 판매하고 있는 아이템들과 이들 아이템들을 초이스하는 '눈(Eyes)'이다. 이들은 남대문시장에 퍼져 있는 아이템들 중에서 최종 소비자들의 니즈에 맞는 제품들로 맞춤 사입한다는 것이다. 이는 나에게 부족한 프로들의 제품에 대한 안목을 대신해 주는 것으로, 초보 사입자의 경우는 남대문보다 오히려 팀204와 혜양엘리시움에서의 사입을 권하고 싶은 심정이며, 설사 경험이 있는 사입자라고 하더라도 이쪽이 남대문시장보다 콘셉트 정리가 잘 되어 있으므로 사입 전(前) 시장 조사 차원에서 반드시 돌아보아야 할 필수 코스이다.

[동대문 아동복 상가 비교]

상가명	혜양엘리시움	팀204
영업 시간	pm 8:30~am 5:00	pm 8:00~am 6:00
영업 방법	도매 판매	도매 판매
디자인	중	중
홈페이지	없음	없음
전화	2250-1114	2254-4266~7
상가 분위기	1층의 여성복을 아동복으로 MD를 개편하면서 활기를 찾고 있음.	2012년 여름 휴가를 통해 지하층을 제외한 1층부터 4층까지 리뉴얼 실시, 아동복과 여성화를 주력 아이템으로 변화를 시도함.

국·내외 표준 사이즈표

아동복의 경우 보세상품과 브랜드 상품, 그리고 내수 상품과 수입 상품의 사이즈 표기에 차이가 있어서 판매 시 소비자 상담에 어려움이 발생한다. 아래의 표는 국내에서 표준으로 사용되는 사이즈표와 해외에서 통용되는 사이즈표이다. 이베이(www.ebay.com)나 아마존(www.amazon.com)과 같은 글로벌 사이트에 적용 가능하다. 국내에서는 1~3호를 베이비(유아복) 사이즈, 5호~9호는 토들러 또는 키즈 사이즈(일반적으로 이야기하는 아동복)이며, 11~13호를 주니어 사이즈라고 이야기한다. 15호 이상은 성인복을 입어야 한다.

[국내 유아복 사이즈표]

Size	연령	몸무게(kg)
70~75	0~6개월	3~8kg
80~85	6~12개월	8~10kg
90~95	12~24개월	10~14kg
100	24~36개월	14~16kg
110	36~48개월	16~18kg

[국내 아동복 : 남아 표준 사이즈표]

Size	연령	키	허리둘레	가슴둘레	몸무게
3M호(2호)	돌 이전	78cm	49cm	50cm	11kg
3호(4호)	1~2세	95cm	51cm	54cm	15kg
5호(6호)	3~4세	110cm	53cm	57cm	18kg
7호(8호)	5~6세	120cm	56cm	60cm	23kg
9호(10호)	7~8세	130cm	58cm	64cm	27kg
11호(12호)	9~10세	140cm	61cm	68cm	33kg
13호	11~12세	152cm	64cm	73cm	42kg
15호	13~14세	164cm	66cm	80cm	52kg

[국내 아동복 : 여아 표준 사이즈표]

Size	연령	키	허리둘레	가슴둘레	몸무게
3M호(2호)	돌 이전	76cm	47cm	48cm	10kg
3호(4호)	1~2세	93cm	49cm	52cm	14kg
5호(6호)	3~4세	110cm	51cm	55cm	18kg
7호(8호)	5~6세	120cm	54cm	58cm	22kg
9호(10호)	7~8세	130cm	56cm	62cm	26kg
11호(12호)	9~10세	140cm	59cm	66cm	32kg
13호	11~12세	150cm	62cm	72cm	41kg
15호	13~14세	155cm	64cm	76cm	49kg

[수입 유아복 사이즈표]

Size	연령	몸무게(kg)	신장
Newborn	0~3개월	3~5kg	48~58cm
3~6M	3~6개월	5~8kg	58~69cm
6~12M	6~12개월	8~10kg	69~74cm
12~18M	12~18개월	10~12kg	74~79cm
18~24M	18~24개월	12~14kg	79~84cm
2T(24M)	24개월	14~15kg	84~91cm
3T(36M)	36개월	15~16kg	91~99cm
4T(48M)	48개월	16~18kg	99~107cm

[수입 아동복 사이즈표]

구분	평균 연령	허리둘레	신장
XXS(2~3T)	만 2~3세	51~53cm	84~97cm
XS(3~4T)	만 3~4세	53~56cm	97~109cm
S(5~6)	만 5~6세	56~58cm	109~124cm
M(7~8)	만 7~8세	58~61cm	124~140cm
LG(9~10)	만 9~10세	61~64cm	140~145cm
XLG(11~12)	만 11~12세	64~66cm	145~152cm
XXLG(13~14)	만 13~14세	66~69cm	152~157cm

8 남대문 이야기

우리나라에는 규모가 크고 오랜 전통을 가진 재래시장들이 많이 있다. 남대문시장은 동대문시장과 더불어 그 중 최대급에 속하는 시장으로, 하루 30만 명에 가까운 사람이 찾는 우리나라 대표 시장 중의 하나이다. 지하철 1·4호선, 국철, KTX, 버스 정류장이 모두 모이는 서울역에 내리면 화마를 이겨내고 2013년 새로 태어난 국보 1호 숭례문을 볼 수 있다. 그 뒤쪽 블록부터 1킬로미터 남짓한 서울특별시 중구 남창동 일대(남대문로 4길 21), 1964년 10월 13일 정식 허가 이후 2012년 현재 2만 평의 대지 위에 크고 작은 100여 개의 상가와 약 1만여 개의 점포에 5만 명의 상인이 일하고 있으며, 외국인 방문자의 수가 하루에 7,000~10,000명인 국내 최대의 시장이 지금부터 이야기 하게 될 남대문시장이다.

남대문시장의 시초는 임진왜란과 병자호란 이후 남대문 밖 칠패(지금의 봉래동 일대)에 상인들이 모여 들면서 생긴 시장터이다. 이 칠패시장이 번성하여 서울 4대문 안쪽까지 확장되면서 남대문 주변의 남창동, 북창동, 회현동 등지에서 어물, 소금, 야채 등을 거래하였고, 시간이 흐르면서 남대문 밖의 칠패시장이 자연스럽게 현재 남창동 지역으로 옮겨졌다. 또한 임진왜란 후 실시된 대동법에 의거 전국의 대동미를 출납하는 선혜청이 남창동에 들어서면서, 관아의 비용이나 관리들의 녹봉으로 주어진 곡식이 인근에서 어물, 채소, 옷감 등 생필품과 거래되었다. 이리하여 남창동 일대는 자연히 주막, 도소매상, 중개상이 번창하는 저잣거리가 형성되었고, 이것이 현재 남대문시장의 전신이 되었다. 남대문시장은 조선말까지 '신창안장'이란 이름으로 불리었는데, 이는 현재 남창동 지역에 선혜청의 대동미를 보관하는 창고가 있었던 데에서 유래된 것이다.

32) 자료 출처 : 국가기록원. http://theme.archives.go.kr/next/photo/viewMain.do

◀ 남대문시장의 모습, 1977년 [32]

우리나라 재래시장의 양대 축을 이루는 동대문시장과 남대문시장, 이 두 시장은 유사점과 함께 뚜렷하게 대비되는 몇 가지 특색을 가지고 있다. 동대문시장을 주로 이용해 온 상인이나 관광객들의 경우 남대문시장을 처음 방문하면 취급 품목과 특색, 그리고 동선의 복잡함에 어리둥절해 한다. 반대로 남대문시장을 주로 이용하던 사람들은 동대문에 가면 패션 외에는 볼거리가 없다며 주요 이용객인 학생 및 청소년들과 어울리는 것을 불편해 하기도 한다.

[남대문과 동대문 액세서리 도매시장 비교]

구분	동대문시장	남대문시장
주품목	패션 제품, 그 중에서도 젊은층을 위한 제품 비중이 높음.	패션 외에도 액세서리, 식음료, 생활 잡화, 앤틱 소품, 혼수품, 꽃상가 등 다양한 제품군 존재
공정별 취급 품목	패션 제품의 원부자재부터 완제품까지 총망라	완성품의 비중이 높음. 원부자재 상권은 액세서리 재료와 포장재 등 일부에 한해 시장 생성
상권 구분	동편제/서편제로 도소매가 발달되어 있음.	명동 및 인근 백화점의 영향으로 도·소매의 상권 구분이 모호함.
타깃	트렌드나 패션 등에 민감한 젊은층이 주 타깃	역사가 오래되고 취급 품목이 다양하여 40대 이상, 재래시장 이용 고객이 주 타깃
영업 시간	낮에는 소매 상권, 밤에는 도매 상권으로 명확히 구분되어 있음.	대부분 낮(새벽부터)에 영업하고 수입 잡화, 아동복 등 일부가 밤에 영업함.
상가 규모	약 20여 개의 대규모 상가가 구획별로 잘 정리되어 있음.	소수의 대형 상가와 수십개의 중소형 상가가 혼재되어 있음.
상대적 강점	젊은층 의류 위주의 패션 제품 원단 등의 의류 원부자재	액세서리, 아동복, 식음료, 잡화 등

앞에서 설명한 바와 같이, 패션 아이템으로 특화되어 있는 동대문시장과 달리 남대문시장은 일상생활에서 사용하는 거의 모든 제품을 취급 판매하고 있다. 남대문시장에는 없는 것이 없다는 말이 있을 정도로 다양한 품목과 복잡한 동선으로 인해 남대문시장을 어느 정도 이용해 본 사람들도 시장 내 상가의 위치나 취급 품목 등에 대해서는 본인이 관심 있거나 잘 알고 있는 일부에 대해서만 파악하고 있는 경우가 대부분이다. 게다가 남대문 관련 자료는 동대문에 비하여 턱없이 부족하고 불명확하여 웹이나 인쇄물 등을 통해서도 자세한 자료를 접하기가 어렵다.

남대문시장 내 다양한 상가와 취급 품목을 구분하기는 쉽지 않다. 왜냐하면 동대문과 달리 소규모 상가가 다수 밀집해 있고 그 중에는 '○○상가'라는 간판을 버젓이 달고 있으나 점포 수는 십여 개를 조금 넘는 수준의 작은 건물도 있으며, 동일 상가 내에서도 동대문처럼 아이템이 통일되어 있지 않고 다양하게 혼재되어 있기 때문이다. 심지어는 층별로 아예 콘셉트가 완전히 다른 경우도 많다. 남정 액세서리 상가의 경우 지하 2층 수입 잡화, 지하 1층 숙녀복, 지상 1~3층 액세서리, 4~6층 액세서리 부자재이며, 대도상가의 경우 지하 건어물, 1층 패션 잡화, 2층 주얼리, 3층 혼수용품 상가 등으로 아이템 간 연관성이 전혀 없다. 그러므로 앞으로 기술하는 상가와 취급 품목의 기준, 그 이후 기술하게 될 상가별 특징 등은 필자의 개인적 분석 자료 및 의견 등을 바탕으로 구분하게 되는 바, 실제의 구분 기준 및 상가 현황 등과는 약간 다를 수도 있음을 미리 양해 부탁드리는 바이다.

남대문시장 내 상가를 취급 품목 기준으로 크게 구분하여 보면, 액세서리 상가, 수입잡화 상가, 의류 상가, 잡화 상가, 전자제품 상가, 농수산/건어물 상가, 안경 상가, 문구완구 상가, 기타 상가 등으로 나눌 수 있다. 각 품목별 상가에 대한 간략한 설명과 특징은 다음과 같다.

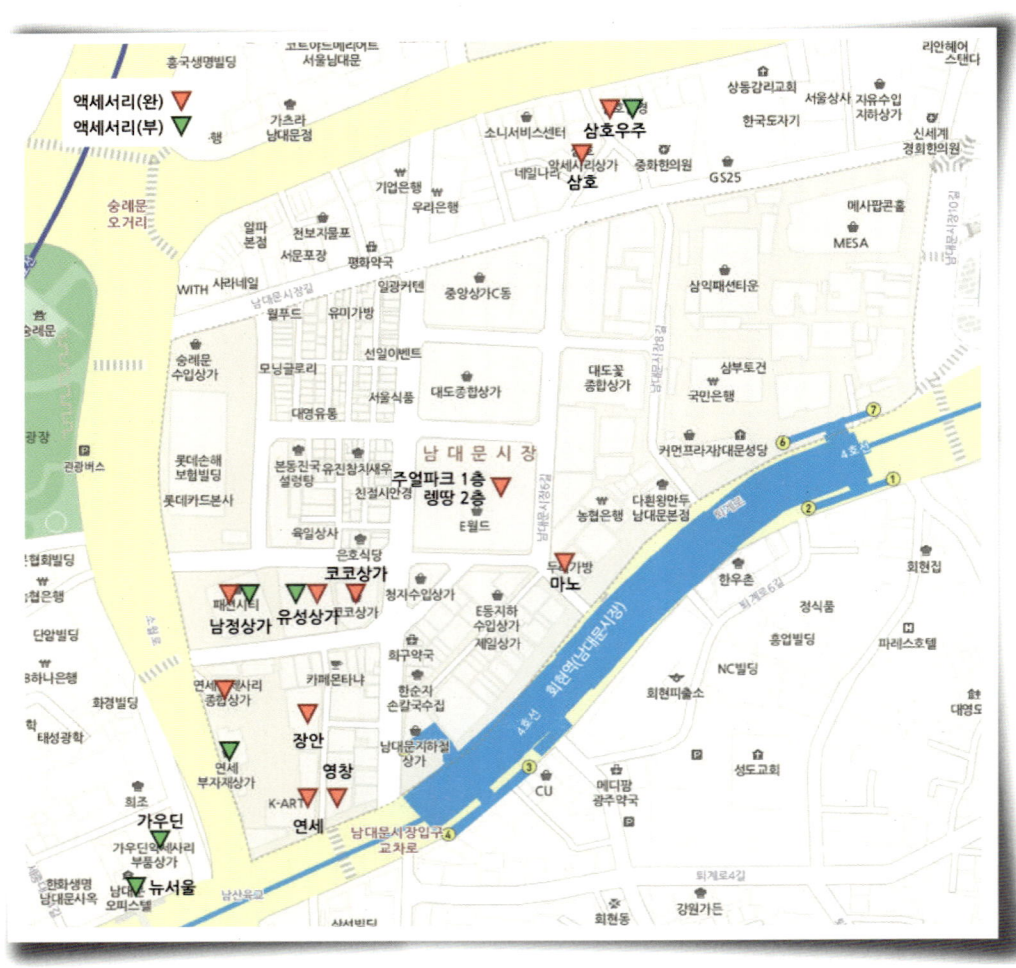

▲ 남대문 액세서리 상권

▲ 대도상가에서 내려다 본 남대문시장

① 액세서리 상가

대한민국 최대의 액세서리 시장인 남대문 액세서리 상가는 시장 중앙부인 대도상가를 중심으로 남동-북서쪽으로 길게 분포해 있으며, 시장 전체 면적의 30% 가까이를 차지하는 남대문 메인 아이템이다. 크게 12개의 액세서리 완제품 상가와 4개의 액세서리 부자재 상가로 나뉜다. 인근 독립 건물 등에서 별도 영업을 하고 있는 업체들도 상당수 있다.

먼저 액세서리 완제품 상가부터 지리적으로 구분하여 살펴보면, 회현역 인근 남동쪽에는 연세, 영창, 장안, 남정트릴리온, 유성, 코코상가가 위치해 있고, 중앙부의 대도상가 내에 주얼파크, 대도주얼리, 렝땅이 있으며, 북서쪽에는 마노, 삼호, 우주상가 등이 자리잡고 있다. 지금까지 나열한 곳에서는 일반적인 액세서리를 취급하고 있으며, 이 외에 고가 금은이나 진주 제품의 경우 삼호/우주상가 지하, 메사 지하 등에 주로 분포되어 있고, 각 액세서리 상가별로 조금씩 산재되어 있다.

액세서리 부자재 상가는 말 그대로 액세서리를 만들기 위한 재료들을 판매하는 곳으로서, 주로 남동쪽에 위치해 있다. 남정 트릴리온 4~6층, 연세 부자재, 가우딘, 뉴서울 등이 현재 영업을 하고 있고, 뉴서울 옆 씨티파크 상가는 현재 영업을 하고 있지 않다.

② 의류/잡화 상가

동대문은 대부분의 면적을 의류가 차지하고 있으나, 남대문은 앞서 설명한 바와 같이 취급하는 아이템이 워낙 다양하여 상대적으로 의류의 비중은 작다.

남대문 의류 상가는 시장 전체의 약 30% 가량을 차지하고 있다. 숙녀복과 아동복이 주류를 이루고 있고, 숙녀복은 북동쪽의 삼익패션타운과 커먼프라자, 중앙부의 대도상가와 대도아케이드 앞 골목 등을 위주로 주로 중장년층 여성을 위한 제품을 판매한다. 아동복은 액세서리와 더불어 국내 최대 규모의 단지를 이루고 있으며, 각 상가 하나하나가 브랜드를 형성하고 있다.(서울원, 마마, 포키, 부르뎅, 탑랜드 등) 역시 북동쪽의 삼익패션타운 옆쪽에 모여 있다.

의류 외 몸에 착용하는 아이템인 잡화를 취급하는 곳들은 의류/수입 상가 전반에 퍼져있으며 상가마다 아이템이 골고루 섞여 있다. 의류 잡화, 생활 잡화, 피혁 잡화 등으로 나눌 수 있다. 대도, 남도 정도가 분포 밀도가 높은 편에 속하며, 삼익패션타운 맞은 편의 자유상가는 동대문의 남평화상가와 유사한 콘셉트의 대형 가방 상가를 이루고 있다.

우리나라가 본격적인 성장의 길로 들어서기 전인 1950~1960년대 미군부대에서 흘러나온 물건들을 포함하여 다양한 외국산 제품들을 판매하였던 수입 잡화 상가는 남대문시장 전체에 광범위하게 분포되어 있으며, 중앙부의 대도상가 1층/지하 및 남동쪽의 남도상가, 숭례문 수입 상가 등에 집중되어 있다. 주요 취급 품목은 식음료품, 건강식품, 화장품 등이다.

▲ 남대문시장에서 취급하는 식음료 및 잡화 상품

③ 중규모 품목을 취급하는 상가

앞서 간략하게 살펴본 액세서리, 의류(아동복), 수입 잡화가 남대문시장 전체의 70% 이상을 차지하는 메인 아이템임에 비해, 그보다 규모는 작으나 나름대로 상가 군락을 형성하고 있는 아이템들도 다수 존재한다.

용산이나 테크노마트와 유사한 콘셉트의 전자제품 상가는 남쪽과 북쪽에 무리지어 있다. 디지털 카메라를 위시한 고가의 소형 가전제품은 서울역-명동을 관통하는 남대문로 변에, 시계, 라디오 등 소형 가전제품은 남서쪽의 남대문 상가에 주로 모여 있다. 컴퓨터 등의 중대형 전자제품이나 백색가전은 거의 취급하지 않는다.

동대문에 존재하지 않는 품목 중 하나가 농수산물이다. 남대문이 진정한 재래시장임을 증명해 주는 주요 아이템으로서 채소/곡물 등의 농산물, 수산/건어물 등을 판매하고 있으며 서쪽의 본동상가, 중앙의 대도상가 지하에 모여 있다. 인근 식당가의 수요에 맞는 농수산물이 주력 제품이고, 외국인들이 선호하는 김이나 견과류 등도 취급하고 있다. 평일 점심시간에 본동상가에 가보면 식당가, 소위 먹자골목을 가득 채운 양복 입은 직장인들과 부지런히 농수산물을 들고 나르는 상인들의 모습을 함께 볼 수 있다.

남대문 곳곳에서 볼 수 있는 또 하나의 아이템은 안경 상가. 남서쪽의 코코상가 지하 및 남대문 종합상가 3층, Gate 7/8번 소월로 횡단보도 맞은편 등에 상가가 형성되어 있고, 회현역 5번 출구 인근에 1층 대형 점포들이 밀집해 있다.

숭례문과 가장 가까운 위치인 남대문시장 북서쪽에는 남대문 내 최대 문구 상가인 알파문구와 아톰문구를 선두로 하는 문구 상가 군락이 형성되어 있으며, 인근에 지물, 포장자재, 완구, 화방용품, 선물점포 등이 모여 있다.

액세서리시장의 본류는 남대문시장이다.
하지만 동대문시장의 액세서리는 스타일(Unique)에 중점을 두는 반면,
남대문시장의 액세서리는 대중성(Commercial)에 중점을 두고 있다.

◀ 액세서리 상가의 작업 모습

■ **오랜 역사를 자랑하는 정통 액세서리 전문상가 : 연세/장안/영창**

장안 액세서리 상가는 남대문 내의 수많은 액세서리 상가 중에서 비교적 역사가 있는 상가이다. 액세서리에 관해 베테랑인 점포주나 직원이 많은 편이고, 다른 곳에 비해 내수 비중이 상대적으로 높은 편이다. 최근 연세 액세서리 상가와 통합되어 연세 부자재 상가와 함께 동일 상가로 관리되고 있다. 취급 제품의 특징으로는 곱창류, 머리끈, 머리띠 등의 중저가 헤어 액세서리 비중이 높은 편이다. 디자인은 전체적으로 무난한 편이며 가발, 리본 재료, 가죽끈 판매업체 등이 곳곳에 1~2개 점포씩 있다. 상가 바로 옆 2층에는 J-Queen이라는 대형 매장이 있다. 큐빅이나 원석 액세서리를 취급하는 회사로서 소매상이 아닌 업체나 대규모 사입자의 경우 방문해 볼 만하다.

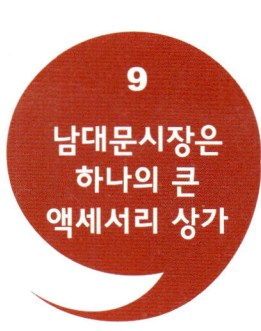

9
남대문시장은 하나의 큰 액세서리 상가

[장안 액세서리 상가]

구분	내용		
위치	퇴계로 회현역 5번 출구 인근. 영창/연세 상가와 붙어 있음.		
운영 시간	am 6:00~pm 5:00, 토/공휴일 am 6:00~pm 2:00, 일요일 휴무		
MD 구성	중저가 위주의 헤어 액세서리		
타깃 고객	아동~50대 여성		
경쟁 상가	연세, 영창		
상가 특징	비교적 역사가 있는 상가. 지하철역에서 가까움		
층	제품 비중	점포 수	점포 규모
B1	창고		
1F	공단 헤어 액세서리 50%, 큐빅 헤어 액세서리 40%, 귀걸이/목걸이/가발/팔찌/반지/기타 10%	80	소형
2F	공단 헤어 액세서리 80%, 큐빅 액세서리 10%, 핸드폰줄/리본 재료/가죽끈/기타 10%	80	소형

액세서리 제품에 대한 본 책자 내용의 용어 설명은 다음과 같다.

① **공단 헤어 액세서리** : 실크 느낌 공단이나 면, 쉬폰 등 원단으로 만든 액세서리. 리본 머리핀, 곱창, 머리끈, 머리띠 등이 주요 품목이며, 천 재질의 특성을 살려 저렴한 제품부터 비교적 고급스러운 디자인까지 다양한 범위의 제품군이 존재한다. 역사가 오래된 상가들에서 주로 찾을 수 있다.

② **큐빅 헤어 액세서리** : 금속/아크릴 등의 재료에 큐빅 혹은 원석을 장식한 액세서리. 머리핀을 메인으로 머리끈이나 머리띠 등이 있으며, 큐빅/원석의 재질 수준에 따라 중가의 제품부터 백화점급 고가품까지 화려한 제품군이 존재한다. 메이저급 상가에서 많이 취급한다.

③ **금속 액세서리** : 큐빅이나 스톤 없이 금속(주로 니켈) 재료만으로 구성된 귀걸이/목걸이 위주의 제품이며 반지, 실핀, 머리핀 등의 제품이 있다. 주로 저가 제품에서 많이 사용된다.

④ **아크릴 헤어 액세서리** : 시중에서 쉽게 볼 수 있는 플라스틱, 아크릴 재질의 보급형 머리띠나 아동용 머리끈 또는 머리핀으로 제작되며, 재질의 특성상 파스텔 톤이나 여러 가지 색을 복합적으로 섞은 화려하고 다양한 색상의 제품이 많다.

⑤ **귀걸이, 목걸이, 반지** : 앤틱/신주 등 일부를 제외하고 대부분 니켈/은 등의 금속에 큐빅을 장식한 형태이다.

⑥ **핸드폰 액세서리** : 케이스와 핸드폰 마스코트가 주류를 이루고 핸드폰 줄, 스티커 등도 일부 있다.

점포 규모 면으로 액세서리 상가를 분류한다면,

① **소형** : 액세서리 상가 전체의 95% 정도가 1평이라고 부르는 단칸 소형 점포들이다. 임대료가 비싼 1층 상가의 특징이기도 하며, 층별 점포들이 집약되어 있으므로 상대적으로 다양한 제품들을 볼 수 있지만, 카피도 쉽게 일어나는 특징이 있다.

② **중형** : 소형 영세 액세서리 도매업자를 제외하면, 2~3칸 규모의 점포를 가지고 있는 중형급 도매집이 있는데, 액세서리 부자재 재료상이나 원도매급 점포들이 보통이다.

③ **대형** : 5칸 이상의 큰 매머드급 점포들로서, 대량 구매에 적합하나 소매나 초보자가 접근하기는 쉽지 않은 특징이 있다. 일명 창고라 불리는 원도매급이 많다.

장안상가를 나와서 바로 옆의 영창 액세서리 상가로 들어가 보자. 방금 아이템을 보고 나온 장안과 별다른 차이를 못 느낄 것이다. 액세서리는 취급 품목이나 가격대별 구성 등에 큰 차이가 없지만, **콘셉트에서 약간 young한 느낌을 더 받을 수 있다. 영창 액세서리 상가의 가장 큰 특징은 3층에 애견용품 상가가 형성되어 있다는 것.** 남대문 내에서는 가장 많은 애견 점포가 모여 있는 상가이다. 마노 액세서리 상가 인근으로 가면 몇 곳의 로드숍 형태의 점포를 더 만날 수 있다. 이밖에 지하와 1층에 큐트 아이템과 함께 네일/타투 스티커 매장이 몇 곳 있는데, 다른 곳에서는 찾아보기 힘든 아이템이다.

[영창 액세서리 상가]

구분	내용		
위치	장안/연세 상가와 붙어 있음. 퇴계로 대로변에 문이 있어 출입이 용이함.		
운영 시간	am 6:00~pm 5:00, 토/공휴일 am 6:00~pm 2:00, 일요일 휴무		
MD 구성	중저가 위주 헤어 액세서리 등		
타깃 고객	아동~50대 여성, 애완동물 동호인		
경쟁 상가	장안, 연세		
상가 특징	3층에 애견용품 상가 형성		
층	제품 비중	점포 수	점포 규모
B1	공단 헤어 50%, 핸드폰 줄 30%, 파우치/곱창/큐빅 액세서리 20%	70	중소형
1F	공단 30%, 큐빅 20%, 파우치/네일 아트/타투 스티커/목걸이/큐트 아이템 등 50%	100	소형
2F	큐빅 25%, 핸드폰 액세서리 50%, 인형/파우치 등 25%	100	중대형
3F	애견용품, 애견옷 50%, 사료/장난감/액세서리 등 50%	80	대형
4/5F	사무실		

이번엔 연세 액세서리 상가를 살펴보자. 앞서의 두 상가, 특히 장안상가와 콘셉트가 유사하다. 물론 동선이나 매장 배치 등은 다르지만, 장안/연세/영창 상가 자체가 작은 골목 하나를 사이에 두고 붙어있다시피 하며, 역사와 구성이 서로 비슷하여 고객도 중복된다. 당연히 아이템도 중복되므로 전체적으로 큰 차이점이 없다. 장안상가와 연세상가는 수년 전 동일 법인으로 합쳐져 함께 관리되고 있다. 연세는 점포 배치가 다른 곳보다 상대적으로 밀집 구조로 되어 있고, 상가 면적이 넓어 셋 중에서는 점포 수가 가장 많다. 머리핀 종류를 취급하는 점포가 상대적으로 많은 편이고, 2층의 경우 규모가 있는 관계로 점포별 취급 아이템이 각양각색이다. 중저가 아이템의 종류가 매우 다양하여, 남대문에서 중저가 액세서리를 찾을 때 반드시 들려야 하는 시장 조사 필수 상가이다.

[연세 액세서리 상가]

구분	내용		
위치	장안/영창 상가와 붙어 있음. 남대문 쪽에 대형 주차장 구비		
운영 시간	am 6:00~pm 5:00, 토/공휴일 am 6:00~pm 2:00, 일요일 휴무		
MD 구성	중저가 위주의 액세서리, 헤어핀		
타깃 고객	10~50대 여성		
경쟁 상가	장안, 영창		
상가 특징	연세 부자재 상가/주차장/장안상가와 함께 하나의 블록		
층	제품 비중	점포 수	점포 규모
1F	아크릴 헤어 40%, 공단 헤어 30%, 큐빅 헤어 20%, 파우치/가방 등 10%	130	소형
2F	공단/큐빅/아크릴 헤어 액세서리 70%, 핸드폰 액세서리 20%, 팔찌/목걸이/파우치 등 10%	300	중소형

▲ 영창.장안/연세 액세서리 상가

[장안, 영창, 연세 액세서리 상가 비교]

상가명	영창	장안	연세
영업 시간	am 6:00~pm 5:00	am 6:00~pm 5:00	am 6:00~pm 5:00
영업 방법	도매	도매	도매
상가 분류	액세서리	액세서리	액세서리
세부 종목	중저가 헤어 액세서리	중저가 헤어 액세서리	중저가 헤어 액세서리
디자인	중저	중저	중저
타깃	아동~50대	아동~50대	10~50대
상가 분위기	아이템 다양함.	연세에 통합됨.	베테랑 상인. 상가 규모 큼.

■ 다양한 콘셉트와 가격 : 남정, 유성, 코코 상가

남정 트릴리언은 남대문시장에서 전문 상가 건물 중 가장 높은 건물을 통째로 사용하고 있다. 비슷한 규모의 건물은 남대문 블록 내 정반대편의 여성복 아이템 삼익패션타운 뿐이다. 대부분의 남대문 상가 건물이 2~3층 수준인데 반해 지하 5층, 지상 10층의 대형 건물에 다양한 아이템의 상가가 입점해 있다. **지하 2층 수입상가, 지하 1층 숙녀복 상가, 1~3층 액세서리 완제품 상가, 4~6층 액세서리 부자재 상가로 구성되어 있고 규모만큼 아이템도 다양하다.** 액세서리 부자재는 다음 장에서 다시 설명하게 될 터이므로 여기서는 액세서리 완제품만 살펴보면, 앞에서 설명한 장안/영창/연세 액세서리 상가와 확연히 대비되는 아이템 구조를 가지고 있다. 주 품목이 젊은 세대를 대상으로 하는 중고가의 큐빅 액세서리인 것이 중저가의 액세서리를 주로 생산/판매하고 있는 앞 블록 상가들과 주요 차이점이다. 큐빅 액세서리 중 목걸이를 비롯하여 귀걸이/헤어 액세서리 등 어느 정도 단가가 있는 제품들을 취급하는 업체들이 많다. 품목이 젊은 아이템이니만큼 상인이나 종업원들도 상대적으로 젊은 세대로 구성되어 있다.

남대문 내에서 현재 접속이 가능한 인터넷 홈페이지(www.trillion.co.kr)를 가지고 있는 몇 안 되는 상가 중 하나이나, 안타깝게도 사이트의 주 내용은 제품이 아닌 건물 소개 수준에 그치고 있다.

[남정 액세서리 상가, 트릴리온]

구분	내용		
위치	남대문 로터리 롯데손해보험/국민은행 옆		
운영 시간	am 6:00~pm 5:30, 토/공휴일 am 6:00~pm 2:30, 일요일 휴무		
MD 구성	중고가 액세서리, 큐빅 제품 위주		
타깃 고객	20~40대 여성		
경쟁 상가	렝땅, 대도주얼리, 주얼파크		
상가 특징	지하 수입/여성복 상가, 1~3층 완제품 액세서리 상가, 4~6층 부자재 상가		
층	제품 비중	점포 수	점포 규모
1F	큐빅 헤어 40%, 큐빅 귀걸이/목걸이 30%, 공단 20%, 기타 10%	150	소형
2F	큐빅 헤어 40%, 큐빅 귀걸이/목걸이 30%, 공단 20%, 아크릴 목걸이/기타 10%	100	중형
3F	큐빅 헤어 40%, 큐빅 귀걸이/목걸이 30%, 공단 20%, 가죽 액세서리 10%	100	중형

남정 트릴리언 바로 옆에 위치하고 있으며, 가장 최근에 형성된 액세서리 상가 중 하나인 유성상가는 오래된 구 잡화 상가를 리모델링하여 깔끔하게 정비한 곳으로, 1층 전면 통유리 등 개방적 환경으로 고객이 구경하거나 사입하기에 쾌적한 구조를 갖추고 있다. 외국인이나 관광객들이 방문하기 편리하여 수출에 상대적인 강세를 보이고 있다. 상인층이 젊고 유행에 민감하여 순발력 있는 제품 출시가 가능하며, 상인-고객 간 소통이 용이하다는 평이 있다.

앞, 뒤, 옆에 다양한 콘셉트의 액세서리 상가가 있고, 인근에 부자재 상가도 모여 있어 꾸준히 성장하고 있을 뿐만 아니라 남정에서 부자재를 판매하고 있는 도매 상인들이 유성상가 3층으로 이전하고 있으므로 또 다른 부자재 시장으로의 성장을 기대하여 본다.

[유성 액세서리 상가]

구분	내용		
위치	남대문 파출소 골목 남정 트릴리온 상가 옆 1층		
운영 시간	am 6:00~pm 5:00, 토/공휴일 am 6:00~pm 2:00, 일요일 휴무		
MD 구성	핸드메이드 액세서리		
타깃 고객	20~40대 여성		
경쟁 상가	남정		
상가 특징	단일층의 상가 구조. 다품종 소량 생산에 강함.		
층	제품 비중	점포 수	점포 규모
1F	공단헤어 50%, 큐빅헤어 20%, 귀걸이/목걸이 등 20%, 기타 10%	230	소형
2F	수입 잡화 상가		
3F	잡화 상가, 대형 액세서리 부자재상 5~6곳		대형

코코 액세서리 상가의 지하층은 고려안경도매상가로, 지하와 지상이 분리된 상가이다. 큰 골목 코너의 입지 조건이 좋은 편이며, 저가 품목에 강하여 한때 왕성한 내수/수출 능력을 보여 주었으나 건물 임대차 관련 분쟁이 지속적으로 발생하여 현재 100% 기능을 발휘하지 못하고 있는 아쉬움이 있다. 지상은 상대적으로 저가의 수입 제품과 핸드폰 액세서리 취급 업체가 많다. 구색집(직접 생산하지 않고 공장 등에서 받아온 물건을 도매 내는 곳)도 곳곳에 위치하고 있다. 대형 잡화업체가 3층 전체를 사용하고 있다.

[코코 액세서리 상가]

구분	내용
위치	회현역 5번 출구 안쪽 안내센터 옆
운영 시간	am 6:00~pm 5:00, 토/공휴일 am 6:00~pm 2:00, 일요일 휴무
MD 구성	중저가 액세서리
타깃 고객	10~40대 여성
경쟁 상가	유성, 영창, 장안
상가 특징	핸드폰 액세서리 등 취급

층	제품 비중	점포 수	점포 규모
B1	안경상가	15	중형
1F	큐빅 액세서리 60%, (목걸이/귀걸이/헤어)/공단/아크릴/핸드폰 액세서리 40%	80	소형
2F	큐빅 50%, 핸드폰 액세서리 25%, 아크릴/공단/기타 잡화 25%	90	중형
3F	대형 잡화업체(벨트, 스카프, 지갑, 시계, 모자)	1	특대형
4F	핸드폰 범퍼/케이스		

[남정, 유성, 코코 액세서리 상가 비교]

상가명	남정	유성	코코
영업 시간	am 6:00~pm 5:30	am 6:00~pm 5:00	am 6:00~pm 5:00
영업 방법	도매	도매	도매
상가 분류	액세서리	액세서리	액세서리
세부 종목	큐빅 액세서리	핸드메이드 액세서리	중저가 액세서리, 핸드폰 액세서리
디자인	중고	중	중저
타깃	20~40대	20~40대	10~40대
상가 분위기	쇼핑몰 콘셉트, 고급스러움	역동적인 분위기	박리다매 스타일

■ 남대문의 중심 : 대도상가

높이는 3층에 불과하나 남대문 전체에서 가장 큰 상가이다. 본동을 비롯해 A~G동까지 8개의 소 블록이 연결되어 거대 복합 상가를 이루고 있다. 남대문에서 길을 찾거나 아이템 관련 탐색을 할 때 랜드마크 급으로 주로 언급되는 곳이다. 보통 대도상가라고 하면 E동, D동, C동 정도만을 일컫고, 나머지 상가는 다른 이름으로 불리운다. 지하부터 3층까지 상가마다 다양한 아이템을 취급하고 있으나, 여기서는 액세서리 부분만을 다루기로 한다.

▲ 대도상가

액세서리가 위치하고 있는 곳은 E동이다. 1~2층에 액세서리 상가가 형성되어 있으며, 건물이 큰 관계로 1개 층 점포 수가 웬만한 타 상가의 5~6배에 달한다. 1층에 대도주얼리와 주얼파크가 있는데, 별도 칸막이 없이 한 층에 모여 있으면서도 별개의 명칭을 사용하고 있고, 운영도 구분 지어져 있다. 원래 대도 E동 1층에 잡화 및 액세서리 상가가 형성되어 있었으나, 2009년경 현재의 대도주얼리라 불리우는 자리 옆 상가를 비우고 액세서리용으로 리모델링하여 주얼파크라 명명하였다. 상가 자체 로고도 만들고 점포별 아이템도 중고가 아이템 위주로 일관성 있게 마련하는 등 관리에 신경을 많이 쓰는 곳 중 하나이다. 이름은 따로 나뉘어 있지만, 대도주얼리나 주얼파크의 아이템 구성은 비슷하다.

[대도상가]

구분	내용		
위치	남대문시장 한가운데		
운영 시간	am 6:00~pm 5:00, 일요일 휴무		
MD 구성	젊은 취향 큐빅 제품(액세서리), 숙녀복, 기타 잡화		
타깃 고객	20~40대 여성		
경쟁 상가	대도 자체 상가 경쟁(렝땅, 대도주얼리, 주얼파크)		
상가 특징	대형 액세서리 상가		
층	제품 비중	점포 수	점포 규모
1F	주얼파크 : 큐빅 95%(귀걸이 40%, 목걸이 40%, 반지 20%), 비액세서리 5%	280	소형
	대도주얼리 : 큐빅 70%(귀걸이 40%, 목걸이 40%, 반지 20%), 비액세서리 30%(남성복, 잡화)	200	중소형
2F	큐빅 90%(귀걸이 60%, 목걸이 30%, 반지/코사지/기타 10%), 공단/아크릴/기타 10%	900	소형

2층은 렝땅 액세서리 상가이다. 2007년 신설 상가로서, **단일 액세서리 상가로는 남대문 내에서 가장 큰 상가이다.** 단일 층에 한 가지 아이템으로 900개의 점포가 있으니 대한민국에서 가장 큰 단일 층 상가가 아닐까 싶다. 여기는 1층과 반대로 층 내에 원렝땅과 남문시장으로 갈려 있었던 것이, 층 전체가 렝땅 액세서리 상가로 통합되었다. 액세서리 상가가 계속 생겨난 이유는 대략 두 가지가 있는데, 아이템의 경쟁력과 지주의 이해관계 정도로 요약할 수 있다.

[대도 액세서리 상가 비교]

상가명	대도주얼리	주얼파크	렝땅
영업 시간	am 6:00~pm 5:00	am 6:00~pm 5:00	am 6:00~pm 5:00
영업 방법	도매	도매	도매
상가 분류	액세서리	액세서리	액세서리
세부 종목	큐빅 액세서리	큐빅 액세서리	큐빅 액세서리
디자인	중고	중고	중고
타깃	20~40대	20~40대	20~40대
상가 분위기	깔끔함.	깨끗하고 고급스러움.	

레드아이 '액세서리 유니클로를 꿈꾼다.'

중저가 액세서리를 내세운 레드아이가 개인사업자가 주류를 이루던 국내 액세서리 시장에서 돌풍을 일으키며 스타일난다의 신화를 재현하고 있다. 미샤와 더페이스샵의 등장으로 업계 지도가 바뀐 화장품 업계를 보는 듯하다. 레드아이는 2016년 백화점과 해외 진출을 본격화하고, 강화된 유통망으로 성장 잠재력이 무한한 중국과 일본시장을 거점으로 하여 아시아 전 지역의 판매 인프라를 확보하여 앞으로 액세서리 업계의 유니클로로 도약한다는 포부다.

"우리나라 사람들은 손기술이 좋다고 하잖아요. 그 손기술의 진가를 알 수 있는 분야가 바로 액세서리죠. 하지만 법인화가 이뤄지지 않은 탓에 체계적이지도 못했고 동네 가게 수준을 벗어나지 못했습니다." 레드아이를 이끌어 가고 있는 황순찬 대표의 말이다. 황 대표는 용돈벌이로 액세서리 노점상을 하면서 액세서리와 인연을 맺은 뒤 사회 친구인 유민규 대표와 의기투합했다.

지난 2006년 사업을 시작할 때 그들도 서울 남대문시장에서 흔히 볼 수 있는 도매상 중 하나였다. 남대문시장은 우리나라 액세서리 시장의 중심으로 전국의 소매업자에게 제품을 공급하는 역할을 하고 있다. 하지만 대부분이 영세 사업자로 자신의 브랜드를 내걸고 전국화를 시도한 법인은 3곳에 불과하다.

신출내기 사장 두 명은 2007년 7월 레드아이라는 간판을 단 매장을 연 것을 시작으로 2년 만에 10개의 직영점을 냈고, 2010년에는 직영매장을 35개로 늘렸다. 처음에는 주로 지하철 역사에 매장을 내다가 명동 등 시내 중심상권에도 진출했다. 2012년 매출 240억을 찍고 2013년 백화점과 해외 진출을 시작, 2014년 중국 이우시에 디자인센터를 개소하였으며, 2015년 2월에는 중국현지에 레드아이 법인 "웰링턴"을 설립, 우시 이케아점(2호점), 상해 신천지점(3호점)을 거쳐 12월에는 티엔산 팍슨뉴코아몰(4호점) 매장을 오픈하였다. 2016년 역시 일본의 레드아이 법인 설립을 완료하고, 2016년 3월 1일자로 일본 1호점 "신오쿠보점"을 오픈하는 등 숨 쉴 틈도 없이 성장하고 있다.

유민규 대표는 "앞으로 중국과 일본의 악세사리 시장을 발판삼아 현재 운영 중에 있는 말레이시아 및 싱가포르 매장을 포함하여 레드아이가 추진 중에 있는 아시아진출 프로젝트를 성공적으로 수행하기 위해 적극적인 운영 마케팅을 펼칠 계획"이라고 강조하였다.[33]

33) 매일경제, 2016년 1월 18일 보도자료 인용

▲ 삼호/우주상가에서 판매하는 액세서리

■ 숨은 강자 : 삼호/우주 상가, 그리고 마노

삼호/우주 액세서리타운은 앞의 액세서리 상가들과 약간 떨어진 곳에 위치하고 있다. 그 때문인지 앞 상가들과 유사한 아이템들을 취급하나 디자인이나 분위기가 조금 다르다. 삼호나 우주의 주 수출국이 일본이고 나머지 상가들은 세계 각국으로 수출한다는 말이 있는데, 디자인 등의 느낌이 다른 이유가 그 때문일 수도 있다. 삼호의 경우 전체적인 분위기는 대도주얼리 등과 유사하다. 특히나 이베이에서 1~2$에 판매되는 액세서리류도 많이 보이는 편으로 해외시장에 관심이 있는 사람이라면 도전해 볼 만하다.

원래는 우주상가였다가 새롭게 리모델링되어 삼호/우주 액세서리타운이라는 이름으로 오픈한 이곳은 하이퀄리티에 강세를 보인다. 지하 1층은 원래 일본 액세서리 상가였으나 고가품을 취급하는 명품관으로 리모델링하였다. 1~2층에서 취급하는 각종 잡화 및 액세서리는 앞 상가들과 조금 다른 삼호/우주만의 특색이 묻어난다. 2층에 모여 있는 가죽 팔찌 및 기타 가죽 액세서리는 일본 수출 위주의 제품이라 한다. 초보자가 봐도 니쁜필이 느껴질 것이다. 3층은 일반 부자재와 실버 액세서리/실버 부자재를 취급하고 있다. 2008년경부터 도매 전향을 시도한 인근 메사 쇼핑몰 지하로 실버 취급 상인들이 다수 이전하여 우주/메사 양쪽에서 어정쩡하게 영업을 하고 있다가, 경기 침체로 메사쪽 상인들의 이탈이 늘어나고 2016년 메사 건물이 면세점으로 용도가 변경됨에 따라 상인 일부는 종로 귀금속 상가 쪽으로 진출하고 일부는 삼호우주로 다시 복귀하였다.

[삼호 우주 액세서리 상가]

구분	내용		
위치	남대문시장 북서쪽 '남대문시장' 버스정류장 인근		
운영 시간	am 6:00~pm 5:00, 일요일 휴무		
MD 구성	젊은 여성 액세서리, 귀금속류		
타깃 고객	20~40대 여성, 장년층		
경쟁 상가	마노상가		
상가 특징	3층에 실버 액세서리와 부자재를 판매하고 있음.		
층	제품 비중	점포수	점포 규모
B1	고가 액세서리 위주(시계 10%, 금/은 제품 50%, 기타 고급 액세서리 40%)	100	중형
2F	큐빅 목걸이 60%, 신주[34]/가죽 액세서리 30%, 코사지/배지/허리체인 등 10%	170	중소형
3F	실버 액세서리 40%, 부자재 60%	120	중형

마노상가는 퇴계로 변에 위치해 있어, 다른 액세서리 상가들과 조금 떨어져 있다. 액세서리 상가 중에서는 동선이 가장 넓어 아주 쾌적한 사입 환경을 가지고 있다. 현재는 단일 층으로 구성되어 있으며, 50여 평의 대형 리본 도매상이 있어 리본 계열 부자재를 구입하기 좋은 곳이다. 리본 재료는 문구완구 상가 인근에도 몇 개의 점포가 더 있다.

[마노상가]

구분	내용		
위치	남대문시장 서쪽		
운영 시간	am 6:00~pm 5:00, 일요일 휴무		
MD 구성	젊은 여성 액세서리, 귀금속류		
타깃 고객	20~40대 여성, 장년층		
경쟁 상가	삼호상가		
층	제품 비중	점포 수	점포 규모
2F	큐빅 40%, 공단 40%, 핸드폰 20%	150	중대형

34) 놋쇠, 황동을 일컫는 일본어 '신동'이 우리나라로 들어와서 '신주'라는 발음으로 정착된 것. 구리와 아연이 주성분인 합금으로 황동:아연을 7:3 혹은 6:4로 제조한다. 제조가 쉽고 녹이 슬지 않는 것이 특징이며, 아연이 많이 들어갈수록 백동에 가까워지면서 단단해진다.

10 핸드메이드 액세서리 디자이너의 보물창고, 액세서리 부자재 상가

남대문시장은 전체가 하나의 액세서리 상가라고 보아도 크게 틀린 말이 아니며, 중소 규모의 액세서리 상가들이 밀집하여 도매상가를 운영하고 있어, 부자재 상가 역시 동대문 종합시장(5층)과 비교가 되지 않을 정도로 큰 규모를 자랑하고 있다. 물론 하나의 상가가 아니라 여러 개로 분산되어 있으며 상가별로 크게 분류하면 5개로 분류한다. 남정과 연세가 규모 면에서 가장 큰 편이며 바로 길 건너의 (주차장이 중간에 있음) 가우딘과 뉴서울이 약간 작은 규모로 나란히 위치하고 있다. 앞에서 잠깐 언급한 것처럼 실버/귀금속 계열의 부자재를 우주 3층에서 취급하고 있으며, 유성 3층에도 대형 부자재업체가 몇 곳 위치해 있다. 부자재 상가별 특색은 규정짓기 힘들다. 주 고객이 완제품을 판매하는 인근 도매상인 관계로 5~10원 차이에도 매우 민감하게 반응하므로 동일 부자재의 경우 상가 간, 점포 간 가격차가 거의 없이 균일한 편이다.

그러면, 간단하게 남대문시장에서 사용하는 부자재의 명칭과 특징을 살펴보고, 상가 소개를 함께 하도록 하겠다.

① **큐빅** : 액세서리에 부착하는 작고 투명한 장식. 주로 다이아몬드 형태를 띠고 있다. 아크릴 제품은 가격이 매우 저렴하나 투명도가 떨어져 부자재 형태로 취급되기보다는 중국산 저가품에 부착된 완제품 형태로 거래되며, 유리가 가장 많이 쓰이는 제품이다. 크리스털(스왈로브스키 스톤)은 투명도가 높고, 광택이 좋으며, 강도가 높아 고가의 액세서리에 사용된다.

② **메탈** : 형태나 용도, 가격대가 다양하다. 귀걸이, 큐빅 몸판, 체인, 기타 큐빅 등으로 화려하게 치장한 원형의 메탈이나 스톤의 내부에 구멍을 뚫어 실 등을 꿸 수 있게 한 부자재를 '론델'이라고 하며, 고급 액세서리/팔찌 등의 재료로 쓰인다.

③ **스톤** : 유색의 자연산 혹은 인공 원석을 이야기한다.

④ **공단** : 실크 느낌의 원단 재료로 정확한 명칭은 새틴(Satin)이다. 쉬폰과 더불어 가장 많이 취급하는 천 재료이다. 헤어 액세서리, 코사지 등에 주로 사용된다.

⑤ **아크릴** : 핀대(집게핀의 몸통)와 머리띠, 아동용 액세서리 장식 등에 주로 사용되는 저렴한 플라스틱 부자재와 스톤 느낌의 아크릴 부자재(목걸이, 팔찌, 알의 모양)도 있으며, 기타 끈, 가죽, 인형, 목각재 등이 액세서리 부자재 등으로 활용된다.

한짝을 잃어버린 귀걸이가 있다면 자세히 관찰해 보라.
만약 '땜질'한 흔적이 없다면, 지금 당장 액세서리 부속 상가를
방문하여 부품들을 사입하라.
그리고 조립하라. 펜치만 있으면 가능하다.

◀ 남대문 부자재상가 트로이카

■ 남대문 액세서리 부자재의 맏형 : 남정

부자재 상가는 여러 곳이 있으나 규모의 큰 차이는 없다. 그 중 가장 큰 축에 속하는 곳이 바로 남정 부자재 상가. 역사가 있고 종류도 많다. 부자재 상가 중 선두권이어서인지 전체적으로 약간 까다로운 분위기라는 것이 사입자들의 의견이다.

같은 건물 1~3층의 액세서리 완제품 상가를 비롯, 유성/렝땅 등 비교적 젊은 층의 제품을 제작하는 인근 액세서리 도매상 등이 주 고객이다. 전체적으로 부자재의 퀄리티가 높은 편이고(물론 단가도), 다른 곳에서 찾아보기 힘든 목각/자개 등의 부자재를 취급하는 곳도 있다.

[남정 부자재]

층	제품 비중	점포 수	점포 규모
4F	큐빅 20%, 메탈 30%, 스톤 20%, 리본 10%, 아크릴 20%	60	중형
5F	메탈 30%, 스톤 40%, 아크릴 30%	52	중형
6F	메탈 30%, 스톤 30%, 아크릴 30%, 목각/자개 10%	60	중형

■ 부자재 상가의 빅딜 : 연세

역사가 있는 연세/장안 액세서리가 2006년경 합쳐지면서 새로 생긴 부자재 상가이다. 부자재 주 납품처가 인근 연세/장안/영창 등이므로 해당 상가에서 판매하는 제품에 따른 부자재를 상대적으로 다수 구비하고 있다. 저가~고가 부자재를 골고루 구비하고 있고, 신규 상가의 특성에 맞게 모든 점포가 중대형에 구획 정리가 잘 되어 있어 원하는 부자재를 쉽게 찾을 수 있다.

[연세 부자재]

층	제품 비중	점포 수	점포 규모
1F	메탈 20%, 스톤 10%, 공단 10%, 리본 20%, 아크릴 40%	40	중대형
2F	큐빅 20%, 메탈 30%, 공단/리본 10%, 아크릴 40%, 가죽 등	40	중대형

■ 남대문 외곽지대 : 뉴서울/가우딘

뉴서울과 가우딘은 남대문시장 블록에서 서울역 쪽으로 길 건너편에 위치하고 있다. 두 상가가 붙어 있으며 취급하는 제품도 비슷하다. 중저가 부자재를 취급하는 곳이 많으며, 헤어 액세서리용 부자재가 상대적으로 많은 편이다. 뉴서울 2층에 캐스팅 점포가 많은 편이고, 특이 아이템으로 열쇠고리용 인형이나 끈 재질 등을 구할 수 있다.

[뉴서울, 가우딘 부자재]

뉴서울	제품 비중	점포 수	점포 규모
1F	메탈 20%, 스톤 10%, 공단 10%, 리본 10%, 아크릴 40%, 인형/끈 10%	25	중형
2F	메탈 30%, 공단 20%, 아크릴 40%, 인형/끈 10%	25	중형
가우딘	제품 비중	점포 수	점포 규모
1F	메탈 30%, 공단 20%, 리본 40%, 아크릴/끈 10%	40	중형
2F	아크릴 60%, 메탈 20%, 끈 20%	30	중형

■ 실버부자재 : 삼호

2014년까지 실버 부자재는 삼호와 메사로 양분화되어 운영되고 있었다. 하지만 두 상가는 사실상 하나의 상가가 둘로 나뉜 것으로, 신세계 백화점 옆에 위치한 소매 쇼핑몰 메사가 불황으로 인해 2008년경 지하층을 실버 부자재 상가로 리모델링을 시도하면서, 인근 삼호상가 3층 실버 부자재 상가 상인들을 유치하여 그곳의 상인들이 메사로 빠져나갔었다. 이후 양쪽 상가 모두 40~50%에 달하는 공실률을 유지하다 2016년 메사의 면세점화 등 이벤트와 함께 지하가 정리되며 다시 삼호로 집중되었다.

[삼호, 메사 실버 부자재]

삼호	제품 비중	점포 수	점포 규모
3F	큐빅/메탈 20%, 큐빅 10%, 실버 40%, 스톤 20%, 기타 10%	120	중형

■ 부자재 막내 : 유성

남정 및 남대문 인근 등지에서 영업하던 베테랑 상인들이 저렴한 상가 임대료를 장점으로 내세운 유성상가 3층에 대형 액세서리 부자재 점포를 확장하고 있다. 유성상가 3층으로 부자재 매장이 이전하여 작업장으로 활용하고 있다. 피혁 잡화/수입 잡화/생활 잡화 점포와 함께 위치해 있다. 알공예 취급 대형 부자재 점포도 위치하고 있다.

[유성 부자재]

층	제품 비중	점포 수	점포 규모
3F	큐빅 10%, 메탈 30%, 스톤 10%, 아크릴 30%, 알공예 재료 20%	5	대형

11 남대문시장, 도매 판매자와의 인터뷰

이 책을 집필하기 위하여 평소 지인으로 알고 지내는 남대문시장의 도매 사장님에게 소개를 받아 2016년 3월, 유성상가 3층 '태평양' 이성재 사장님, 1층 '정원' 이정아 사장님, 연세 액세서리 2층 '햇빛' 김재홍 사장님을 모시고 남대문시장과 창업 노하우에 대하여 인터뷰한 내용을 정리하였습니다.

전중열 : 우선 자리에 함께해 주셔서 감사드립니다. 자영업자 분들이 이런 시간을 내주시고, 노하우를 공유해 주시기 쉽지 않은 것을 잘 알고 있기 때문에 더더욱 감사드립니다. 짧은 시간이나마 서로에게 도움이 되는 이야기를 많이 나눌 수 있었으면 좋겠습니다. 우선 간단하게 소개 좀 부탁드릴게요.

김재홍 : 남대문 연세 액세서리에서 17년째 헤어핀 도매를 하고 있습니다. 1층 60호 햇빛입니다. 직원은 저까지 두 명이고요, 대기업 패션 브랜드 영업 사원을 하다가 먼저 도매를 하시던 지인의 소개로 남대문에 들어오게 됐습니다. 대부분의 제품을 직접 제작하고 있고요. 주로 내수에 의존하고 있습니다. 요즘 내수가 죽어서 매출이 뚝 떨어졌어요.

이정아 : 저는 유성상가 1층 266호에서 정원이라는 상호로 핸드메이드 액세서리를 만들고 있습니다. 제가 일한 지는 10년 정도 됐구요, 저희 아버님 시절부터 남대문에 있었으니 합치면 30년 정도 됩니다. 예전에는 박리다매 형식으로 머리핀 도매를 하다가, 상가 자체가 리모델링을 하면서 다품종 소량 생산 특화로 점점 변해가길래 트렌드를 따르기 위해 저희도 핸드메이드 액세서리로 방향을 틀었습니다. 안 틀었으면 아마 문 닫았을 지도 모르겠네요. 내수와 수출이 반반 정도 되고요, 오늘 참석하신 분들 중에는 제가 가장 어리네요.

'정원'의 이정아 대표(핸드메이드 액세서리 디자이너)

이성재 : 노인네가 끼어도 되는지 모르겠습니다. 우리는 남대문에서 1965년쯤부터 장사했어요. 하도 오래 전 일이라 정확한 연도는 기억이 안 나서 말이지… 남도상가 3층 20호 태평양이고, 취급하는 품목은 벨트, 지갑, 장갑 같은 게 주품목이고, 멜빵, 토시 같은 것도 팔아요. 친인척들이 남대문과 동대문에서 생산, 도매, 유통 하는 사람들이 많아서 내가 나이는 많지만 아직 서로 도움 받아가면서 장사하고 있습니다. 요즘은 젊은 사람들 쫓아가기 진짜 힘들어요. 그래서 우리집은 오래된 단골들 위주로 물건을 팔고 있습니다.

전중열 : 기본적으로 경력들이 꽤 되시네요. 50년 가까이 되시는 분도 계시는데, 그동안 어려운 점이 많이 있었을까 싶습니다. 여태껏 어떻게 운영해 오셨는지요?

이성재 : 요즘은 진짜 어려워요. 동대문 뜨기 전에는 남대문이 무지하게 잘 됐지. 90년대 초까지만 해도 물건이 달려서 못 팔았어요. 공장에 주문 넣으면 색상 같은 건 아예 선택을 못 했지. 말 그대로 주는 대로 팔아야 했어요. 그래도 다 팔리던 때여서 그때는 빌딩 사서 나간 사람들도 많았지요. 우리도 그즈음까지는 직원을 10명 가까이 쓰기도 하고 그랬는데, IMF 되기 좀 전부터던가… 남대문 자체가 확 죽어버리더라구요. 적어도 피혁 잡화는 그랬어요. 벨트는 겨울에는 나가는 양이 줄어서 우리는 장갑이랑 방한용품을 취급하는데, 이번에 엘니뇨인가 하는 놈 때문에 12월 말에도 비가 오고해서 겨울물건 만드는 집들 여럿 문 닫았어요.

김재홍 : 액세서리도 마찬가지죠 뭐. 예전에는 잘 나갔고, 지금은 경쟁이 너무 심하고 중국산 싸구려가 많이 돌아다녀서 돈 벌기 쉽지 않고, 액세서리는 유행 못 따라가면 재고 엄청나게 남고, 그래서 땡처리도 많이 하고, 그러다 보니 물건은 꽤 판 것 같은데 손에 쥔 게 별로 없네요.

🎙 **이정아** : 핸드메이드 종류는 말 그대로 수작업 소량 생산이기 때문에 굉장히 빨리 유행에 맞춰 움직일 수 있습니다. 바로바로 만들어 내야 하기 때문에 리본이나 공단 원단 등 쉽게 가공할 수 있는 재료들이 주를 이루고, 저녁에 TV에서 나온 연예인 머리핀이 다음날이면 샘플이 돌아다니기도 해요. 한번에 많이 만들지 않으니까 일반적으로 땡 물량은 별로 안 나오는데, 요즘은 경기가 안 좋으니까 제품 자체가 아예 안 나가는 경우도 많아요. 매출은 자꾸 줄어드는데, 얌체같은 손님들은 외상만 달고 가려고 하니 추가 생산할 돈이 묶여버리면 골치 아프죠.

🎙 **이성재** : 지갑, 벨트, 가죽 장갑은 상대적으로 땡처리하는 경우가 적어요. 기본적인 디자인인 경우 대부분 유행 안타고 꾸준히 나가니까. 뭐 알록달록한 벨트라든지 이상하게 생긴 지갑이라든지, 요란한 무늬나 장식을 달은 특이한 소재의 장갑이라든지... 이런 건 팔다 팔다 남는 거 원가에도 한참 못 미치는 가격에 치우는 경우도 있지만, 무난한 디자인의 경우 특히 남자용 제품은 거의 덤핑처리 하는 일 없이 다 판매한다고 생각하시면 됩니다. 액세서리도 우리처럼 땡 없이 다 팔고 수량띠기 하면 돈 많이 벌텐데…. 액세서리는 마진도 좋잖아.

🎙 **김재홍** : 액세서리는 재고 안 남기기가 어려워요. 여성용 패션 제품이란게 원래 그렇잖습니까. 사장님 취급하시는 중저가 벨트 지갑은 유행이나 패션에 별로 민감하지 않은, 어떻게 생각하면 거의 생필품 소비재에 가까운 제품인 반면에 액세서리는 생필품으로 기능하는 경우가 거의 없죠. 소위 멋과 유행에 충실한 제품이기 때문에 저번 달까지 없어서 못 팔던 게 이번 달부터는 오더가 뚝 끊어져요. 액세서리 쪽은 직접 만드는 곳이 상당수이기 때문에 재료비(원가)는 덜 듭니다만, 대신 제작하는 데 인건비가 많이 들죠. 못 팔고 남는 건 인건비 손해보고 재료비만 받고 팔아 치웁니다.

태양실업 이성재 대표

🎙 **이성재** : 피혁 잡화 쪽은 마진이 무지하게 박합니다. 유행 안타는 제품의 경우 원가대비 마진이 10%도 안되는 경우도 있어요. 우리가 취급하는 지갑, 벨트, 멜빵류가 그렇고요, 심지어 가죽장갑은 시즌 상품인데도 마진율이 10% 수준인 경우도 있어요. 가방은 취급 안해서 잘 모르겠지만 여성용 명품 이미테이션 스타일이 아닌 이상 거기서 거기라고 봅니다. 인건비, 임대료 빼고 계산한 것이기 때문에 그런 것 다 포함하면 더 떨어지죠. 힘들어. 죽어라고 팔아야 살아남습니다. 신규 창업자가 들어오기란 불가능하다고 보시면 돼요.

🎙 **이정아** : 재고도 문제지만 액세서리는 제일 큰 문제가 카피에요. 남의 디자인 베끼는 거죠. 사실 대부분의 남대문 업체가 영세하니까 명품이나 대기업 브랜드 디자인을 비슷하게 만드는 경우가 많지만, 디자이너들이 직접 창의적으로 그려내는 것도 꽤 되거든요. 근데 조금만 팔리는 거 같으면 며칠새 옆집 뒷집에서 똑같은 걸 만들어서 같이 팔아요. 그러면서 10원, 100원 싸게 낼 때는 미치는 거죠. 상가 내에서 싸우는 경우를 많이 봤어요. 가다(몰딩) 공장이나 도금 공장을 같이 이용하는 곳들이 많으니까 그런데서 몇 개씩 빼돌려서 샘플 따가는 케이스도 많고요. 요즘 중국애들도 남대문 와서 대량으로 잘 안사가요. 샘플만 좀 사다가 본토 들어가서 자기들이 만들어요. 디자인은 우리나라 못 따라오고, 원가 경쟁력은 아직 충분하니까 그 짓들 많이 해요. 디자인 도둑질이죠. 뭐 우리나라 사람들도 큰소리 칠 입장들은 아닐 겁니다만….

전중열 : 돈 벌기 쉽지 않다는 거군요. 생산/도매 입장의 얘기를 주로 해 주셨는데요. 소매/사입 입장에서 싸게 사는 방법 혹은 운영비를 절감하는 방법은 무엇이 있을까요?

🎙 **이성재** : 싸게 사려면 사가는 양이 많으면 최고지 뭐. 근데 요즘 같은 불경기에 그런 사람들 흔치 않으니까, 차라리 많이 안 사가더라도 자주 와서 얼굴 익히고 자기 사정 설명하고 그러면 다만 100원이라도 싸게 주거나 서비스 좀 주거나 하는 경우가 있지. 서로 장사 안되니까 대금 결제만 확실하면 도매상들도 선심 잘 써요. 외상/반품/교환은 최대한 자제해야지. 도매상이 제일 싫어하는 게 그거니까. 나 좋자고 요구하는 일은 그만큼 상대가 싫어할 거라는 걸 모르더라고. 그러면서 거래 제대로 트기도 전부터 싸게 달라고 노래들 해대는데, 그런 사람들은 절대 싸게 안줍니다.

🎙 **김재홍** : 거래처를 너무 여러 군데다 벌려 놓으면 안돼요. 단골 몇 군데에 거래를 집중해야지. 주거래은행 만들듯이…. 우선 교환이나 AS 같은 게 쉽고, 싸게 밀어주는 경우도 생기고. 한 가지 더, 제품 소재가 이게 아니라느니, 자기가 옛날에 취급해봤는데 반대르 만들었어야 한다느니 하면서 생산자보다 많이 아는 척 해서 좋을 것 없습니다. 그래놓고 싸게 달라면 어느 누가 싸게 주겠습니까? 근데 이런 사람들 상당히 많아요. 그래놓고 다음부터는 대량으로 사갈 거라는 둥 앞으로 매주 주문 넣는다는 둥. 다 거짓말이야.

🎙 **이정아** : 젊은 사람은 최대한 발품 파는 게 방법이지요. 장사 해 보신 분들은 잘 아시겠지만 비슷한 제품인데 점포 간 가격 차이가 꽤 많이 나는 경우도 많거든요. 유형 지난 제품이라고 아예 안 나가는 거 아니니까 본인에게 맞는 제품이면 신상과 잘 섞어서 팔아 마진율을 높이는 방법도 있고. 온라인 도매 사이트나 카페 등에서도 무점포로 아주 저렴하게 제품을 판매하는 곳들이 꽤 있어요. 믿을 수 있느냐가 문제지요. 창고 같은 곳들을 직접 찾아다니면서 뚫으면 괜찮은 아이템이 나오는 경우도 꽤 돼요. 저희도 그런 물건 잡아서 돈 만지는 분들 있거든요. 아예 덤핑이나 묵은 제품은 쳐다보지도 않는 상인들도 많이 있지만…

🎙 **김재홍** : 뭐니뭐니해도 재고 관리를 잘 해야 돼요. 앞으로 남고 뒤로 밑집니다. 조금 싸게 살 욕심으로 감당할 수 있는 양보다 많은 양을 사입했다가 두고두고 창고에서 썩어나는 경우가 부지기수입니다.

🎙 **이정아** : 한 가지 더요. 뭐든지 자기가 할 생각을 해야 돼요. 아는 언니가 온라인 쇼핑몰 한다면서 사입도 삼촌한테 골라 달라고 하고 사진도 돈 주고 찍더라구요. 컴퓨터 만질 줄 모르고 애 키우느라 못 움직인다나. 내가 했으면 50만 원도 안 들일 일에 돈을 열 배 붓고 사무실까지 따로 얻었는데, 어떻게 됐을지 설명 안 드려도 되겠지요? 자기가 배우고 뛰어서 할 수 있는 일을 남 시키는 순간부터 돈은 절대 뒤돌아보지도 않고 내 손을 떠나갑니다.

전중열 : 이 인터뷰 목적이 창업하실 분들을 위한 정보 제공이라서, 그 쪽으로 한번 여쭙겠습니다. 창업에 중요한 것은 뭐라고 생각하십니까? 자본, 감각, 성실함 정도가 생각나는데, 또 무엇이 있을까요? 생각나시는 대로 편하게 말씀 좀 부탁드립니다.

🎙 **김재홍** : 분야에 따라 다르겠죠. 외식업 같은 경우는 맛과 성실함이 최우선일 것 같은데, 패션 창업 그 중에서도 액세서리 같은 경우는 감각이 중요하죠. 트렌드를 잘 읽을 수 있어야 하고, 나이 드신 분들이 새로 손대기는 쉽지 않을 거라 보고요. 젊은 사람들 감각 절대 못 따라가니까. 우리만 해도 드라마 내용 쫓아가기도 바빠서 여주인공이 무슨 귀걸이를 했는지, 목걸이, 팔찌를 어떤 걸 했는지 하나도 못 보는데 옆집, 뒷집 젊은 애들은 2~3일 뒤면 느구누구 목걸이, 귀걸이 해서 뚝딱 만들어 내더라구요. 참고로, 요즘은 누구누구 귀걸이 사진 붙여 놓으면 초상권 침해로 벌금 물어요.

🎤 **이성재** : 자본 걱정하는 사람들이 굉장히 많은데, 자기가 얼마나 성실하게 하느냐에 달렸다고 봐요. 요즘 세상이 좋은 게, 땡전 한 푼 없어도 신용만 확실하면 돈 구할 수 있잖아. 내가 서울 상경했을 때 요즘 돈으로 몇만 원 가지고 올라왔어요. 남의 가게에서 먹고 자다시피 하면서 일했더니 1년 만에 주인이 가게 운영을 맡기더라고. 일하면서 안면 터놓은 공장 사장들이 외상으로 물건 밀어줘서 독립했고. 그게 내 창업 비용 다예요. 나중에 그 사람들한테 은혜 다 갚았지. 신용, 이게 사람 살면서 평생 가지고 가야 하는 거예요. 성실하고 신용 있으면 자본 걱정 안해도 돼.

🎤 **김재홍** : 맞는 말씀입니다. 남대문에서 액세서리 도매하려면 2천만 원 가지고도 가능해요. 보증금 천. 사실 이건 나중에 돌려받는 거니까 빌려서 내도 되잖아. 인테리어야 얼마 안 들고, 초기 물건값 오백, 집기나 운영비, 기타 비용 조금 더 들고. 초반에 외상 좀 깔아야 하지만 큰 돈은 아니니까. 중요한 것 중의 하나가 주위에 도와줄 사람이에요. 혼자서 하려면 진짜 힘들지. 육체적으로 직접 도와주면 제일 좋고, 그게 아니더라도 잔심부름 혹은 내가 일하는 동안에 잡다한 일들 처리해 주거나 조금만 봐줄 수 있는 조력자가 있으면 큰 힘이 되지요. 그래서 청년 창업이 어렵다는 게, 젊은 사람들 혼자 하면 성과가 나올 때까지 이런 식으로 하면서 버티질 못해요. 옆에서 누가 잘 잡아줘야 돼요.

🎤 **이정아** : 다른 분들이 베테랑이시라 저는 딱히 말씀드리기가 좀 그런데, 사실 자본 문제가 많이 걸린다고 봐요. 온라인 쇼핑몰 하는 주 이유가 소자본 창업이 가능하니까 그런 거잖아요. 연세 좀 되시는 분들은 어느 정도 모아두신 게 있으니까 부담이 덜 하시겠지만, 청년 실업이다, 불경기다 난리인 요즈음에는 1~2천만 원도 큰 돈이라 쉽게 투자 결정을 내리기는 어렵다고 봐요. 왜 호프집 차리려면 6개월은 남의 가게에서 서빙도 해 보고 주방 잡일도 해보고 해야 한다고 하잖아요. 패션 창업도 마찬가지라고 봐요. 경험이 아주아주 중요해요. 현장에서 1년 이상 일해 보지 않고 창업하는 건 절대 안 됩니다. 망합니다. 직장생활 그만두고 창업하시는 분들이 많이 하는 말, "장사나 하지 뭐." 진짜 이런 생각으로 경험 없이 시작하면 몇천만 원 금방 까먹어요. 돈 버는 거 몇 달 늦게 시작하고 공부좀 더 하면, 그 몇천만 원 번다고 생각하세요.

🎤 **김재홍** : 남대문 액세서리는 이미 포화 상태예요. 굳이 들어오려면 자리를 잘 잡아야 합니다. 장사는 90%가 목이라고 하잖아요. 길목. 자릿세가 싸다고 덥석 들어갈 것이 아니라, 돈을 더 주더라도 비싼 곳을 들어가야 돼요. 사람들이 많이 드나드는 상가. 비교적 최근에 생긴 상가, 빈 점포가 없는 상가, 인터넷 같은 데 뒤져보면 평이 좋은 상가, 젊은 상가가 좋아요.

🎤 **이성재** : 솔직히 나는 창업에 대해서는 할 말이 별로 없네. 우리 주 품목인 피혁 잡화는 워낙 마진이 박해서 신규 창업이 어려울 테고, 액세서리는 글쎄…. 남대문의 경우 시기상 좀 늦은 거 아닌가? 차라리 동대문에 가서 액세서리를 새로 뚫는 것이 낫지 않나 싶은데…. 여기 회현역 앞에도 자리 좋은 데 상가 새로 생긴 지 좀 됐는데, 워낙 포화상태라 그런지 아직도 빈 점포가 꽤 있더라고. 저기 대도 맞은편도 액세서리 상가 만들었다가 분양 안 돼서 잡화 파는 상가로 바꿨더구만. 대로변 면세점도 생겼는데, 그것도 잘 운영될라나 모르겠어요.

🎤 **이정아** : 요즘 뭐든 힘들지 않은 게 있겠습니까? 어디서 하던 점원으로 최소 1년은 배워야 될 것 같고요. 아이템 종류, 사입처 등도 중요하지만 기술을 배우는 것이 가장 중요하다고 봐요. 실제 경험 외에 책이나 다른 데서 배우기는 힘드니까요. 친구 중에는 공장 쫓아다니면서 봐 둔 공장 내에 사무실을 차리고 온라인 도매 및 도매상 납품을 하는 경우도 있는데요. 흔하지 않지만 그것도 한 가지 방법이 되겠지요. 아마 그 정도 노력파라면 절대 망하지는 않을 듯….

전중열 : 새로 사업을 시작하는 사람들이 제일 두려워하는 게 실패입니다. 앞에서의 말씀과 같이 사전에 열 번 백 번 철저히 준비를 해야 실패 확률을 낮추고, 반대로 성공할 확률을 높일 수 있겠지요. 주위에 성공한 사람과 실패한 사람의 예를 들어 주실 수 있으십니까?

김재홍 : 욕심내지 말고 천천히 나가다 보면 누구에게나 기회가 옵니다. 이 바닥에서 좀 알려진 사람 중에 저가 액세서리로 시작해서 꾸준히 돈 잘 벌었는데, 호황기어 귀금속류로 왕창 확장해서 한몫 쥐었다가 얼마 못 버티고 폐업한 분이 있어요. 기회는 잘 잡았는데 너무 무리하게 확장을 한 거죠. 한번 벌려 놓으면 운영비가 엄청 들어가거든요. 월 이삼백 벌다가 갑자기 1년 만에 3억 벌어서 동대문이랑 지방에 추가 점포 내고, 확장했다가 3년 만에 다 까먹고 5억 빚지고 다 정리하고 처음부터 다시 시작하더라구요.

▶남대문 액세서리 도매상
– 작은 책상 하나가 전부임.

이성재 : 너무 욕심을 부리면 안 되지만, 반대로 기회가 코앞에 왔는데 그걸 놓쳐서도 안 된다고 봐요. 나야 살 만큼 살았고 무리해서 확장할 필요가 없긴 했지만, 우리집은 90년대 동대문 뜰 때 평화시장에 점포가 있어서 하나 더 내려다가 말았는데, 그거 팔아치운 자리에 마침 벨트집이 문 열어서 지금 동대문에서 1~2위 해요. 예전에 그 옆쪽 벨트집에서 일하다가 나온 사람이 맨손으로 가게를 차려서 성공한 거지. 40~50년 전 나처럼 신용만 가지고 물건 받아 차려서 부자된 거지. 지금 우리집은 한창때에 비해서 매출이 반의 반도 안 나와요. 역시 장사는 젊은 사람이 있어야 돼.

전중열 : 잠깐만요. 두 분이 말씀하신 케이스에 대해서 좀 더 자세히 알려 주실 수 없나요? 창업하려는 사람들이 제일 궁금해 하는 게 대박신화인데, 평범하던 옆사람이 어떻게 대박을 냈는지 말이지요. 김재홍 사장님이 아시는 액세서리 사장님은 어떻게 월 이삼백에서 갑자기 3억을 벌었나요?

김재홍 : 액세서리가 한번 터지면 돈 많이 벌어요. 아까 카피 뜬다는 얘기가 나왔는데, 소위 디자인 도용, 이거 막으려고 디자인 특허도 내고 하거든요. 근데 요즘은 안 그렇다고 들었지만 예전에는 특허 나오는데 꽤 시간이 걸렸어요. 유행은 바람처럼 지나가는데 특허 나오고 나면 이미 시장에 다 깔리고 돌고 난 이후야. 거기다가 디자인 특허라는 게 애매해서 모양 조금만 바꾸면 법망을 빠져나갈 수도 있고, 침해했다고 소송 걸면 싸우는 시간에 돈 다 날아가고…. 얘기가 잠깐 옆으로 샜는데, 조그만 한 칸짜리 가게 같은 데서도 신디자인 개발 잘 해서 바짝 팔면 한달에 1~2천만 원은 벌 수 있어요. 그 사장 아들인가 딸인가 감이 좋아서 디자인 잘한 게 몇 개 나온 거지. 똑똑한 오야지 부업 아줌마가 물건도 잘 뽑아주고. 특허니 뭐니 해봐야 소용없으니까 앞서서 개발하고 후딱 팔고 다시 개발하고 그게 또 히트치고.

전중열 : 그 다음에 바로 다 까먹었다는 것은 어찌 된 건가요?

🎙 **김재홍** : 제가 지켜본 게 아니기 때문에 확실하진 않지만 눈에 뻔히 보이는 코스예요. 장사가 사업으로 넘어가면 신경써야 할 일들이 많아져요. 그 한계를 못 넘어서 개인 사업자가 법인으로, 기업체로 발전을 못하는 거잖아요. 돈 좀 버는 거 같으니까 남대문에 매장 하나 더 냈다더라구요. 동대문에도 내고. 소매점도 하나 내고. 점포가 4~5개가 되니 직원도 열명 넘게 늘고. 이 정도 되면 한 달 운영비가 3천만 원은 너끈히 넘어가죠. 돈 벌릴 때야 좋지만 안 팔리기 시작하면 손실이 금방 불어나요. 벌려 놓고 몇 달 지나서 금융 위기 딱 터져버렸어. 어쩔 겁니까 일개 개인이. 매달 적자가 3~4천만 원씩 나는 겁니다. 2년이면 5억이 금방 날아가죠.

전중열 : 아까 벨트로 돈 버신 사장님도 비슷한 케이스인가요?

🎙 **이성재** : 그 사람은 잘 모르겠고, 한 사람 더 있어요. 예전에 우리집에서 일하던 직원이 나가서 가게를 차렸어요. 일 똑부러지게 잘 했지. 나가서는 고만고만하게 하나보다 싶더니, 2000년대 초중반 일본에서 꽈배기 벨트 유행할 때 수출을 싹 잡아버린거야. 어떻게 잡았는지는 모르겠지만 그게 능력이지 뭐. 일본 최신 유행 디자인 바로바로 캐치해서 만들어 냈는데, 공장을 세 개씩 돌려서 더블마진 받아도 물건이 달렸으니 월 1억씩은 너끈하게 벌었지. 그 친구는 벌만도 했어요. 루이뷔통, 구찌 신상 나오면 다 구해다가 공장 직원들 모아 놓고 자르고 찢고 연구했대. 하나에 20만 원에서 30만 원씩 하는 걸 매주 몇 개씩 버렸다고 하더라고.

전중열 : 그 분은 지금 어떻게 되셨나요?

🎙 **이성재** : 글쎄 아까 앞에서 개인 사업자의 한계 얘기를 했는데, 이 친구도 거기 해당되는지 모르겠네. 2011년쯤에 아이템을 바꿨어요. 일본 수출이 막혔다. 가게가 1층에 있었는데 크기가 상당히 커서 관광용품 상가로 리모델링을 했는데, 이거 다 얘기해도 되나 몰라... 분양도 잘 안 되고 장사도 안 돼서 이 친구도 무지하게 까먹고 시장을 떠났어요. 저기 맞은편에 커텐 쳐 놓은 데가 그 가게야. 다음 사람도 들어왔다가 또 문 닫고 나갔어요. 저게 월세 1,000인가 그러거든. 그러고서 2년 전쯤에 서울 아래쪽에 오리집을 차렸다던가... 수완이 좋아서 거기서 다시 돈 버나 봐요. 평생 한 우물 파기가 이렇게 어려운 거라니까.

🎙 **전중열** : 개인 사업자가 사업의 영속성을 유지하면서 규모를 확장하기는 매우 어렵다는 게 공통된 의견이시네요. 1인 체제의 한계를 지적해 주셨다고 생각되는데요, 지금 하시는 사업체를 키우기 위해서 전문가에게 맡기거나 자녀 등에게 물려주실 의향이 있으신가요?

🎙 **이성재** : 개인 장사인데 타인에게 맡긴다는 건 가게를 팔아버리는 거나 마찬가지지. 매입/매출/재고 관리 같은 걸 다 수기로 하기 때문에, 남한테 맡긴다는 건 불가능해요. 그럴 바에는 아예 권리금이나 물건 값을 받고 가게를 넘겨야지.

🎙 **이정아** : 온라인 쇼핑몰이나 POS를 갖춘 외식 업체 같이 투명하게 매입/매출이 관리되지 않는 이상 남에게 맡기는 건 불가능하다고 봐요. 동업하는 케이스가 있긴 한데, 대부분 해피엔딩이 아니에요. 매장에 더 머무르는 쪽은 배분에 불만을 갖게 되고, 매장에 덜 머무르는 쪽은 자금 관리에 의심을 하게 되거든요.

전중열 : 그럼 전문 경영인이나 타인에게 맡기실 분들은 안 계시겠네요. 자녀한테 물려주실 건가요?

🎙 **이성재** : 솔직히 우리 애한테 장사를 시킬 생각은 없어요. 이게 얼마나 힘든 일인지 내가 수십 년 동안 겪어서 잘 아니까. 옛날처럼 수십 킬로그램 짐 지고 보따리 장사하러 다닐 일이야 없

겠지만…. 휴일도 없고, 아플 수도 없고, 월급도 박한데다가 기업체 같은 데서 해 주는 거 여기서는 못해 주잖아. 사람 하나 뽑으려고 면접보면 하나같이 물어보는 게 4대 보험이랑 복리후생이에요. 콩알만한 개인 점포에 복리후생이 어디 있어. 4대 보험도 대부분 안 해 주지, 아니 못해 주지. 요즘 젊은 애들은 못 버텨. 우리 애가 장사에 관심이 많고 소질도 있어서 본인이 원하면 어떨지 모르겠지만….

🎤 이정아 : 저는 자녀가 없어요(웃음). 결혼을 안 했어요. 만약에 자녀가 생기고 내가 나이가 많아지면 어려서부터 일을 돕게 가르치면서 사회나 직업에 빨리 눈을 뜨게 할 생각은 있지요. 저도 그렇게 컸으니까요. 물론 애가 공부를 아주 잘하면 무조건 공부시켜야 하고요. 그럴 가능성은 별로 없을 거예요. 아마…. (웃음)

🎤 김재홍 : 저는 은퇴를 생각하기에는 아직 젊고, 그렇다고 팔팔한 애들 따라가기는 쉽지 않은 나이예요. 우리도 조금 커나가다 2000년대 중후반부터 매출이 줄어 제자리인데, 이 상태로는 곤란하지요. 지금의 두 배 이상으로 다시 키운다면 조그만 회사 월급쟁이보다는 나을 테니 물려줄 생각이 있는데, 가만히 있으면 계속 매출이 줄기만 할 것 같아서 새로 비즈니스 네트워크도 만들고 온라인 좀 해 보려고 열심히 공부하고 있습니다. 우리 아들 대학 나와서 가게 내줬었는데, 결국 다시 정리하고 외부에서 프리마켓이니 협동조합이니 하면서 판로 뚫고 다니고 있어요. 잘 돼서 지가 맡아서 돈 만들 수 있으면 좋죠.

남대문시장 김재홍 대표님

전중열 : 두 시간이 넘게 인터뷰에 응해 주셔서 진심으로 감사드립니다. 덕분에 많이 배우고 많이 건졌습니다. 보답의 의미로 저녁에 시간되시면 삼겹살에 소주라도 대접해 드릴까 하는데요.

김재홍 : 아이구 새벽까지 퍼 마셨어요. 말만 들어도 올라오네. 저번에도 그랬는데 허허...

이성재 : 난 술 못 마셔. 젊은 사람들끼리 가서 즐거운 시간들 보내요.

이정아 : 어쩌죠? 전 돼지고기를 못 먹어요. 그리고 저녁때 학원가야 해서요.

전중열 : 다들 사정이 있으시군요. 그럼 저도 한턱 낸 걸로 하겠습니다. 진심으로 감사드립니다. 나중에 인사 드릴게요. 사업 번창하셔서 모두 모두 부자되세요.

남대문에는 장끼가 없다!

시장 조사를 다니면서 나는 작은 수첩과 볼펜을 가지고 다닌다. 요즘은 아이패드를 활용하여 자료를 정리하고, 때로는 가지고 다니면서 활용하곤 한다. 하지만 수첩에 쓰는 손맛을 잊을 수 없어서 여전히 장끼를 수집할 때가 많다. 동대문시장에서 시장 조사를 통하여 디자인과 가격 등을 정리하는데, 빠질 수 없는 것이 장끼를 수집하는 일이기 때문이다. 수집된 장끼는 뒷면에 제품에 관한 내용들을 꼼꼼하게 기록하고 수첩에 끼고 다닌다.

아쉽게도 남대문에서는 장끼를 볼 수 없다. 그 대신 명함이 존재한다. 그래서 남대문 시장 조사 시에는 명함을 받고 명함에 꼼꼼하게 메모를 한다.

▶ 명함에 메모

남대문 도매시장의 Others

남대문에는 없는 게 없다는 말처럼, 하나의 시장에 참으로 다양한 아이템이 밀집해 있다. 본 저서의 초점에 맞춰지지는 않으나 알아두면 좋을, 기타 아이템 및 각종 군소 아이템에 대해 간략히 소개하고 넘어가고자 한다.

● **숙녀복**

남대문 내에 신사복을 취급하는 매장은 손으로 꼽을 정도이다. 그나마 대부분이 화이트 셔츠류를 취급한다. 의류매장의 90%는 숙녀복을 다루고 있다. 북동쪽의 삼익 패션타운과 커먼프라자, 중앙부의 대도상가와 대도아케이드 앞 골목 등을 위주로 주로 중장년층 여성을 위한 제품을 판매한다. 밀집도는 북동쪽의 삼익/커먼 쪽으로 갈수록 높으며 해당 상가들은 백화점에 인접해 있는 관계로 도소매를 병행하고 있다. 회현역 쪽 코코상가 - 마노상가 사이의 숙녀복 골목에는 소규모 상가 10여 곳이 밀집해 있다.

● **군용품**

대도상가 D/E 동 사이 골목에는 건물 외부에 군용품 거리가 조성되어 있다. 군복, 깔깔이 등의 의류부터 군화, 탄창, 반합, 탄띠에 이르기까지 총기도검류를 제외한 웬만한 군용 보급품은 다 구할 수 있다.

● **피혁잡화**

지갑/벨트/가방/가죽장갑 등으로 대표되는 피혁잡화 역시 곳곳에 흩어져 있다. 대도 1층, 남도 3층 정도가 가성비가 우수하며, 삼익 패션타운 맞은편의 자유상가는 동대문의 남평화상가와 유사한 콘셉트의 피혁제품 전문상가를 이루고 있다. 취급품은 역시 대부분이 숙녀용 가방류.

▲ 대도상가 사잇길에 위치한 군용품 골목

● 꽃

대도상가 3층 및 옥상 일부에 꽃 상가가 형성되어 있다. 주로 생화를 취급하고 있으며, 일부 매장에서 조화를 구할 수 있다. 카페 등의 실내 인테리어로 사용할 수 있는 자작나무류의 인조목 등도 판매하고 있다.

● 수입잡화

역시 시장 전체에 광범위하게 분포되어 있으며, 점포 수도 많다. 비교적 유통기한이 긴 가공식품류나 화장품, 주류, 욕실용품, 생활잡화 등 다양한 제품들을 만나볼 수 있다. 일부 건강식품의 경우 가품여부에 주의할 필요가 있다. 시장 한가운데의 대도상가 1층/지하가 도깨비시장이라는 이름으로 유명하다. 그 밖에 시장 남동쪽의 남도상가, 숭례문에 인접한 숭례문 수입상가 등에 집중되어 있다.

● 혼수용품

그릇, 이불을 주요 품목으로 하는 혼수용품 또한 남대문에서 빼놓을 수 없는 생활잡화 품목이다. 그릇은 수입상가 여러 곳에 다양하게 나뉘어 있으며 그릇만 취급하는 상가도 있다. 밀도가 높은 곳은 대도 3층. 이불/한복 등의 혼수용품 역시 대도 3층에 많이 모여 있다.

● 전자제품 상가

남대문 내에서 만나볼 수 있는 전자제품은 주로 소형 수입가전이다. 소니/캐논 등의 브랜드별 점포는 숭례문-한국은행 방향의 남대문로 큰길 인근에 위치하고 있으며 디지털카메라가 주요 품목이다. 면도기, 시계, 라디오, 커피포트 등의 소형 생활가전은 남서쪽의 남대문상가(본동상가) 지하 및 1층에 주로 모여 있다. 컴퓨터 등의 중대형 IT 기기나 TV 등의 백색가전은 취급하는 곳이 없다.

● 농수산물

동대문 시장에는 존재하지 않고 오로지 남대문에서만 찾아볼 수 있는 품목 중 하나이다. 서쪽의 본동상가 노상과 중앙의 대도상가 지하에 농산물과 수산물 등의 생물 취급업자가 모여 있다. 인근에 포장 김이나 초콜릿 등의 관광기념품이나 건어물, 각종 견과류 등을 취급하는 업체들이 밀집해 있다. 본동상가 내부에는 외부에 널리 알려진 갈치골목이 있다.

● 안경

패션 선글라스가 아닌, 도수가 있어 전문 안경사만이 취급할 수 있는 안경 상가가 남대문 곳곳에 밀집해 있다. 과거 다방이 밀집했던 명동에 안경 수요가 집중되어 자연스럽게 남대문에 안경 상가가 많이 생성되었다고 한다. 남서쪽의 코코상가 지하 1층 고려안경상가, 남대문 종합상가 3층, Gate7/8번 소월로 횡단보도 맞은편 등에 상가가 형성되어 있고, 회현역 5번 출구 인근 건물들 1층에 대형 안경점들이 여러 곳 포진되어 있다.

● 미용재료

동대문에서 찾아보기 힘든 품목 중 하나이다. 4~5개 대형 업체가 시장 곳곳에 점점이 박혀 있다. 가발/속눈썹 등의 미용품을 취급하는 큰 업체들이 유성상가 맞은편/알파문구 옆/삼호우주액세서리 인근에 있으며, 네일 관련 용품으로 마노액세서리 바깥쪽 대로변 2층의 경안사가 유명하다.

● 문구/완구류

서울 곳곳에 매장이 있는 알파문구 본사가 남대문시장 내에 있다. 숭례문과 가장 가까운 골목에 위치해 있으며, 바로 옆 골목 안쪽에 최근 리모델링을 마친 아톰문구를 비롯하여 인근에 지물, 포장자재가 모여 있다. 그 밖에 완구, 화방 용품, 선물점포, 디스플레이용품 업체들이 점점이 산재해 있다. 포장용/액세서리 부자재용으로 겸용이 가능한 리본 전문업체는 남정을 비롯한 부자재 상가 내 점포들이 있고, 마노액세서리 안쪽에 대형 업체가 있다.

12 패션의 완성 : 슈즈이야기

지금 동대문 도매시장에서는 묘한 바람이 일고 있다. 여성 의류가 메인 아이템인 것은 분명한 사실이나 근간의 동대문시장은 슈즈 전문 쇼핑몰이나 가방 전문 쇼핑몰에 대한 목소리가 점점 더 커지고 있다. 이는 소비자의 욕구가 다양화되면서 오는 어쩌면 당연한 귀결인지도 모른다. 원인이야 어찌되었던지 동대문시장도 발빠르게 대응하고 있는데, 합피 신발을 대표적인 아이템으로 판매하고 있는 신발 상가 C동의 쌍둥이상가 D동의 등장과 곧 망할 것만 같았던 팀204의 화려한 부활이 이를 증명해 주고 있다. 더 이상 의류의 서브 아이템이 아닌 당당한 메인 아이템으로 자리를 굳혀가고 있는 것이다.

국내 슈즈산업은 부산에서 생산되는 일명 운동화라고 불리는 "스니커즈"와 서울 성수동에서 생산되는 "수제화"[35], 그리고 중국 광주 등지에서 저가로 생산되어 수입되는 "합피"[36] 등으로 나눌 수 있다. 그 중에서 동대문에서 가장 활발하게 취급되는 상품이 수제화와 합피이다.

35) 실제 가죽 원단으로 제작한 고가의 여성화 또는 남성화를 일컫는다.
36) 합성 피혁의 줄임말로서 저가 여성화를 부를 때 쓰는 시장 용어이다.

침대는 과학, 슈즈는 첨단 과학

굽이 낮기 때문에 무조건 편할 것이라는 믿음이 생기는 플랫슈즈. 하지만 플랫슈즈도 불편할 수 있다. 밑창과 내피 때문이다. 밑창은 지면에 닿는 밑바닥을 지칭하는 슈즈 용어이고, 내피는 신발을 신었을 때 발에 닿는 폭신한 내부 면적을 말한다. 플랫슈즈 전문 브랜드 '바바라'를 전개하는 바바라엔코(대표 이재정)는 플랫슈즈의 착화감을 결정하는 이 두 가지를 보완해 완성도를 높였다고 자신했다.[37]

필자는 전직 슈즈 디자이너였으며, 본인이 디자인한 제품을 동대문 벨포스트 지하에서 도매 매장을 운영하였다. 그런데 너무도 궁금한 게 있었다. 내가 만든 수제화의 느낌은 도대체 어떤 느낌일까? 한 번도 내가 만든 제품을 신어볼 수 없었던 필자는 궁금증을 해결할 수 있는 기회를 얻었다.

언젠가 명동성당에서 실시한 바자회에서 국내 플랫슈즈의 대표 브랜드인 바바라 플랫슈즈 사장님을 만난 적이 있다.

"어떻게 하면 내가 만든 제품의 느낌을 알 수 있나요?"라고 바바라 플랫슈즈 사장님께 물었다.

그때 농담처럼 던지신 그분의 말씀이 아직 귀에 남아 있다. "TV 광고에서 말하길, 침대는 가구가 아니라 과학이다라고 얘기한다. 그럼 나는 자신 있게 말할 수 있다. 침대가 과학이면, 신발은 첨단 과학이다."이라며 너털웃음을 지었다. 그리고선 나에게 이야기해 주셨다. "대부분의 신발 매장 직원은 남자이다. 여성 고객들에게 신발을 신겨드리면서 고객들의 미묘한 표정 변화를 읽어야 한다. 직접 신어볼 수는 없지만 고객의 눈빛 하나 표정 하나를 놓치지 않기 위한 섬세한 노력을 통해 소비자를 이해할 수 있다."

제품을 대하는 자세, 그것은 소비자를 대하는 자세이어야 한다. 대부분의 쇼핑몰 운영자들은 소비자를 대하는 자세가 아닌 본인의 취향에 맞춰서 제품을 취급하므로 그것이 소비자에게 제대로 어필되지 않는 것은 어쩌면 너무도 당연한 일인지도 모른다.

2011년 11월 디자이너에서 사업가로 성공적인 데뷔를 치른 김효진(지니킴) 리버티그룹 대표는 온라인 비즈니스는 하면 할수록 매력적인 마켓이라고 한다. "소비자의 즉각적인 반응은 곧 소통을 의미한다. 진실하게 소통하면 이는 진정성과 연결된다. 페이스북을 통해 '페르쉐'의 친구들은 슈즈에 직접 이름을 붙여주며 친구끼리 스토리텔링을 만들어 간다. 믿음과 신뢰를 가지면 무한한 가능성이 있는 시장이 바로 온라인이다". 라고 말했다.[38]

37) 자료 출처 : 패션비즈, 2012년 10월호 인용, 38) 자료 출처 : 패션비즈, 2012년 8월호 인용

■ 수제화와 합피 슈즈의 차이

상당수의 온라인 쇼핑몰들과 대학가 주변에서 많이 보이는 오프라인 슈즈숍들이 아주 싼 가격의 제품들을 "수제화"라는 타이틀을 걸고 판매하고 있는 광경을 목격할 수 있다. 수제화를 한자로 써 보면, "手製靴"이다. 한자의 뜻은 "손으로 만든 신발"이라는 의미이다. 그렇다면 손으로 만들지 않은 신발이 있을까? 전직 슈즈 디자이너였던 필자의 대답은 "없다."이다. 시대가 산업화되어 기계의 힘을 빌려서 작업을 하고 있지만, 온전히 기계의 힘을 빌리는 것이 아니라, 사람의 손을 많이 쓰는 산업이 신발 산업이다. 따라서 사람들이 신고 다니는 모든 신발들은 수제화인 셈이다. 그렇다는 것은 수제화 판매를 외치고 있는 대부분의 숍들과 쇼핑몰들이 수제화가 맞지 않냐고 억지주장을 한다면 틀린 것이 아닐 것이다.

▲ 슈즈 제작 시 사용하는 라스트(신발 제작 시 사용하는 목형)

◀ 슈즈 공장 장인의 모습

하지만 동대문 도매에서 이야기하는 수제화는 완전 다른 개념의 것이다.
'수제화냐? 합피냐?'의 명제는 순수하게 소재의 차이를 이야기하는 것이다.
슈즈를 제작하는 데 들어간 원단이 가죽이면 "수제화"이고, 합성 피혁[39]을 원단으로 사용하였으면 "합피"인 것이다. 가격 차이는 엄청나게 발생하는데, 아무런 디테일이 없는 일반적인 펌프스의 경우 수제화는 성수동 공장 생산가 50,000원(±5,000원)이며, 동대문 도매시장에서 약 7만 원 후반대에 도매가가 형성된다. 이를 쇼핑몰에서 사입하여 129,000~149,000원까지 판매하는 것이 일반적인데, 합피의 경우 수제화와 똑같은 디자인을 생산한다고 가정하면 공장 생산가 10,000원 이하(중국 생산가 기준) 도매가 23,000~25,000원에 형성되고 이를 사입하여 쇼핑몰에서는 49,000원 정도에 판매한다(중국생산시, 공장생산가는 10,000원 이하로 떨어진다).

겨울철 부츠(Boots)의 경우는 더욱더 가격 차이가 발생하는데, 합피 제품의 경우 디테일에 따라 다르긴 하지만 3만 원 후반대에서 도매가가 형성되며, 이를 사입하여 쇼핑몰에서 6만 원 후반대에 판매하고 있다. 하지만 수제화의 경우는 도매가가 15만 원부터 형성되어서 디테일이 많이 보강된 제품은 20만 원이 넘어가는 제품도 있다. 도매가가 15만 원인 제품의 경우 쇼핑몰에서 약 25만 원 이상으로 판매되고 있다.

39) 합성 고분자 화합물을 주원료로 하여 무명, 화학 섬유 따위의 기본이 되는 천 위에 플라스틱 층을 겹쳐 천연 피혁과 비슷하게 만든 피혁. 질기며 손질하기가 간단하여 구두, 가방, 의자 따위를 만드는 데 쓰인다.

온라인 쇼핑몰에서 필자가 개인적으로 좋아하는 두 개의 쇼핑몰을 소개하겠다. 하나는 합피 제품을 메인으로 정직하게 아주 잘 판매하는 홍대언니(www.hongsis.com, 2008년 런칭)이며, 나머지 하나는 수제화를 판매하는 로즈힐(www.roseheel.com, 2004년 런칭)이다.

▲ 수제화 판매 쇼핑몰 '로즈힐'   ▲ 합피 슈즈 판매 쇼핑몰 '홍대언니'

또한 수제화와 합피는 생산 방법이 다른 만큼 리오더(Re-Order)하는 방법에도 차이를 보인다. 수제화는 쇼핑몰에 오더가 발생하면 1족의 제품도 지속적으로 생산하여 공급이 가능하다. 하지만 합피 제품은 1차 오더에서 240족 정도가 진행되는데 사입한 쇼핑몰의 의사와 관계없이 품절될 수 있다. 이는 수제화의 경우 성수동 공장에서 신발을 하나하나 제작하기 때문에 지난 시즌의 제품이더라도 한번 만들었던 이력만 있으면 똑같이 만들어 줄 수 있다. 물론 똑같은 원단이 있다는 전제하에서 가능하다. 하지만 합피는 한 번 생산할 때 대량으로 생산되고, 유통 후 반응에 따라 리오더가 들어가기도 하나 소량의 리오더로는 공장에 오더를 넣을 수 없으므로 공급이 불가하다.[40]

예전에 필자가 슈즈 디자이너로서 또한 도매 판매자로서 고민을 하였던 부분이 "제품의 품질은 올리면서 가격은 내릴 수 있는 방법이 없을까?"라는 부분이었다. 그래서 슈즈의 소재는 합피를 사용하면서 성수동 수제화 공장을 활용해 보겠다는 생각을 하였다. 하지만 결과는 상당히 부정적이었다. 합피를 슈즈 원단으로 사용하더라도 기존 수제화 가격에서 약 1만 원 정도밖에 가격이 다운되지 않는다. 품질은 합피 슈즈보다 약간 좋아진 정도로서 두 가지 제품의 장점을 합친 것이 아니라 두 가지 제품의 단점이 합쳐진 모양

40) 대부분 합피 슈즈를 생산하는 공장이 중국에 있으므로, 생산량에 상당히 민감하다.

새가 되었다. 아무튼 수제화와 합피의 가격 차이가 큰 만큼 소비자 만족도에서도 큰 차이를 보이는데, 수제화의 경우 도매시장에서 1회에 한하여 A/S를 해 주는 곳이 많으며, 2회 차부터는 유료로 A/S를 진행해 준다. 그러나 합피 슈즈는 A/S의 개념이 없다.

그렇다면 동대문 도매시장에서 수제화와 합피가 어떻게 유통되는지 알아보도록 하자.

■ 수제화의 메카 : 누존 3층

전통적으로 누존은 X세대를 타깃으로 한 오프라인 상권 위주의 여성 의류 상가이다. 하지만 여성 의류가 전부라고 착각하면 안 된다. 누존은 여성복, 남성복, 패션 잡화, 그리고 유일하게 수제화를 전문으로 판매하는 멀티 상가이기 때문이다. 사실상 동대문 시장에서 수제화를 취급하는 상가는 누존 이외에 두 곳이 더 있다. 제일평화시장 지하 1층과 벨포스트 지하 1층이 그 곳이다. 하지만 이들 상가는 누존과 포지션을 달리한다.

제일평화시장과 벨포스트는 수제화를 판매하고 있지만, 타깃 소비자들이 오프라인 소비세대인 베이비부머층이기 때문이다. 따라서 대부분의 제품들이 서울·경인 지역의 오프라인 사입자들과 강원, 충청, 전라, 경상 지역의 지방 사입자들의 입맛에 맞는 디자인들인데, 힐의 높이가 절대 높아서는 안 되며, 가보시[41]가 있어서도 안 되고, 컬러가 화려해도 안 된다. 이는 50대 이상의 베이비부머세대들의 소비 특성이기 때문이다.

41) 슈즈 앞부분에 들어간 굽을 이야기한다. 대부분의 힐은 뒷부분에 굽이 있는데, 이를 힐(Heel)이라고 하며 힐의 높이를 더 높이기 위해 슈즈 앞부분에 한 치(약 1.5cm) 정도 굽을 넣기도 한다. 영어로 플랫폼(Platform)이라고 한다.

트렌디하다고 평가받는 누존 3층의 수제화 제품은 넷세대 소비자들을 타깃으로 생산된 제품으로 디자인과 품질에서 최고 점수를 받을 수 있다. 한국에서 생산되고 판매되고 있는 대부분의 디자이너 브랜드 슈즈들도 성수동에서 제품을 생산하고 있다. 이들 공장을 누존 도매상가에서도 사용하고 있기 때문에 시장 제품이라는 선입견만 없다면 디자이너 슈즈와 어깨를 나란히 한다고 할 수 있다. 누존 3층에서 판매되는 상품들은 두타 3층에 위치한 슈즈 매장에서 대부분 일반 소비자들에게 판매되고 있다.

■ 합피 신발의 원도매 상가 : 신발 상가 C동

2009년도 오세훈 서울시장은 청계천변에 있는 신발 상가 A동에서부터 삼호호텔까지 재개발을 통하여 청계공원을 조성하겠다고 청계천 개발에 대한 강한 의지를 표명하였다. 이에 신발 상가 A동에서 청계 의류 상가(D동)까지 도매 판매를 하고 있는 도매상들은 술렁이기 시작했다. 특히, 청계천변에서 가장 활발하게 움직이고 있던 신발 상가 C동의 판매자들은 고민에 빠졌다. 서울시측에서는 장지동에 새롭게 조성된 가든파이브로 이전할 것을 추천하였지만 동대문시장에서 이탈해야 하며, 사입자들이 신발을 사입하기 위해 장지동까지 오지 않을 것이라는 점 때문이었다. 이런 고민의 결과, 일부 신발 도매상들은 가든파이브로 이전하였고, 일부는 동묘앞역 6번 출구에 위치한 슈슈(舊크레타 망고)로 이전하였다. 또한 발빠른 일부 상인들은 apM Luxe(舊ZAPA)로 이전하였다. 서울시는 2010년까지 청계천 주변의 모든 상인들의 이주를 끝내고 공사를 시작한다는 계획을 가지고 있었으나, 아직 이주를 하지 못한 상인들의 심한 반발로 서울시는 2년간의 시간을 주기로 했다. 2012년까지 이주를 끝내야 한다는 유예 기간을 주었던 것이다. 하지만 오세훈 시장은 정치적 무리수로 인하여 시장직에서 물러났고 청계공원 조성은 계획으로만 그친 무위로 돌아가게 되었다. 한때 떠나간 도매상들로 인해 썰렁하기만 했던 신발도매 상가에 다시 활기가 불기 시작했으며, 떠나간 도매 상인들이 다시 돌아와 신발 상가 C동의 경우는 몇십 년 동안 사용하지 않았던 지하를 리모델링하여 입주하게 되었다.

하지만 떠나간 도매상들이 입주하여 조성한 슈슈와 舊ZAPA는 또다시 시작된 도매상들의 이탈로 인하여 몸살을 앓고 있는데, 舊ZAPA의 경우는 apM에 흡수되어 apM Luxe라는 새로운 의류 상가로 리뉴얼되어 성공적으로 변신하였으며, 자파에 입점했던 일부의 신발 도매상은 맞은편에 위치한 팀204에 흡수되면서 팀204를 이름뿐이던 신발 상가에서 명실상부한 신발 전문 상가의 하나로 자리매김하게 되었다.

문제는 슈슈(ShoeShoe)이다. 애초에 지리적으로 신발 상가 C동에 근접하고 있어서, 청계공원 조성 시 이전 하겠다고 생각을 하고 있던 도매상들이 슈슈에 매장을 선점하여 입점하였다. 신발 상가 C동에서 도매 판매를 계속하면서 슈슈를 세컨(Second) 매장 또는 창고의 개념으로 운영하였으나 청계공원이 무산되면서 더 이상 슈슈의 필요성을 느끼지 못하고 슈슈의 매장을 철수시켜 버린 것이다. 현재 슈슈는 "ZABA11"으로 2014년 가을 다시 한 번 리뉴얼하여 현재는 여성의류 도매상가로 운영되고 있으나, 여전히 주목받지 못하고 있어 안타까움을 금할 수 없으며, 온라인쇼핑몰 운영자를 위한 사무실 임대를 전문으로 운영하는 위오피스만이 꿋꿋이 지키고 있다.

1인 창업자의 동반자, 창업센터

초기에 쇼핑몰을 구축하여야 하며, 샘플 사입비용, 각종 기자재 구입비(컴퓨터, 카메라, 조명장비 등), 사무실 임대비, 사무실 운영비 등 시작부터 어려움을 호소하는 경우가 많은데, 이렇게 소자본 창업자들에게 도움이 되는 곳이 카페24 창업센터이다.

현재 가장 큰 규모로 운영되고 있는 카페24 창업센터는 서울, 경인지역을 중심으로 전국 18곳에 퍼져있으며, 중국 광저우지점까지 운영하고 있다.

창업센터의 입주비용은 1구좌(책상 1개 기준)에 보통 25만 원 정도이다. 물론 전국에 퍼져 운영되기 때문에 지점마다 약간의 차이가 존재한다. - 조금 더 비싼 곳도 있다.

보증금은 1개월 사용료(25만 원 정도)를 선납형식으로 받는다. 하지만 퇴점 시 100% 환불하여 주므로 초기에 부담없이 사용할 수 있다.

▲ 사무실-2인실

▲ 사무실-다인실

▲ 스튜디오

▲ 휴게공간[42]

42) 자료출처 : http://soho.cafe24.com

카페24 창업센터 활용의 장점을 몇 가지 꼽아보자면, 입점 시 들어가는 보증금(25만 원)+월사용료(25만 원) 외에는 어떠한 비용도 발생하지 않는다.

창업전문가와 1:1 컨설팅, 카페24에서 진행하는 창업교육을 무료로 활용할 수 있으며, 제품촬영 시 항상 예약으로 고생하는 점을 감안하여 모든 지점의 센터 내에 스튜디오 시설을 완비하고 있다. 사용상황에 따라 무료 또는 유료로 사용할 수 있다. 패션상품의 회전율을 감안할 때 "스피드"가 생명인 패션상품의 경우 사입과 동시에 사진을 촬영할 수 있다는 것은 상당한 메리트가 된다.

또한, 저렴한 택배비도 상당히 매력적이다. 초기 창업자의 경우 택배사에 따라 비용이 3,000원까지 발생하는데(보통의 경우 2,500원) 거의 대부분의 쇼핑몰 무배(무료택배) 정책을 활용하고 있기 때문에 택배비 역시 상당히 중요한 원가요소가 된다. 카페24의 창업센터에서는 기본 1,600원에 택배비가 측정된다.(물론 이것도 지점에 따라 변동 요소는 있다.)

택배비가 1,600원이라는 이야기는 하루 20건의 배송이 발생하는 경우, (2,500원-1,600원) × 20건/일 × 24일/월 = 43만 원이 된다. 배송만 늘어나면 오히려 택배비를 통하여 이익이 발생하게 된다는 결론이다.

기타 모델섭외서비스, 국내외 사입서비스, 디자인서비스 등 초기 창업자들에게 많은 도움이 되리라 판단되므로 꼭 확인하고 가도록 하자.

카페24 창업센터 문의 : 1688-3284 (http://soho.cafe24.com)

▲ 동대문 시장 내 신발상가 위치

신발 상가에서 판매하고 있는 제품은 대부분 합성 피혁으로 제작이 된 슈즈들이다. 현재 신발 도매 상가로서 기능을 하고 있는 상가는 동문상가, 신발 상가 B동과, C동 그리고 팀204이다. 동문상가는 2005년 12월 큰 화재를 겪은 이후 리뉴얼하여 현대화시켰으나, 여전히 내부는 미로의 모습을 띠고 있다. 지리적으로 신발 상가 A동과 B동 뒤편에 위치하고 있으며, 입구 또한 아주 좁은 골목이어서 웬만큼 관심을 가지지 않으면 입구조차 찾기 힘들어 대부분의 사입자들이 시장의 존재조차 모르고 있다. 유아복과 아동복을 판매하는 쇼핑몰에서는 구색을 맞추기 위하여 아동 슈즈를 판매하는데, 대부븐 신발 상가 B동 2층과 뒤편 골목에서 사업을 하고 있다. 하지만 **동문상가 3층에서 원도매로 판매하고 있다는 사실은 전혀 모르고 있다.** 신발에 따라 편차는 있으나, 2,000원에서 5,000원까지 마진을 더 붙여서 판매하고 있으므로 동문상가를 꼭 확인하기 바란다. 동문상가에서 모든 합피 슈즈를 판매하는 것은 아니며, 대체로 나까마[43]에다가 만빵[44]으로 판매 가능한 검정색 위주의 동네 아줌마 콘셉트의 슈즈와 슬리퍼가 가장 많다. 뿐만 아니라 시중에 유통되는 브랜드 운동화를 디자인 카피한 제품들을 싸게 판매하고 있다.

동문상가와 신발 상가 A동과 B동은 골목을 끼고 나란히 위치하고 있다. 신발 상가 A동은 사실상 도매라고 볼 수 없으며, B동에서 시작되는 건물 뒤편 골목에 도매가 형성되어 있다. 신발 상가 B동은 2층에 신발 도매들이 모여 있는데, 앞서 이야기한 베이비부머 타깃의 **수제화 도매시장은 '제일평화 지하 1층'과 '벨포스트 지하 1층'으로 분류할 수 있으며, 합피 제품으로는 '신발 상가 B동 2층'을 메인이라고 할 수 있다.** 제품의 디자인과 콘셉트에 따라서는 동문상가의 제품을 중도매로 판매하는 제품들도 끼어 있다. 신발 상가 B동 뒤편 골목에서도 도매 판매를 진행하나, 사실상 도매와 소매를 병행하는 도소매이며, 드물지만 간혹 수제화 매장도 존재한다. 또한 온라인 쇼핑몰에 샘플을 제공하는 업체도 있으니 시장 조사 시 필히 돌아볼 필요가 있다.

팀204는 현재의 apM Luxe가 리뉴얼되면서 빛을 보기 시작했다. 여성화와 액세서리를 판매하던 舊ZAPA의 신발 상인들이 상가가 apM Luxe로 리뉴얼되면서 팀204로 대거 이전하였다. 예전의 팀204는 신발 상가라고 얘기하기에는 구색이 부족하였으며, 길목에 나까마를 형성하고 있는 도소매들로 인하여 이미지가 실추되어 있었다. 하지만 이전한 신발 상인들로 인하여 2012년 여름휴가를 맞아 1층에서 4층까지 제품 구성을 전면 개편하여 지하 1층과 지상 1층에는 합피 슈즈 도매, 2층은 액세서리를 메인으로 시계, 스카프, 가방, 벨트 등의 패션 잡화 도매, 3층과 4층은 아동복 도매를 입점시킴으로써 동대문 도매시장에서 사입자 유동 인구가 가장 많은 지리적인 이점을 충분히 살려 신발 상가와 잡화 상가로 자리매김을 굳건히 하고 있다.

끝으로 **합피 슈즈의 메인 상가인 신발 상가 C동이다.** 청계 공원 조성에 관한 이야기가 나올 당시 매머드급 판매자들의 이전으로 한때 침체를 맞으나, 공원 조성에 관한 정책이 실제적으로 무효화되면서 판매자들이 다시 모여들게 되었다. 동대문시장에서 상가를 리뉴얼하여 볼륨(Volume)을 늘린 케이스는 테크노와 신발 상가 C동밖에 없다. 그만큼 판매가 잘된다는 이야기다. 물론 광희시장이 전략적 증축을 시도하여 2013년 봄 개장을 하였지만,

43) '동료'라는 의미의 일본어. 길거리 등지에서 리어카에 저가의 제품을 놓고 판매하는 판매상들을 일컫는 시장 용어로. 인터넷 도매 사이트 "나까마"도 있다. "도매꾹"이라는 이름으로 변경함.

44) 판매가 '만원'을 지칭하는 시장 용어, 같은 개념으로 '오천빵' 또는 '오빵'은 오천 원에 판매하는 제품들의 가격을 말함.

테크노와 신발 상가의 모습과는 비교가 되지 않는다. 신발 상가 C동은 지하 1층에서 지상 3층으로 이루어져 있다. 외관상 5층까지이나 4층부터 5층까지는 상가가 아닌 오피스텔로 온라인 슈즈 쇼핑몰 사무실로 많이 활용되고 있다. 현재의 신발 상가 C동은 지하 1층을 리뉴얼하여 오픈시켰으며, 아무도 다니지 않던 뒤편 골목까지 도매상들이 입점하고 있어 동대문 패션 도매시장에서 아주 활발하게 움직이고 있는 상가 중 하나로 성장하였다.

▲ 신발 상가 C동 모습

신발 상가 C동은 B동과 나란히 위치하고 있으나, B동의 제품과는 차이가 있다. B동의 제품이 베이비부머를 타깃으로 제품을 판매하고 있다면, C동은 넷세대를 타깃으로 판매를 하고 있다. 디자인적인 면에서 제품에 사용되는 원단이 합피라는 부분을 제외하면, 누존에서 판매되는 수제화와 비교해도 손색없을 정도이나 품질 면에서 대부분 중국에서 대량으로 생산되며, 합피 원단이 가지는 특유의 빡빡함으로 수제화의 편안함과 완성도에는 미치지 못하는 것이 단점이다. 하지만 디테일이 없는 기본 펌프스의 경우 수제화가 약 7만 원에서 9만 원 사이에 도매가가 형성된다면 기성화[45]는 2만 원 후반대에서 3만 원 초반에 거래가 이루어지므로 가격적인 메리트가 있다. 신발 상가 C동이라고 해서 모든 판매자들이 원도매급 도매상은 아니다. 생산만 중국을 이용할 뿐 자체 디자인을 직접 공장에 오더하여 판매하는 원도매들과 이들 원도매들 또는 전문 슈즈 생

45) 합피 슈즈는 중국에서 대량으로 생산이 되어, 시장에서 '기성화'라는 표현으로 부르기도 한다.

산 공장으로부터 디자인과 제품을 받아서 판매하는 중도매들이 함께 섞여 판매되고 있으므로 사입 시 유의해야 한다. 한 가지 재미난 점은 받아서 판매하는 중도매의 경우 1층에서 판매하는 제품이 3층에서 판매되는 경우도 있는데, 이런 경우 층별 가격 차이도 존재한다. 보통 3층이 1층보다 1,000~2,000원 정도 저렴하다. 물론 동일한 디자인의 제품일 경우이다.

[신발 상가 비교 차트, 청계천변]

상가명	동문	신발B	신발C	신발D
영업 시간	am 4:00 ~ pm 5:00	am 2:00 ~ pm 2:00	am 2:00 ~ pm 2:00	am 2:00 ~ pm 2:00
영업 방법	도매	도소매	도매	도매
제품 분류	합성 피혁	합성 피혁	합성 피혁	합성 피혁
세부 종목	슬리퍼 30% 운동화 40% 아동화 30%	아동화 40% 여성화 30% 남성화 30%	여성화 100%	여성화 100%
디자인	하	중	상	상
타깃	없음	아동~성인	20~30대	20~30대
상가 분위기	원조 신발 상가로서 지방이나 나까마 주의 저가형 신발을 유통. 저가신발의 중심	오픈시간에 약 50% 정도 오픈하며, 소매상은 거의 없는 편	신발 상가 중 유일하게 활성화. B1~3층까지이나 3층은 창고개념으로 활용하는 경우가 많음.	2015년 여름 신규 오픈, 1~2층으로 구성, 1층에서 일부 애완동물판매점 운영되고 있음.

 **라벨을 보아라**

신발 상가에서 시장 조사를 하다보면 상가마다 가격 차이가 발생하고, 같은 상가라고 하더라도 도매상마다 판매가가 다르다는 것을 발견할 수 있다. 이는 중도매에서 동일한 디자인의 제품을 판매하기 때문에 발생하는 현상인데, 의류와 달리 이를 쉽게 발견하게 되는 것은 의류와는 라벨 표기 방식이 다르기 때문이다.

◀ 브랜드 또는 생산자 라벨이 없는 or 불박이 없는 슈즈, 왜 일까?

의류의 경우 <u>라벨갈이</u>[46]가 손쉽게 가능하나, 슈즈는 브랜드 로고를 밑창과 안창에 불박[47]하여 들어오기 때문에 상표를 감추기가 힘들다. 굳이 본인의 라벨 또는 브랜드로 사용하기 위해서는 철형된 본인 라벨을 따로 제작하여 신발의 안창에 불박된 부위에 본드로 붙여야 하고, 본드가 마를 때까지 기다려야 한다. 철형된 라벨을 제작하는 데도 비용이 발생하지만, 일일이 신발마다 본딩(Bonding)하는 작업이 번거롭고 시간도 많이 걸리는 작업이라 거의 하지 않는다. 물론 이를 의류처럼 대행해 주는 업체도 없다.

따라서 신발 상가에서 시장 조사를 하다보면 유난히 여러 가지 라벨이 섞여서 판매하는 신발 도매상을 만나게 되는데, 이런 경우 십중팔구는 중도매인 것이다. 신발 상가에서 유난히 많이 보이는 라벨 중 대표적인 것이 "알토(alto)"와 "쇼랜(shoran)"이다. 알토와 쇼랜은 국내에서 합피 슈즈를 직접 제작하는 몇 안 되는 브랜드로서, 국내 제작이므로 자연스레 국내 슈즈 유통시장을 장악하고 있는 것이다.

알토와 쇼랜은 자체 도매 매장을 신발 상가에 가지고 있지만, 신발 상가에 제품을 유통시켜 주기도 하는 매머드급 원도매인 것이다. 따라서 신발 상가를 시장 조사할 때는 라벨을 확인하고 일관성 있는 라벨을 사용하는 도매상이 원도매일 확률이 높다.

46) 중도매의 경우 원도매 또는 생산자 라벨을 그대로 사용하기도 하나, 일부 도매상들은 중도매의 흔적을 지우기 위해 라벨을 본인의 라벨로 교체한다. 동대문시장에서의 라벨갈이는 일반적인 것으로, 원산지 표시와는 별개로 본인들의 상표 또는 브랜드 라벨로 교체하는 것이다. 일반적인 예로서 동평화시장 1층에는 라벨을 전문으로 교체하는 라벨집들이 즐비하다. 온라인 쇼핑몰에서도 본인들의 브랜드 인지도를 높이기 위해서 라벨을 제작하여 교체하기도 한다.

47) 상표 또는 브랜드 로고 따위를 프레스로 찍어서 변조하지 못하게 하는 것을 이야기한다.

[신발 상가 비교 차트, 동대문 시장 내]

상가명	누존	제일평화	팀204
영업 시간	pm 8:00 ~ am 6:00	am 9:00 ~ 다음날 pm 5:00	pm 8:00 ~ am 6:00
영업 방법	도매	도소매	도매
제품 분류	수제화	수제화	합피
세부 종목	여성화 95%, 남성화 5%	여성화 95%, 남성화 5%	여성화 100%
디자인	상	상	중상
타깃	20~30대	40~50대	20~30대
상가 분위기	· 4층에서 운영 · 브랜드 카피제품으로 성수동 등지에서 공장을 소유 또는 운영하여 직접 생산/판매 · 품질에 대한 자부심 강함	· 지하 1층에서 운영 · 성수동지에서 직접 공장을 소유 또는 운영하며 직접 생산/판매 · 80~90년대 동대문잡화상권의 중심	· 지하1~1층 운영 · 직접 생산하는 판매자도 있으나, 일부는 신발 상가에서 가져와 중도매를 실시

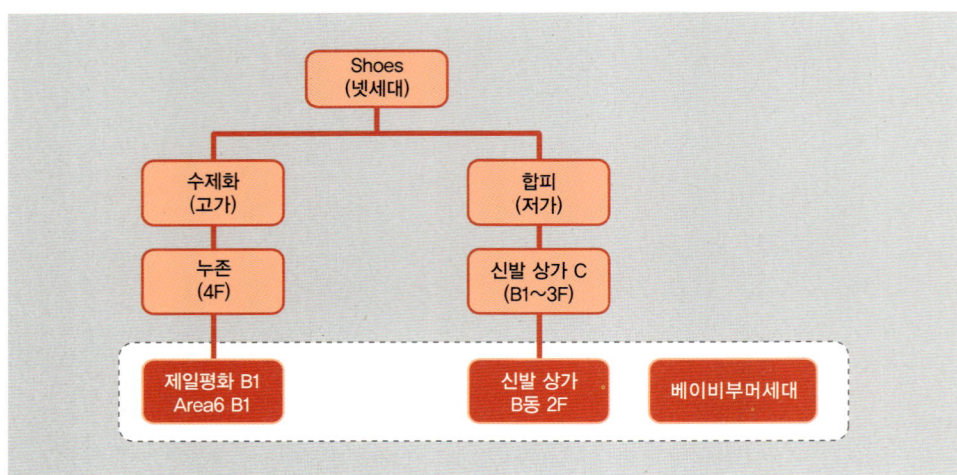

▲ 신발 상가 분류

13 명품백 부럽지 않은 기술력 : 남평화시장

국내의 가방(Bag) 도매시장은 신발시장만큼 활성화되어 있지 않다. 수요가 명품백에 많이 치중되어 있는 현실이지만 국내의 가방 제조 기술력은 세계적이라고 할 수 있다. 필자가 알고 지내는 가방 디자이너가 국내에서 제작한 제품을 홍콩쇼에 런칭하여 주목을 받은 사례가 있을 정도로 기술력을 인정받고 있지만, 정작 내수시장에서는 주목을 받지 못하는 점이 아쉽다.

내수시장에서 인정받지 못하고 있는 현실을 반영하듯 남대문과 동대문 도매시장을 다 합쳐도 가방을 메인으로 판매하는 도매 상가는 남대문시장의 '자유수입상가', 동대문시장의 '남평화시장', 광희시장 지하에 위치한 '빠리상가' 이렇게 세 곳밖에 없다. 나머지는 의류 상가에서 구색을 맞추기 위해 잡화 코너에서 몇몇 판매자들을 끼워서 판매하고 있는 실정이다.

가장 먼저 남대문시장의 자유수입상가를 말할 수 있는데, 자유수입상가는 1층이 가방 상가이면서 2층이 아동복 도매 상가로 유명한 "탑랜드"이다. 남대문시장의 특성이 베이비부머세대 이전의 실버세대에서부터 발전하여 온 시장이라는 점인데, 남대문 자유수입상가에서 제작되고 유통되는 가방의 메인 타깃은 실버층에서 베이비부머까지로 가방의 디자인들은 천편일률적으로 명품을 카피한 디자인들이다. 명품을 카피하였다고 'SA급 짝퉁'을 만들어 판매하는 것은 아니며, 명품 가방의 디자인과 컬러를 차용하고 있으나 누가 봐도 이건 명품이 아니라고 판단할 수 있는 그런 표현하기 애매한 제품들이다.

루이비통의 디자인을 하고 있으나 루이비통의 고유 로고인 'LV'를 사용한 것이 아니고, 대체로 비슷한 디자인과 컬러를 표현하고 있으나 가방의 겉면에 프린트된 로고가 'XX' 등으로 제작을 하는 것이다. 이런 제품들을 우리의 알뜰한 어머니들께서 구입하시고 아무 때나 들고 다니시는 막백(?)이라고 정의하면 어떨까? 가방을 판매해 본 경험이 없는 필자로서는 이러한 제품을 어떻게 표현해야 좋을지 딱히 정의내리지 못하겠다. 자유수입상가에서 판매하는 모든 제품이 앞에서 이야기한 그런 제품들만 있는 것은 아니다. 하지만 현재의 온라인 쇼핑몰이라는 주제에는 맞지 않는 제품군들이기에, 여기서 상가의 설명을 마치겠다.

동대문 도매시장에서 가방은 신발 도매 상가를 제외한 나머지 모든 상가에서 MD[48]를 맞추기 위해 판매하고 있다. 가방을 전문으로 판매하는 상가로서는 남평화시장과 빠리상가를 들 수 있는데, 이들 두 상가에서 취급하는 제품이 확연한 차이를 보이고 있으므로 두 개의 상가를 상호 비교하면서 설명하겠다.

남평화시장은 기본적으로 의류시장으로서 2층에서 남녀 의류를 도매 판매하며, 3층에서는 남성복을 도매 판매하고 있지만 지하 1층과 지상 1층은 가방 상가 중 유일하게 활성화되어 있는 상가로서 의류 상가라기 보다는 가방 상가로 차별화되어 있다. 이에 반해 빠리상가는 광희시장 지하 1층의 신관과 연결되는 상가로서 가방을 판매하나, 상가의 일부분에 중년의 여성 의류와 남성 의류가 입점되어 있다. 안타까운 점은 필자가 시장 조사를 위해 8년을 동대문시장을 누비고 다녔지만 빠리상가가 단 한 번도 활기를 띤 모습을 본적이 없다. 심지어 판매자들이 자리에 없는 경우도 많다. 도대체 영업시간이 언제인지도 헷갈릴 정도이다. 항상 닫혀 있는 상점들이 많기 때문이다.

[48] Merchandiser의 줄임말로써, 상품계획 또는 상품 기획을 전문적으로 하는 사람을 의미한다. 도매시장에서는 상품의 구색을 맞추기 위해서 상품을 구성하는 것, 또는 층별 판매 품목들을 정리하는 작업을 의미한다.

▲ 남평화 가방시장의 모습

남평화시장에서 판매되고 있는 가방은 제품의 디자인과 품질이 세계적이라고 이야기할 수 있을 정도로 우수하다. 특히 화요일 밤의 남평화시장은 중국 바이어들이 많이 찾는데, 남평화시장에서 판매하고 있는 가방의 특징은 가죽으로 제작된 고가의 가방들이 많다라는 점이다. 1층에서는 어깨 또는 등에 매어야 하는 아이템들이 많이 보인다. 아이템의 종류로는 가벼운 여행용 가방으로 사용할 수 있는 가먼트 백(Garment Bag), 패셔너블한 스타일의 백팩(Back Pack), 통가죽으로 제작된 물통처럼 생긴 버킷백(Bucket Bag), 가장 많이 활용되고 판매되는 토트백(Tote Bag), 그리고 아래로 처진 반달모양의 호보백(Hobo Bag) 등이다.

지하 1층에서 많이 보이는 제품들은 손에 들거나 손으로 끌어야 하는 여행용 캐리어 제품들이다. 아이템들을 정리해 보면 작은 물건을 정리해서 넣을 수 있고, 긴 끈으로 몸을 가로질러 맬 수 있는 메신저 백(Messenger Bag), 펜디 디자인의 바게트 백(Baguette Bag), 메이크업 도구를 넣는 뷰티 케이스, 정장차림 또는 드레시한 의상에 어울리는 광택이 나는 이브닝 백, 끈 없이 겨드랑이에 끼고 다닐 수 있는 납작하고 평평한 언더암 백(Underarm Bag), 한 손에 쏙 들어오는 클러치(Clutch), 마지막으로 지퍼나 끈으로

여미는 파우치 등이 있다. 국내에서 판매되는 대부분의 제품을 남평화시장에서 커버한다고 하여도 과언이 아니다. 따라서 가방에 대한 시장 조사는 남평화시장이 필수라는 점을 잊지 말기 바란다.

빠리상가의 아이템 구성은 대부분 저가의 합피 제품들로 구성되어 있다. 여기서 이야기하는 합피는 신발 제작을 할 때 사용하는 합성 피혁이며, 인조 가죽이라는 의미로 레자[49]라고도 부른다. 전체 시장 구성에서 약 50% 정도는 남대문 자유수입상가에서 판매하는 제품과 별다른 차이가 없으며, 나머지 50% 정도는 "나까마" 또는 오픈 마켓에서 저가로 취급되는 제품들로 구성되어 있다. 빠리상가에서 판매되고 있는 클러치 또는 남녀 지갑류는 남대문 유성상가 3층에 위치한 제품과 동일한 제품들이 대부분이다. 동일한 제품의 경우 대부분이 남대문 피혁 상가가 메인으로서 가격적인 데리트로 접근한다면 남대문 유성상가가 오히려 경쟁력을 가질 것으로 보인다.

49) 가죽을 뜻하는 영어 leather가 일본식 발음인 レザ[레자]로 알려짐. 시장에서 이야기하는 레자는 대부분 인조 가죽을 이야기함.

[가방 상가 비교]

상가명	남평화	빠리상가	제일평화
영업 시간	pm 12:00~am 12:00	pm 9:00~pm 5:00	pm 9:00~pm 5:00
영업 방법	도매	도매	도소매
제품 분류	가방 전문	가방 전문	가방, 신발, 액세사리
세부 종목	클러치, 토드백, 빅백, 트렁크	클러치, 백팩	수제화, 실버
디자인	상	중하	상
타깃	20~30대	20~30대	30~40대
상가 분위기	가방시장으로서 가장 활성화되어 있는 시장임.	나까마용 저가 가방들이 주류를 이루며, 상가 분위기는 굉장히 저조함.	미시, 마담을 타깃으로 품질과 디자인이 훌륭하며, 판매 가격이 높음.

남평화시장과 빠리상가를 제외하면 누존 5층, 팀204 2층, 제일평화시장 지하, 벨포스트 지하 1층과 지상 1층, 디자이너클럽 지하, apM Luxe 지하, 디오트 지하, 스튜디오 W 등 대부분의 상가에서 가방 제품을 조금씩 취급하고 있다.

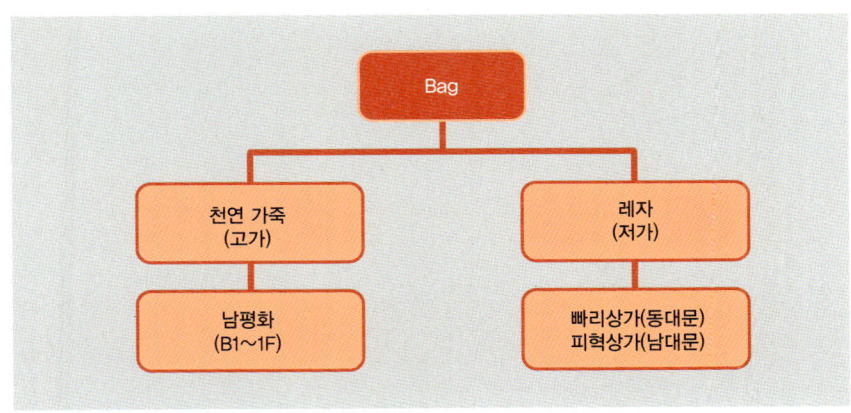

▲ 가방상가 분류

FASHION BLACK BIBLE

Part 3 아무도 알려주지 않는 도매시장의 비밀 – 성공 쇼핑몰의 노하우

1. 유통의 커맨드 센터(Command Center) : 원도매를 찾아서
2. 유통의 비밀 : 유통은 제품의 위치 이동이다.
3. 시장을 이해하라 : 동대문시장도 사람이 사는 곳이다.
4. 동대문 시장 조사 노하우 : 4단계 법칙
5. 고단수의 필승 창업 전략

시장 조사란, 연속성을 가지는 것이다.

"청평화에 가면 제품이 있다."는 것은 시장에 한 번만 나와 보면 누구나 아는 것이다. 하지만 청평화에서 생명력을 가지고 지속적으로 판매되는 제품은 한 번만 나와서는 결코 알 수가 없다. 시장 조사란, 시장에 무엇이 있는지 파악하는 것이 아니라 시장이 어떻게 돌아가는지를 파악하는 것이다.

쇼핑몰 운영자들을 만나서 이야기할 때 가장 많이 듣는 이야기들이 "어떻게 하면 원도매를 찾을 수 있어요?"라는 질문이다. 도매시장에서 판매하는 제품은 직접 제품을 생산하여 판매하는 판매자와 남들이 만들어 놓은 상품을 떼어다 판매하는 판매자로 구분한다. 직접 제품을 디자인하고 원단과 부자재를 섭외하여 공장에 발주하고, 생산된 제품을 판매하는 사람을 '원도매'라고 하며, 이러한 원도매에서 제품을 공급받아 판매하는 사람들을 '중도매'라고 한다.

당연히 제품을 직접 생산하여 판매하는 원도매와 거래를 한다는 것은, 이들에게서 제품을 공급받아서 판매하는 중도매에 비하여 가격을 싸게 공급받는다든지, 빠른 신상의 공급 등 여러 가지 이점이 있다. 그렇다면 원도매와 중도매를 어떻게 구분해야 할까?

**1
유통의 커맨드 센터
(Command Center) :
원도매를 찾아서**

> **직접 제품을 디자인하고 원단과 부자재를 섭외하여 공장에 발주하고, 생산된 제품을 판매하는 사람을 '원도매'라고 하며, 이러한 원도매에서 제품을 공급받아 판매하는 사람들을 '중도매'라고 한다.**

■ 일명 '창고'라 불리는 벤더(Vendor)

벤더(Vendor)라는 단어의 사전적 정의는 1. 행상인(노점상), 2. (특정한 제품) 판매회사, 3. (주택 등의) 매도인이라는 뜻을 가지고 있다. 그런데 시장에서의 벤더는 조금 다른 의미를 포함하고 있다. 시장에서는 제품을 대량으로 유통시키는 원도매급의 유통업자를 벤더 또는 창고라고 부른다.

우리가 시장 조사를 꼼꼼하게 하다 보면 똑같은 제품을 여러 상가에서 볼 수 있다. 시장 조사를 하면서 도매 판매자에게 직접 생산한 제품이냐고 물어보면 십중팔구는 직접 공장을 돌려서 작업하였다고 이야기하는데, 어떻게 똑같은 제품이 여러 상가에서 한꺼번에 보일 수 있는 것일까?

실제로 필자가 몇 년 전 겨울 상품을 디오트에서 사입하여 오픈 마켓에 판매하기 위해 작업을 한 적이 있다. 나는 22,000원에 터틀넥 코트를 사입하였고, 판매를 위하여 피팅 촬영까지 끝내놓은 상태였다. 기본적으로 나는 22,000원에 사입한 코트를 39,000원에 판매할 생각을 가지고 있었다. 제품을 판매하기 이전에 경쟁자들의 판매 상황을 보고 싶어 지마켓에서 코트 카테고리를 검색하는 순간, 나는 나의 컴퓨터 모니터를 박살내버리고 싶은 충동을 느꼈다. 그 이유는 디오트에서 22,000원에 사입한 터틀넥 코트가 지마켓에서 22,000원으로 버젓이 도매가에 판매되고 있었기 때문이다. 너무 어이가 없었던 나는 디오트로 달려가서 나에게 판매를 한 도매상에게, 어떻게 직접 생산한 제품이 지마켓에서 버젓이 도매가(22,000원)로 나올 수 있느냐고 거세게 항의를 하였고, 나에게 제품을 판매한 도매상 본인도 어이가 없다는 표정으로 지마켓에서 판매되는 제품을 나와 함께 확인하였다. 아직까지 나는 내가 도매상에게 소위 말하는 '낚인 것인지' 아니면, 도매상도 이러한 사실을 몰랐던 것인지 알 수가 없다.

그렇다면 왜 이런 현상이 생겼을까? 아래의 두 가지 케이스를 통해 이해하도록 하자.

case 1

시장의 유통 전문업자 '창고'

남대문과 동대문 시장에는 '창고'라 불리는 유통 전문업자가 존재한다. 이들은 남대문이나 동대문 도매시장에 직접 매장을 운영하지 않으면서, 도매시장에 제품만 전문적으로 공급하는 공급책(?)인 경우이다. 또한 도매시장에는 판매 후 고미가 깨져 상품성이 떨어진 재고 상품들을 처리해줄 사람이 필요하다. 이들 창고는 이렇게 판매 후 남아서 골치를 썩고 있는 재고들을 수거하여 외국이나 지방 등지로 재고를 싸게 재분배(Redistribution)하는, 일명 '땡시장'까지도 맡고 있는 셈이다. 이들은 서울 중심부에서 사무실과 창고를 운영하기도 하지만 대부분 서울에서 멀리 떨어진 의정부, 수원, 하남 등지의 창고세가 저렴한 곳에서 운영하고 있으며, 남대문과 동대문 시장의 도매상들을 전문으로 거래하는 사람들이다. 이렇게 멀리 떨어져서 운영하므로 일반인들이 접촉하기 어려울 뿐더러, 설령 직접 접촉하게 되더라도 이들에게서 제품을 공급받는 일은 호락호락하지가 않다. 일부 초보 사입자들의 경우 저렴한 제품이니 가격 경쟁력이 있지 않느냐는 질문을 하는데, 그건 여러분들만의 희망사항으로 이들에게 제품을 공급받는다는 것은 최소 20피트 컨테이너 하나 정도는 소화할 수 있는 능력이 되어야 접촉이 가능하다.

그럼, 이들 벤더가 움직이는 경로를 이야기해 보자. 이들은 시즌이 들어가기 전 해외시장에서 판매가 확인된-일명 명품 카피-제품들의 디자인을 수배하여 정리한 다음, 중국/베트남/인도네시아/방글라데시 등지의 인건비가 저렴한 국가에서 대량으로 생산하여 국내의 거래처(도매상)들에게 제품을 공급한다. 대부분의 경우는 상가별로 할당하여 분배하며, 특별히 거래가 많은 도매상 또는 아도(독점)를 원하는 업체에 전량 납품하면서 형성되는 유통 마진을 주된 수익으로 운영한다. 또는 시장의 도매상이 특별히 원하는 디자인이 있다면 이들에게 부탁하여 생산을 할 수도 있다. 물론 전량 사입할 것을 전제로 하고 있지만, 만약 물량이 적어 벤더에게 수익이 남지 않는다면 추가분을 생산하여 시장에 내놓을 수도 있다.

이런 경우라면 필자가 제품을 도매시장에서 사입한 제품이 지마켓이라는 소매시장에서 같이 판매되고 있는 현상이 어느 정도 설명 가능할 것이다. 누군가가 지마켓에 판매를 하기 위하여 벤더를 끼고 생산을 하였지만, 납품량이 적어서 벤더에게 수익을 주지 못하였고, 벤더는 손실을 만회하기 위해 추가 생산하여 동대문시장에 납품을 한 경우라면 말이다.

case 2

도매상이 직접 벤더가 되는 경우를 이야기해 보자.

특정 디자인의 제품을 생산하고 싶은 도매상 'A'가 있다고 하자. A는 그 제품을 국내에서 생산하게 되면, 최소 수량을 200장으로 소량 생산할 수 있으나 생산 단가가 35,000원으로 부담이 된다. 그래서 도매상 A가 중국에서 생산하는 것을 알아봤더니 생산가는 15,000원으로 부담이 없으나 최소 수량으로 5,000장을 만들어야 한다. 원가 부담은 떨어졌으나 한 시즌에 한 디자인의 제품을 5,000장씩 소화하기에는 물량 면에서 여전히 부담스럽다. 이럴 때 도매상 A는 본인과 비슷한 상황에 처해 있거나, 평소에 지인으로 알고 지내는 주변의 다른 도매상들을 포섭하여 함께 작업에 착수하게 된다.

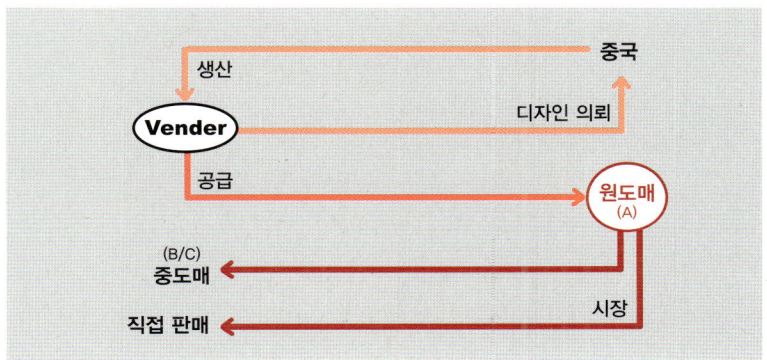

▲ 원도매 유통 과정

'도매상 A'는 '도매상 B'와 '도매상 C'에게, 국내에서 생산하게 되면 35,000원/200장에 작업되어야 할 제품을 저가로 공급해줄 테니 공급을 받지 않겠느냐고 제안한다. 이때 물량을 많이 소화해 주는 'B'에게는 17,000원/1,500장을 권하고, 그보다는 적은 양을 소화하는 'C'에게는 19,000원/1,000장을 권하게 된다. 이때 중국에서의 생산단가는 15,000원이나 B에게 17,000원으로 공급하고, C에게는 19,000원에 공급하는 이유는 기본적인 유통 마진과 차후 발생할 수 있는 재고 리스크 때문이다. 이점에 대하여 보통 B와 C는 중국 생산 원가에 대하여 모르고 있으나, 설사 알게 되더라도 불관을 가지지 않는다. A에게 마진을 조금 주더라도 국내에서 생산하는 것보다는 여전히 저렴하여 가격적인 메리트가 있으며, 장사에서 유통 마진은 당연하다고 생각하기 때문이다. 이렇게 최초로 작업을 시작하여 공급을 해 주는 '도매상 A'가 시장에서 '원도매'가 되며, 제품을 공급받는 '도매상 B'와 '도매상 C'는 '중도매'가 된다.

자, 시장 조사의 중요성은 지금부터 설명된다.

> **'원도매 A'는 자신이 어느 상가의 누구에게 제품을 공급하는지 절대 발설하지 않는다. 이는 유통 채널을 가지고 있는 사람의 일급 비밀이며 노하우이다.**

위에서처럼 작업된 제품에 대하여 '원도매 A'는 '중도매 B와 C'에게 얼마에 제품을 판매해야 할지에 대한 판매 하한선을 제시한다. 가령 국내에서 생산할 때의 원가인 35,000원에 도매 판매할 것을 제시하였다고 가정하자. '중도매 B와 C'는 'A'가 제시한 판매 하한선을 지키면서 판매를 하게 되는데, 이때 이야기하는 판매 하한선이란 35,000원 이하로는 판매해서는 안 된다는 도매 판매자들만의 판매 규약이다. 물론 35,000원 이상으로 판매가 되는 것은 아무런 문제가 되지 않는다. 만약 '중도매 B와 C'가 서로 만나서 35,000원으로 판매하자고 약속하였다면 상가마다 판매 가격이 다를 일도 없을 것이다. 하지만 '원도매 A'는 자신이 어느 상가의 누구에게 제품을 공급하는지 절대 발설하지 않는다. 이는 유통 채널을 가지고 있는 사람의 일급 비밀이며 노하우이다. 따라서 원도매는 이러한 비밀을 지켜나가기 위해서 같은 상가에서 판매하는 두 명의 중도매에게 동시에 제품을 공급하지 않는다. 풀어서 설명을 하면, 특정 제품을 생산한 원도매가 청평화 1층의 판매자에게 제품을 공급하였다면, 청평화에서 판매하는 다른 판매자에게는 더 이상 제품을 공급하지 않으며, 디오트 또는 테크노에 제품을 공급한다는 뜻이다. 이렇기 때문에 혼자만 제품을 판매한다고 착각에 빠진 '중도매 B와 C'는 본인이 생각하는 가격으로 판매하게 된다. 이러한 이유로 똑같은 제품이 상가마다 가격의 편차가 발생하게 되는 것이다.

이제 사입자 입장에서 시장을 들여다 보자.

우리가 시장 조사를 철저히 한다는 것은 똑같은 제품에 대하여 '도매상 A, B, C'의 판매 가격을 알고 있다는 것이며, 이렇게 시장에 접근하다 보면 자연스레 'A'가 원도매라는 사실을 알게 된다. 물론 그 누구도 'A'가 원도매라는 사실을 이야기해 주지 않는다. 오히려 '중도매 B와 C'는 본인들이 직접 공장을 운영한다는 식으로 이야기하며 원도매인 것처럼 이야기하나, 그것은 그렇게 말하는 것일 뿐 원도매가 아닌 것이다.

그럼, 위에서 나왔던 최초의 질문으로 돌아가 보자. 어떻게 해야 원도매를 찾을 수 있을까? 그것은 전적으로 시장 조사를 하는 사입자 본인의 노력에 달려있다. 신제품이 출시되는 순서, 판매하는 제품들의 전문성, 제품의 생산 주기와 판매 가격 등을 파악하고 관찰하면서 동일 제품을 판매하는 도매상 'A, B, C' 중 누가 원도매인지 점차 깨우쳐 가는 것이다.

여성 의류를 판매하는 온라인 쇼핑몰 'S'의 실제 사례를 들어보자.

원피스를 메인 아이템으로 판매하는 'S'는 여성 의류 쇼핑몰을 운영한지 3년이 조금 안된 사입자이다. 연차가 쌓이면서 노하우도 늘어 생산도 조금씩 진행하게 되었고, 소비자들에게는 직접 생산한 제품을 판매하는 회사로 더 잘 알려져 있다. 하지만 실상 'S'는 직접 생산보다는 사입의 비중이 절대적으로 큰 편이다. 'S'는 회사의 규모가 커졌지만 시장 조사만큼은 직원을 시키지 않고 직접 한다. 따라서 동대문 도매상들에게는 얼굴이 잘 알려져 있다. 'S'의 사입 전략은 메인 거래처를 약 20군데 정도로 고정하고, 나머지는 구색을 맞추기 위해 시즌마다 거래처를 바꾸면서 사입을 하는데, 이렇게 3년 동안 사입을 진행하면서 중도매와 거래를 하게 되면 겨울 상품의 경우 최대 2~3만 원까지 사입 비용이 늘어난다는 것을 알게 되었다. 'S'가 원도매와 거래를 하게 되면 중도매가 공급받는 가격으로 공급 받을 수 있을 거라 생각했지만, 현실은 그렇지가 못했다. 원도매는 철저하게 중도매가 판매하는 가격으로 제품을 공급하여 주었다.

왜 그럴까?

원도매에게 직접 제품을 공급받는데, 왜 중도매에서 판매하는 가격으로 제품을 받는 것일까?

원도매는 자신이 공급하는 제품과 그 제품을 공급받는 중도매를 지켜줘야 할 의무가 있다. 그래서 사입자와 직접 거래를 하더라도, 판매 가격을 중도매가로 맞춰서 판매한다. 그렇다면 원도매를 알고 있다는 것이 아무런 효과가 없는 것일까? 그것도 아니다. 도매에서 가장 좋아하는 사입자는 판매량이 많은 사람이 아니다. 물론 적게 판매하는 사입자보다는 많이 판매하는 사람이 좋겠지만, 도매에서 가장 관심 있게 지켜보는 사입자는 적은 물량이라도 꾸준하게 판매를 하는 사입자이다. 어떤 달에는 사입 물량이 급증했다가, 어떤 달에는 사입이 없어 몇 달씩 뜸하여 기복이 있는 사입자보다는 소소한 양일지라도 꾸준하게 거래하는 사입자를 좋아하며, 도매상들도 이런 사입자들을 키워주고(?) 싶어 한다. 따라서 'S'의 경우 원도매로부터 중도매가로 공급을 받지는 못했지만, 꾸준하게 거래를 하여 다른 경쟁 사입자들보다는 저렴하게 공급을 받고 있다.

그러던 어느 날 'S'를 관심 있게 지켜보던 도매상 'A'가 'S'에게 연락을 취하였다.

이유는 도매상 'A'가 가을 신제품을 중국에서 제작하려고 하는데, 제품을 한번 받아보는 게 어떠냐는 제안이었다. 위에서 말한 것처럼, 누구누구와 함께 작업하는지는 알 수 없지만 대략 35,000원에 공급받는 제품을 19,000원에 공급하여 줄테니 1,000장 정도 작업에 참여하라는 이야기였다. 패션 제품의 도매 유통과 생산은 굉장히 배타적이고 은밀한 부분이 있어서 시장에서는 "그들만의 리그"라고 부르며, 절대 알 수도 없고 알려 주지도 않는 일이었기 때문에 쇼핑몰 운영자 'S'에게 이런 일이 있을 거라곤 아무도 예상하지 못했다.

이제 'S'는 선택을 해야 한다. 35,000원으로 필요할 때마다 사입을 할 것인가? 아니면 19,000원에 1,000장을 공급받아 재고 리스크를 안고서 주력 아이템으로 판매할 것인가?

여러분이라면 어떻게 할 것인가?

창고형 판매자의 유형

① **소형 판매자** : 직원 2명의 덤핑 판매자. 하남시 인근 대형 유통 단지 내 고물상 옆 창고를 임대해 물량을 적재하고 대량 덤핑 위주의 영업을 하고 있음. 직원 수가 적고 교통이 불편한 곳에 위치해 있는 영세 업체로서, 소매 판매는 하지 않고 단골 업체나 덤핑 온라인 게시판 등을 통해 판매하고 있음.

② **중형 판매자** : 직원 6명의 덤핑 판매자. 남대문 인근에서 액세서리 및 잡화 위주 덤핑 영업과 도매업을 하고 있음. 남대문 액세서리 20여 년 경력을 바탕으로 인근에서 나오는 유행 지난 금속 액세서리 등을 덤핑으로 사입하여 B2B 온라인 등으로 판매하고 있음.

③ **중형 판매자** : 온라인 카페를 메인으로 영업하는 업체. 대형 창고를 소유하고 있어 덤핑 제품을 사입/도매 판매하거나 창고 보관/위탁 판매도 대행해 주고 있으며, 도매상들과 연계하여 중국에서 직접 소싱(Sourcing)한 제품을 분배/관리하기도 함. 무역과 덤핑이 주업인 관계로 소매 판매는 하지 않음.

④ **중대형 덤핑업체** : 직원 20여 명의 중대형 업체. 용인 인근에 대형 건물 2개 층을 제품 창고 및 스튜디오로 소유하고 있다. 온/오프라인 덤핑 판매를 병행하고 있는데, 온라인으로는 B2B 사이트 및 덤핑 판매 카페에서 도매상을 주 대상으로 판매하고 있으며, 독자 브랜드로 온라인 쇼핑몰도 가지고 있다. 오프라인 판매도 병행하고 있는데, 창고에서 직접 대량 덤핑 및 도매 판매도 하고 있으며, 소매상들을 위해 회원제로 선금 납부하면 소량을 저가로 판매하기도 한다. 온라인 판매자들을 위해 스튜디오 등을 별도로 운영하고 있으며, 생산 공장을 직접 관리하여 자체 상품도 판매함.

⑤ **대형 유통업체** : 직원 150여 명의 대형 유통업체. 중국 현지에 50여 명의 직원을 두고, 생활 잡화부터 의류/패션 소품 및 문구·완구류까지 다양한 제품을 생산/소싱하여 국내(본사)로 보내어 직접 도매상에 공급하고 있으며, 별도의 오프라인 판매는 하지 않고 영업 사원이 중소 도매업체와 접촉하여 제품을 공급하는 형태로 사업을 벌임.

상품을 생산자에서 소비자, 수요자에게 도달하기까지 여러 단계에서 교환하고 분배하는 활동을 유통(Distribution)이라 하며, 이 과정에서 발생하는 비용과 중간 유통에서 발생하는 이윤을 합쳐서 유통 마진이라고 부른다. 그렇다면 제품이 유통되는 과정에서 발생한 부가가치는 무엇인가? 초기 생산 공장에서 제작한 A스타일의 원피스가 10,000원에 생산되었을 경우, 이 제품이 중간 유통인 도매시장을 거치면서 A스타일 원피스는 자연스럽게 14,000원으로 도매가를 형성하고, 다시 상품이 최종 소비자에게 판매될 때에는 28,900원으로 가격이 상승하여 소비자가를 형성하게 된다. 이때 제품 그 자체인 'A스타일의 원피스'에겐 어떤 변화가 일어난 것인가?

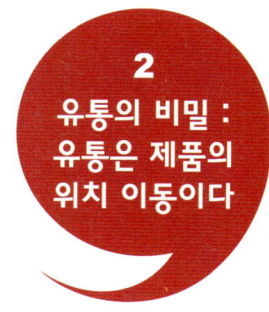

**2
유통의 비밀 :
유통은 제품의
위치 이동이다**

그 정답은 "아무런 변화도 일어나지 않았다."이다.

그렇다면 제품의 가격은 왜 상승하였을까? 이 문제를 반문하는 생산자도 도매상도 소비자도 없다. 그냥 그렇게 판매하고 구매하여 소비할 뿐이다. 그것이 유통의 진실이다.

이러한 현상은 패션 도매시장에서만 일어나는 것이 아니며, 대한민국 전체 유통시장에서 일어나고 있는 일들의 진실이다. 나는 이러한 진실을 분해하여 재해석하며 비판하고자 하는 게 아니다. 단지 일어나고 있는 현상을 그대로 받아들여 이해하고 활용하고자 하는 것이다.

■ **청바지의 비밀 : 남평화에는 가방만 있는 게 아니다.**

선수들만이 모여 도매시장을 이룬 동대문시장에서도 진짜 선수가 아니면, 생산을 멀리하는 아이템들이 몇 가지가 있다. 생산 공정이 복잡하여 원가가 높고, 사이즈가 많아 제품의 재고율도 높은 제품들을 이야기하는데, 그 중에서 가장 대표적인 아이템이 데님(Denim)이다.

◀ 청바지 유통의 비밀

일반적으로 데님은 청바지(Jean)를 만드는 소재를 일컫는데, 청바지 제품을 시장에서는 '청바지'라고 부르기도 하지만 '데님'이라고 부르기도 한다. 이러한 데님 아이템 중 남성용 청바지를 가장 많이 판매하는 시장이 누존 4층이다. 누존에서 판매하고 있는 제품들은 도매상이 의정부에 있는 청바지 공장에 발주하여 직접 생산한 제품이거나, 원도매급의 청바지 도매상이 중국에서 대량 생산한 제품을 동대문시장에 공급하여 중도매로 받아서 판매하는 2가지 형태로 분류된다.

그렇다면 누존 청바지 판매자들 중에서 의정부 공장에 직접 발주하여 제작한 청바지와 원도매급의 도매상으로부터 공급받아 판매하는 중도매 판매자들을 어떻게 구분해야 할까?

고급 가죽 가방으로 유명한 남평화시장으로 가보면 쉽게 판단할 수 있다. 남평화시장의 지하 1층과 지상 1층은 가방으로 유명한 상가이지만, 실상 남평화시장의 본 모습은 의류 상가이다. 2층과 3층은 각각 여성복과 남성복을 판매하고 있다. 그 중에서 남성복으로 판매하고 있는 제품의 1/4이 청바지 제품을 취급하고 있는데, 이들의 상당수는 누존이나 기타 남성복 청바지를 판매하는 도매상들에게 중도매로 납품되고 있다. 비록 같은 동대문시장에 위치하고 있으며, 남평화시장에서 누존까지의 거리도 얼마 되지 않지만 엄연히 제품의 위치 이동이 발생하였으므로 반드시 유통 마진이 발생해야 한다.

그러면 청바지의 유통 비용은 얼마나 발생할까?

남평화시장에서 25,000원에 온라인 쇼핑몰로 도매 판매되는 청바지가 있다고 가정할 경우, 청바지를 판매하는 중도매에게는 대략 23,000원 정도로 약 10% 정도 할인하여 공급하며, 이를 받아온 중도매 판매자는 27,000원~28,000원으로 약 20% 정도의 마진을 보고 판매한다.

물론 부지런하게 시장 조사를 한 쇼핑몰 운영자라면, 이미 누존보다는 남평화에서 사입을 하여 2,000~3,000원 정도 저렴하게 제품을 공급받아 판매하고 있을 것이라 믿는다.

■ 여성화(합피 제품) : 창고에 다녀올게요.

동대문시장 내에서 유통되고 있는 아이템이 데님만 있는 게 아니다. 사실상 데님보다 더 활발하게 움직이고 있는 아이템이 신발시장이다. 대부분의 도매 상가들은 각 층별 MD를 구성하여 판매하고 있는데, 거의 대부분의 상가들이 지하층을 패션 잡화로 구성하고 있다. 패션 잡화 중에서도 가장 매출이 큰 아이템이 바로 신발이다. 하지만 신발은 사이즈와 컬러 때문에 재고 부담이 너무나 크다. 도매에서 느끼는 부담은 사이즈를 225~250mm, 3컬러만 생산하여도 한 가지 스타일의 제품을 무려 18켤레나 생산해야 하기 때문이다. 이러한 부담감은 자연스럽게 생산하여 판매하는 원도매보다는 떼어다가 판매하는 중도매가 절대적으로 많아지게 된 원인이 되기도 한다.

동대문시장에서 저가의 합피 전문 도매 상가로는 동문상가, 신발 상가 B동과 C동, D동, 팀204가 있으며, 여성복 상가에서 손님을 놓치지 않기 위한 전략적 MD 구성으로 신발을 판매하고 있는 상가로는 청평화, 디오트, apM Luxe, 디자이너클럽 등이 있다.

그렇다면 여기에서 어떤 상가가 원도매이고 어떤 상가가 중도매일까?

대답은 오로지 하나, 신발 도매 상가 C동과 C동 뒤쪽에 위치하고 있는 일부 도매 상인들, 그리고 D동의 일부 상인들이 원도매이다. 신발 상가 C동, D동을 제외한 나머지 상가들은 대부분 신발 상가 C동, D동과 그 주변에서 제품을 공급받아 판매하고 있는 중도매이다.

가끔 신발 상가 C, D동이 아닌 다른 상가에서 마음에 드는 제품이 있어서 샘플 또는 사입하려고 할 때 판매 직원인 삼촌들에게서 듣는 이야기가 있다. "제품이 창고에 있으니, 좀 있다가 오세요."라는 이야기이다. 이럴 경우 십중팔구는 '신발 상가가 새벽 2시에 오픈하니 그때까지 기다려주세요.'라는 의미로 해석하면 되고, 여러분들 또한 발길을 돌려 신발 상가 C, D동으로 직행하면 된다.

그렇다면 이들 신발 중도매들은 얼마에 사입해서 얼마에 판매하는 것일까?

온라인 쇼핑몰 운영자가 직접 신발 상가에서 사입할 경우, 디테일이 없는 펌프스를 약 23,000~24,000원에 사입할 수 있는데, 중도매의 경우는 약 10% 할인한 21,000~22,000원에 사입하여 여러분들에게는 약 20% 정도의 마진을 남기고 25,000~27,000원에 중도매로 판매하게 된다. 사입량이 적은 초보 사입자일 경우에는 안타깝게도 약 10,000원까지도 더 붙이는 경우도 있다. 따라서 신발의 경우는 신발 상가 C동의 시장 조사가 필수 사항임을 잊지 말아야 할 것이다.

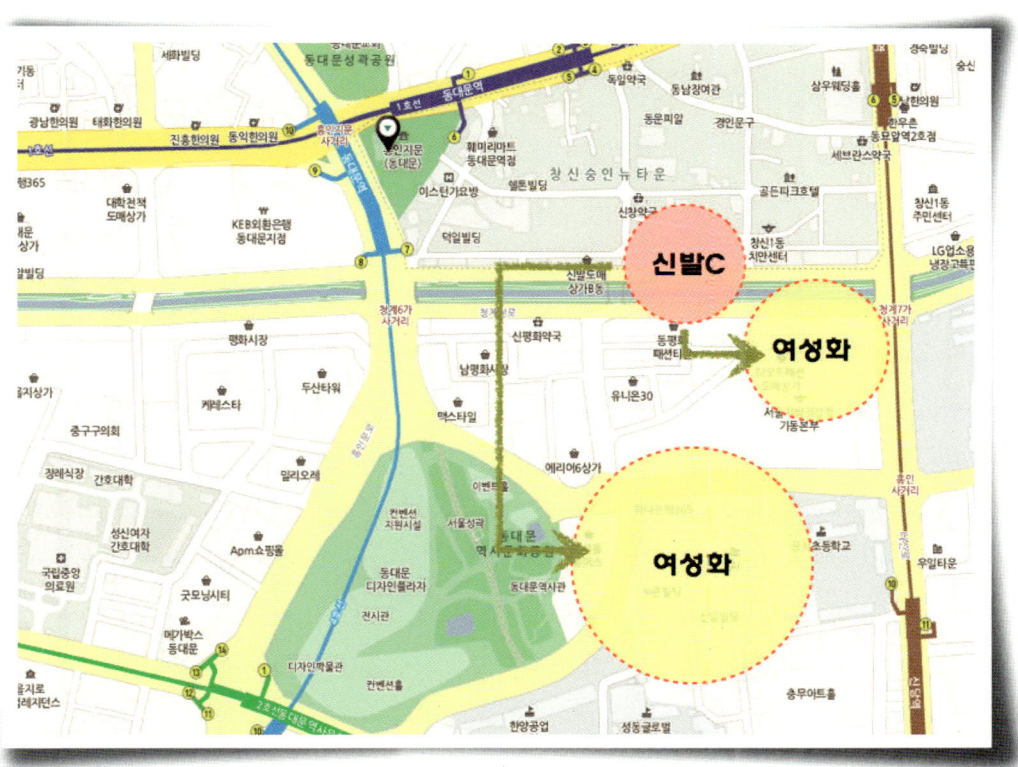

▲ 숙녀화(합피 제품) 유통의 비밀

■ **패션잡화 : 청계천에 다 모여 있다.**

위에서 청바지와 여성화에 대한 이야기를 해 보았는데, 다른 패션 잡화류도 상황은 마찬가지이다. 원도매에서 일반 사입자들이 사입하는 가격보다 약 10~15% 할인된 가격으로 받은 다음, 다시 20~30% 정도의 마진을 올려 판매하는 방식이다.

예를 들자면, 평화시장에서 판매하는 스카프, 모자, 벨트, 선글라스, 장갑 등의 패션 잡화, 신평화시장에서 판매하는 레깅스, 양말, 언더웨어, 동평화시장에서 판매하는 남녀 성인 및 아동 속옷 등이 전체 동대문시장으로 공급된다. 따라서 여성복 상가에서 판매하는 패션 잡화는 청계천변에 모여 있는 상가들이 메인 상가라고 생각하면 된다.

실례로 평화시장에서 판매하는 선글라스의 경우, 중도매가 원도매에게서 약 2,300원에 사입하여 여성복 상가에서 다시 5,000원에 사입자들에게 판매하고 있으므로, 생산해서 재고 리스크를 안는 것보다는 훨씬 큰 마진을 남기며 판매하고 있다. 물론 패션 잡화는 위에서 이야기한 청바지와 신발의 경우와는 차이가 있다. 청바지와 신발은 중도매에게서 사입을 하든지, 원도매에서 사입을 하든지 쇼핑몰 운영자가 사입을 해야 하는 사입량은 차이가 없다. 예를 들자면, 신발 상가 C동에서 2켤레를 50,000원에 사입했다면 신발 중도매에서도 2켤레를 사입할 수 있다는 이야기이다. 물론 청바지의 경우도 마찬가지이다. 하지만 패션 잡화의 경우는 중도매가 사입을 할 경우에 200~300개씩 박스 단위로 사입하므로 물량에서 뒤질 수밖에 없다. 하지만 지속적으로 거래가 이루어진다면, 중도매만큼은 아니지만 어느 정도 가격 할인을 하여 사입할 수 있다는 점을 명심하고 메인 거래처 리스트에 올려놓고 관리해야 한다.

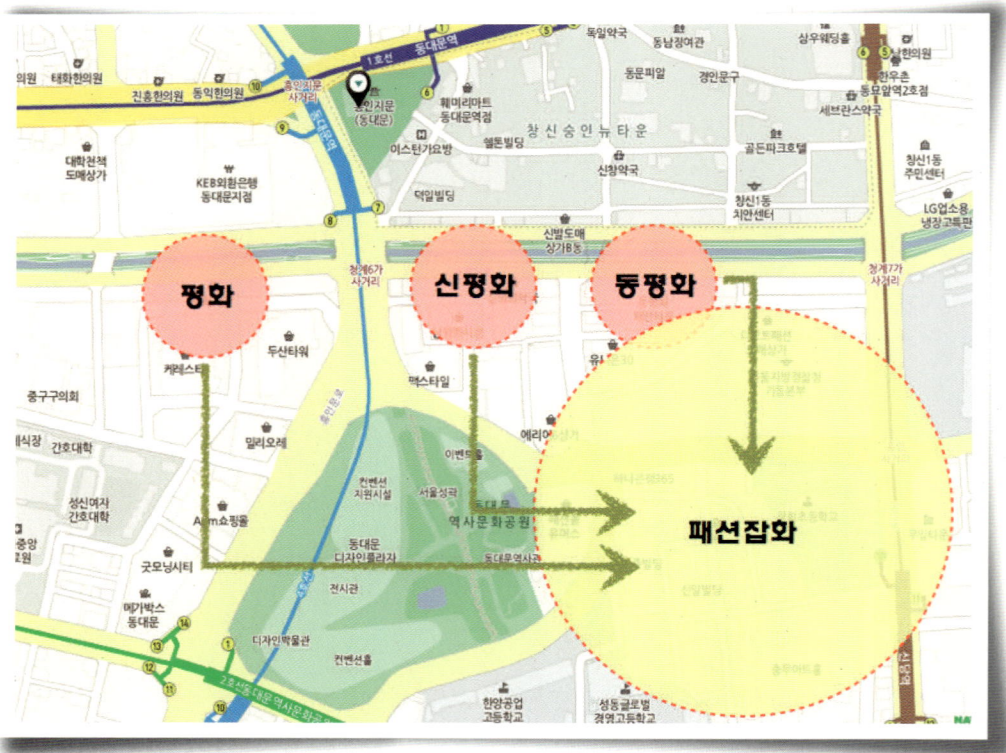

▲ 패션 잡화 유통의 비밀

그 밖에도 다양한 아이템들이 시장 안에서 돌고 돌며 우리가 모르는 유통시장을 형성하고 있으며, 그 안에 원도매와 중도매가 균형을 이뤄 발전해 나가고 있는 곳이 바로 시장이다. 그 모든 아이템을 정리할 순 없으며, 쇼핑몰 운영자 스스로가 끊임없이 시장 조사를 통하여 경쟁력을 키워나가는 수밖에 없다. 시장은 누가 나서서 가르쳐 주지 않는다. 시장은 직접 발로 뛰면서 시장에게 직접 물어봐야 하는 것이다.

그렇다면, 중도매를 하는 도매상들과 거래를 끊어야 할까? 가격 경쟁력 확보를 위하여 원도매에서 제품을 공급받는다면 굉장한 메리트가 있지만, 반드시 그런 것은 아니다. 중도매에서 마진을 조금 더 보기는 하지만 사실상 내가 가지고 있지 못한 노하우를 돈으로 사는 것이나 마찬가지이기 때문이다.

이렇듯 초보 사입자가 중도매에서 제품을 사입하면서 얻는 이점(利點)이 두 가지가 있다.

첫째, "안목"을 사는 것이다. 필자가 남대문시장 탑랜드에서 아동복 도매를 할 때 필자의 구찌(사입량이 큰) 손님은 대부분 동대문에서 아동복을 판매하는 중도매들이었다. 동대문 중도매에게는 일반 쇼핑몰 사입자들에게 판매하는 가격인 정상 도매가에서 보통 10~15% 정도 할인하여 판매하였고, 이들은 남대문에서 사입한 가격에다가 약 30% 정도의 마진을 붙여 동대문시장에서 중도매로 판매한다. 그런데 이들의 공통점은 수십 곳의 원도매와 거래를 하면서 원도매 한 곳만을 위해 영업하지 않는다는 것이다. '원도매 A'와 거래를 할 때 A가 판매하는 수십 가지 상품 중에서 잘나가는 몇 가지만 떼어다 판다는 것이다. 이는 중도매들이 가져가는 아이템들이 베스트 아이템일 확률이 높으며, 중도매들은 베스트 아이템을 식별하는 "매의 눈(Eyes)"을 가진 탁월한 안목이 있다고 할 수 있다. 실제로 원도매에서 제품을 보는 것보다 중도매에서 제품을 보는 것이 콘셉트와 디자인이 더 정리가 잘 되어 있어서 시장 조사 시에 중도매에서 어떤 아이템들을 취급하는지는 반드시 조사할 필요가 있다. 그들의 경쟁력은 원가가 아니라 제품을 보는 안목이기 때문이다.

둘째, "시간"을 사는 것이다. 온라인 쇼핑몰의 43%가 패션 아이템이며, 패션 아이템의 주력 상품은 역시 여성복이다. 패션 사업은 감성 사업이다. 가격보다 콘셉트와 디자인을 중시하는 감성 사업으로 한 가지 아이템을 판매하기 보다는 여러 가지 아이템을 판매자의 콘셉트와 안목에 따라 코디네이션하여 판매한다. 이를 "시장에서는 구색을 맞춘다."라고 표현한다. 그런데 이런 구색을 맞추기 위해 사입자들이 가방, 신발, 액세서리 등 패션 잡화와 함께 판매를 하는데, 이럴 경우 굳이 패션 잡화 원도매를 찾아 헤맬 필요가 있을까? 아동복을 전문으로 판매하는 쇼핑몰이라면 당연히 남대문에서 원도매를 찾아 사입을 해야 한다. 액세서리도 마찬가지이다. 신발도 마찬가지이다. 그러나 여

> **반드시 원도매에서
> 모든 아이템을 소싱할 이유는 없다.
> 원도매와 중도매의 사입 비율을
> 적절히 믹스하는 것이 가장
> 경쟁력이 있다.**

성복이 메인 아이템이며, 코디 상품으로 구색을 맞추기 위해 판매하는 액세서리와 신발을 위해 원도매를 찾아다닌다는 것은 난센스라고 생각한다. 메인 아이템의 경쟁력을 높여야 한다. 서브 아이템에 시간과 노력을 경주하라고 권하고 싶지 않다. 메인 아이템인 여성복 사입을 끝내놓고 신발을 사입하기 위해 신발상가가 오픈하는 새벽 2시까지 기다리며 시간과 체력을 낭비하지 말라는 이야기이다. 무엇을 선택해서 어디에 집중을 해야 하는지 스스로 잘 생각해 보기 바란다.

3 시장을 이해하라: 동대문시장도 사람이 사는 곳이다.

일요일 밤 8시 45분, 6호선 신당역에서 빠른 걸음으로 걷는 사람들이 있다. 일요일 밤 동대문시장에서 이렇게 걷는 사람들은 오로지 한 부류의 사람들로 밤시장에서 근무하기 위해 출근하는 언니, 삼촌, 이모들이 바로 그들이다. 이들의 일상은 일요일 밤부터 시작된다. 참고로 동대문 도매시장은 토요일 밤이 쉬는 날이다. 한 주의 시작이라고 얘기할 수 있는 일요일 밤시장은 대체로 차분한 느낌이며, 도매 근무자들이 삼삼오오 모여 이야기를 나누며 휴식 이후 워밍업을 하고 있는 모습들도 볼 수 있다. 하지만 이렇게 여유 있는 모습들도 잠시뿐, 치열한 삶의 기센 여자들로 거듭나야 하는 시간이 바로 찾아온다. 초보 사입자들의 경우, 밤시장에서 근무하는 언니들의 기에 눌려 시장 조사를 제대로 못하는 경우가 있다. 하지만 이건 언니들의 생활을 잘 이해하지 못하기 때문에 하는 이야기이다. 동대문 언니들의 일상을 잘 이해하고 있다면 오히려 그럴 수밖에 없다는 것을 공감할 수 있다.

무엇이 그렇게 치열한 삶의 기센 여자로 만든 것일까?

3년차 도매 판매자인 'N'의 이야기를 잠깐 들어 보자.

오후 6시, 피곤한 몸을 일으켜 출근 준비를 한다. 10분만 더 누웠다가는 지각비를 내야 한다. 그렇게 낸 지각비로 아파트도 한 채 사겠다라고 농담으로 이야기한다. 실제 동대문시장은 각 상가마다 출근 시간에 늦은 상인들에게 지각비를 부여하는데 다소 차이는 있지만 5,000원에서 10,000원까지 지각비를 받고 있다.

정신없이 출근하여 매장을 정리하고 있으면 오늘 판매해야 할 제품들이 속속들이 공장에서부터 퀵 아저씨들의 손에 이끌려 들어온다. 제품을 풀어 정리해 보니 며칠째 주문이 밀려있는 바지는 정작 들어오지 않았다. 급히 공장으로 전화를 걸어 확인하자 밤 12시는 되어야 마무리가 된다고 한다. 행여 급하게 다그치다가 시아게(마무리)가 지난번처럼 안 돼서 들어오면 오히려 곤란한 지경이 될 수도 있어, 화를 낼 수도 없는 상황이다.

그렇게 공장과 통화를 마무리하고 제품에 튀어나온 실밥을 뜯고 있는데, 처음 보는 손님이 와서 이것저것 가격이 얼마냐고 묻고 있다. 어디서 왔냐고 물었더니 우물쭈물한다. 틀림없이 쇼핑몰 사입자가 아니라, 도매로 싸게 구입하려는 민간인들이 분명하다. 대답하기도 귀찮다. 그냥 못들은 척 하고 민간인을 돌려보낸다.

밤 10시가 되었다. 밤시장이 가장 활기를 띠는 시간이다. 근데 웬일인지 조용한 느낌이다. 여기저기 물어보니 장차(지방에서 상인 태우고 올라오는 버스)가 오지 않았다고 얘기한다. 그렇다고 오늘 인터넷 손님(쇼핑몰 운영자들을 시장에서는 이렇게 부른다.)이 많이 온 것도 아니다. 아마도 휴가철에 맞물려 주문량이 많이 떨어진 듯하다. 'N'은 자금이 여유 있는 상황에서 도매를 오픈한 것이 아니기 때문에 하루하루가 살얼음을 걷는 기분인데-몇천만 원에 이르는 대출금과 이자, 매년 오르는 매장비(350만 원/월)와 관리비를 생각하면-이렇게 넋 놓고 앉아 기다릴 수만은 없다. 그렇다고 딱히 할 수 있는 것도 없다.

새벽 1시 옆가게 언니가 밥을 먹자고 한다. 떡볶이와 김밥을 시켜놓고 앉아서 밥을 먹고 있는데, 언니가게 맞은편 집에 걸려 있는 바지가 눈에 들어온다. 어디서 많이 본 듯한 디자인이다. 아니나 다를까, 공장에서 주문이 밀린 바지였다. 몇 날 며칠을 고생해서 디자인한 바지가 언니가게 맞은편 집에 걸려 있는 것이다. 너무너무 화가 나서 참을 수가 없다. 당장 매장으로 뛰어가 공장 사장님에게 전화하였다. 자다가 깨어난 공장 사장에게 어떻게 내 바지가 같은 상가에 걸려 있냐며, 샘플을 빼돌린 게 아니냐고 따져 물었지만 공장 사장은 모르쇠로 일관하고 있다. 심증은 있지만 물증이 없어서 더 이상 화도 낼 수가 없다. 오히려 공장 사장이 새벽에 무슨 짓이냐며 따지기 시작했다. 상황이 어떻게 된 건지 머리가 어지럽다.

그렇게 정신없이 하루가 지나가고 퇴근 시간이 되었다.

오전 6시에 퇴근하여도 집에 갈 수가 없다. 밤새 판매된 물량만큼 리오더를 넣어야 하기 때문이다. 원단시장은 8시에 오픈한다. 2시간 동안 같은 상가 언니들과 간밤에 있었던 일을 토로하며 시간을 보낸다. 오전 8시가 되어 피곤한 몸을 이끌고 원단시장을 돌면서 원단을 발주하던 차에 지난번 세금계산서를 끊어주지 않은 사장님을 만났다. 원단을 무려 3천만 원이나 발주했었는데 세금계산서를 1천만 원만 끊어준 것이다. 요즘은 인터넷 손님들이 단돈 1만 원도 세금계산서를 끊으러 오기 때문에 'N'의 입장에서도 반드시 세금계산서를 끊어야 한다. 하지만 원단 사장님이 어렵다면서 외면한다. 너무 억울하지만 더 우기면 원단 공급마저 끊어질지도 모른다는 생각에 돌아서기로 했지만 그 심정은 이루 말할 수 없다. 상가 언니들에게 물어보니 진상이라고 거래를 끊으라고 하지만, 원단의 품질이 좋아 끊을 수는 없었다.

그렇게 원단집을 돌아다니며 발주를 넣고 필요한 부자재-단추, 지퍼, 핫픽스-까지 맞춰서 공장으로 다시 들어간다. 분명히 요척[1]에 맞게 준비해 줬었는데, 항상 부족하다고 하는 게 아무래도 의심스럽지만 부자재가 없다니 어쩔 수가 없다. 시간은 11시를 넘어서고 있다. 세 곳의 공장 중 한 곳만 들러야 한다. 나오시(불량) 난 제품을 수정해 주어야 하기 때문이다. 마음 같아서는 바지 샘플을 빼돌린 공장에 들러 따져 묻고 싶지만, 일단은 나오시 처리가 먼저이기 때문이다. 공장에 들러 사장님과 이야기 중인데, 도대

[1] 옷을 제작하는데 사용되는 원단의 사용량

체 말이 통하지가 않는다. 노루발(미싱의 부품)을 바꿔서 미싱을 하면 불량이 나지 않는데, 노루발을 바꿀 생각을 하지 않는다. 원단에 따라 미싱의 컨디션을 조절해야 하는데 그렇지가 못한 상황인 것이다. 벌써 두 시간째 실랑이가 계속되고 있다. "졌다. 내가 졌다."면서 혼잣말로 되뇌이고 공장에서 나왔다.

시간은 이미 3시를 향하고 있다. 집에 들어가서 잠을 자야 하는데, 카피된 바지 생각이 자꾸 난다. 이미 카피가 돌았으니 어쩔 수가 없다. 신상을 만들어 내는 수밖에 없다. 'N'은 어쩔 수 없다고 체념을 하며 다시 백화점으로 향하였다. 물론 쇼핑을 위해서가 아니라 신상 디자인을 참조하기 위한 시장 조사를 백화점으로 간 것이다.

◀ 매장에서 제품을 정리중인 언니

동대문 도매시장에서 만나는 판매 직원들을 보통 언니, 삼촌, 이모 등으로 표현한다. 그런데 그런 언니, 삼촌, 이모들이 판매 직원이기도 하지만, 대부분은 사장님들이기도 하다. 그들의 일상은 위의 'N'과 크게 다르지 않다. 항상 잠이 부족해 육체적 피곤에 찌들어 있고, 언제 나타날지 모르는 카피 제품들에 대한 정신적 피로가 누적되어 있다.

시장 조사 시에 만나게 되는 시장 상인들을 그냥 "너는 너, 나는 나"로 받아들이지 말고, 부르는 호칭처럼 친언니, 친삼촌, 친이모라고 느끼고 마음을 열어 그들을 마주하면 기센 사람들이 아니라, 삶의 무게에 힘들어 하는 사람들이라는 사실이 눈에 들어올 것이다.

동대문시장도 사람들이 사는 곳이다. 정(情)으로 판매자들을 대하길 바란다.

옛날 동대문 운동장 자리에 운동장은 사라지고 동대문역사문화공원이 완공되었으며, 동대문디자인플라자는 아직까지 공사가 한창이다. 가끔씩 머리가 복잡할 때면 공원에 있는 커피숍에 나와 사람들을 구경하는 게 나름의 취미 생활(?)이다. 랜덤 워킹(Random Walking)하는 듯 보이지만 방향을 찾아서 발전해 나가는 시장을 한 발짝 물러나 바라볼 수 있고, 바쁜 일상에서 피곤한 몸과 마음을 잠시나마 내려놓고 휴식을 취하는 사입자들을 보면서 깨닫는 바가 크기 때문이다.

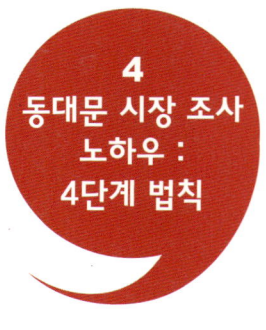

4 동대문 시장 조사 노하우 : 4단계 법칙

며칠 전 카페24 신당 창업 센터에서 소셜 미디어를 활용한 마케팅 수업을 하였는데 여성 의류 쇼핑몰 "바가지머리" 운영자(사장님)를 만났다. 수업 중에 이런저런 이야기를 나누며 새삼 깨달은 바가 있다. 지금은 우리나라에서 제일 잘 나가는 여성 의류 쇼핑몰을 운영하고 있지만 새로운 것을 배우기 위해 수업에 참석한 것도 그렇고, 바가지머리라는 쇼핑몰이 벌써 8년차가 되었으며, 그 사이 어려움도 겪었었다는 등의 공감할 수 있는 이야기들이었다. 그렇게 바가지머리 사장님과 이야기 중에 한 수강생이 질문하였다. 동대문시장 사입 실습 수업을 들으면 도움이 되냐는 질문이었다. 나를 대신해 바가지머리 사장님이 현장에서 배우고 겪어야 한다는 이야기를 해 주었다. 그렇다. 여러분들은 쇼핑몰 창업을 준비하면서 거의 대부분의 시간을 컴퓨터 앞에서 보낸다. HTML, 포토샵, 드림위버, 사진 촬영 등 쇼핑몰을 준비하기 위해 참으로 준비해야 할 게 많다. 그런데 그게 정답은 아니다. 컴퓨터는 결코 여러분들의 창업을 도와줄 수 없기 때문이다. 그렇다면 무엇이 쇼핑몰 창업을 도와줄 수 있을까? 그것은 **오로지 현장 속에 움직이고 있는 여러분 "자신"뿐이다. 항상 시장에서 배우고 시장에서 경험하기를 권한다.** 시장을 이해하는 것, 그것이 창업의 시작인 것이다.

Step 1 〉〉
상권을 파악하라.

첫째, 시장 조사를 위해 가장 기초적인 작업이 상권을 분할하는 일이다.

동대문시장만 하더라도 두타 앞의 큰 도로를 기준으로 두타 방향은 소매 상권이며 맥스타일과 디자인플라자 방향은 도매 상권이다. 앞으로 창업을 준비하고 있는 분들이라면 당연히 도매 상권이 어떻게 정리가 되었는지부터 파악해야 한다. 창업을 위한 시장 조사라면 당연히 도매시장을 중심으로 조사하는 게 맞지만, 소매시장도 철저하게 분석할 필요가 있다. 동대문시장에만 두타, 밀리오레, Hello apM, 그리고 굿모닝시티 이렇게 4개의 매머드급 쇼핑몰이 있다. 이들 소매 쇼핑몰은 현재의 트렌드를 반영한다. 지금 시장에서 주목을 받고 있는 상품들이 디스플레이되어 판매가 되는 곳이다. 도매시장은 소매시장보다 최소 한 달 정도 앞서 간다. 소매시장에서 한 달 후에 판매가 될 제품들을 생산하고 판매하는 곳이 도매시장이다. 도매시장에 나와 있는 아이템 중 어떤 아이템이 소비자들의 선택을 받을지는 알 수가 없다. 따라서 소매시장과 도매시장을 면밀히 비교 분석해야 소비자들의 소비 트렌드를 놓치지 않을 수 있다.

둘째, 도매시장이 움직이는 시간을 파악해야 한다.

시장은 나름의 리듬이 있다. 일주일 중 가장 바쁘게 움직이는 요일이 있는가 하면, 하루 중 가장 바쁜 시간도 있다. 이러한 시간적 개념을 이해해야 효율적인 시장 조사를 할 수 있다. 그렇다면 가장 바쁜 시간과 가장 한가한 시간을 안다는 것과 시장 조사와는 어떤 관계가 있을까? 아래의 물음에 답해 보라.

질문 1 시장 조사를 나갈 때, 동대문시장이 바쁠 때 가야 할까? 아니면 한가할 때 가야 할까?
질문 2 사입을 나갈 때, 동대문시장이 바쁠 때 가야 할까? 아니면 한가할 때 가야 할까?

보통 이러한 질문에 초보 사입자들은 하나같이 다음과 같은 답을 내놓는다.

> **질문 1에 대한 답** 시장 조사를 나갈 때는 동대문시장이 바쁠 때 나가야 한다. 이유는 시장이 바쁠 때 나가야 사입자들이 많이 찾고 장사가 잘되는 집이 어디인지 알 수 있기 때문이다.
>
> **질문 2에 대한 답** 사입을 나갈 때는 동대문시장이 한가할 때 나가야 한다. 이유는 시장이 한가할 때 나가야 매장의 언니들과 이야기해서 가격을 네고(할인)할 수 있기 때문이다.

위와 같이 생각한다면, 여러분들도 시장에서 "만식이"라 불리는 초보딱지를 면하지 못한 것이다.

그렇다면 어떻게 해야 할까? 위의 생각과 완전히 반대로 생각해야 한다.

> **질문 1에 대한 답** 시장 조사는 동대문시장이 한가할 때 해야 한다. 그 이유는 시장 조사란 단순히 어느 집이 장사가 잘 되는지 둘러보는 것이 아니라, 내가 판매하고자 하는 상품이 신상인가? 원단은 어떤 것을 사용하였나? 컬러와 사이즈는 어떻게 나왔나? 소비자 반응은 어떤가? 깔 교환(컬러 교환) 또는 사이즈 교환은 가능한가? 가격은 얼마인가? 등등 매장의 언니와 대화하지 않으면 도무지 알 수 없는 것들을 알아내는 것이다. 도매시장이 바쁠 때는 언니들의 얼굴도 볼 수 없을 만큼 사입자들로 매장의 입구를 꽉 메우고 있다. 그 사이를 비집고 들어가서 사입할 것도 아니면서 얼마에 나왔느냐? / 사이즈가 어떻게 되느냐? / 반응은 어떠냐? 라고 물어볼 수 있을까? 만약 이런 진상 손님이 있다면 매장의 언니들이 쌀쌀맞게 구는 게 당연한 것인지도 모른다.

도매시장이 가장 한가한 시간은 상가마다 차이를 보이지만, 대개 점심(밤낮이 바뀌어 야식을 점심이라고 함) 식사 시간 이후가 가장 한가할 때다. 보통 새벽 1~3시이다. 이 시간 이후에는 매장의 언니들이 삼삼오오 모여 야식을 먹거나 매장에 앉아서 쉬고 있으므로 사입자가 다가와서 문의를 하면 친절하게 잘 설명하여 준다.

> **질문 2에 대한 답** 초보 사입자들은 사입을 하기 위해서 시장이 한가할 때 나가야 한다고 생각한다. 매장의 언니랑 이야기 잘해서 단가를 어떻게 해서라도 낮추고 싶기 때문이다. 하지만 그건 혼자만의 생각일 뿐, 도매에서 가격을 네고(깎는다)한다는 것은 있을 수 없는 일이다.

제품에 미세한 불량이 있거나, 파스(물량)가 끝이 났거나, 소비자 반응이 없는 경우를 제외하고 도매에서는 세일하지 않기 때문이다. 더군다나 한가한 시간에 가서 잘 나가는 베스트 아이템이 있을 거라 생각한다는 것 자체가 모순이다. 경쟁 상대는 새벽에 나와서 이미 베스트 아이템을 쓸어가 버렸는데, 나를 위해서 베스트 아이템들을 남겨 놓았으리라 생각하는가? 시장에 "미송 장끼"라는 게 왜 생겼을까? 미리 선금을 주고서라도 베스트 아이템을 사입하기 위해서이다. 그런데 아침에 여유 있게 일어나 러시아워 시간을 피해 지하철에 느긋하게 앉아서 동대문시장에 도착하였다면 이미 사입할 제품이 없음을 알아야 한다.

그렇다면 사입자들이 입구를 가득 메울 정도로 바쁜 시간은 언제일까? 그것은 상가가 오픈하는 시간이다. 상가가 오픈할 때의 도매시장의 모습은 공장에서 입고되는 제품을 정리하고, 미송처리된 제품을 포장해야 하며, 오픈 시간에 맞춰 폭주되는 전화 주문을 받는 모습이다. 또한 밀려드는 사입자들의 주문과 나오시(불량) 난 제품의 반품 및 교환 등 상가가 오픈되는 시간이 도매시장이 가장 바쁜 시간이다. 각 상가마다 오픈 시간이 다르다는 것은 어쩌면 정글 같은 도매시장이 생존하기 위한 자연적 선택일지도 모른다는 생각이 들기도 한다.

[시장 조사 VS 사입]

구분	한가할 때	바쁠 때
시장 조사	○	
사입		○

참고로, 동대문시장은 월요일, 화요일, 금요일 밤이 가장 바쁜 날이다.

전통적으로 동대문 도매시장은 전국으로 제품을 유통시키는 국내 최고의 패션 도매시장이다. 따라서 지방에서 올라오는 지방 사입자들이 동대문 도매시장을 움직이는 주된 동력원이라 할 수 있다. 지방 사입자들은 판매가 가장 활발하게 일어나는 토요일과 일요일에 판매해야 할 물량을 금요일 밤시장에 올라와 사입하여 주말동안 판매한다. 판매가 된 물량만큼 매장을 채워야 하므로 월요일 밤시장에 올라와 다시 사입을 하기 때문에 월요일과 금요일 밤시장이 가장 활기를 띤다.

또한 화요일 밤시장에는 중국인 사입자들이 입국하여 싹쓸이 사입을 하는 날로 2~3년 전보다는 물량이 많이 줄기는 하였지만 그들은 여전히 빼놓을 수 없는 주요 사입자 집단이라고 하겠다. 이렇게 월요일, 화요일, 금요일 동대문시장에 사입자들이 집중한다는 것은, 도매상 입장에서 생각해 볼 때 그 날들은 신상이 집중적으로 나오는 날이라 하겠다. 따라서 시장 조사 시에 빼놓지 말아야 할 요일이 있다면 바로 "월, 화, 금"이라는 것을 잊지 말아야 한다.

Step 2 〉〉
신상에 집중하라.

1년 전에 매출이 나지 않는다면서 어떻게 마케팅해야 하냐고 상담을 신청한 'K 쇼핑몰' 운영자가 생각이 난다. 상담을 위해 'K 쇼핑몰' 운영자에게 도매시장 시장 조사를 얼마나 자주 나오냐고 물었다. 쇼핑몰 운영자는 주문이 들어오면 사입하러 나오고, 나온 김에 시장을 한 바퀴 둘러보면 그것이 시장 조사라고 답하였다. 주문은 많이 들어 오냐고 다시 질문하였다. 일주일에 한두 건이라고 퉁명스럽게 대답하였다. 이 날로부터 정확히 2달 후 K 쇼핑몰은 영원히 문을 닫았다.

'K 쇼핑몰'은 마케팅이 되지 않아 매출이 없었던 것이 아니라 기본이 되어 있지 않기 때문에 소비자로부터 외면을 받았던 것이다. 그 기본이란, 바로 시장 조사를 말하는 것이다. 시장에 어떤 제품이 나와 있는지도 모르는데, 소비자로부터 선택받을 것이라는 생각은 발목에 끈을 묶지 않고 번지점프하여도 강물이 나를 받아줄 것이라고 믿는 것과 같은 무모한 짓이다.

어느 정도 도매시장에 대한 파악이 끝났으면 다음은 아이템에 포커스를 맞추고 접근해야 한다.

일명 "신상찾기"이다. 도매시장의 트렌드는 일주일이 멀다 하고 변화하기 때문에 일주만 게을리 하여도 도매시장의 흐름을 놓쳐 경쟁사에서 손도 대지 않는 악성 재고를 초이스하는 불상사가 발생할 수 있다. 따라서 시장 조사란 연속성을 가지고 꾸준하게 실시해야 하는데, 초보 사입자의 눈에 신상이 그렇게 쉽게 들어올 리가 없다. 따라서 시장 조사를 나오기 전 경쟁사의 제품 분석부터 실시한 후 한 가지 아이템만 찾으러 다니는 "신상찾기" 놀이를 즐기면 된다.

**한 가지 아이템만 찾으러 다니는 "신상찾기" 놀이는 "콘셉트"와
"아이템 선정" 두 마리 토끼를 한꺼번에 잡을 수 있는 좋은 도구가 된다.**

여기에서 포인트는 한 가지 아이템만 찾는다는 것이다. 도매시장에는 여러 가지 제품을 토털 코디하여 보여 주기 때문에 시선을 흐려놓기 십상이고 시장 조사의 포인트를 놓쳐 자칫 기분에 따라 사입을 하여 콘셉트를 흩트리는 실수를 하게 된다. 따라서 시장 조사에서 찾아야 할 신상에 대하여 이미지 맵(Image Map)을 만들어 시장 조사에 활용한다면 콘셉트 유지와 시장 조사 두 마리 토끼를 한꺼번에 잡을 수 있는 좋은 도구(Tool)가 된다.(이미지맵에 관하여는 part1.에서 상세히 설명하였다.)

또한 "신상찾기" 놀이를 지속적으로 하다 보면 아주 근본적인 도매시장의 생리를 발견할 수 있다. 동일한 제품을 여러 상가에서 발견하게 된다는 것이다. 'D상가' 3층에서 33,000원에 판매하는 A 스타일 원피스가 'N상가' 1층에서 37,000원에 판매하고, 'T상가' 2층에서 29,000원에 판매하고 있다는 것을 발견할 수 있다. 이것은 사입자 본인도 모르게 점점 원도매에 가까워지고 있는 것이다. 또한 동일한 아이템에 대한 판매처를 골고루 파악하고 있다는 것은 당연히 'T상가'와 거래를 통한 가격 경쟁에서 앞서고 있다는 것을 의미하며, 행여나 'T상가'에서 제품이 끝났을 경우-파스가 끝났을 경우-'N상가'와 'D상가'에서 사입할 수 있으므로 제2, 제3의 사입처를 확보하고 있다는 것이다. 서두에 얘기한 'K쇼핑몰' 운영자와 동일한 마인드로 시장을 겉돌고 있다면 절대 알 수 없는 사실을 터득하게 되는 것이다.

Step 3 〉〉
도매상과 친분을 쌓아라.

패션 도매시장은 신상을 지속적으로 만들어낸다. 패션 유통이 오프라인을 중심으로 움직이던 시절에는 봄, 초여름, 한여름, 가을, 초겨울, 한겨울로 시즌을 구분하여 몇천 장씩 만들어 놓고 완판이 되면 리오더를 하든지 신상을 추가하든지 결정을 하였다. 현재도 오프라인을 중심으로 움직이는 아트플라자, 광희시장 등은 이렇게 시즌을 구분하며, 마케팅 방식도 카탈로그를 제작하여 지방의 거래처로 보내 주고 전화 주문을 받아 사입자를 통해 전달하는 형식을 취한다.

하지만 온라인을 중심으로 움직이는 apM, 유어스, 청평화, 디오트, 테크노와 같은 시장은 시즌을 위와 같이 6시즌으로 나눌 수도 없으며, 카탈로그를 제작할 수도 없다. 온

라인 주력 소비세대인 넷(Net)세대들은 패스트 패션(Fast Fashion)이라는 트렌드 변화로 인하여 신상에 대한 개념이 바뀌고 있다. 나와 동일한 제품을 착용한 사람을 보면 거부하게 되고, 어제 본 제품을 더 이상 신제품이 아니라고 생각한다. 이런 현실에 패션 트렌드가 매주 변화하고 조금만 안주하여도 도태되는 곳이 이들 패션 도매상가의 현실이다. 이러한 어려움은 비단 도매뿐만이 아니라 쇼핑몰 사입자에게도 부담으로 다가온다. 끊임없이 신상을 소비자들에게 선보여야 하나, 매출은 그대로인데 늘어나는 샘플비를 감당하기가 힘들기 때문이다. 이럴 때 도움이 되는 것이 도매상들과의 친분이다.

시장에서 신상을 찾아 언니들과 대화하다 보면 의외로 언니들이 쎈(?)여자들이 아니라는 사실을 알게 된다. 그리고 그들과 공감을 나눌 수 있는 얘기들도 할 수 있게 된다. 도매시장도 사람이 사는 곳이다. 사람이 사는 곳인데 정이 없을 수 없다. 지금은 희미해졌지만, 예전의 도매에서는 고미(Set, 묶음 판매)의 개념이 있었다. 그래서 낱장 구매하는 사입자들에게는 민망할 정도로 면박을 주어 고개를 들지도 못하게 만들었다. 하지만 온라인시장이 점차 확대되고 성장하면서 고미의 개념이 퇴색되어 지금은 깔 중에서 몇 가지만 초이스하여 사입하는게 일반적이 되었다. 하지만 이것도 초보 쇼핑몰 운영자에게는 버거운 일이며, 더군다나 오픈 전 시장 조사를 할 때라면 더욱이 어렵다.

이럴수록 언니들과 제품에 관련된 이야기만 나누고 돌아서지 말고, 가벼운 농담과 칭찬으로 대화를 부드럽게 풀어나가면 생각보다 금방 언니들과 친해질 수 있다. 메인 거래처라고 생각이 되는 도매집에는 그냥 가지 말고 정이 넘치는 박카스라도 하나 사서 방문하라. 그리고 피곤해 보인다면서 따뜻한 위로의 이야기를 전해 보라. 아마도 언니들이 감동의 눈물을 흘릴 것이다. 언니가 눈물을 보이면 이제 초보 사입자의 생활은 끝이다.

이제부터 진정한 프로 사입자가 된 것이다. 왜냐고?

지금부터 샘플비를 들이지 않고 도매로부터 샘플을 제공받게 되기 때문이다. 신상이 나오면 사진 촬영하고 돌려달라면서 샘플 장끼(샘플의 내용을 정리한 리스트, 장끼)와 함께 포장하여 줄 것이다. 그러면 쇼핑몰 운영자는 언제까지 촬영 후 반납하겠다고 날짜를 정해서 이야기해 주고 촬영 후에는 샘플을 정리하여 샘플 장끼와 함께 반납하면 된다. 이때 샘플을 받은 쇼핑몰 운영자는 샘플 촬영을 하면서 드러난 제품의 문제점, 예를 들어 소매의 단추가 떨어졌다/어깨가 너무 끼인다/옆구리 라인이 예쁘지 않다/칼라의 배색을 다른 색으로 바꾸면 예쁠 것 같다는 등의 의견을 주는 것도 나쁘지 않다. 어차피

> **도매 상인과 친분을 가지면 좋은 점은 이뿐만이 아니다.**
> **결정적인 한방을 보여준다. 바로 경쟁자의 상품을**
> **오픈해 주는 것이다.**

판매가 되면 불만 사항(Complaint)으로 나올 이야기들이기 때문에 미리 수정을 할 필요가 있다.

도매상인 'A'와 소매상인 'B'와의 관계에 있어서 도매에서는 도매 스스로를 갑(甲)이

라고 생각하며, 소매상인을 을(乙)이라고 여긴다. 일반적으로 거래 관계에 있어서 돈을 주는 사람을 갑(甲)이라 칭하고, 그 돈을 받는 사람을 을(乙)이라고 부르는데, 도매에서는 제품을 공급하는 개념에서 생각하는 듯하다.

그런데 요즘 들어 그러한 갑(甲)의 입장이 위축되고 있다. 경기가 갈수록 나빠지고 판매가 불안해지면서 큰집들(판매량이 큰 원도매)조차도 인터넷에서 잘나가는 판매자들에게 고개를 숙이게 된 것이다. 소위 말하는 이름만 들으면 알 수 있는 큰 쇼핑몰에서 "이 제품 우리가 판매할 거니까, 풀지 마세요."라고 이야기하면 도매에서는 꼼짝없이 제품이 묶이게 되는 것이다. 그렇다고 완사(전량 사입)할 것도 아니면서, 다른 경쟁 쇼핑몰에 풀지 말라고 하니 도매로서는 환장할 일이 아닐 수 없다. 그래서 도매에서는 반발 심리로 경쟁자를 키워내고 싶어 한다. 기왕이면 자신의 이야기를 잘 듣는 '착한 사입자'로 말이다.

도매상과 친분을 쌓고 지내다 보면 어느 날 다이(제품을 쌓아놓은 테이블) 밑에서 슬그머니 제품을 한 장 꺼내서 보여 준다. 그리고선 아무말도 하지 않고 다시 집어넣는다. "언니, OOO쇼핑몰 팬츠 카테고리 상단에서 2번째 상품이야."라고 아무도 알 수 없는 고급 정보를 이야기해 준다. 영업에 있어서 경쟁사의 사입처와 사입 가격, 그리고 판매 가격을 안다는 것은 실로 엄청난 정보인 것이다. 거기다가 경쟁사의 코디까지 볼 수 있으니 말이다. 이 제품을 어떻게 얼마나 잘 판매하는가는 바로 여러분들의 몫인 것이다.

Step 4 〉〉 시장 조사의 요령은 대화법이다.

언젠가 시장 조사차 'C상가'를 둘러보고 있을 때였다. 4층쯤으로 기억이 된다. 저쪽 너머에서 언성이 높아지더니 급기야 쌍방의 목소리가 커지면서 언쟁을 벌이고 있다. 사입자 언니와 매장 언니가 제품을 놓고서 싸움이 벌어진 것이다. 가만히 이야기를 들어 보니 이런 이야기였다.

먼저 사입자 언니의 이야기를 들어 보자.

"지난 금요일 밤에 시장 나와 돌다가 괜찮은 물건을 세일하고 있길래 신상이냐고 물어봤더니 신상이라고 하여 사입을 했고, 토요일/일요일 샘플 촬영 끝내고 월요일 밤샘 포토샵 작업을 하여 화요일에 올렸더니 수요일 밤에 주문이 들어왔고, 목요일 밤시장인 오늘 사입하러 왔는데 제품이 끝났다고 하면 어떡하느냐?"라는 게 사입자 언니의 이야기였다.

그렇다면, 매장 언니의 이야기를 들어 보자.

"지금 문제가 되는 제품은 지난 금요일 기준으로 생산한지 일주일 정도 된 신상품이다. 요즘은 경기가 좋지 않아 초도를 많이 생산할 수 없어서 200장만 찍었고 평소 단골이었던 지방과 온라인 쇼핑몰 등지에 보내 샘플 작업하고 일부는 매장에서 판매를 하였다. 하지만 별다른 반응이 없어 세일을 결정하였고, 그날 사입자 언니가 사입하였던 것이다. 그리고 난 다음 화요일에 지방에서 올라온 사입자가 세일하는 제품을 완사하여 갔다. 도매 입장에서 반응이 없는 제품을 리오더 할 수 없어서 파스를 끝냈다. 신상을 신상이라고 얘기했는데 도대체 뭐가 잘못된거냐?"라는 게 매장 언니의 이야기이다.

여기에서 여러분들의 의견은 어떤가? 누구의 잘못인가?

도매시장 시장 조사 시에 초보 사업자들이 흔히 하는 실수는 가격만 물어본다는 것이다. 자신이 어떤 콘셉트의 제품을 판매하는지 또는 어디에서 판매하는지 제대로 이야기 하지 않는다는 것이다. 물론 미주알 고주알 도매상에게 나의 입장을 일일이 설명할 필요는 없다. 하지만 필요한 이야기는 해야 한다. 시장 경험이 풍부한 사업자들은 가격을 잘 물어보지 않는다. 왜냐면 평소에 시장 조사가 되어 있어서 대략적인 가격을 알고 있기 때문이다. 차이가 난다 하더라도 원피스 기준으로 ±1,000원 정도이다. 이들은 가격보다는 반응을 먼저 물어본다. 가격이 조금 있더라도 판매가 잘되는 상품이 여전히 판매가 된다는 것을 알고 있는 것이다.

시장 조사 시에 여러분들이 가장 먼저 물어봐야 할 이야기는 "반응이 어때요?"라는 물음이다. 그러면 매장의 언니가 "어디서 왔냐?"고 되물어 볼 것이다. 그러면 솔직히 이야기하라. "부평지하상가 OOO걸" 또는 본인이 운영하고 있는 온라인 쇼핑몰 "OOO쇼핑몰"이라고 대답해 주면, 여러분들의 대답에 따라 매장 언니의 태도와 이야기가 달라진다. 이야기가 달라진다는 것은 거짓말을 하는 것이 아니라, 유통 채널과 시장에 따라 판매 상황이 다르기 때문에 맞춰서 이야기해 준다는 것이다. 예를 들면, "온라인에서는 반응이 없는데 부평쪽에서는 잘 빠진다."라던지 또는 "파스가 끝날 거 같다. 완사하면 세일하여 주겠다. 하지만 인터넷에서는 리오더가 되지 않는다."라는 식으로 이야기해 준다.

이렇게 반응에 대하여 이야기한 다음, 제품에 대한 사업 의사가 있으면 컬러는 어떻게 나온 것인지, 사이즈는 어떻게 나온 것인지, 생산은 계속되는 것인지 등을 이야기하면 된다. 그리고 마지막에 가격에 대해서 이야기하라. 이것이 프로들의 대화법이다. 판매가 잘 되는지, 어디로 제품이 빠지는지, 생산이 계속되는지도 모르고 가격만 물어보고 비싸다며 돌아서는 사업자는 경력이 쌓이더라도 아마추어임을 잊지 말라. 경쟁자가 팔면 나도 팔아야 한다.

> **전략 1**
시장 조사도 전략이다.

5 고단수의 필승 창업 전략

동대문시장과 남대문시장에서 패션 아이템으로 온라인 창업을 위한 채널은 일반적으로 오픈 마켓과 독립몰(소호몰) 두 가지의 경우가 대표적이다. 오픈 마켓에 제품을 판매할 예정이라면 10가지 내외의 상품을 사입하여 신속하게 등록하고 판매해야 한다. 오픈 마켓은 동대문시장만큼이나 회전이 빠르고 노출이 잘 되므로 남들보다 먼저, 최소한 늦지 않게 제품을 올려 단종되기 전에 부지런히 판매하면서 신상품을 계속 업데이트해 매출을 올리는 방식으로 판매 전략을 잡아야 한다. 오픈 마켓 특성상 독점이 가능한 상품이 아닌 바에야 마진을 많이 보기 어렵기 때문에, 남들보다 비싸지 않은 신상을 계속 선보이는 것이 효과적이다. 철저하게 타깃의 입맛에 맞는 소량의 아이템으로 많이 파는 '박리다매'에 초점을 맞춰야 한다.

콘셉트를 중요시하는 독립 도메인 쇼핑몰 창업이라면 전략이 달라질 수 있고, 이러한 쇼핑몰인 경우 최소 80~100가지 이상의 아이템이 필요하다. 사실 100가지도 적다. 소비자가 사이트를 방문하였을 때 구경할 수 있는 아이템이 몇 가지 안 된다면 완성이 안 되었거나 부실한 쇼핑몰로 간주되어 재방문을 끌어내기가 힘들다. 실제로 쇼핑몰 유입 후 마음에 들지 않는 쇼핑몰을 빠져나가는데 걸리는 시간은 '3초' 이내이다. 이들 쇼핑몰 방문 후 3초 이내에 빠져나가는 고객들의 첫 번째 이유가 '볼게 없어서'이며, 두 번째 이유가 '광고와 달라서'이다. 그 중에서 첫 번째 이유인 '볼게 없다'라는 소비자 불만을 해소시키기 위해 어떤 경우로든 쇼핑몰 방문 고객에게 '볼거리'를 제공해야 하는데, 이런 경우 풍성한 상품군을 보여 주기 위해 흔히 사용하는 방법으로 '병풍치기'가 있다. 이는 상대적으로 대중적인 아이템 일부를 B2B몰에서 구하여 본인의 쇼핑몰에서 판매하는 것을 의미한다. 요즘 B2B몰은 이미지 제공부터 시작해서 아예 링크만 걸어주면 판매 대행까지 해 주는 경우도 많다. 물론 이윤은 본인이 직접 사입할 때에 비해서 적겠지만 매출이 별로 없는 초기에는 개별 사입 및 이미지 촬영이나 재고 관리 등에 자본과 노력을 지나치게 쏟는 것은 바람직하지 않다. 더구나 혼자 수십 수백 가지의 제품을 직접 관리하다 보면 사입처, 조건, 품절 여부 등의 관리가 어려워 주문이 들어와도 판매를 하지 못하는 경우가 발생한다. 사실 1인 창업의 경우 동대문/남대문 시장 안에서 먹고 자고 하지 않는 이상 100가지 이상의 아이템을 매일 관리한다는 것은 불가능에 가깝다. 그러므로 몇 개월 운영하여 어느 정도 안정된 매출이 나오기 전까지는-심지어 안정된 이후라도 구성품 중 일부는 B2B 도매몰의 시스템을 활용하여 관리의 효율성을 꾀하는 것이 효율적이다.

그럼, B2B몰을 어떻게 활용하면 좋을까?

초기에 오픈된 쇼핑몰에서 구색을 맞추기 위한 용도로 활용하면 된다.

일반적인 쇼핑몰의 초기 화면에 가득 진열된 아이템의 개수가 몇 개인지 체크해 보라. 대략 200개 정도의 아이템이 있다. 최소한 80여 개의 아이템이 되어야 소비자가 쇼핑몰에 유도됨과 동시에 이탈하는 현상을 막을 수 있다.

먼저 쇼핑몰의 일반적인 레이아웃을 살펴보자. 스타일이 있는 내 아이의 아동복, 스타일앤(www.stylen.kr)을 예로 들어 설명하겠다.

쇼핑몰의 레이아웃은 파트 A~E까지 보통 5개로 크게 구분된다. 파트 A는 각종 제품 카테고리와 게시판 등을 링크해 놓은 링크 게시판이며, 파트 B는 회사의 이미지컷 또는 배너컷을 넣어 이벤트와 기획전 등을 홍보하는 용도로 사용된다. 파트 C는 최근에 업데이트된 신상품들을 올려놓

▲ 스타일앤 쇼핑몰 구축 레이아웃

는다. 파트 D는 최근 순으로 진열된 전체 게시판의 내용들이고, 마지막 파트 E는 서브 아이템 또는 세일 아이템들을 진열하여 소비자들에게 선보이고 있다.

그럼, 이 중에서 소비자들의 시선을 가장 많이 사로잡는 포인트는 어디일까? 모두의 의견이 100% 같을 것이다. 파트 C부분이 소비자들에게 가장 많이 노출되는 곳이므로, 가장 매출이 좋은 부분이라고 할 수 있다. 따라서 초기에 필요한 200개의 아이템 중 10% 정도만 사입을 하고 나머지는 B2B몰에서 아이템을 가지고 온다. 직접 사입한 아이템을 파트 C에 올려 쇼핑몰의 콘셉트를 소비자들에게 보여 주고 더불어 파트 D와 E에는 B2B몰에서 가지고 온 이미지를 올려 소비자들로 하여금 선택의 폭을 주는 것이다.

이렇게 쇼핑몰 오픈 초기에 B2B몰로 하여금 병풍 전략을 통하여 오픈한 다음 지속적으로 사입을 실시하여 조금씩 B2B몰에서 가지고 온 아이템들을 메인 화면에서 점점 밀어내면 되는 것이다. 일주일에 대략 5개의 신상품을 한다고 가정하면 약 6개월 후에는 직접 사입한 상품들로 소비자들의 선택을 받을 수 있게 되는 것이다.

참고로, 쇼핑몰을 운영하기 위해 필요한 초기 아이템이 200개라고 가정하고 B2B몰을 이용한 경우와 직접 사입하여 오픈한 경우의 예산을 측정해 보겠다.

[샘플 비용 비교]

구분	직접 사입(100%)	B2B몰 활용 비율 : 90%	직접 사입 비율 : 10%	비고
스타일	200	180	20	
샘플 개수	600	180	60	1Size/3Color 기준
사입 샘플	₩30,000,000	₩-	₩3,000,000	샘플 : 50,000₩/장
B2B 샘플	₩-	₩900,000	₩-	B2B : 5,000₩/건
피팅 모델	₩2,500,000	₩-	₩250,000	25만 원/일(10일)
포토그래퍼	₩2,500,000	₩-	₩250,000	25만 원/일(10일)
포토샵	₩6,000,000	₩-	₩600,000	3만 원/건(아웃소싱)
비용 소계	₩41,000,000	₩900,000	₩4,100,000	
시간	10일	5시간	1일	

직접 사입을 한 경우 비용이 4,100만 원에 시간도 10일이 걸린 반면, B2B몰과 사입을 9:1로 함께 활용하면 500만 원이라는 적은 비용과 시간도 하루면 충분하다. 어떠한 경우가 유리한가?

이렇게 직접 사입한 경우 어마어마하게 발생하는 비용을 줄이기 위해 피팅 모델도 본인이 하고, 사진 촬영도 친구에게 부탁을 하고, 포토샵으로 상세 페이지를 제작하는 것도 본인들이 직접 한다면, 어떤 결과를 얻을 수 있을까? 그나마 1,100만 원이라는 비용은 줄일 수 있겠지만, 시간적인 측면으로 봤을 때 1개월이 지나더라도 작업을 마무리하기가 힘들 것이다. 더군다나 트렌드에 민감한 패션 아이템을 판매하는 경우에는 이미 끝나버린 아이템을 작업하고 있는 셈이다. 그래서 B2B몰을 함께 활용하는 것이 훨씬 유리하다.

그런데 이런 '병풍 전략'은 사실상 쇼핑몰 운영자에게 상당히 불리한 면이 존재한다.

첫 번째, 직접 사입의 경우보다 B2B몰을 이용할 경우 마진의 폭이 줄어든다. B2B몰은 단순히 그림장사를 하는 것이 아니라 사입을 대행하여 마진을 먹는 중간 도매라고 볼 수 있다. 이들이 판매하는 상품은 B2B몰이 가져가야 하는 마진 10%와 함께 부가세 10%를 별도로 부담해야 하므로 직접 사입의 경우 30,000원의 원피스가 B2B몰을 활용한다면 마진 10%인 3,000원과 부가세 10%, 3,300원을 합산한 36,300원에 사입을 해야 한다. 따라서 가격 경쟁이 치열한 상품군의 경우 상대적 열세에 놓이게 된다.

두 번째, 배송 시간이 길어진다. 소비자로부터 주문을 받은 후 다시 주문을 B2B몰로 토스(Toss)해 주고, B2B몰에서 사입 후 쇼핑몰로 배송해 주게 된다(Case 1). 그러면 상대적으로 배송일이 하루 또는 이틀 정도 늦어지게 되는 경우가 발생하므로 소비자 만족 부분에 있어 불리한 점수를 받을 수밖에 없다. 이를 방지하기 위해 B2B몰 자체적으로 쇼핑몰의 주소와 상호로 직배송해 주는 시스템을 갖추고는 있으나 이는 다시 추가 비용이 발생하여 결론적으로 경쟁력을 떨어뜨리는 역할을 하게 된다(Case 2).

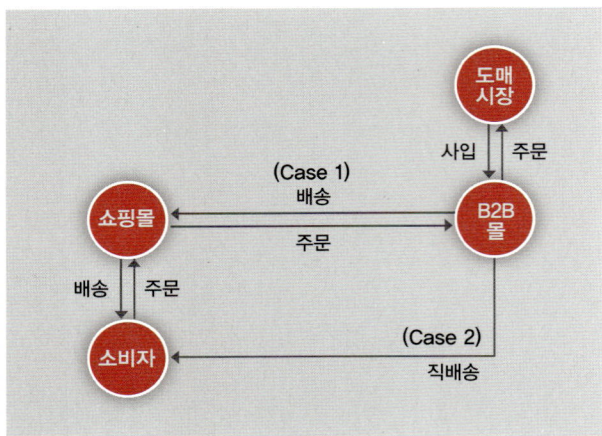

◀ B2B몰 활용 프로세스

그럼, 위에서 지적한 두 가지 문제점 ①상승한 비용과, ②늦어진 배송을 어떻게 해결해야 할까? 대답은 너무나 간단하다. 당신이 직접 사입하라. B2B몰에서 상품의 이미지만 사용하며, 주문이 들어왔을 때 동대문 또는 남대문 시장에서 직접 사입을 하면 마진이 낮아질리도, 배송 기일을 늦출 필요도 없다. 단, 이것은 당신이 시장 조사를 철저히 하고 있다는 전제 조건일 때만 가능한 일이다.

전략 2
매일 매일 창업 일기를 작성하라.

오프라인 판매의 경우에도 참고해야 할 사항이지만, 온라인의 경우 특히 오픈 마켓과 같이 시시각각으로 아이템을 트렌드에 맞춰 업데이트해 가며 판매해야 하는 경우에는 반드시 체크해야 할 사항이 하나 있다. 드라마나 유행 등도 필수 사항이지만 향후 며칠간, 길게는 1년여에 달하는 날씨 흐름에도 관심을 가져야 한다. 특히 패션 제품의 경우라면 날씨에 아주 민감해야 한다. 장마철이 되면 오프라인 매출은 줄고 온라인 매출이 높아지는데, 화사한 톤의 여름 드레스만 쇼핑몰 메인으로 걸어 놓고 있으면 매출이 일어날 리 없다. 콘셉트를 날씨에 맞춰 확 바꾸던가, 최소한 드레스에 어울려 코디할 수 있는 우산이나 레인부츠라도 추가시켜 줘야 할 것이다.

규모가 큰 판매자의 경우 10월이 지나기 전에 당해 겨울이 얼마나 추울지 파악하여 물량이 달릴 만한 아이템을 미리 준비해 품절을 예방해 두기도 한다. 물론 이런 사업자들을 위해 도매상들은 9월부터 겨울 히트 아이템들을 챙겨놓는다.

실제로 필자는 회사 근무 시절부터 업무 일지를 매일 작성하는 습관이 있었다. 회사를 그만두고 처음 동대문시장에 들어와 오픈 마켓에서 장사를 시작했을 무렵 필자의 일평균 판매량은 1,500장이었다. 10월쯤에 오픈하였는데, 오픈 직후에는 하루 판매량이 3~5장 정도였다. 창고에 들어와 있는 제품의 재고량은 코트와 재킷류를 메인으로 약 8,000장의 생산 재고가 있었다. 참고로 필자는 중국 광주에서 직접 생산하여 판매하였다. 판매가 부진하여 하루하루를 한숨으로 보내고 있을 무렵, 어느 날 갑자기 판매량이 30~50장으로 늘어났다. 그러다가 며칠 후 100장을 돌파하는가 싶더니 이내 200장, 500장, 1,500장으로 늘어났다. 가장 많이 배송한 날은 2,300장이었다. 왜 이렇게 갑자기 배송량이 늘었을까? 필자가 아마 매일 매일 일지를 쓰는 습관을 가지고 있지 않았다면, 영원히 이유를 모르고 지나갔을 것이다.

처음 매출이 30~50장으로 늘어났을 때는 서울에 첫서리가 내린 날이었다. 그다음 매출이 본격적으로 상승하기 시작하여 배송량이 200장을 돌파한 시점은 서울지역에 첫눈이 내린 날이었다. 그다음부터는 매출이 폭발적으로 상승하였다. 만약 미리 재고를 준비하고 있지 않았다면 배송을 할 수 없는 사태까지 생길 뻔 하였다. 단순히 날씨가 추워졌기 때문에 매출이 상승한 것이 아니라 날씨의 변화에 의해 소비자들의 구매 욕구가 폭발적으로 늘어난다는 것을 보여준 실제 사례라고 할 수 있겠다.

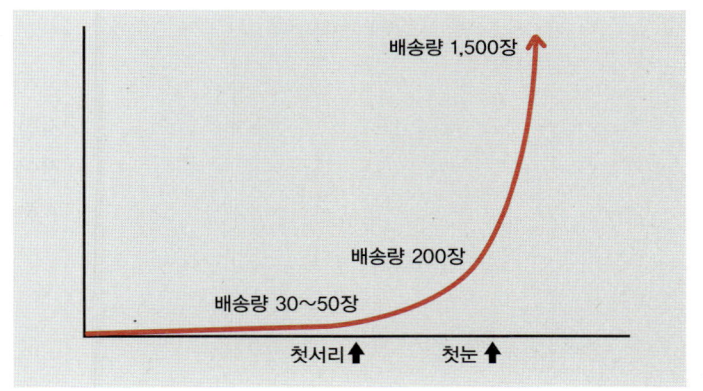

◀ 기온과 매출량

그렇다면 초보 사업자들은 어떻게 이런 판매 포인트 또는 상품 준비 포인트를 체크할 수 있을까?

시장 조사의 적정 기간을 필자는 1년이라고 이야기한다. 우리나라는 봄/여름/가을/겨울이 존재하여 1년간 매출의 변화를 잘 보여 준다고 이미 이야기한 적이 있다. 그러나 경험이 부족한 사업자들은 1년 중 어떤 아이템의 판매량이 증가하여 매출이 상승하고, 상승한 매출이 언제 하락하는지 모르고 있다. 이런 기본적인 사항들도 체크하지 못한 가운데 창업하여 실패하는 사례는 너무도 흔하며, 이러한 사태를 미연에 방지하고자 1년이라는 시간을 시장 조사 기간으로 정하라고 필자는 충고해 주고 있는 것이다.

국내 오픈 마켓은 지마켓/옥션/11번가/인터파크/네이버N샵이 존재한다. 그 중에서 패션 상품의 매출은 지마켓이 절대강자로서 군림하고 있다.

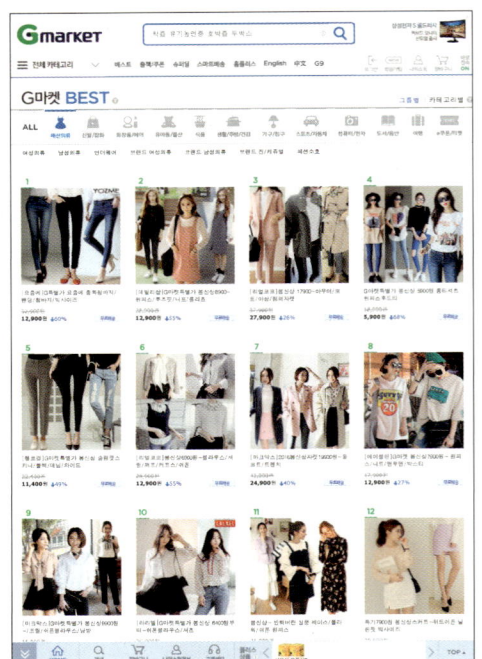 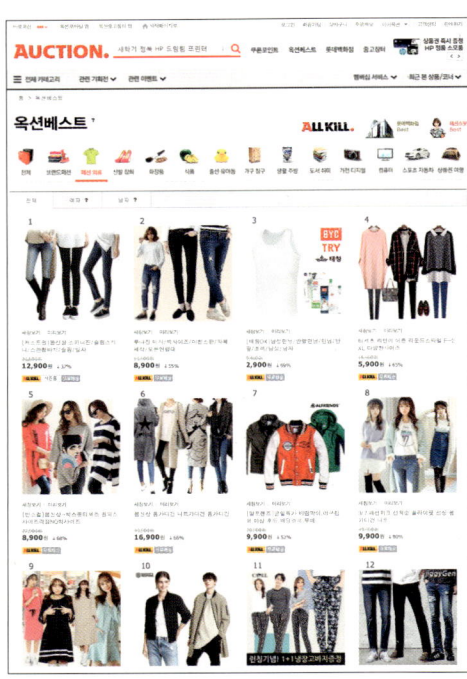

▲ 지마켓 · 옥션 베스트 카테고리

지마켓과 옥션 같은 오픈 마켓은 베스트 상품의 순위를 실시간으로 보여 주고 있다. 베스트 상품 카테고리에 보이는 상품들은 실제로 소비자들이 가장 선호하고 판매량이 우월한 상품들만을 선별하여 순위를 보여 주고 있는 시스템이다. 이러한 "베스트 상품"을 보여 주는 시스템은 초보 사업자들, 특히나 시장 조사 중인 초보 창업자들에게 아주 훌륭한 내비게이션 시스템을 제공해 주는 것이다.

지마켓과 옥션에서 보여 주는 베스트 아이템들의 순위표를 작성하라. 그리고 매일 하루에 한번씩 그 순위표를 점검하고 업데이트를 하라. 여기에서 중요한 포인트는 시장 조사는 연속성이 보장되어야 한다. 2주일 정도 열심히 정리하다가 이내 지쳐버려 그만둔다면 그야말로 물거품이다. 끈기를 가지고 1년 정도 지속적으로 해볼 것을 강력하게 권한다. 참고로 순위표에 함께 포함되어야 할 내용들을 이야기 한다면 ①상품 썸네일 이미지 캡쳐, ②판매자들이 사용하는 상품명, ③가격, ④판매량, ⑤상품평, ⑥판매 옵션과 옵션 가격들을 상세히 정리해 보라. 그럼 다음과 같은 결과를 얻을 것이다.

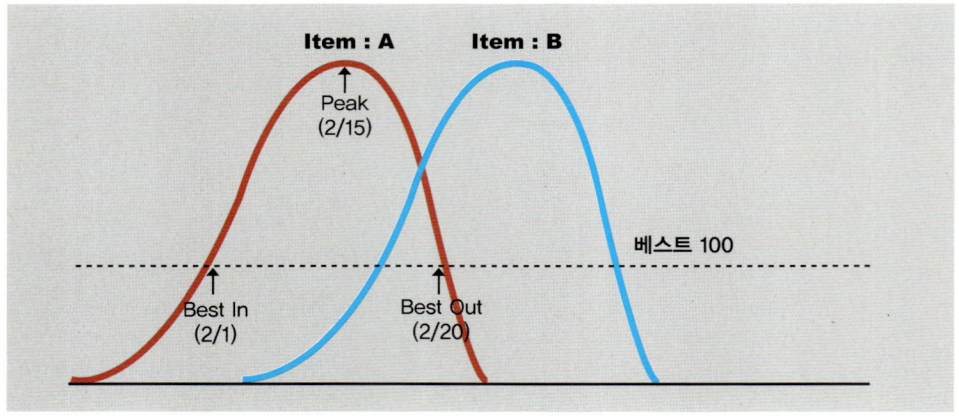

▲ 베스트 100과 상품 주기

위의 차트는 어떤 '아이템 A와 B'의 매출 차트를 정리한 것이다. 아이템 'A'가 2월 1일 지마켓 '베스트 100' 순위권으로 진입하였고, 2월 15일에 판매량이 최고조에 달한 후 점차 판매량이 줄어들어 2월 20일에 '베스트 100' 순위권을 벗어났다고 가정을 하자. 경험이 풍부한 사입자 또는 쇼핑몰 운영자라면 실판매 기간을 2월 1일에서 2월 15일로 보며, 판매량이 떨어지기 시작한 15일부터 20일까지는 여러 가지 행사 또는 이벤트를 통하여 '아이템 A'의 실재고 처분 기간으로 잡는다. 하지만 초보 창업자들의 일반적인 소싱과 판매 방법은 제품의 매출이 최고조에 달한 2월 15일경 베스트 판매자의 판매량을 보며 감탄해 마지않다가 결국 추격 사입을 하고 떨어지는 매출을 탕어하기 위해 네이버 광고에 막대한 지출을 쏟아 붓는 용감함을 보여 주고 있다.

왜?

이유는 간단하다. 경험이 부족하든 실력이 부족하든 어떠한 이유에서이건 본인이 무슨 짓을 하고 있는지 모르고 있기 때문이다. 빨리 매출을 올려야 한다는 조급함과 잘 팔릴 것이라는 막연한 기대감 때문에 이들은 발등에 떨어진 불만을 끄려고 할 뿐, 정작 내일 그리고 다가오는 다음 달 또는 내년을 준비하기 위해 무엇을 해야 하는지 전혀 모르고 있기 때문이다. 경험 부족이라고 말하기에는 너무나 무모한 행위를 과감하게 보여 주고 있는 것이다.

그런데, 많은 초보 사업자들이 반문을 한다. 시장 조사와 더불어 위와 같은 매출 차트까지 정리한 판매자가 누가 있느냐고?

대답은 간단하다. 이러한 자료를 정리하여 활용하는 판매자를 필자는 "본적이 없다." 대신에 성공한 쇼핑몰들은 이러한 자료를 시간과 경험 그리고 비용이라는 막대한 자원을 들이며 '수업료'를 지불하는 것으로 대신하였다. 당신에게 3년이라는 시간과 3년 동안 비용을 감당할 수 있는 자금력이 있다면, 굳이 시장 조사와 매출 자료를 구체화시키지 않아도 된다. 시간이 지나면서 저절로 몸으로 깨우쳐 갈테니까!

그렇다면 필자가 당신에게 반문하겠다.

당신은 3년이라는 시간과 3년 동안 투입되어야 할 비용을 마련하였는가? 없을 것이다. 그래서 수많은 쇼핑몰 운영자들이 실패하는 것이다. 사실상 이러한 자료는 브랜드 제품을 판매하는 유명 회사에서 체계적인 교육과 훈련을 거친 MD들을 활용하여 전략적으로 자료화시키는 정도이다. 여러분들은 이런 체계적인 교육과 훈련을 받지 못하였고, 이런 MD들을 활용할 자금력도 부족하다. 그래서 당신이 직접 조사하고 준비해야 하는 것이다.

왜, 3년이라는 시간을 이야기하느냐고 궁금해 할 것이다.

주위를 둘러보라. 그리고 당신이 알고 있는 잘나가는 쇼핑몰의 이름을 나열하여 보라. 그리고 내가 언제부터 이러한 쇼핑몰들을 알고 있었는지를 정리해 보라. 필자가 강의에서 잘하는 질문이다. 온라인 쇼핑몰 "바가지머리"의 경우 3~4년 전부터 알았다고 이야기 하는 경우가 대부분이다. 그렇다. 필자도 5년 전 청평화시장 앞에 주차돼 있는 바가지머리 사입차를 보고서 호기심이 생겨 찾아보게 되었고, 그때부터 바가지머리라는 쇼핑몰을 알게 되었다. 그럼 바가지머리는 언제부터 쇼핑몰을 운영하였을까? 바가지머리 사장님으로부터 들은 이야기로는 2013년을 기준으로 쇼핑몰을 운영한지 9년이 되었다고 한다. 총 운영 기간 9년 중 여러분들과 필자가 알고 있었던 4년 또는 5년이라는 시간을 빼면, 바가지머리는 4~5년이라는 시간을 무명의 쇼핑몰로 악전고투하였던 것이다. TV프로그램을 보면 어느 날 스타가 된 쇼핑몰이 있다. 하지만 그들은 결코 하루아침에 스타 쇼핑몰이 되지 않았다. 부단한 노력이 밑거름되어 결실을 얻은 것이지 콘셉트 하나로, 반짝하는 아이디어 하나로 하루아침에 스타 쇼핑몰이 되지 않았음을 잊지 말아야 한다.

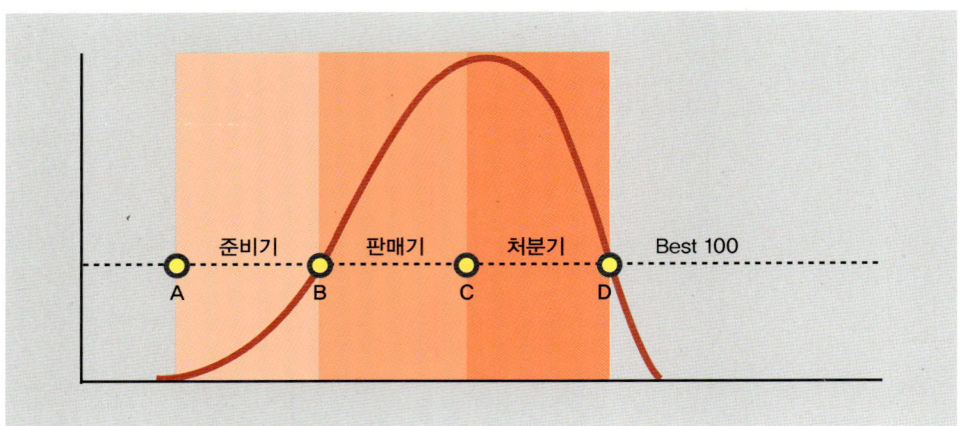

▲ 아이템 주기에 따른 판매 노하우

다시 한 번 매출 차트를 보도록 하자.

위와 같이 준비된 매출 차트는 메인 아이템을 언제 준비하고 판매할 것인가에 대한 정보도 제공해 주고 있다. 차트에서 판매기(구간 B~C)는 베스트 아이템으로 본격적으로 매출이 상승하기 시작하는 포인트에서 최고점까지의 구간이다. 이 구간에 들어간 아이템은 쇼핑몰의 주력 아이템으로 선정하여 모든 자원을 집중하여 마케팅 해야 한다. 이렇게 매출을 견인한 아이템은 반드시 그다음 처분기(구간 C~D)로 접어들게 되는데, 초보 창업자의 경우 올해 판매가 잘되었으므로 내년에 다시 판매할 욕심으로 재고를 처분하지 않고 가지고 있는 경우가 많다. 하지만 이는 소비자를 우롱하는 행위로서 소비자들도 작년에 판매가 된 아이템이라는 사실을 잘 알고 있다. 오히려 판매자보다 소비자들이 더 잘 안다고 말할 수 있다. 따라서 올해 판매가 아무리 많이 된 베스트 아이템이라도 매출이 최고점을 지나 떨어지기 시작하면 가차 없이 처분해야 하는 아이템으로 정리되어야 한다. 보통의 경우는 그다음 베스트 아이템을 광고하기 위한 마케팅용으로 사용하며 "반값 세일" 또는 "1+1 무료 배송" 등의 이벤트를 통하여 신상품을 홍보하고 재고를 처분하는 기간으로 활용한다.

그렇다면, 이러한 베스트 아이템은 언제부터 준비해야 하나?

베스트 아이템으로 등극한 시점인 포인트 'B'에서 판매를 시작하면 되는 것인가?

물론 나쁘진 않다. 하지만 필자가 추천하는 시기는 대략 1개월 전부터 아이템을 준비하고 판매를 시작해야 한다. 소비자 구매 행동 과정에 대한 연구 중 클렌드 홀의 "AIDMA 이론"에 따르면, 오프라인 전통적 소비자들의 구매 행동은 '주의(Attention) - 흥미

(Interest) – 욕구(Desire) – 기억(Memory) – 행동(Action)'이라는 패턴을 가지고 있다. 이는 최근의 온라인 소비자(X세대, N세대)에게는 '주의(Attention) – 흥미(Interest) – 탐색(Search) – 행동(Action) – 공유(Share)'라는 구매 패턴으로 변화하여 발전하였다.

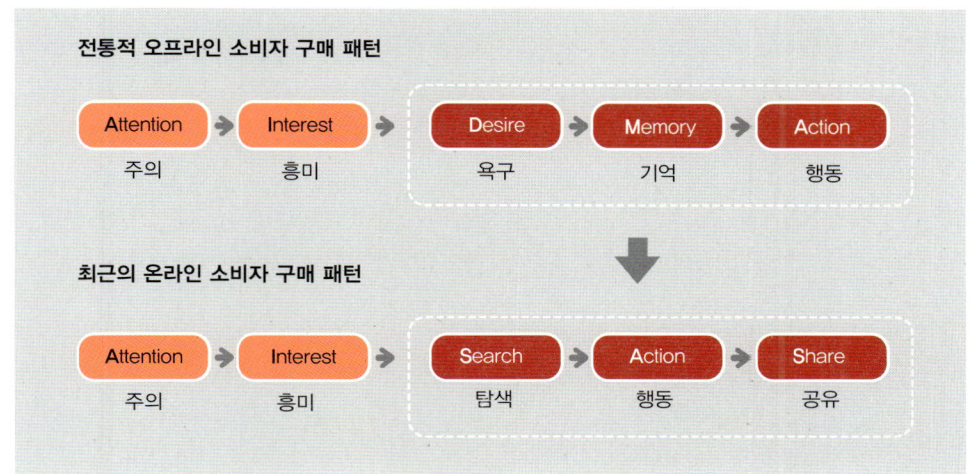

▲ 소비자의 구매 패턴 변화

오프라인 위주의 전통적 소비자이든, 온라인 소비자이든 관심을 가지고 아이템에 대한 정보를 탐색하고 인지하는 과정이 필수적으로 필요하다. 이것은 소비자들에게 "내가 당신이 필요한 아이템을 가지고 있으니, 꼭 기억하세요."라고 전달하는 시간이 반드시 필요하다는 이야기이다. 따라서 베스트 아이템으로 매출이 상승하기 이전부터 사실상 제품을 준비하고 판매를 시작해야 한다는 말이다. 그 시기는 경험적으로 통계적으로 베스트 아이템으로 부상하기까지 약 1개월이라는 시간이 필요하다. 따라서 '구간 A~B'의 준비기에는 아이템을 준비하기 시작하여 판매까지 시작해야 하며, 소비자들이 탐색하고 행동할 수 있는 시간을 확보해 주어야 한다.

이렇게 베스트 상품을 정리하여 자료화시킨다는 것의 의미는 100전 100승의 참고서를 준비한다는 것으로, 내년 4월 또는 12월에 어떠한 상품이 베스트로 등극을 할 것인지, 어느 시점에 매출이 가장 높은지, 어느 시점에 다른 아이템으로 갈아타야 하는지, 모든 것에 대한 자료를 제공하고 있다.

주식시장에는 1,000개가 넘는 종목이 있다. 이런 종목들 중에서 실제로 수익을 올리며 웃는 종목들은 몇 가지나 될까? 그런데 시간을 1년 정도 과거로 되돌아가거나 아니면 1년 후의 주식 시세를 정확하게 알고 있다면 어떻게 될까? 천재지변이 일어나지 않는 한 주식 투자에 실패할 수가 없을 것이며, 당당히 이 시대 최고의 주식 명인 워렌버핏과 같이 될 수 있을 것이다.

그렇다. 시장 조사를 철저히 하고 자료화시킨다는 것은 내년에 어떠한 종목이 언제 상승해서 언제 떨어질 것인가에 대한 신(神)의 능력을 가지고 있다는 것과 다름없다. 그래서 시장은 시장에게 물어보아야 하는 것이다.

매일 매일 창업 일기를 써라. 그것은 당신 스스로를 위한 최고의 안내서를 준비하고 있는 것이다.

전략 3
초보 창업자여, 생산은 꿈도 꾸지마라.

초보 창업자들이 가장 많이 관심을 가지는 부분은, "생산하여 판매한다면 가격 경쟁력과 쇼핑몰의 콘셉트를 유지할 수 있어서 타쇼핑몰과 차별화를 시킬 수 있지 않을까?"라는 막연한 기대감이다. 하지만 필자의 조언은 생산하는 순간 "망한다."이다. 3년차 쇼핑몰이 아니라면 생산하지 말라고 필자는 조언해 주고 싶다. 너무 단정적으로 이야기하여 초보 쇼핑몰 운영자들에게 미안한 생각이 들기도 한다. 필자가 주위에 창업하려는 분들이나 초보 쇼핑몰 운영자들에게 자주 듣는 이야기들 중 섣불리 달려들었다가 큰일 날 경우가 몇 가지 있는데, ①처음부터 규모를 갖추어 사업하고 싶다는 경우, ②단가를 낮추기 위해 대량 구매를 조건으로 단가를 협상하는 경우, ③원하는 아이템을 시장에서 구할 수 없어서 직접 공장을 뚫어 생산하겠다는 경우가 대표적인 경우이다.

언론 매체를 보면 '모' 쇼핑몰의 매출이 100~200억 원이라는 이야기들을 곧 잘 들을 수 있는데, 이러한 쇼핑몰들은 도대체 얼마나 존재하는 것일까? 랭키닷컴 순위표에서 상위에 랭크되는 업체들의 매출은 얼마일까? 본인의 콘셉트를 유지하기 위해서 생산하여 판매한다고 하는데 비중은 얼마나 될까? 나의 쇼핑몰도 그렇게 생산한다면 매출을 더 올릴 수 있을까? 라고 질문하기 이전에 먼저 해 보아야 할 질문이 있다.

"과연 온라인 비즈니스에서 창업 성공률은 얼마나 될까?"라는 근본적인 질문이다.

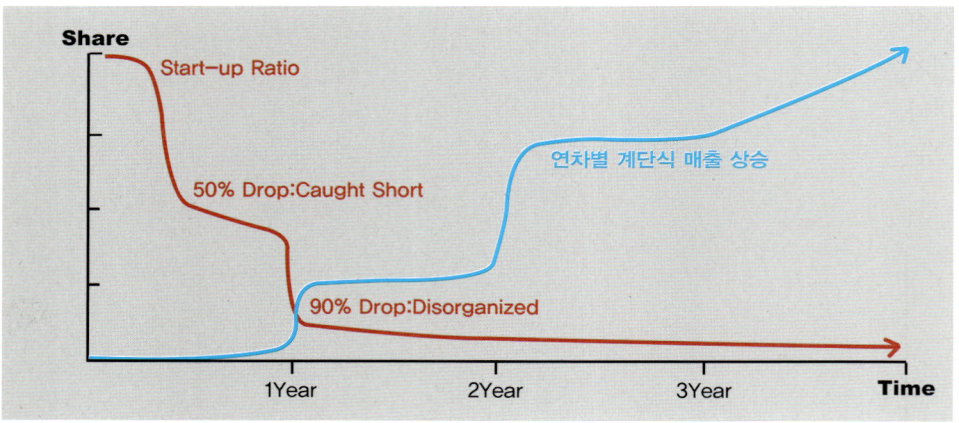

▲ 온라인 쇼핑몰 연차별 매출 구조와 창업 성공율

일반적인 사례로서, 3년차 쇼핑몰의 생존율은 3%라고 이야기 한다. 이는 생존율이지 성공률이 아니다. 그렇다면 나머지 97%는 어떻게 된 것일까?

창업 후 3개월 이내에 50%의 쇼핑몰 운영자들이 운영을 중지하거나 그만두는 사실상 폐업에 들어가고, 창업 후 1년이 채 못 되어 90%의 쇼핑몰 운영자들이 운영을 중단한다. 이는 왜일까? 쇼핑몰 운영자의 욕심처럼 매출이 발생하지 않는다는 것이 가장 큰 요인이겠지만, 구체적으로 살펴보면 다음과 같다.

쇼핑몰 운영 후 3개월차에 운영을 중단하는 대부분의 쇼핑몰은 창업 자금이 부족하기 때문이다. 필자가 강의 중에 "당신은 창업 자금으로 얼마를 생각하느냐?"라는 질문을 자주 던진다. 그러면 온라인 창업의 장점으로 들 수 있는 창업 비용이 '작다'라는 사실을 반증이라도 하듯 – 물론 대학생 또는 20대의 사회 초년생의 경우이긴 하지만 – 500만

원 이하라는 답변이 가장 많다. 500만 원이 온라인 패션 쇼핑몰 창업을 위해 절대 부족하거나 적은 돈은 아니다. 물론 쇼핑몰을 오픈하기 위해 넉넉한 돈도 아니다. 어떻게 계획하고 활용하느냐에 따라, 적을 수도 많을 수도 있다고 생각한다. 문제는 이 돈이 크냐? 또는 적냐?의 문제가 아니라 어디에 쓰일 돈이냐는 것이다.

초보 창업자들은 500만 원의 창업 비용이 대개 쇼핑몰을 오픈하기까지의 준비 과정에 들어가는 비용을 창업 비용으로 생각하고 준비한다는 것이다. 이것은 절대적으로 잘못 판단한 것이며, 만약 500만 원의 창업 자금이 준비되었다면, 실제 창업까지 들어가는 비용은 500만 원의 1/3인 170만 원만 투입하여야 한다. 나머지 330만 원은 쇼핑몰 운영 시 매출이 발생하지 않을 것을 대비하여 보유하고 있어야 하는 예비비로서 준비해야 한다. 앞의 차트에서 보듯이 온라인 비즈니스에서 1년차까지는 매출이 거의 발생하지 않는다. 330만 원은 이렇게 매출이 발생하지 않더라도 투입되어야 되는 고정 비용들(사무실 임대비+인건비+샘플비+관리비 등)을 충당하고, 매출이 발생할 때까지 쇼핑몰을 유지시킬 수 있는 비용인 것이다. 대부분의 창업자들이 이러한 유지 비용이 없기 때문에 사업을 그만두게 된다.

그럼, 쇼핑몰 오픈 후 1년차에 그만두는 대부분 90%의 운영자들은 무엇이 부족한 것일까? 간단하게 말한다면, 계획이 없었던 것이다. 쇼핑몰을 운영한다는 것은 작게나마 사업체를 운영한다는 것이다. 사업체를 운영하면서 반드시 필요한 회사의 비전과 운영에 대하여 미리 예측하고 준비하는 자세가 필요하다. 하지만 이들은 그러한 준비가 되어 있지 않았던 것이다. 매출이 발생하기까지 1년이라는 시간 동안 겨우 겨우 버텼다고 하더라도 아래의 그래프에서 보는 바와 같이 매출과 비용에 대한 계획 없이 2년차에 다가오는 비용이 매출을 잠식해버리는 "비용의 늪"에 빠져버리는 경우가 많다.

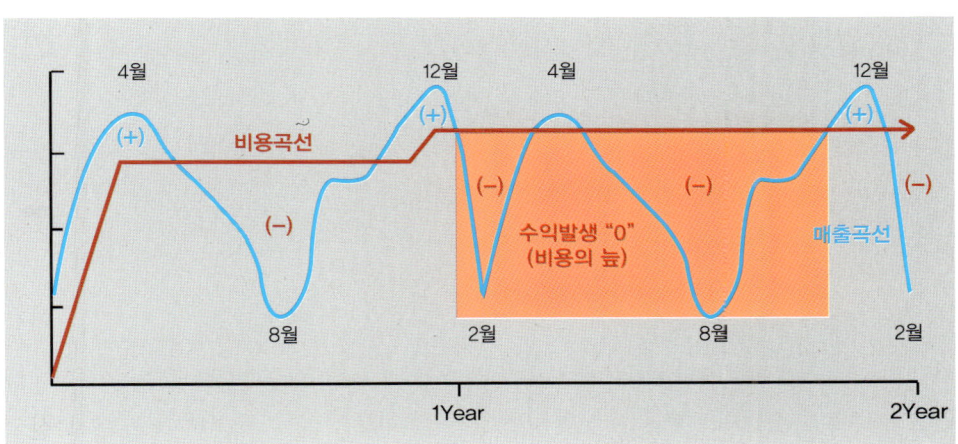

▲ 쇼핑몰 매출과 비용의 상관관계

매출이 발생하면 비용은 반드시 증가하게 되어 있다. 그런데 매년 4월과 12월에 나타나는 매출 하락기에 접어들면 매출 하락과 함께 비용도 하락해야 하는데 그렇지가 못한 것이다. 비용이라는 것은 매출을 내기 위해서 사용하는 돈을 이야기 하는데, 그렇다면 '매출이 나지 않으면 쓰지 않으면 될 것 아닌가.' 라고 생각할 것이다. 이는 비용이라는 단어의 구성 요소를 모르기 때문에 나오는 어처구니없는 이야기이'다.

비용은 고정비+변동비로 구성된다.

먼저 변동비란 매출의 증감에 따라 비용 발생이 유동적인 것이다. 예를 들어 매출이 많이 일어나면 포장하는 아르바이트 인건비와 식대 또는 포장비 등은 증가하게 된다. 마찬가지로 매출이 줄어든다면 이런 비용은 절감하게 될 것이다. 하지만 고정비는 다르다. 고정비란, 매출의 증감에 상관없이 꾸준하게 지출이 일어나는 비용으로 사무실 또는 창고 운영비, 관리비, 제세공과금 등은 매출이 아무리 증가하거나 줄어들더라도 늘어나거나 줄어들지 않는다.

따라서 매출이 증가하다가 감소하는 시점에 이르면 상승하던 비용 중에서 변동비만 줄어들게 되고 고정비는 그 자체로 유지하게 된다. 이것이 위의 매출 잠식을 일으키는 중요한 요인이 된다.

이러한 매출 잠식을 막기 위해서 또는 이러한 일이 처음부터 일어나지 않게 하기 위해서 철저한 준비를 하는 자세가 필요한데, 가장 훌륭한 준비물로 사업 계획서를 들 수 있다.

창업이란, 영원히 돌아올 수 없는 미지의 바다로 나가는 것과 같다. 영원히 돌아올 수 없는 미지의 바다. 그 바다로 나가기 위해서 반드시 필요한 것들은 어떤 것들이 있을까? 당연히 육지에 당도하지 못하고 얼마동안 떠 있을지 모르니 여분의 식량과 기름을 준비해야 한다(창업 자금, 예비비). 그리고 어디로 가야 하는지(비전), 얼마만큼 가야 하는지(스케줄)도 모른 채 바다를 떠다닌다면, 태풍을 만나거나 암초에 좌초되어 결국 죽음을 맞이하고 말 것이다.

그렇다. 식량(창업 자금, 예비비)과 함께 준비해야 하는 게 항해 지도와 내비게이션(사업 계획서)일 것이다. 비록 태풍에 떠밀려 이리저리 떠다니더라도(불량 등의 사고 발생) 항해 지도와 내비게이션(사업 계획서)이 있다면 우리는 다시 방향을 수정하고 앞으로 나갈 수 있을 것이다. 사업 계획서란, 창업이라는 미지의 바다에서 어디로 가야 할지 알려 주는 내비게이션과 같다. 따라서 이 책을 읽고 있는 독자들에게 지금 당장 '사업 계획서'를 작성해 볼 것을 강권한다. 저자가 직접 작성한 사업 계획서를 부록에 첨부하였다. 저자의 사업 계획서를 똑같이 베껴 써도 상관없다. 창의적인 아이디어가 있다면 더 보태어서 더욱더 멋지게 써 보도록 하라. 중요한 것은 100% 퍼펙트할 필요가 없다. 꼭 써 보는 것이 중요하다. 창업 자금이 500만 원이면 예산에 맞추어 작성하면 된다. 반드시 창업 자금이 많을 필요는 없다.

이 정도가 되면 왜 초보 창업자들에게 생산을 해서는 안 된다고 이야기하는지 대략 짐작이 갈 것이다. 위에서 지속적으로 얘기하듯이 초기에 투자된 비용은 사업이 안정되고 매출이 발생하기 전에는 회수하기 힘들다고 이야기하였다. 단가를 낮추기 위해 대량 구매를 하는 거의 모든 창업자가 '비용의 늪'뿐만이 아니라 '재고의 늪'에까지 빠져 운용할 수 있는 자금이 말라버리는 악순환에 허덕이는 경우가 많다. 그 중에서 가장 위험한 것이 본인의 제품을 생산하려는 시도이다. 이런 생각을 하는 사업자는 크게 두 가지이다. ①경험이 많고 판매력도 어느 정도 뒷받침되어 본인의 능력을 더욱 발휘하기 위한 사업 확장의 일환으로 생산을 고민하는 3년차 이상의 쇼핑몰은 성공하여 이윤을 늘릴 가능성이 충분하나, ②어느 정도의 제품 지식이나 패션 관련 지식을 가지고 자신감만 앞세우는 경우는 크나큰 패배의 늪에 빠질 수 있다. 디자인 스킬이 어느 정도 있거나 주위에 전문가급의 조력자가 있는 경우일지라도 본인의 능력을 넘는 무리한 욕심을 부리는 경우가 있는데, 나만의 제품을 만든다는 것은 큰 돈과 그만큼의 위험을 떠안는다는 것을 명심해야 한다.

동대문시장에서 의류 제품의 일반적인 생산 과정을 간단하게 살펴보면 다음과 같다.

① **디자인 결정** : 잡지 또는 브랜드 제품 등을 보고 생산하고 싶은 디자인을 결정한다. 본인이 직접 디자인한 창작물일 경우도 비슷한 디자인이 있어야 공장에서 발주를 받아준다. 이런 경우 보통 백화점에서 샘플을 사입하여 발주한다.

② **샘플 사입** : 샘플을 사입하는 이유는 공장에서 생산이 용이하게끔 만들어 주기 위함이며, 샘플이 없을 경우 샘플사와 상의를 해야 한다. 100% 똑같은 제품이 아니어도 기본적인 디자인이 같은 제품이면 사입 가능하다.

③ **패턴(Pattern) 제작** : 건물의 설계도와 같은 개념으로 원단을 재단할 때 위에 올려놓고 재단하며 이러한 재단물들을 서로 연결하여 봉제(미싱)하는 것이다. 일반적으로 전문 패턴 사무실에서 패턴 작업을 별개로 진행하나, 추가 비용이 발생하여 공장에서 직접 패턴을 하는 경우도 있다. 대부분의 불량이 패턴에서 문제가 발생하는데, 이는 공장에서 전문화된 교육을 받지 못한 재단사가 본인의 경험치에 의거하여 패턴을 제작하는 경우로, 공장에서 작업하기 편한 방식으로 패턴을 하므로 처음 의도한 바와 다르게 패턴이 제작될 수 있다. 따라서 패턴사가 아닌 공장에서 패턴을 제작할 시 재단사와 충분한 논의를 해야 한다.

▲ 신당 사거리에 위치한 패턴실과 샘플실

④ **샘플 제작** : 위에 사입한 제품이 본인이 생각하는 디자인과 100% 똑같지 않을 때 또는 창작품의 경우에 샘플실에서 별도의 샘플을 제작한다. 기성품의 경우 샘플만 있으면 공장에서 직접 작업 가능하다.

⑤ **그레이딩(Grading)** : 사이즈별로 패턴을 세분화하여 만드는 작업으로 S, M, L 등으로 만든다. 본인의 제품이 55/66 프리사이즈라고 하더라도 반드시 2가지 이상으로 그레이딩해야 한다(동대문 시장룰). 이렇게 그레이딩을 하는 경우는 앞에서 제작된 샘플이 만족스러울 때이며, 만약 문제가 있다면 다시 패턴 과정과 샘플 작업을 거쳐야 한다.

⑥ **공장 샘플 제작** : 공장에서 샘플을 다시 제작하는 이유는 원단이 같은 종류라고 하더라도 공장의 특성에 따라 바지를 잘하는 집, 스커트를 잘하는 집, 블라우스를 잘하는 집, 원피스를 잘하는 집이 다르다. 소위 말하는 핏(Fit, 간지)이 틀리기 때문에 처음

생산을 의뢰하거나 패턴이 복잡한 경우는 반드시 샘플을 만들어 봐야 한다. 이를 시장 용어로 "QC본다."고 한다.

⑦ **본 생산** : 제작된 공장 샘플이 만족스러울 때 진행한다.

이렇게 샘플 사입에서부터 생산까지 필요로 하는 비용은 샘플 사입비+패턴 제작비(OPS[2]의 경우, 대략 8~9만 원)+그레이딩(무조건 2사이즈 이상 요구, 1만 원)+샘플 제작비(OPS의 경우, 대략 8~9만 원)+공장 샘플비(공장 사장이 본 생산하겠다고 맘먹었을 때, 무료)+원단+부자재가 들어간다.

[2] 시장에서 제품명을 영문자로 간단하게 줄여서 사용하는데, 원피스는 OPS, 자켓은 JK, 블라우스는 BL, 스커트는 SK 등으로 줄여서 쓴다.

[의류 샘플 생산비 분석]

샘플 사입	₩90,000	원피스 사입
원단	₩10,000	요척 : 1.7야드
부자재	₩1,200	단추/지퍼/라벨
패턴 제작	₩90,000	동대문 기준
샘플 제작	₩90,000	동대문 기준
그레이딩	₩10,000	동대문 기준
공장 샘플	₩-	공장에 따라 별도
소계	₩291,200	

이렇게 따지면 사입한 샘플비를 빼더라도, 샘플 작업에 필요한 비용만 20만 원이 넘어간다. 이뿐만이 아니다. 공장에서 소량으로 생산을 한다고 치더라도 기본으로 100장 정도를 만들 것을 요구하는데, 쇼핑몰의 특성상 한 디자인을 100장씩 작업하기는 무리이다. 그래서 공임(공장 제작비)을 올리는 한이 있더라도 30~50장 정도 소량 생산을 하게 되는데, 이럴 경우 시장에서 사입하는 경우보다 단가가 상승하게 된다. 디자이너몰의 경우 5~10장을 작업하는 경우도 있지만, 이는 브랜드를 내세워 시장 제품과 차별화되었을 경우에나 가능하다. 물론 이때는 공장에서 작업하는 게 아니라 샘플실에서 직접 작업하게 된다. 물론 공임은 초기 샘플 제작비보다는 싸지만, 공장 공임의 몇 배를 각오해야 한다.

[쇼핑몰 의류 직접 생산 시 생산비 분석]

소량 생산의 예 (원피스, 100장 생산의 경우)		
원단(우라 포함)	₩1,515,000	₩8,823/Y (1.7Y)
부자재	₩202,000	₩2,000/Set (단추/지퍼/라벨)
패턴 제작	₩90,000	1회
샘플 제작	₩90,000	1회
그레이딩	₩10,000	1회
공장 공임	₩2,000,000	20,000원/100장
소계	₩3,905,000	100장
단가	₩39,050	1장
재고율	25%	25장
원가	₩52,066	재고율 포함 원가
판매가	₩88,513	Mark-Up : 1.7[3]

[3] Mark-Up(배수) : 생산가가 1만 원일 경우 판매가를 1만 7천으로 측정할 때 마크업(Mark-Up) 1.7이라고 한다.

이렇게 생산된 원피스는 동대문시장에서 사입되는 단가보다 훨씬 높은 비용이 발생하였다. 이는 단가가 싼 제품일수록 사입가와 생산가의 갭(Gap)은 더 크게 발생한다. 물론 대량 생산에 들어가면 동대문시장 단가에 맞출 수 있겠지만 사실상 현실적으로 불가능한 일이며, 동대문시장 도매상들의 축적된 생산 노하우에 비한다면 더욱 더 따라잡기 힘들다.

잡화의 경우 생산비는 더 높아지는데, 패브릭(Fabric) 소재의 제품이 아닌 피혁이나 금속류라면 샘플의 가격은 의류의 몇 배까지 상승하게 된다. 이렇게 어렵게 만들어지는 것이 끝이 아니다. 도매시장의 큰집들과 오묘한(?) 기(氣)싸움이 남아 있다. 7월말~8월 중순까지 동대문시장이 휴가를 떠나는 비수기이다. 비수기일 때 공장에서는 당장 미싱을 돌려야 직원들 월급을 주기 때문에 100장이라도 작업해 주겠다고 이야기 한다. 하지만 조금만 바쁜철(봄, 가을)이 돼버리면 작업해 주겠다는 말은 분명히 하나 물량이 적은 쇼핑몰의 제품생산은 차일피일 미루면서 늦어지는 경우가 대부분이다. 공장에서는 당장 물량이 많고 꾸준히 오더를 주는 일명 "큰집"들의 작업을 우선시 하기 때문에, 트렌드에 민감한 패션 아이템이 1~2주 정도 밀려서 작업될 경우 생산되는 물량을 고스란히 재고로 떠안아야 하는 불미스러운 일이 발생하기 일쑤이다.

이러한 복잡한 과정들을 핸들링하고, 만일에 발생할 수 있는 불량(나오시) 사고까지도 능숙하게 처리할 수 있을 때 생산을 시도해 보는 것이 좋다. 그래서 3년차 쇼핑몰이 아니면 생산에 손대지 말라고 하는 것이다.

또 한 가지 이유가 더 있다. 자신만의 콘셉트와 컬러를 내세우고 싶고, 더군다나 브랜드 욕심을 내는 쇼핑몰이라면 생산을 희망하게 된다. 하지만 이때도 시기가 있다. 처음에 본 연차별 매출 성장 그래프를 다시 한 번 들여다 보라. 3년차 쇼핑몰의 매출이 지속적으로 성장하고 있는 것을 볼 수 있다.

왜일까?

소비자 인지도 곡선에서 해답을 찾을 수 있다.

초보 창업자들이 가장 많이 오해하는 부분이 쇼핑몰을 오픈하고 조금 지나면, 단골(Fan)들이 생겨서 입소문도 내주고 매출에도 기여한다고 생각하는 것이다. 이는 몇몇 온라인 매체에서 실체를 파악하지 못하고 일부 스타 쇼핑몰들의 이야기를 전체의 이야기로 부풀려 보도하고 있으며, 이는 키워드 광고업체 및 포털 서비스업체들이 광고에 대하여 지나치게 경쟁을 하고 있기 때문이다.

실제로 여러분들이 쇼핑몰을 오픈하면 가장 많이 걸려오는 전화가 바로 광고를 대행해 주는 "프로모션 업체"들이다. 이들은 자기네 프로모션업체를 통하면 포털 사이트 등록비를 마치 무료로 진행해 주는 것처럼 이야기하고 있는데, 원래 포털 사이트 등록은 무료이다. 부디 잘못된 오해로 인하여 광고주는 죽고, 광고 대행업체만 살아남는 잘못된 현실을 바로잡기 바란다.

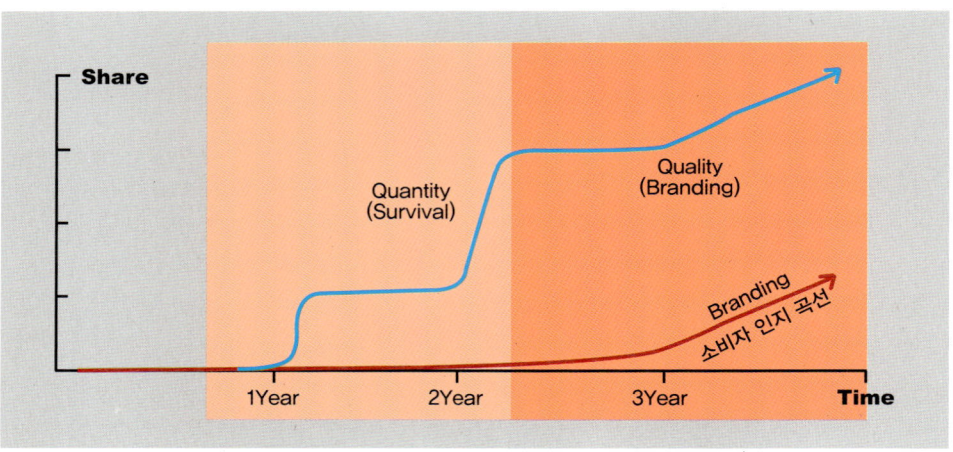

▲ 소비자 인지도와 쇼핑몰 운영 전략

기본적으로 1년차가 지날 무렵부터 매출이 상승하기 시작하여 3년차가 되기까지 매출은 연차별로 계단식으로 발전한다. 그러다가 3년차가 되면 매출이 안정적이며 지속적으로 발전하게 되는데, 이 시기를 브랜드화(Branding)되어 가는 시점이라고 볼 수 있다. 이론적으로 브랜드란, 브랜드로서 가져야 할 3요소(Brand 3I)=브랜드 이미지(Image)+브랜드 아이덴티티(Identity)+브랜드 품격(Integrity)의 밸런스를 잘 이룰 때 일컫는 말이지만, 필자가 이야기하는 브랜드란 소비자들이 알고 있느냐에 대한 개념이다.

코카콜라(Coca-Cola), 나이키(Nike), 에르메스(Hermes), 아이폰(iPhone) 등을 이야기할 때 소비자들은 브랜드라고 이야기한다.

▲ 브랜드 3i [4]

4) 마켓3.0, 필립코틀러, 타임비즈, 2010 인용

그러면 스타일난다(stylenanda.com), 바가지머리(bagazimuri.com), 미아마스빈(miamasvin.co.kr), 아우라제이(aura-j.kr)같은 쇼핑몰들은 브랜드인가?

선뜻 대답을 못하고 주춤거린다면, 당신은 아직 온라인세계에 적응하지 못하고 있는 것이다. 온라인에서 주력 소비세대인 N-세대는 "내가 알고, 내 친구가 알고 있다면 그것은 브랜드이다."라고 인식하고 있다. 위에서 이야기한 브랜드가 되기 위한 3가지 요소 따위를 모르더라도 상관없다. 소비자들이 알고 있느냐인 것이다. 그런데 중요한 것은 어떻게 알고 있느냐이다.

아래의 두 가지 질문에 대답하여 보라.

물음 1 : 나는 잘 팔리는 제품이 좋은 제품이라고 생각한다.
물음 2 : 나는 좋은 제품이 잘 팔리는 제품이라고 생각한다.

사실상 두 가지 물음이 갖는 성격은 같다. "좋은 제품이 곧 잘 팔리는 제품"이고, "잘 팔리는 제품이 곧 좋은 제품"일 것이다. 말의 장난이다. 하지만 이 말장난 속에 엄청난 비밀이 숨겨져 있다. 바로 '시간 의존성(Time Dependent)'이 존재한다는 것이다.

여러분들의 쇼핑몰에서 매출이 발생하지 않는 1~2년차에는 "잘 팔리는 제품이 곧 좋은 제품이다."라는 자세로 임해야 한다. 콘셉트 때문에 또는 브랜드 때문에 쓸데없이 생산에 매달려 돈과 시간을 낭비해서는 안 된다. 소비자들이 어떤 제품을 찾고 있는지, 언제 구매가 일어나는지, 제품을 어떻게 사용하고 있는지에 대하여 철저히 조사하고, 시장에서는 소비자 니즈가 있는 제품이 어느 시장에서 어떻게 존재하며, 얼마에 사입할 수 있는지 등을 철저히 조사하여 매출을 상승시키는 일에만 집중해야 한다.

하지만 매출이 어느 정도 발생하고 소비자 인지도가 본격적으로 상승하는 시기(2~3년차)에는 더 이상 잘 팔리는 제품만으로는 승부할 수 없다. "좋은 제품을 더 잘 팔아야 하는 것이다." 그 이유는, 드디어 소비자들 입에서 입으로(Share) 브랜딩되어 가고 있기 때문이다.

"A 쇼핑몰의 제품은 가격은 싸지만 마무리가 부족한 거 같아."라고 기억될 것인가?

"B 쇼핑몰의 제품은 가격은 좀 비싸지만, 디자인이 독특해서 입을만해."라고 기억될 것인가?

이러한 기억의 모습이 바로 브랜드의 모습인 것이다. 이렇게 소비자들의 입을 통하여 이야기될 때 비로소 여러분들이 생산을 시도해야 하는 것이다. 물론 생산과 사입량을 적절히 조화시켜야 한다. 100% 생산은 여전히 무리수가 남아 있다.

■ 에필로그; 원고를 마무리하며

언젠가 저자가 모기관에서 "성공하는 쇼핑몰 기획하기"라는 특강에서 특강이 있는 3일 동안 하루도 빠지지 않고 교육에 참여한 남녀 커플이 있었다. 이들은 쇼핑몰 창업에 대한 막연한 기대감을 가지고 특강에 참여하였고, 준비되지 않은 창업은 너무도 무모한 행동이라는 저자의 충고를 받아들여 쇼핑몰 창업하기 이전에 시장 조사와 소비자들의 니즈를 파악하기 위한 블로그 활동을 먼저 시작하였다. 결과는 의외로 빨리 찾아왔다. 아니 어쩌면 행동으로 실행한 것에 대한 당연한 결과일 것이다. 3개월여 만에 포털사이트 네이버 메인에 그들의 콘텐츠가 공개되기 시작하면서 블로그 일 방문자가 14만명에 육박하는 기염을 토한 것이다. 현재 네이버에서 활동하는 1등 블로그 "둥이맘의 이야기가 있는 밥상"의 일 방문자수가 약 4만명인 것에 비한다면 이들의 발전은 가히 기적에 가까운 것이다.

필자는 '블랙바이블'을 집필하던 중에 이들의 소식을 접하게 되었고, 나의 충고를 받아 줌과 동시에 노력하고 실행하는 이들의 모습에 감동을 받게 되었다. 따라서 '블랙바이블'에 사용할 이미지컷을 부탁하였고 흔쾌히 수락하여 책 중간 중간에 이들의 이미지컷을 사용하였다.

아래는 이들이 '블랙바이블'의 독자들에게 전하는 메시지로 나의 에필로그를 대신하고자 하며, 이 책을 읽는 모든 독자들이 현장에서 노력하는 창업자가 되기를 바라는 마음, 그리고 언제나 건강과 행복이 가득하기를 기원하는 마음으로 이 책을 마무리한다.

네이버 블로그 킬릿(Killit)의 인사

안녕하세요. 패션블로거 킬릿(Killit)입니다.

저는 보통의 쇼핑몰 창업자들과 마찬가지로 적은 자본과 인력으로 최대한의 투자효과 및 창업 초기 구축을 위하여 열심히 공부를 하던 중 마케팅이 정말 중요하다고 느꼈고, 그 중 제가 자본을 들이지 않고 쉽게 도전해볼 수 있는 것이 '블로그'라는 것을 깨닫게 되었습니다.

▲ [킬릿(Killit) blog.naver.com/jisoo__89]

지식은 없고 창업자금은 부족하고 이리저리 가슴 앓이만 하던 중 어느 날 우연히 접하게 된 전중열 강사님의 "쇼핑몰 창업 특강"은 저와 남자친구에게는 한줄기 빛과도 같았습니다. 강사님의 강의 내용처럼 '블로그'를 우선적으로 운영해볼 심산으로 무작정 책가방에 도시락을 싸들고 매일아침 서점으로 향했습니다. 막연한 불안감이 주먹구구식의 이론 공부부터 시작할 수 있는 용기를 주었던 것이죠. 그렇게 단기간 많은 내용을 습득하고 떨리는 마음으로 네이버 블로그를 시작한 결과, 시작한지 얼마 지나지 않아 네이버 메인에 오르는 기쁨을 맛볼 수 있었습니다.

첫 네이버 메인에 뜨던 날엔 일 방문자 13만 8천명의 어마어마한 숫자를 경험하였습니다. 그 당시 블로그가 전부였던 저와 남자친구에게는 믿을 수 없는 기쁨이었고 그렇게 엉엉 울며 소소하지만 맛있는 식사를 함께 하며 빛나는 미래를 꿈꿨던 것으로 기억이 됩니다. 얼마 지나지 않아 또 한번 네이버 메인에 오르는 영광을 맛보게 되었고 이후 포스팅하는 법, 세부 키워드 정하는 법, 내 포스트를 읽는 주요 타깃층의 컴퓨터 사용시간대 등 나름의 STP 전략을 세울 수 있는 여러 가지 방법들을 하나씩 터득해 나갔습니다.

이렇게 미미하지만 열심히 키워나간 블로그 '킬릿(Killit)'은 실제로 저에게 많은 기회를 안겨주었습니다. 좋은 이웃님들을 많이 만날 수 있도록 해주었고 쇼핑몰 사업을 진행하는데 있어 실질적인 도움을 얻고 구할 수 있는 분들도 많이 만나게 되었습니다. 이번 강사님 책 '블랙바이블'에 제 블로그와 오픈 마켓 '앤드룩'의 사진을 제공해드릴 수 있는 영광도 얻을 수 있게 되었으니까요. 원래 저의 전공은 "호텔관광학"이었습니다. 원하던 호텔에서 근무하며 점점 꿈에 가까워지고 있던 무렵, 의류사업을 진행하겠다며 돌연 호텔을 그만두고 나온 저는 주변 사람들에게 가십거리였습니다. 소문이란 정말 빠르더군요. 모두들 할 수 없을거라 말했지만, 블로그 킬릿(Killit)은 저를 비롯한 모두에게 가능성을 보여준 계기가 되었습니다. 저를 향한 따가운 시선들이 조금씩 따뜻하게 변하는 계기가 된 것이죠. 블로그 킬릿(Killit)은 저와 남자친구의 미래, 열정, 행복, 소망, 가능성, 애증이 녹아있는 이 모든 것들의 복합체입니다. 이것들이 모여 지금의 블로그 킬릿(Killit)을 이뤄낸 것입니다. 네이버 블로그 킬릿(Killit)을 통해 전중열 강사님의 책 '블랙바이블'에 실리게 되는 영광을 누릴 수 있게 되었고, 저희의 은사님이신 전중열 강사님께 미약하게나마 도움을 드릴 수 있고 독자 여러분들에게 인사를 드릴 수 있게 되어 기쁩니다.

킬릿(Killit)이라는 이름 그대로 Kill + it, 죽여주는, 끝내주는 여자가 될 것을 약속드리며, 앞으로도 진정성있는 콘텐츠로 찾아뵙겠습니다.

언제나 지금처럼만 사랑해주세요, 감사합니다.

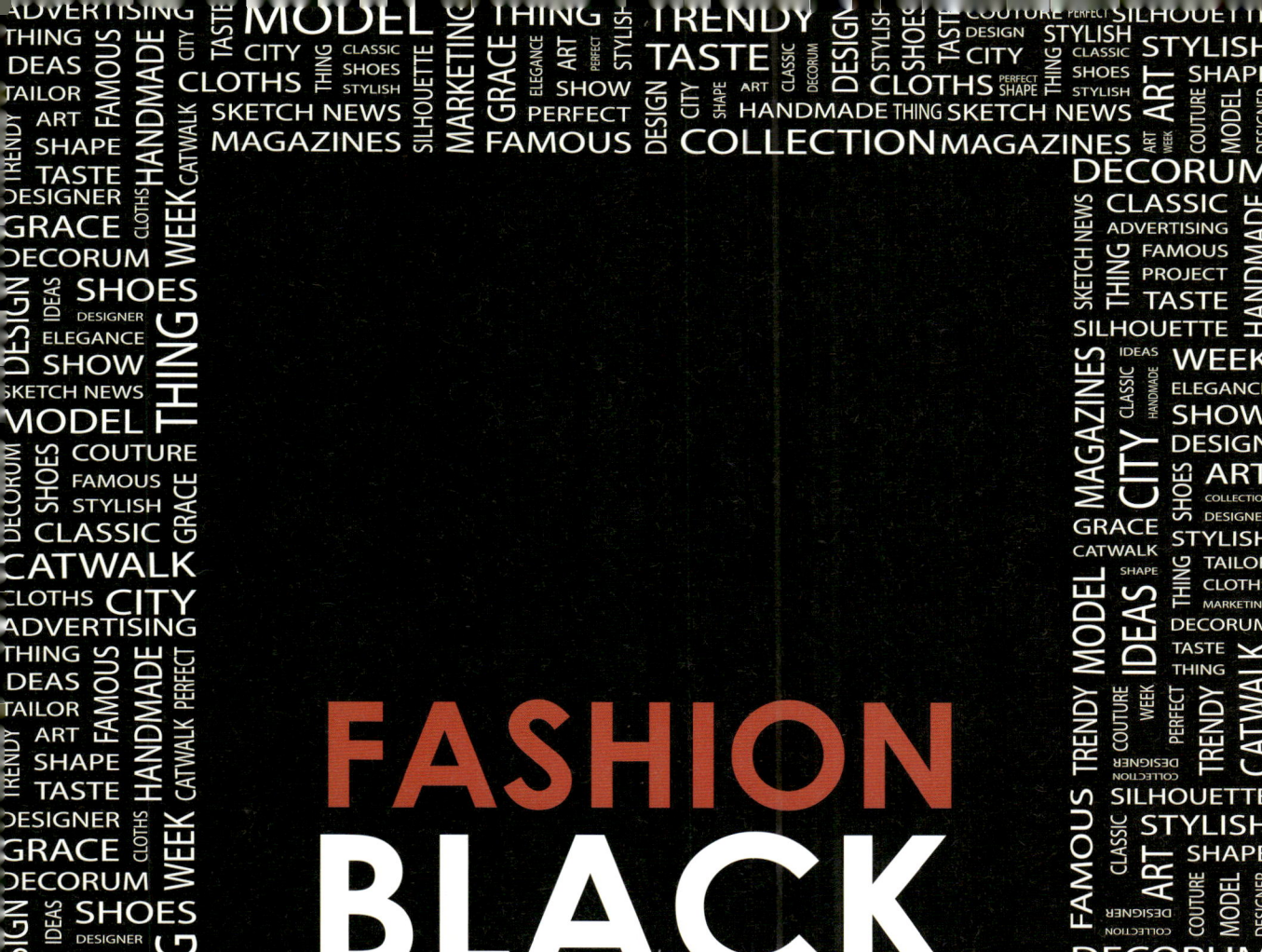

3-1. 누구에게 말 할 것인가?

■ N-세대 :

1977년부터 1997년 사이에 태어난 세대로 디지털 기술과 함께 성장해서 디지털 기기를 능숙하게 다룰 줄 아는 디지털 문명 세대

키워드 : 웹2.0, 독립심, 시윤성, 능동성, 감정 개방

표현의 자유, 무한한 관심, 시기역신과 개발

(Ref : 아후 백과사진)

3-2. 누구에게 말 할 것인가?

N-세대의 Life Style

패션,외모,개성지향			광고에 대한 태도			컴퓨터,영상 친숙경향			새로움에 대한 호기심			삶에 대한 태도		
구분	N세대	BB세대	구분	N세대	BB세대	구분	N세대	BB세대	구분	N세대	BB세대	구분	N세대	BB세대
A	28%	6%	A	31%	27%	A	68%	58%	A	57%	36%	A	42%	38%
B	45%	32%	B	43%	42%	B	9%	10%	B	18%	7%	B	50%	41%
C	33%	11%	C	63%	37%	C	58%	48%	C	46%	36%	C	53%	75%
D	29%	13%	D	7%	25%	D	19%	7%	D	42%	37%	D	56%	38%

참고) BB세대 : 한국전쟁 전후세대, 1957~66년 사이에 출생

Ref : 제일기획, 2006 전국소비자조사

3-3. 누구에게 말 할 것인가?

연예인들의 패션과 모방심리에 대한 기사

따라입고 싶은 옷 매출 중도 "메기고" 한국구 저재현	[중앙일보 2008.5.28]
배배자, 하이힐… "섹시스타 서인영에게 '노줄의 의미는"	[조선일보 2008.4.29]
대학생 2명 중 1명 "난 개매죽"	[경향신문 2007.11.20]
"외에인 있다 지움… 청소년 모방 우려"	[국민신문 2007.2.12]
스타 문화 속 따라하기 일풍	[경향신문 2007.1.11]
"신상이 입은 옷 OOO상 프레 패션 따라하기" 이성하바람	[동아일보 2007.9.21]
엘 클린이나간 폰 난터이	[경향신문 2007.11.21]
중고생들 "마니아 한게 불자"…'히피' 급증	[동아일보 2006.5.12]
드래마 어주인공 혜어가 스타일 물효기	[동아일보 2005.11.5]
"스타가 발그날" 패션 음크거	[일간스포츠 2006.5.16]
빗노 어떻하나 내 옷인데…	[조선일보 2005.9.4]
스타이를 내세우기 떠라하기 유행? 스타와 동일시 요망	[조선일보 2005.5.23]
연예인 따라하기 열풍 이유는? 스타와 동일시 요망	

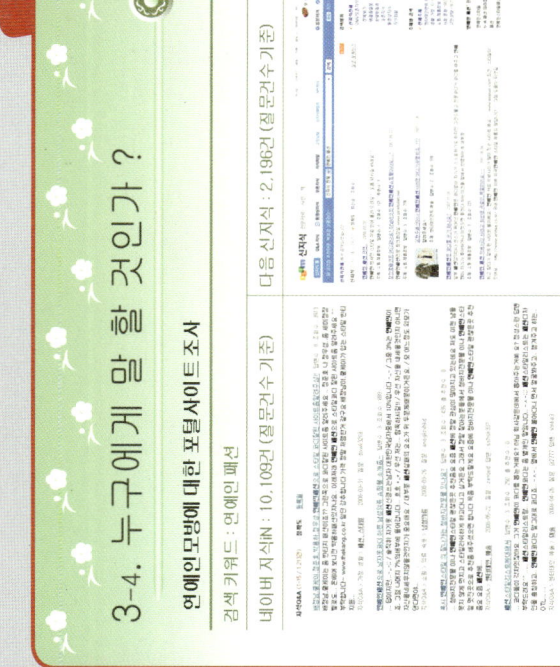

3-4. 누구에게 말 할 것인가?

연예인모방에 대한 포털사이트 조사

검색 키워드 : 연예인 패션

네이버 지식iN : 10,109건 (질문건수 기준)

다음 신지식 : 2,196건 (질문수 기준)

8-2. 자금계획은 어떠한가?

사무실 임대료

[월]

사무실위치	청신동 신발상가 A동 3주 (2구좌)
보증금	8,000,000
월세	800,000
관리비	200,000
소계	9,000,000

성남 : 신부상가 A동 "행복부동산"

8-3. 자금계획은 어떠한가?

사무집기비용

[월]

구분	수량	단가	소계
전화기	2	35,000	70,000
복합기	1	450,000	450,000
컴퓨터	5	500,000	2,500,000
냉장고	1	300,000	300,000
책상	5	150,000	750,000
사무용의자	5	150,000	750,000
테이블	1	50,000	50,000
의자	5	20,000	100,000
기타사무용품	1	100,000	100,000
소계			5,070,000

8-4. 자금계획은 어떠한가?

사이트구축비용

[월]

구분	비용	비고
도매인 등록	150,000	한글 도매인 포함 (5종)
임대형 사이트	3,000,000	벤처마킹. 품질 : 中
검색엔진 등록	594,000	네이버, 씨이, 다음
소계	3,744,000	

8-5. 자금계획은 어떠한가?

월고정비용

[월]

구분	수량	단가	소계
인건비	5	1,500,000	7,500,000
식대비	5인 × 26일	5,000	650,000
간식비	1	100,000	100,000
사무실 임대료	2	400,000	800,000
사무실 관리비	2	100,000	200,000
사이트광고비 (블러스프로)	1	600,000	600,000
소계	-	-	9,850,000

42. 자금계획은 어떠한가?

일본 샘플링 비용 [원]

아이템	비율	가격대	샘플가	스타일	최소량	입고량	총 도매비용
자켓	8%	30,500	61,000	3.0	1	3.0	183,000
티(후면)	13%	18,500	37,000	5.0	1	5.0	185,000
원피스	18%	28,000	56,000	7.0	1	7.0	392,000
스커트	16%	23,500	47,000	6.0	1	6.0	282,000
팬츠	18%	29,500	59,000	7.0	1	7.0	413,000
소계	73%			28		28	1,455,000

44. 자금계획은 어떠한가?

도매사이트 [원]

아이템	비율	가격대	도매가	스타일	최소량	입고량	총 도매비용
자켓	8%	30,500	17,941	2.0	1	2.0	35,882
티(후면)	13%	18,500	10,882	4.0	1	4.0	43,529
원피스	18%	28,000	16,471	5.0	1	5.0	82,353
스커트	16%	23,500	13,824	5.0	1	5.0	69,118
팬츠	18%	29,500	17,353	5.0	1	5.0	86,765
슈즈	9%	35,500	20,882	3.0	1	3.0	62,647
백	9%	39,500	23,235	3.0	1	3.0	69,706
악세사리	9%	10,000	5,882	3.0	1	3.0	17,647
소계	100%		1.7배수	30.0		30.0	467,647

41. 자금계획은 어떠한가?

비용 총계

구분		금액	비고
1. 초기자금	보증금	8,000,000	
	가몰집기	5,070,000	
	오픈선물비	1,000,000	
	사이트 구축비용	3,744,000	−814,000 초과
2. 소싱비	초도물품비	8,730,647	8,269,353 이월
지출소계	−	26,544,647	
3. 예비비	예비비	16,000,000	
지출총계		42,544,647	

43. 자금계획은 어떠한가?

동대문 기획비용

아이템	비율	가격대	생산가	스타일	최소량	입고량	총 도매비용
자켓	8%	30,500	12,200	2.0	15	30.0	366,000
티(후면)	13%	18,500	7,400	4.0	50	200.0	1,480,000
원피스	18%	28,000	11,200	5.0	30	150.0	1,680,000
스커트	16%	23,500	9,400	5.0	30	150.0	1,410,000
팬츠	18%	29,500	11,800	5.0	30	150.0	1,770,000
슈즈	9%	35,500	14,200	3.0	1	3.0	42,600
백	9%	39,500	15,800	3.0	1	3.0	47,400
악세사리	9%	10,000	4,000	3.0	1	3.0	12,000
소계	100%		2.5배수	30.0	158.0	689.0	6,808,000

8-9. 자금계획은 어떠한가?

자금수지-상반기

[단위: 만원]

구분		1개월차	2개월차	3개월차	4개월차	5개월차	6개월차	소계
매출	매출비율	3.7%	5.5%	8.3%	9.3%	9.9%	7.7%	44.4%
	월간매출액	1,124	1,657	2,485	2,781	2,959	2,308	13,314
	월생산총액	450	663	994	1,112	1,183	923	7,007
	월간투자제	67	99	149	167	178	138	631
	월간수익액	607	895	1,342	1,502	1,598	1,246	5,676
	누적수익액	607	1,502	2,844	4,346	5,943	7,189	7,189
판매	객단가	4.0	4.0	2.7	2.7	2.7	2.7	3.1
	월변매수량	279	411	925	1,035	1,101	859	4,609
	일변매수량	11	16	36	40	42	33	30
비용	초기투자비	4,254	-	-	-	-	-	4,254
	고정비	985	985	985	985	985	985	5,910
손익	누적비용	5,239	6,224	7,209	8,194	9,179	10,164	10,164
	순익산출	- 4,632	- 4,723	- 4,366	- 3,849	- 3,236	- 2,975	- 2,975

8-9. 자금계획은 어떠한가?

자금수지-하반기

[단위: 만원]

구분		7개월차	8개월차	9개월차	10개월차	11개월차	12개월차	소계
매출	매출비율	8.3%	3.7%	8.9%	10.7%	12.0%	12.0%	55.6%
	월간매출액	2,485	1,124	2,663	3,195	3,609	3,609	16,686
	월생산총액	994	450	1,065	1,278	1,444	1,444	8,782
	월간투자제	149	67	160	192	217	217	790
	월간수익액	1,342	607	1,438	1,725	1,949	1,949	7,114
	누적수익액	8,531	9,138	10,576	12,302	14,251	16,200	16,200
판매	객단가	2.7	2.7	2.7	4.0	4.0	4.0	3.4
	월변매수량	925	418	991	793	895	895	4,917
	일변매수량	36	16	38	30	34	34	32
비용	초기투자비	-	-	-	-	-	-	-
	고정비	985	985	985	985	985	985	5,910
손익	누적비용	11,149	12,134	13,119	14,104	15,089	16,074	16,074
	순익산출	- 2,618	- 2,996	- 2,543	- 1,803	- 839	126	126

8-10. 자금계획은 어떠한가?

손익분기점 분석

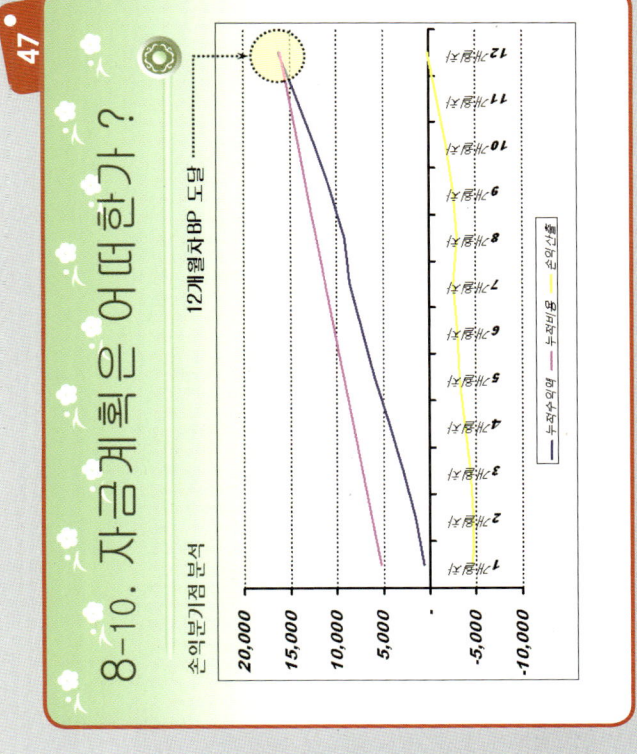

12개월차BP 도달

www.harajukugirl.com

사업계획서 작성에 관한 문의는
http://cafe.naver.com/websquare
질문게시판에 남겨주세요.

패션쇼핑몰 창업을 위한
사입의 비밀 **2nd edition**
블랙바이블

2013. 3. 15. 1판 1쇄 발행
2014. 6. 2. 1판 2쇄 발행
2016. 6. 22. 2판 1쇄 발행

저자와의
협의하에
인지생략

지은이 | 전중열, 이정일
펴낸이 | 이종춘
펴낸곳 | BM 주식회사 성안당
주소 | 04032 서울시 마포구 양화로 127 첨단빌딩 5층(출판기획 R&D 센터)
　　　 10881 경기도 파주시 문발로 112(제작 및 물류)
전화 | 02) 3142-0036
　　　 031) 950-6300
팩스 | 031) 955-0510
등록 | 1973. 2. 1. 제406-2005-000046호
출판사 홈페이지 | www.cyber.co.kr
ISBN | 978-89-315-7938-3 (13320)
정가 | 19,800원

이 책을 만든 사람들
책임 | 최옥현
진행 | 최창동
본문 디자인 | 인투, 김경미
표지 디자인 | 박원석
홍보 | 전지혜
국제부 | 이선민, 조혜란, 김해영, 김필호
마케팅 | 구본철, 차정욱, 나진호, 이동후, 강호묵
제작 | 김유석

이 책의 어느 부분도 저작권자나 BM 주식회사 성안당 발행인의 승인 문서 없이 일부 또는 전부를 사진 복사나 디스크 복사 및 기타 정보 재생 시스템을 비롯하여 현재 알려지거나 향후 발명될 어떤 전기적, 기계적 또는 다른 수단을 통해 복사하거나 재생하거나 이용할 수 없음.

※ 잘못된 책은 바꾸어 드립니다.

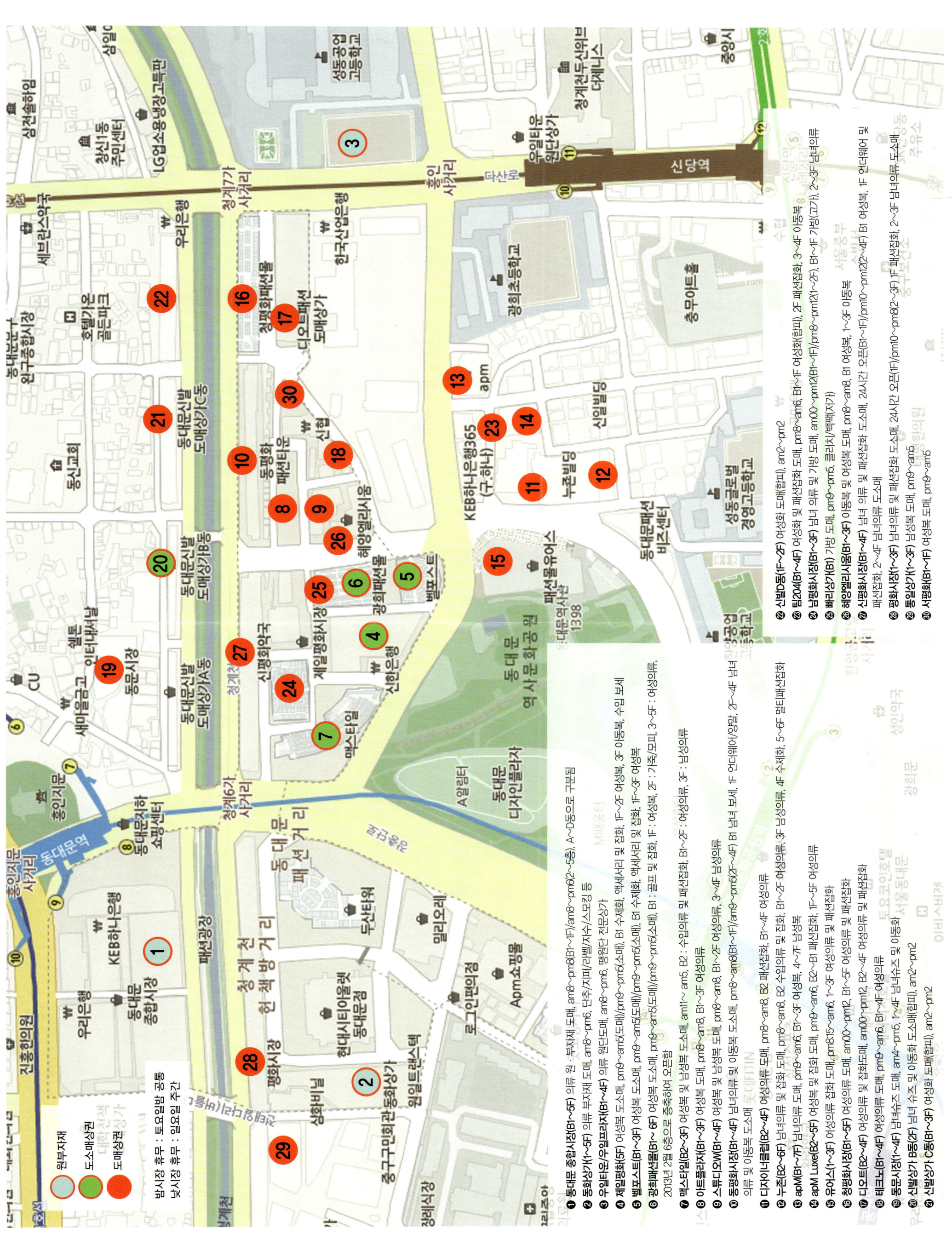

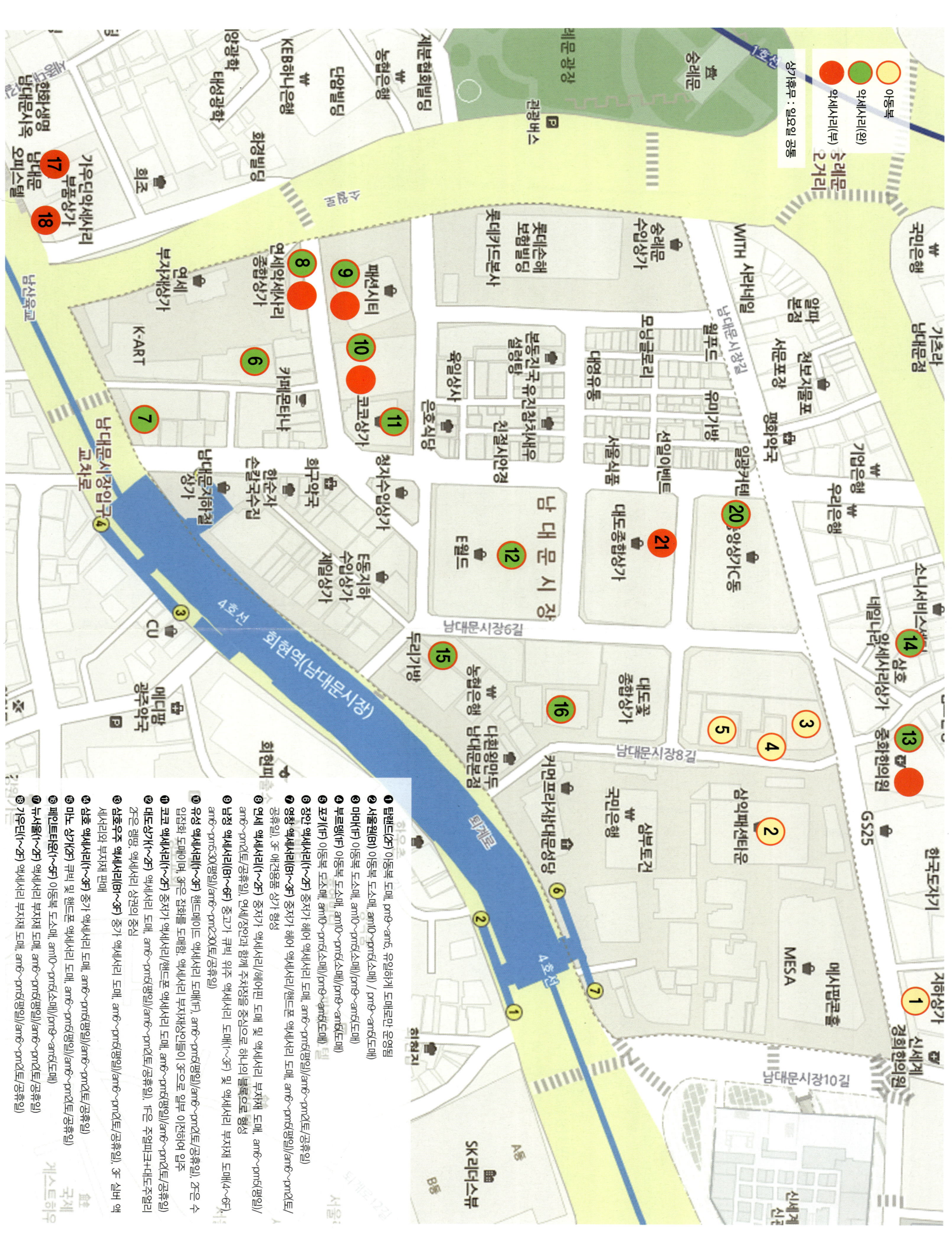